묵자가 필요한 시간

兼愛者-墨子傳

2000년간 권력이 금지한 선구적 사상가

묵자가 필요한 시간

천웨이런 지음 ── 윤무학 옮김

37
8

일러두기

1. 본문 중 ●로 표시한 것은 각주이고, 각주는 모두 옮긴이주다.
2. 본문 중 고서 등 도서명은 『 』, 고서에 포함된 편명은 「 」, 영화와 드라마, 노래명은 〈 〉로 묶었다.

2000년간 권력이 금지한 선구적 사상가

묵자가 필요한 시간

초판 1쇄 인쇄 2018년 1월 2일
초판 1쇄 발행 2018년 1월 10일

지은이 천웨이런
옮긴이 윤무학
펴낸이 유정연

기획 노승현
주간 백지선
책임편집 장보금 **기획편집** 신성식 조현주 김수진 김경애 **디자인** 안수진 김소진
마케팅 임충진 이재후 김보미 **제작** 임정호 **경영지원** 전선영

펴낸곳 흐름출판 **출판등록** 제313-2003-199호(2003년 5월 28일)
주소 서울시 마포구 홍익로5길 59 남성빌딩 2층(서교동 370-15)
전화 (02)325-4944 **팩스** (02)325-4945 **이메일** book@hbooks.co.kr
홈페이지 http://www.nwmedia.co.kr **블로그** blog.naver.com/nextwave7
출력·인쇄·제본 (주)현문 **용지** 월드페이퍼(주) **후가공** (주)이지앤비(특허 제10-1081185호)

ISBN 978-89-6596-241-0 03150

이 도서의 국립중앙도서관 출판예정도서목록(CIP)은 서지정보유통지원시스템 홈페이지(http://seoji.nl.go.kr)와 국가자료공
동목록시스템(http://www.nl.go.kr/kolisnet)에서 이용하실 수 있습니다.(CIP제어번호: CIP2017029410)

은 넥스트웨이브미디어(주)의 인문·사회·과학 브랜드입니다. "근원의 사유, 새로운 지성"

지금 묵자를 되살리려는 이유

이 책을 통해 한국의 독자들을 만나게 되어 매우 기쁘게 생각한다.

묵자는 중국 춘추전국 시대 제자백가의 주요 인물 가운데 하나이다. 한비자는 "세상의 유명한 학문은 유가와 묵가이다"라고 했고, 맹자도 "양주(楊朱)와 묵적(墨翟)의 말이 천하에 가득하다. 천하의 말이 양주로 귀결되지 않으면 묵적으로 귀결된다"고 했다. 이처럼 묵가 학파는 수백 년간 발전을 거치면서 무리가 더욱 많아지고 제자들이 더욱 늘어나 천하에 가득했다. 한마디로 묵가는 휘황찬란한 전성기를 맞았다.

선진 시대에 묵자는 공자와 이름을 나란히 하고 묵학은 유학과 병칭되어 법가나 도가 등 다른 제자백가에 비해 영향력이 훨씬 컸다. 청대 학자 왕중(汪中)은 『술학(述學)』 「묵자서(墨子序)」에서 "구류(九流) 가운데 오직 유가만이 대항할 수 있었고, 나머지 제자백가는 모두 비할 바가 아니었다"고 썼다. 이로써 묵가가 유가와 더불어 두 개의 봉우리로 우뚝 섰음을 알 수 있다.

한비자는 "유가는 문(文)으로 법치를 어지럽히고 유협(游俠)은 무(武)로 금기를 범한다"고 역설했다. 법가를 대변하는 한비자는 위정자에게 유묵의 학설이 문무 두 방면에서 유해하다고 지적했다. 진시황이 법가를 종주로 삼아 단행한 '분서갱유(焚書坑儒)'는 결코 유가만 겨냥한 것이 아니었다. 진대(秦代) 이후 학술의 길은 오로지 두 갈래밖에 없었다. 즉 '학문으로 문무의 술을 이루어 제왕에게 파는' 식으로 전제 정권의 공고화를 위한 계책을 내어 함께 이익을 누리든가, 아니면 도화원(桃花源)으로 피신해 세속의 일을 묻지 않고 현실과 동떨어진 오묘한 이치를 말하는 도가나 중국화된 불교에 빠지는 것이었다.

한 무제가 동중서(董仲舒)의 '백가를 퇴출시키고 유학만을 높인다'는 정책을 채택한 뒤로 유가는 통치자에게 영합하는 길을 걸었다. 역대 군왕의 전제 통치술이 실제로는 '반유반법(半儒半法)' '유표법리(儒表法裏)' '양유음법(陽儒陰法)'의 특징을 띠었지만 유학은 마침내 홀로 핀 꽃처럼 이후 중국 수천 년 역사의 '주류적 화두'가 되었다.

그런데 하층계급 출신인 묵자는 여타 제자백가와 비교해 독자적이고도 독특한 길을 걸었다. 묵가는 하나의 학술 유파일 뿐 아니라 일종의 준군사 조직이자 준정치 조직으로 민간의 강대한 정치 역량을 과시했다. 중국 CCTV의 〈백가강단(百家講壇)〉에서는 묵자의 강좌명을 '묵자, 제국에 도전한 검협(劍俠)'이라고 명명했다. 이를 통해 묵가가 2000년 이래 어떤 전제 제국에도 수용될 수 없었던 이유를 분명히 알 수 있다. 묵가 학파의 소실은 전제집권 정치의 필연적 결과라고 할 수 있다.

묵가는 바람 따라 노 젓듯 시대에 순응하여 변신하지 않았다. 이에 한때 '현학'으로 드날렸던 명성이 속절없이 시들해졌고, 묵자의 수많은 역사 기록은 대대적으로 차단되거나 가차 없이 인멸되었다. 기득권자와 유가 및 법가의 포위 공격 아래 묵가는 빈사 상태에 이르렀고, 수백 년간 아무도 감히 그 학문의 길로 들어설 수 없었다.

묵학에는 유가에 대한 비판 정신이 가득하다. 예컨대 유가의 "인

(仁)은 사람을 사랑하는 것이다"라는 것에서 유가의 '인애'는 엄격한 등급 제도 아래에서의 사랑일 뿐이다. 또 "형벌은 위로 대부에게 적용되지 않고, 예악은 아래로 서민에게 미치지 않는다"에서 인(仁)은 다만 상층부와 친근한 사람에게만 베풀어지고, 인애는 본질적으로 아래에서 위로 향하는 충성을 요구한다. 반면 묵자가 제창한 '겸애'는 기독교의 박애 정신을 담고 있다. 묵자는 "귀하기가 천자라 해도 사람을 이롭게 하는 것은 필부(일반 백성)보다 두텁지 않다"고 공언했다. 묵자는 바로 겸애 사상으로 주류 사회의 등급 제도에 도전장을 던졌다.

또한 유가에는 "100가지 선 가운데 효(孝)가 으뜸이다"라는 명구가 있다. '효' 문화가 극단적으로 구현된 것이 바로 '후장구상(厚葬久喪)'이다. 효는 생전과 사후 두 가지 부분으로 나뉜다. 생전의 효는 주로 생존에 필요한 물질 봉양 및 그 예를 다하는 것으로 표현되고, 사후의 효는 주로 '후장구상'으로 드러난다. 묵자의 '절장'과 '절용'은 당시 대량의 재물을 낭비해 화려하게 상례와 장례 치르는 것을 비판하면서 제시한 절약 주장이다. 묵자는 후장구상이 사회의 부를 낭비할 뿐 아니라 사람들을 생산 활동에 종사하지 못하게 하고 아울러 인구 증가에 악영향을 미친다고 여겼다. 이 밖에 묵자는 교육과 음악 등의 방면에서도 유가와 전혀 다른 견해와 관점을 가졌다.

사상이 방대하고 심오한 역사적 인물은 대개 복잡성과 다양성을 띠고 있다. 수천 년 이래 공자와 유학에 대한 연구는 '존공(尊孔, 공자를 높임)'과 '비공(批孔, 공자를 비판함)'의 반복적인 사이클을 수차례 거치면서 학자들의 논쟁이 이미 상당히 깊은 수준에 도달했다. 그리고 묵학도 공맹 유학을 비판하는 과정에서 자신의 가치를 드러냈다.

왕부지(王夫之)의 "육경(六經)은 나를 눈뜨게 했으나, 하늘은 일곱 자 이 몸을 버리는구나!"라는 시구가 있다. 어떤 학설이든 전통적 주류 경전에 대한 반성과 반동에서 비롯되고, 옛것 타도하기를 우선하면 새것이 자연히 그 가운데 서는 법이다. 이는 해체, 전복, 변증, 부정의 부정이자 '물극필반(物極必反)' '교왕과정(矯枉過正)'이다. 인류는 시공의 시계추 좌우를 더듬는 과정에서 점차적으로 진상과 진리에 접근한다.

지식인의 사명은 곧 사회현상에 대한 비판이다. 중국 지식인의 선구자인 춘추전국 시대 제자백가는 당시의 사회제도를 비판하는 과정에서 각자의 존재 가치를 드러냈다. 그들이 인식하는 경계는 서로 달랐지만 냉정하고 용감하게 현실을 직시한 태도는 똑같았다. 그들이 각각 제시한 학문 방법과 치국 정책은 상호 논쟁 속에서 완성되고 성숙되었다. 바로 이런 겸용과 수용의 정치적 포용이 춘추전국 시기 '백화제방'과 '백가쟁명'의 학술적 번영을 조성했다.

우리는 편협하게 동아시아의 사상적 토대를 유가로만 이해하거나 혹은 유가를 주체적 문화 전통으로 삼아서는 안 된다. 이는 당시 유학과 더불어 두 개의 봉우리로 우뚝 섰던 묵학을 완전히 무시해버리는 일이다. "세상의 현학은 유가와 묵가 두 학파였다"는 말은 매우 중요한 역사적 논리를 갖고 있다. 유학만이 홀로 돋보이고 묵학은 숨어서 드러나지 않은 것은 엄중한 결함을 가져왔다. '유묵의 대립'이든 아니면 '유묵의 상호 보완'이든 각종 사상은 상호 비판과 상호 수용을 통해서만 비로소 문화의 내재적 구조를 최적화할 수 있다. 춘추전국 시기 '백화제방'과 '백가쟁명'의 역사 장면으로 환원해보면 묵자와 묵학은 의심할 나위 없이 전형적인 역사의 전환점이었다. 진실한 묵자를 이해하고, 당시 묵자와 주위 선진 제자 간의 공통점과 차이점을 이해한다면 춘추전국 시기의 인물에 새겨진 모든 '사회관계의 총화'를 이해할 수 있을 것이다.

공자의 유학은 줄곧 중국 전통문화의 대표로서 아주 광범위하게 전파되었다. 유학을 깊이 이해하는 동시에 시야를 묵자 학설에까지 확장하는 일은 두말할 것 없이 동아시아의 사상적 근간을 파악하는 매우 훌륭한 착안점이다.

묵자는 싸우지 않고 평화를 지키는 것이 모두의 삶을 위해 중요한 일임을 온몸으로 설파했다. 자신을 돌보기보다 백성을 위해 헌신하는 일의 가치를 중요시했기에, 비단옷 대신 누더기와 짚신을 걸치고 백성과 함께 일하고 공부하며 행동으로써 자신의 사상을 펼쳤다. 그렇게 그는 모두를 차별 없이 사랑하는 겸애에 평등의 길이, 전쟁을 금하자는 비공에 평화의 길이 있음을 몸소 보여주었다.

자본주의가 양산한 끊임없는 다툼과 경쟁, 약자에 대한 불평등에 내몰리는 현실에서 만나는 묵자의 사상은 우리에게 '어떻게 인간다움을 지켜갈 수 있는가'에 대한 빛나는 성찰을 안겨준다. 아울러 더 좋은 사회를 만들기 위해 시민으로서 무엇을 해야 하는가를 확실히 깨닫게 한다. 바로 '옳은 것을 향해 행동하라'는 것이다.

한국의 독자들이 부디 이 책에서 얻는 바가 있기를 바란다.

천웨이런

이론과 실천을 철저히 병행한 묵자

이 책은 중국작가협회에서 중국 역사문화의 대표적 인물 120여 명을 선정하고, 그들의 생애와 사상을 집록한 총서 '중국 역사문화 명인전'의 하나인 『겸애자-묵자전』(작가출판사, 2015)을 완역한 것이다. 지금까지 간행된 총 40권 가운데 제1집이 놀랍게도 『소요유-장자전』이며, 선진 제자백가 가운데에는 관중(管仲), 묵자(墨子), 순자(荀子)가 포함되어 있다. 앞으로 공자(孔子), 맹자(孟子), 한비자(韓非子) 등도 포함될 것이 확실하지만 방대한 중국 역사문화의 주요 인물 가운데 최종적으로 누가 포함될 것인지도 흥미롭다.

저자 천웨이런은 1980년대부터 활동을 시작했지만, 그가 중국 문단의 주목을 받게 된 것은 2005년 중국 현대 저명한 문학평론가인 탕다청(唐達成)의 전기를 미국에서 간행하면서부터다. 이후 역사와 인물을 소재로 한 산문 수필과 전기를 주로 저술했으며, 최근에는 '중국 문단에서의 천웨이런 현상'이라는 화두가 생겨날 정도로 유명해졌다.

저자에 의하면, 중국 역사에서 평민 입장을 대변한 묵자의 소멸은 개인의 종말이자 이상주의 유토피아 시대의 종말이기도 하다. 따라서 중국 사상사와 과학기술사에서 '소멸된 것'과 '실종자'를 인양하는 일은 봉건전제를 향해 비수를 던지는 것이라고 집필 동기를 밝히

고 있다. 또한 이러한 작업을 역사의 바닷가에 방치된 묵자의 ‘짚신’
을 수습하는 일로 형상화하고 있다.

묵가 사상의 가장 큰 특징은 이론과 실천을 철저히 병행했다는 점
이다. 묵가는 가치 기준을 모두 국가와 백성의 이익에 두었다. 그들은
‘천하의 이로움’을 실천하기 위해 심지어 자신의 생사조차 돌보지 않
았고, 당시 기득권이 백성의 먹고 입는 재화를 착취해 사치와 방종을
일삼는다고 비판했으며, 절용(節用)을 생활신조로 백성과 어울려 일
하고 생활했다. 이것이 바로 저자가 강조한 ‘짚신’이다. 말하자면 그
것은 ‘가죽신’과 대비되어 묵자 및 묵가의 출신과 생활신조를 반영하
는 것이기도 하고, ‘신발’이라는 점에서 실천 겸비를 강조한 것이기도
하다. 신발의 디자인과 기능이 다양하게 발전하더라도 사람이 발로
활동하는 데 편리한 도구라는 점은 바뀌지 않는다. 이러한 점에서 보
면 ‘짚신’은 묵자의 원형이라는 의미도 갖게 된다.

춘추 말기부터 정치·경제·사회·문화 각 방면에 걸쳐 거대한 변화
가 일어났다. 이로부터 야기된 각종 부조리를 타파하고 대안을 제시
하기 위해 다양한 사상가들이 출현하고 상호간의 치열한 논쟁이 벌
어졌다. 이것이 이른바 백가쟁명이다. 여기에서 사상적 통일을 염두
에 두고 제가를 비판함과 동시에 그들을 사상적 흐름에 따라 분류한
것은 순자에서부터 시작된다.

오늘날 제자백가의 분류는 한대에 이전 학파의 경향성을 나누면
서 정립되었다. 예컨대 『사기(史記)』에서는 선진시대 이래 제가 사상
을 6가(음양가, 유가, 묵가, 명가, 법가, 도덕가)로 정리했고, 『한서(漢書)』에
서는 6가 외에 종횡가, 잡가, 농가를 더하여 9가로 칭했다. 그러나 한
대 이후 묵가는 학파의 명칭만 유지했을 뿐 그들의 사상과 묵자의 행
적은 2000여 년 동안 거의 흔적을 찾을 수 없게 되었다.

사마천의 『사기』에는 「백이열전(伯夷列傳)」을 필두로 「태사공자서(太史公自序)」에 이르기까지 총 70개의 열전이 수록돼 있다. 여기에는 「중니제자열전」 「맹자순경열전」 「자객열전」 「유협열전」 「화식열전」 등이 있지만 '묵자전'은 포함되지 않았다. 「사기열전」에 '묵자전'이 포함돼 있었다고 주장하기도 하지만 신뢰하기 어렵다. 이미 「맹자순경열전」에 묵자와 관련된 내용이 간단히 언급되어 있기 때문이다. 더욱 주목할 점은 「공자세가(孔子世家)」 다음으로 진나라 말 농민 기의의 주도자 진승(陳勝)을 세가(世家)에 편입시켰다는 것이다. 이는 사마천의 독특한 사관에 기인한 것이지만 「태사공자서」에서 육가의 하나로 유가와 묵가를 나열한 것과는 모순된 입장이라고 하지 않을 수 없다.

묵학이 침체한 기간은 바로 중국 군주집권 전제의 2000년이었다. 역사의 흐름에서는 묵학이 전제주의에 부합할 수 없음이 증명되었다. 청말에 많은 학자들이 묵자를 비롯해 제자학에 대한 정리와 연구에 몰두한 것은 일차적으로 서양의 과학기술과 논리학 분야에 대한 충격에서 비롯되었다. 그러나 본질적으로 보자면 당시 봉건전제의 그물망이 일부 찢어졌기 때문이다.

지금까지 수많은 학자들은 농민 기의의 이념적 근거를 묵학의 또 다른 경향성인 묵협(墨俠)과 연계해 연구를 진행했다. 2000여 년간 묵학이 침체한 것은 사실이지만 묵협의 이념은 진나라 말 농민 기의, 한 말 황건(黃巾) 기의의 이념인 태평도(太平道)와 오두미도(五斗米道), 청말 태평천국(太平天國)과 의화단(義和團) 운동의 이념과 집단 조직의 측면에서 결정적 영향을 미쳤다.

근대 '백일유신(百日維新)'의 지도자 담사동(譚嗣同)에 따르면, 묵가는 '임협(任俠)'과 '격치(格致)' 두 파로 나뉘며, 임협이 곧 인(仁)이고 격치가 학(學)이라고 정의했다. 즉 '격치'가 묵가의 이론이라면 '임협'은 묵가의 실천인 셈이다. 또한 담사동은 일본이 변법자강(變法自彊)에 성공한 이유는 '사무라이 정신' 때문으로, 본받을 만한 가치가 있다고 주장했다. 담사동은 무술변법(戊戌變法) 실패 뒤에 도망칠 기회가 있었지만 의연히 형장의 이슬로 사라졌으니, "정수리가 닳아서 발꿈치에 이르더라도 천하를 이롭게 한다"는 묵가의 이상을 목숨으로 실천한 셈이다.

결과적으로 볼 때, 중국 역사에서 반복된 농민 기의와 변법 개혁 운동에 대한 묵협의 영향은 주로 초기에 두드러졌을 뿐이다. 후기에 이르면 묵가의 종교식 열정만으로 조직 내에서 발생하는 다양한 문제를 해결할 수 없었고, 결국 종법(宗法)과 혈연을 중시하는 유가의 사회적 전통에 자리를 넘겨줄 수밖에 없었다. 저자는 이를 묵학의 비극이자 중국 수천 년 봉건사의 비극이라고 개탄했다.

그렇다면 한국사상사에서의 묵자 및 묵가의 위상은 어떠한가? 삼국시대에 제자백가의 서적이 소개되고, 독서삼품과(讀書三品科) 상품(上品)의 필수과목으로 '제자백가'가 채택됐지만 고려 말과 조선 초에 성리학이 들어오고 '벽이단론(闢異端論)'이 성행하면서 제자학 연구는 상대적으로 침체 일로를 겪게 되었다. 고려 말부터 조선 후기에 이르기까지 거의 모든 지식인들은 벽이단론자라는 점에서 예외가 없었다.

조선시대 지식인들의 묵가 이해와 비판 양상의 특징은 이념 자체에 대한 비판보다 다른 이념이나 부조리를 비판하는 도구로 활용됐다는 점이다. 내용 면에서 보자면 묵가의 10대 주장 가운데 겸애와 절용(절장, 비악)에 대한 비판이 주를 이루고 있고, 조선 중후기에 이르면서 명귀(明鬼)와 천지(天志) 관념에 대한 비판이 포함되었다. 주목할 점은 중국과 마찬가지로 침략 전쟁 반대와 평화 이념을 주장하는 비공(非攻)이나 운명론을 부정하는 비명(非命)에 대한 비판이 보이지 않는다는 것이다. 유가의 인문주의적이고 현실주의적 측면에서 볼 때 이를 적극적으로 비판할 이유가 없었던 것으로 추측된다. 한편 묵가 이념과는 별도로 묵자 개인의 묵수(墨守)와 관련된 행위에 대해서는 대체로 긍정적인 평가를 내리고 있다. 조선 후기에 이르면서 묵자서 는 이념서가 아니라 유교 경전 내용을 고증하기 위한 사료로 활용되 었다.

중국에서 명말 청초에 고증학과 실학이 발흥하게 된 주요 원인은 서양 학문과 문물제도의 유입 때문이었다. 조선에서는 북학파(北學派) 를 중심으로 이러한 학문 경향을 수용했으며, 특히 고증학의 영향을 받은 대표적 학자로는 정약용(丁若鏞)과 정조(正祖)를 들 수 있다. 그러 나 문헌 자료를 개괄적으로 검토해봤을 때 적어도 묵자 및 묵가에 대 한 이해 양상에 있어서 선유(先儒)들과 견해를 달리하는 경우를 찾아 보기 어려웠다. 이는 조선 지식인들이 중국과 달리 전후기를 막론하 고 성리학적 환경에 익숙해져 맹자의 벽이단론에서 벗어나지 못했기 때문이라고 생각된다. 물론 묵자의 사상과 개인의 행동을 구분하고, 묵자서의 사료적 가치를 긍정하는 학자들이 적지 않았다. 아쉬운 점 은 이러한 경향이 고대 자연과학 성과의 보고인 묵변(墨辨)에 대한 관 심으로 이어지지 못했다는 것이다. 한국사상사에서 제자학이 발흥하 지 못한 것은 학술 문화가 건전하게 발전하지 못했다는 점을 드러낼 뿐 아니라 서구 열강에 대한 대응에서 중국이나 일본에 비해 상대적 으로 취약했음을 말해준다. 다양성보다 주류적 이념에 휩쓸리는 경향 은 우리 사회에서 현재까지도 여전히 지속되고 있다.

묵자의 핵심 사상은 『묵자』의 10대 편명에 고스란히 드러나 있 다. 「겸애(兼愛)」(평등한 사랑), 「비공(非攻)」(침략 전쟁 비판), 「상현(尙賢)」 (현명한 자를 높임), 「상동(尙同)」(위로의 통일), 「절용(節用)」(쓰임의 절약),

「절장(節葬)」(장례의 절약), 「비악(非樂)」(음악 비판), 「천지(天志)」(하느님의 뜻), 「명귀(明鬼)」(귀신의 증명), 「비명(非命)」(운명론 비판)이다. 『묵자』 전체를 일관하는 「비유(非儒)」(유가 비판)도 여기에 포함시킬 수 있다.

저자는 중국 역사에서 묵가 사상의 영향을 다음과 같이 정리했다. 첫째, 유가가 지배층의 의식을 대표했다고 한다면 묵가는 민간의 살아 있는 말을 대표했다. 둘째, 묵학은 농민 기의와 농민 전쟁의 사상적 무기가 되었다. 셋째, 묵학은 중국 비밀결사의 정신적 지주가 되었다. 넷째, 묵학은 근대 혁명가의 칭송을 받았다. 다섯째, 묵자가 창립한 '묵변 논리학'은 아리스토텔레스의 형식논리학, 고대 인도의 인명학(因明學)과 더불어 세계의 삼대 논리학파 중 하나였다. 여섯째, 묵자는 과학기술사와 군사학 방면에 지대한 공헌을 했다.

이 책은 묵자의 성명과 출생 배경에서 시작해 그의 생애와 사상적 특성을 총 29개 주제로 나누어 개괄했다. 서술 방식은 묵자의 사상과 실천을 역사적 흐름 속에서 개인과 시대의 특성을 아울러 고려하는 변증법적 유물론에 기반하고 있다. 따라서 묵자의 사상과 실천에 대해서 전적으로 긍정하거나 부정하지 않는 태도를 견지하고 있다. 그렇다 보니 독자의 관점에서는 일관성이 없는 것처럼 보일 수 있다. 하나의 실천과 사상은 시대적 관점에 따라 의미가 다를 수밖에 없다. 저자가 간절히 묵자를 재현하고자 하는 시대에 우리가 함께 살고 있다는 사실과 그러한 관점을 공유할 수 있는지의 문제가 중요할 뿐이다.

'사실에 입각하되 생동감 있게 서술한다'는 편집 방침에 따라 인용된 자료는 동서양의 '문사철(文史哲)' 고전과 명언을 비롯해, 고대에서 현대에 이르는 신화와 전설, 속담, 소설, 산문, 연극, 영화, 대중가요 등을 망라한다. 이뿐만 아니라 묵가의 과학, 군사학, 논리학을 개괄하면서 서양의 자연과학적 성과와 대비시키고 있다. 저자의 박학다

식함에 감탄을 금하기 어려울 정도이다. 방대한 자료를 인용하다 보니 출전을 밝히지 않은 경우가 많고, 원래 내용과 어긋나는 경우도 있다. 묵자를 전공한 역자 입장에서 객관적으로 수용하기 어려운 내용도 없지 않았다. 가능한 한 저자의 의도를 살리도록 노력하면서 출전을 명기하고, 인용된 내용의 오류가 분명한 경우 별도의 역주 없이 수정했음을 밝혀둔다.

묵자 및 묵가 사상과 관련된 선행 연구는 참고문헌에 제시한 것처럼 최근까지의 성과를 반영하고 있다. 다만 최근에 다루어지는 묵학의 범위가 점점 다양해지고 상호 모순되는 논의도 적지 않기 때문에 모두 반영된 것은 아니다.

현행본 『묵자』는 대부분의 고전 판본이 공통적으로 지니고 있는 착간(錯簡), 오탈자 등의 문제가 더욱 심각하다. 특히 후반부 『묵경』은 거의 암호와 같은 문장이 많아서 주석에 의거하여 교감하지 않는 한 의미가 전달되지 않는 경우가 많다. 역자는 최근까지의 연구 성과를 반영하여 『묵경』 부분을 국역한 바 있다(『묵자II』, 도서출판 길, 2015). 이 책에 인용된 『묵경』의 내용 가운데 특히 논리학과 자연과학에 관련된 부분은 가능한 전후 문맥에 상충되지 않는 범위 내에서 원문을 교감하여 국역하였음을 밝혀둔다.

이 책은 묵학 전문 학자라기보다 문학가 입장에서 정리하다 보니 문제점이 많은 것도 사실이다. 결정적인 오류라고 지적할 수는 없지만 고대뿐만 아니라 민간에 전해지는 신화와 전설까지 인용하여 사실처럼 서술한 점은 옥의 티라고 할 수 있다. 조금이라도 더 묵자의 흔적을 찾고자 하는 필자의 노력이라고 생각해주면 좋겠다.

저자는 묵자가 "초나라의 송나라 침공을 중지시킨" 뒤 되돌아올 때, 송나라 문지기에게 저지당해 비를 피하지 못한 장면을 읽을 때마다 "묵자의 심정은 어떠했을까?"라는 억측을 해본다고 고백했다. 그러려니 하는 꿋꿋한 심정이었을까 아니면 서운해 자포자기하거나 일장춘몽의 심정이었을까? 이는 아마도 필자가 묵자를 빌려 자신의 현실 인식을 반영한 것이리라.

이 책으로서 묵자의 '짚신 인양' 작업은 이미 시작된 것으로 보인다. 그만큼 묵자 개인과 묵가 사상의 특성을 생동감 있고 성공적으로 그려냈다. 번역하는 과정에서 끊임없이 이어지는 생각은 이것이다. 단군 이래 우리 민족에게도 '짚신'이 있었다면 그것은 무엇일까? 또 지금의 현실은 저자가 인식한 중국의 역사적 상황과 같은 것일까, 아니면 전혀 다른 것일까?

성북동에서 묵명(墨溟) 윤무학

머리말
묵자를 제대로 공부하는 일의 가치

1. 묵자의 전기를 쓰는 것은 아주 어려운 작업이다

진(秦)나라 초기와 말기에는 각각 천하를 뒤흔들 두 가지 대재앙이 발생했다. 초기에 진시황(秦始皇)은 여론을 통일하고 전제 통치를 공고히 하고자 분서갱유(焚書坑儒)를 일으켜 춘추전국(春秋戰國) 시대 백화제방, 백가쟁명(百花齊放, 百家爭鳴)의 문화 번영을 한순간에 소멸해버렸다. 이어서 초패왕(楚霸王) 항우(項羽)는 "그 사람의 방법으로 그 사람을 다스리듯"•, 아방궁(阿房宮)을 불태움으로써 재앙 뒤에도 간신히 명맥이 유지돼 보존 가치가 높았던 궁정을 소각해버렸다. "성문 위에 대왕의 깃발이 바뀐"•• 것은 방법은 달라도 결과는 같았다. 이 두 가지 재앙은 백화(百花)를 시들게 하여 그야말로 "하얀 눈으로 뒤덮인 대지처럼 깨끗하게 만들어버렸다".•••

제자백가의 전적(典籍)은 대부분 한대(漢代) 학자의 정리를 통해 후세에 전해졌다. 그러나 한대의 수많은 전적 가운데 묵가(墨家)의 자

• 주희(朱熹) 『중용집주(中庸集注)』 제13장 : "故君子之治人也, 即以其人之道, 還治其人之身."
•• 루쉰(魯迅)의 칠언율시 : "城頭變幻大王旗."
••• 『홍루몽(紅樓夢)』에 나오는 구절 : "白茫茫一片大地眞干淨."

취를 찾아보기는 어렵다. 전한(前漢) 초기 가의(賈誼)와 조조(晁錯)로부터 말기의 유향(劉向)과 후한(後漢)의 왕충(王充)에 이르기까지 대량의 저술과 전적 가운데서 유가, 도가, 법가 등과 관련된 기록은 많이 볼 수 있다. 그러나 묵가에 대한 것은 거의 언급하지 않거나 가볍게 지나치고 있다.

사마담(司馬談)은 제자백가를 논술한 『논육가요지(論六家要旨)』에서 묵가에 대해 간단히 소개만 하고 동시에 이론적으로 비판을 가했다. 사마담의 아들 사마천(司馬遷)의 『사기(史記)』에서는 인물 중심으로 황제(黃帝)로부터 한 무제(武帝)까지 3000여 년간 내려온 제왕의 12본기(本紀)와 귀족의 30세가(世家)를 기술했다. 또한 역사에 지대한 영향을 미친 인물의 열전(列傳)을 72개로 정리했다.

역사 사실을 숨기거나 왜곡하지 않고 사실대로 기록했다고 평가받는 태사공(太史公) 사마천의 『사기』 가운데 공자(孔子), 노자(老子), 장자(莊子), 한비자(韓非子), 장의(張儀), 소진(蘇秦), 여불위(呂不韋)는 물론, 심지어 공자 제자들까지 열전이 있다. 그런데 이해하기 어려운 점은 「태사공자서(太史公自敘)」에서 간략하게 묵가를 언급하고, 「맹자순경열전(孟子荀卿列傳)」에서 묵자에 관해 24자만 남겨놓았다는 것이다.

> 묵적은 송(宋)나라 대부이다. 방어 전쟁에 능하고 절용(節用)을 강조했다. 어떤 이는 공자와 동시대 사람이라 하고, 어떤 이는 그 이후라고 한다(蓋墨翟, 宋之大夫, 善守禦, 爲節用, 或曰, 幷孔子時, 或曰, 在其後).

일부 학자의 고증에 따르면, 『사기』에 원래 「묵자전」이 있었는데 후에 실전되었다고 한다. 사마천이 묵자 같은 사상적 거인에 대해 별도로 전기를 두지 않았을 리 없다는 말일 게다. 이 가설의 사실 여부는 중요하지 않다. 우리는 역사적 사실을 통해 다음과 같은 정보를 얻을 수 있다.

묵자 학설에 대해 위정자들은 원수 보듯이 하고, 문인 사대부들은 꼭꼭 숨기고 말하지 않았다.

묵가는 춘추전국 시대에 이름 높은 학파였다. 『한비자』「현학(顯學)」편에서는 "세상의 현학은 유가와 묵가다"라고 했다. 『맹자』에도 "양주(楊朱)와 묵적(墨翟)의 말이 천하에 가득하다. 천하의 말이 양주로 귀결되지 않으면 묵자로 귀결된다"고 했다. 여기서 춘추전국 시대에 묵자가 묵가학파를 창립한 뒤 수백 년의 발전 과정을 거쳤음을 알수 있다. "그들의 무리가 점점 늘어나고 제자가 더욱 많아져 천하에 가득했다"고 한 여불위의 말처럼 묵가는 휘황찬란한 시기를 맞았다.

선진 시대에 묵자는 공자와 명성을 나란히 하고, 묵학은 유학과 병칭되면서 영향력이 법가나 도가 등 제자백가보다 월등히 뛰어났다. 청대(淸代) 학자 왕중(汪中)은 『술학(述學)』「묵자서(墨子序)」에서 "구류(九流) 가운데 오직 유가만이 묵가와 비견되고 나머지 제자백가는 모두 그에 비할 바가 아니었다"고 했다. 묵가는 유가와 상호 대립하는 또 다른 높은 봉우리였다.

한비자는 "유가는 문(文)으로 법을 어지럽히고 유협(游俠)은 무(武)로 금기를 범한다"고 말했다. 한비자는 법가의 입장에서 위정자에게 유가와 묵가의 학설이 문무 두 가지 측면에서 통치에 유해하다고 설파했다. 진시황은 법가를 근본이념으로 삼았다. 분서갱유는 유학 일파만 겨냥한 것이 아니라 백가의 말을 하나로 통일하는 데 목적이 있었다.

포악한 진나라 이후 "조룡(祖龍, 진시황의 별칭)의 혼은 죽었지만 진은 여전히 건재했고, (…) 역대 왕조가 모두 진나라의 정법(政法)을 행했다".• 전제주의가 고도로 발전하고 각종 봉건제도가 날로 완비되면서 학술적 자유 공간은 급격히 위축되었다. 모든 길은 로마로 통한다는 말처럼 학술상의 길은 결국 두 가지 노선만 남게 되었다. 즉 전제 정권의 공고화를 위해 계책을 내어 이익을 함께 누리든가 아니면 도화원(桃花源)으로 숨어 들어가 세속의 일을 묻지 않고 현실과 동떨어진 오묘한 이치를 논하는 것뿐이었다.

한 무제가 동중서(董仲舒)의 '백가를 퇴출시키고 유학만을 높인다'는 정책을 채택한 뒤로 유가는 통치자와 영합하는 길을 찾았다. 역대 군왕의 전제 통치술이 실질적으로는 반유반법(半儒半法), 유표법리(儒表法裏), 양유음법(陽儒陰法)의 성격을 띠었지만 유학은 결국 수천 년 중국 역사에서 독보적인 주류의 입지를 굳혔다.

반면 하층계급 출신인 묵자는 다른 제자백가와 달리 세파에 흔들리지 않고 자신만의 길을 걸었다. 묵가는 학술 유파일 뿐 아니라 일종의 준군사 조직, 준정치 조직으로 민간의 강력한 정치 역량이기도 했다. 중국 CCTV의 '백가강단(百家講壇)'에서는 묵자의 강좌명을 "묵자, 제국에 도전한 검협(劍俠)"이라고 정했다. 여기서 묵자가 왜 한 번도 통치자에게 수용되지 않았는지 그 이유를 알 수 있다. 전제 정권하에서 묵가학파의 유실은 필연적 결과라고 할 수 있다.

묵가는 시류에 따라 이리저리 움직이지 않았다. 이에 한때 현학으로 드날렸던 명성이 어쩔 수 없이 시들어버렸고, 묵자의 수많은 역사 기록은 대대적으로 차단되거나 가차 없이 소멸되었다. 묵자의 생애와 학설은 수수께끼로 남았고, 심지어 묵자의 성씨, 출생연도, 고향, 결혼

• 궈모뤄(郭沫若)의 『십비판서(十批判書)』: "祖龍魂死秦猶在, (…) 百代都行秦政法."

과 자녀의 유무조차도 알려진 바가 없다. 천두슈(陳獨秀)는 이에 대해 유감을 표하며 "묵학이 끊어지지 않았더라면 한대 이래의 역사는 절대 이렇지 않았을 것이다"라고 말했다.

기득권층과 유가 및 법가의 포위 공격 아래, 묵가는 빈사 상태에 이르렀고 수백 년간 누구도 감히 그 학문에 관심을 가지지 않았다. 서진(西晉) 때에 이르러서야 노승(魯勝)이 대담하게 『묵변주(墨辯注)』를 지었다. 팡서우추(方授楚)는 『묵학원류(墨學源流)』에서 "오직 노승이 아무도 관심을 두지 않았던 묵학을 정리했다"라고 평했다. 노승이 끊어진 묵학을 다시 일으키긴 했지만 그의 『묵변주』는 전란 중에 유실돼 서문만이 『진서(晉書)』 「은일전(隱逸傳)」에 전하고 있다.

『한서(漢書)』 「예문지(藝文志)」에서 『묵자』가 원래 71편이라고 했으나 어느 전적에도 그 내용이 없고 오직 편명만 남아 있다. 다행스러운 일은 동진(東晉) 때 갈홍(葛洪)이 창립한 신선도교 이론 체계에서 묵자를 추앙했다는 점이다. 『신선전(神仙傳)』에서는 묵자를 지선(地仙)으로 추존했다. 이후 도교(道敎) 경전이 당대(唐代)에 『도장(道藏)』으로 집대성되고, 송대(宋代)에 『만수도장(萬壽道藏)』이 간행되면서 우연찮게 『도장』 안에 박대정심(博大精深)한 묵가 학설이 남게 되었다. 다만 아쉽게도 묵학의 내용은 원래의 71편에서 53편으로 축소되었다. 바로 이 진귀한 53편이 후대에 묵자를 이해하는 유일한 역사 자료이다.

2. 묵자를 복원하는 것은 매우 가치 있는 일이다

제자백가 가운데 오직 묵가 학설만이 이론과 실천 면에서 모두 뚜렷한 성과를 이룩했다. 문리를 관통하고 실천을 중시하고 과학을 숭상한 묵자는 서양의 방대한 학문을 집대성한 아리스토텔레스와 같은 인물이자 백과전서식의 평민 성인이다.

묵자의 인생 역정은 다방면에서 역사에 깊은 인상을 남겼고, 사상사 측면에서 묵학 사상은 중국 역사에 심원한 영향을 끼쳤다. 첫째, 유가가 집권층의 의식을 대표했다면 묵가는 민간의 생생한 말을 대변했다. 둘째, 묵학 사상은 농민 기의와 농민 전쟁의 사상적 무기가 되었다. 농민 기의의 구호 가운데에서 묵학 사상의 영향과 흔적을 분명하게 볼 수 있다. 셋째, 묵학 사상은 중국 비밀결사의 정신적 지주가 되었다. 묵가의 조직 형태와 거자(鉅子, 묵가 조직의 우두머리를 일컬음. 거자를 중심으로 강력한 집단 체제를 형성했다) 제도는 후세 비밀결사의 모델이 되었다. 넷째, 묵가 사상은 근대 혁명가들의 칭송을 받았다. 특히 쑨원(孫文)은 열렬한 묵가 추존자였다. 그는 묵자를 '평등박애'의 종사(宗師)로 받들었고, 삼민주의(三民主義)를 정리하는 과정에서 매번 묵학을 찬양했다.

노승은 「묵변주」 서문에서 묵자의 논리학을 "묵자는 『변경(辯經)』을 지어서 명칭(개념)의 근본을 세웠다"라고 평했다. 묵자가 창립한 묵변 논리학은 아리스토텔레스의 형식논리학, 고대 인도의 인명학(因明學)과 함께 세계 삼대 논리학파로 인정받고 있다. 묵자의 논리학은 개념을 중시했고, 아리스토텔레스는 명제(命題)에 치중했으며, 인명학에서는 추리를 강조했다. 이 밖에 묵자는 과학기술사, 군사학사 방면에서도 지대한 공헌을 했다.

일찍이 후스(胡適)는 "묵적은 중국에서 출현한 가장 위대한 인물이자 위대한 과학자, 논리학자, 철학자이다"라고 평했다. 공맹 유학, 노장 철학, 법가 학설과 대비하여 민중과 평민의 입장을 대변한 묵가 학설은 기득권층을 제외한 거의 모든 하층 민중의 마음을 움직일 수 있었다.

양주의 학설은 "털 하나를 뽑아 천하를 이롭게 한다 해도 그렇게 하지 않는다"고 하여 극단적인 이기주의를 강조했다. 그러나 묵자는 "천하의 이로움을 일으키고 천하의 해악을 제거하는" 사회적 책임의식을 강조했고, "정수리부터 발꿈치까지 다 닳아 없어지더라도 천하를 이롭게 하는 일이라면 한다"고 하여 죽음을 두려워하지 않고 고통을 즐거움으로 삼는 이상주의적 포부를 지녔으며, "승묵(繩墨)으로 스스로를 바로잡고 세상의 급한 일에 대비하며" "불속에 뛰어들고 칼날을 밟으며 죽어도 발꿈치를 되돌리지 않는" 희생정신은 후대 사람들을 크게 감동시켰다. 범속의 초탈을 추구한 장자 역시 묵자에 대해 '시대의 재사(才士)'라며 진심어린 찬사를 보냈다. 묵자는 이상주의적 열정이 충만하고 몸이 부서질 때까지 모든 노력을 다하는 호걸이었다. 봉건전제 시대에 말살된 묵자의 사상은 오늘날에 이르러서야 비로소 진정한 재평가를 받고 있다.

2000여 년의 기나긴 중국 봉건 역사에서 민중과 평민 사상을 대표한 묵학은 "들불에도 다 타지 않고 봄바람이 불면 다시 돋아나듯"• 크게 혼란스러운 격변기마다 부흥의 기세를 드높였다.

묵학의 1차 부흥은 위진(魏晉) 시대였다. 양한의 경학은 참위학(讖緯學)에 빠져 쇠락을 피할 수 없었다. 정치적 동란으로 끄떡없던 독존 유학 사상이 해체 국면에 이르자 사상계가 다시 활기를 띠었고, 묵학도 1차 부흥의 기회를 얻었다. 이 시기의 특징은 바로 『묵경』 가운데 과학이 중시됐다는 점이다.

묵학의 2차 부흥은 청말 민국 초에 일어났다. 서구 열강의 강력한

• 백거이(白居易)의 시 「부득고원초송별(賦得古原草送別)」: "野火燒不盡, 春風吹又生."

함선과 대포에 청 정부의 문호가 무참히 무너지면서 중국은 변혁하지 않으면 세계 민족의 숲에서 자립할 방법이 없었다. 1896년 6월, 광서제(光緖帝)는 중체서용(中體西用)을 유신변법의 정치 준칙으로 삼아 전국에 선포했다. 이러한 사회 환경에서 걸출한 지도자들이 속속 그동안 무관심했던 『묵자』에 시선을 돌렸고, 그 안에서 필요한 문화 자원을 발굴해 반봉건의 사상 무기로 삼았다.

명청 교체기에 산서(山西) 사람 부산(傅山)이 그 효시를 열었다. 그는 유가의 벽이단(闢異端) 사상에 불만을 품고 묵학 연구로 방향을 선회해 난해하기로 이름난 『묵자』「대취(大取)」편 주석에 힘을 기울였다. 그는 중국 역사상 가장 먼저 「대취」편을 주석한 사람으로 청대 『묵자』 주석의 선하(先河)를 열었다.

근대에 이르러서는 량치차오(梁啓超)와 후스가 묵학을 널리 알리는 데 힘썼다. 변법자강운동이라고도 불리는 무술변법(戊戌變法)을 주도한 량치차오는 『자묵자학설(子墨子學說)』『묵자학안(墨子學案)』『묵경교석(墨經校釋)』 등 묵자와 관련한 전문 저서 세 권을 저술했다. 이는 변법가의 안목으로 묵가 문화를 고찰한 것이다. 량치차오는 묵자의 인품을 진심으로 흠모해 "오호라! 천고의 대실천가 가운데 누가 묵자와 같겠는가?"라며 이론과 실천을 결합한 묵자의 정신을 찬탄했다. 또 그는 묵학구국(墨學救國)을 호소하며 "안타까운 점은 어리석은 후손들이 조상의 무가지보(無價之寶)를 지하에 2000년 동안 매장했다는 것이다"라고 비분강개했다.

신문화운동의 지도자 후스는 『선진명학사(先秦名學史)』에서 유학은 이미 오래 전에 그 생명력을 다했고, 중국 철학의 미래는 유학의 족쇄에서 해방되는 데에서부터 시작해야 한다고 지적했다. 유학은 마땅히 그것이 생성될 때의 지위, 즉 고대에 성행한 수많은 학파 중 하나로 돌아가야 한다. 『묵자』야말로 고대 중국의 '진정으로 가치를 지닌 유일한 저작'이다. 묵가의 정신을 발양하는 것은 나라와 백성을 구하기 위한 것이다. 민족 지도자들이 묵가를 선양하고 유가를 억눌러 서양 학문에 접목한 것은 5·4 신문화운동의 공자 타파 잠재의식에서 비롯됐다고 할 수 있다.

묵학이 침체한 2000여 년은 바로 중국의 봉건전제 시기였다. 이런 역사적 사실로 볼 때, 묵학의 본질적인 정신은 중앙집권 정치에 부합될 수 없는 것이고, 묵학의 중흥은 필연적으로 군주집권제의 쇠망을 기다려야 했다. 묵자 학설이 만청 시기에 새롭게 주목받게 된 것은 우연한 현상이 아니라 봉건전제가 해체될 때 사상의 그물망 한쪽이 찢어졌기 때문이다.

묵가는 고대 중국에서 가장 창조력이 풍부한 사상이어서, 그것이 부흥하고 새롭게 주목받는 것은 자연스러운 일이다. 묵학은 2000여 년간 수차례 화복(禍福)이 엇갈리는 부침을 겪었지만 우연찮게도 우리를 위해 역사의 중첩된 그림자를 형성해 연구할 만한 두께를 갖게 되었다.

중국의 문화 전통을 편협하게 유가 문화로 이해하거나 유가 문화를 주체적 문화 전통으로 여겨서는 안 된다. 이는 당시 유학과 더불어 쌍두마차를 이룬 묵학을 완전히 무시하는 일이다. 당시 "세상의 현학은 유가와 묵가 두 학파이다"라는 것은 역사적으로 증명된 사실이다. 유학이 홀로 드러나고 묵학이 감춰져 드러나지 못한 것은 중국 문화에 심각한 결손을 가져왔다. 유묵의 대립이든 유묵의 상호 보충이든 간에, 각종 사상은 상호 비판하면서도 서로 포용하는 형국을 이뤄야 비로소 내재적 구조를 훌륭하게 변화시킬 수 있다.

2000여 년 전의 역사에서 반짝 흥성했던 묵학은 폼페이나 누란 (樓蘭) 고성(古城)처럼 역사 속 깊은 곳에 매몰돼 있었다. 그러나 생명 력을 가진 식물은 지층 심처에 묻혀 있다가 광물로 바뀌어 끝내 다시 햇빛을 보고 빛을 발한다. "가벼운 연기가 오후(五侯)의 집으로 흩어 져 들어가듯이"●, 묵가의 정신은 "바람 따라 몰래 밤에 들어와 소리 없이 촉촉이 만물을 적시는 것처럼"●● 은연중에 제가백가의 각파 가 운데로 흡수되었다.

『예기(禮記)』「예운(禮運)」편의 대동설(大同說)이 묵자의 「상동(尙 同)」편에서 비롯되었음을 알 수 있고, 『한비자』의 법(法), 술(術), 세 (勢)에 대한 논술 곳곳에서도 묵학의 흔적을 볼 수 있으며, 명가(名家) 공손룡(公孫龍)의 백마비마(白馬非馬), 이견백(離堅白)의 변설 및 혜시 (惠施)와의 합동이(合同異) 논전 가운데에도 묵자 논리학의 칼날이 새 겨져 있고, 『맹자』 『장자』 『한비자』 『여씨춘추(呂氏春秋)』 『회남자(淮南 子)』 등에도 묵자와 관련된 기록 및 묵자에 대한 비판과 수용의 내용 이 있다. 이로써 보건대 현학으로 이름 높았던 묵가의 흔적은 없는 곳 이 없다.

이 책을 쓰는 일 자체는 방대하면서도 깊이 있고 정수와 찌꺼기 가 병존하는 묵학 사상을 재인식하는 과정이다. 묵자의 사상적 핵심 은 겸애(兼愛), 비공(非攻), 상현(尙賢), 상동(尙同), 절용(節用), 절장(節 葬), 비악(非樂), 천지(天志), 명귀(明鬼), 비명(非命)의 10가지 주제이다. 서로 모순돼 보이는 이 주장 가운데에는 묵자 사상 체계의 형성 논리 및 이러한 사상의 '존재가 곧 합리'였던 시대적 특징이 고스란히 드

● 한굉(韓翃)의 시 「한식(寒食)」: "輕烟散入五侯家." 오후(五侯)는 후한 환제(桓帝)의 총애를 받 아 제후에 봉해진 다섯 계급의 환관.
●● 두보(杜甫)의 시 「춘야희우(春夜喜雨)」: "隨風潛入夜, 潤物細無聲."

러나 있다. 사상가이자 실천가인 한 인물의 일생은 필연적으로 그 사상 발전의 궤적 가운데에서 전개된다.

평민 입장을 대표하는 묵자의 소멸은 그 개인의 종말이자 이상주의 유토피아 시대의 종말이기도 하다.

밀란 쿤데라(Milan Kundera)가 "인류가 강권에 반항하는 역사는 곧 망각한 반항을 기억하는 역사이다"라고 말했듯이, 기득권층은 하층에서 외치는 투사의 목소리를 결코 매몰시킬 수 없다.

중국 사상사와 과학기술사에서 '소멸된 것'과 '실종자'를 구조하는 일 자체의 의의는 봉건전제를 향해 비수와 창을 던지는 것이다. 중국 고대 문화에 지대한 영향을 미친 사상가를 부활시키려는 것은 이 책을 쓰기 전부터 구상했던 바이다.

그래서 이제 간절한 목소리로 묵자를 불러내려 한다.

차례

제1부 | 묵자에 관한 여러 논쟁과 공격
: 묵자가 역사의 그늘 아래 묻혔던 이유

제1부
**묵자에 관한 여러 논쟁과
공격**

묵자가 역사의 그늘 아래 묻혔던 이유

"사랑은 핵심이고 이로움은 기초이며 의는 강령이다."

제1장
'묵'을 둘러싼 여러 해석

인물 전기에서 주인공의 성명이 무엇인지 확인할 수 없는 것처럼 황당한 일이 있을까? 그런데 이런 일이 실제로 벌어지고 있다. 중국 사학계에서는 지금까지 묵자(墨子)의 진짜 성명을 밝혀내지 못했다.

『한비자(韓非子)』「현학(顯學)」 편에서는 "묵가(墨家)의 대표는 묵적(墨翟)이다"라 했고, 『사기(史記)』「맹자순경열전(孟子荀卿列傳)」에서는 "묵적은 송(宋)나라 대부이다"라고 했다. 『여씨춘추(呂氏春秋)』와 『회남자(淮南子)』 등에서도 모두 묵자의 성은 묵이고 이름은 적이라는 것이 사학계의 일반적 관점이었다. 그러나 사학계 일각에서 묵자의 성이 결코 묵이 아니라는 목소리가 줄곧 대두되었다.

『원화성찬(元和姓纂)』에 따르면, 묵자는 고죽군(孤竹君)의 후손으로 본래 묵태씨(墨胎氏)의 백성이라 묵씨로 고쳤다고 했다. 그리고 『신당서(新唐書)』「예문지(藝文志)」에서도 이러한 관점에 따라 묵자의 성은 적(翟)이고 이름은 오(烏)라고 했다. 남제(南齊)의 공치규(孔稚圭)가 지은『북산이문(北山移文)』에서는 묵자를 적자(翟子)로 칭했다. 2006년에 개봉한 영화〈묵공(墨攻)〉에서도 묵자를 '적자'로 칭하고 있다. 원대(元代) 이세진(伊世珍)의『낭현기(琅嬛記)』에서도 이러한 설에 따라 묵자의 성은 적이고 이름은 오라고 했다. 청대(淸代) 주량공(周亮工)의『인수옥서영(因樹屋書影)』에서는 보다 구체적으로 "묵을 도(道)로 삼아 성을 이름으로 바꾸었다"라 하여, 묵자의 실제 성은 적인데 선인들이 성을 이름으로 바꾼 것이며 '묵'은 일종의 학파를 가리키는 것으로 보았다. 만청(晚淸)의 학자 강경(江瓊)이 지은『독자치언(讀子巵言)』에서는 주량공의 관점을 따르고, 아울러 한 걸음 더 나아가 고대에 확실히 적이라는 성씨는 있었지만 묵이라는 성은 없었다고 주장했다.

선진 제자 가운데 공자와 맹자가 창립한 학파를 유가, 노자와 장자가 창립한 학파를 도가, 한비자와 상앙(商鞅), 이사(李斯) 등이 창립한 학파를 법가라고 칭한 것처럼 창립자의 성씨로 학파를 명명하는 경우는 없었다. 여타 음양가, 종횡가, 명가, 잡가, 농가, 소설가 등의 학파 역시 성으로 학파를 명명하지 않았다. 따라서 '묵'은 마땅히 학파의 명칭으로 보아야 한다.

이후 고실지(顧實之)의『한서예문지강소(漢書藝文志講疏)』, 진주(陳柱)의『묵학십강(墨學十講)』, 쳰무(錢穆)의『묵자』, 펑유란(馮友蘭)의『중국철학사』에서도 모두 묵자의 성은 결코 묵이 아니라고 여겼다.

말 그대로 성명은 단지 하나의 부호로서 장삼이사(張三李四)와 마찬가지이며, 성이 무엇이고 이름이 무엇인지는 인물 성격의 형성이나 운명의 방향에 결코 결정적인 영향을 미치지 않는다. '이름이 실제에 부합하지 않는' 현상은 아주 흔한 일이다. '부귀'란 이름을 가져도 평생 곤궁하고 초라할 수 있고, '장수'라고 불려도 요절할 수 있으며, '충실'이란 이름의 사람이 위선자일 수 있다. 따라서 '묵'이라는 글자는 한 학파의 정신적 본질이나 행위의 경향과 연계된 것으로 봐야 옳을 것이다.

『묵자』「귀의(貴義)」편에 주목할 만한 내용이 있다. 묵자가 북쪽으로 제(齊)나라에 가던 중 점쟁이를 만났다. 점쟁이가 말했다. "오늘은 상제가 북쪽에서 흑룡을 죽이는 날인데, 선생은 행색이 검으니 북쪽으로 가선 안 됩니다." 묵자는 그 말을 듣지 않고 북쪽으로 치수(淄水)까지 갔다가 건너지 못하고 되돌아왔다.

여기서 우리는 중요한 정보를 얻을 수 있다. 첫째, 점쟁이가 '선생의 행색이 검다'고 한 것은 묵자의 얼굴색이 검거나 피부색이 검음을 뜻하는 것이다. 둘째, 점쟁이가 묵자를 흑룡에 비유하면서 '묵'이라는 글자로 넌지시 암시했다는 점이다.

고대인은 피부색을 아주 중시했다. 『좌씨전(左氏傳)』「애공(哀公) 13년」 조에 "육식자무묵(肉食者無墨)"이라는 구절이 있는데, 두예(杜預)의 주석에서 "묵은 기색이 좋지 않음을 뜻한다"고 했다. 말하자면 돈과 지위를 지닌 사람(肉食者)은 건강이 좋고 얼굴에 윤기가 흐르는 반면 하층민은 얼굴색이 묵색(墨色)으로 보인다는 것이다. 고대에 얼굴색은 신분과 지위를 가르는 현저한 특징이 되었다.

『묵자』「비제(備梯)」편에 "금골리(禽骨釐)가 묵자를 섬긴 지 3년이 되자 손발에 굳은살이 생기고 얼굴은 시커멓게 변했다"는 기록이 있다. 스승을 따른 3년 동안 이런 모습으로 변했다면 5년, 10년 혹은 더 오랜 기간이 지날 경우 어떠하겠는가? 묵자와 그의 제자들은 생계를 위해 비바람을 무릅쓰고 분주히 일했으니 얼굴이 시커멓게 변하는 것도 당연했다.

'묵'이라는 글자를 의복의 색깔로 보는 견해도 있다. 묵자와 그의 제자들은 오늘날 블루칼라처럼 육체노동을 통해 생계를 이어갔기 때문에 때가 잘 타지 않는 검은색 작업복을 즐겨 입었다. 이런 이유로 검은색 옷을 입고 지나가는 무리를 보면 '묵가'라고 칭했던 것이다.

루쉰(魯迅)이 상하이에서 도피생활을 할 때, "달빛이 물처럼 검은 옷을 비추는구나!"●라는 시로 눈앞의 정경을 묘사한 바 있다. 복식은 사회적 지위나 작업 성질과 관련이 있다. "비단옷을 입은 사람은 고급 요리를 먹는다"는 말처럼 이런 사람은 입는 옷 또한 휘황찬란하다. 이들은 거친 음식을 주로 먹고 심지어 먹어도 배를 채우지 못하는 노동 계층과 선명한 대비가 된다.

이처럼 얼굴이 시커멓고 검은 옷을 입은 무리가 지나가면 당연히 검은 집단이라는 인상을 주게 되므로, 당시 묵가라는 명명 가운데에는 천민이나 검둥이 무리라는 조롱이 담겨 있다고 볼 수 있다.

고대 언어에서 '흑'과 '묵'은 상통하며 더욱이 피부색을 언급할 때 두 글자를 자주 혼용했다. 사람들은 얼굴이 시커먼 제자 무리를 묵가라고 칭했으니, 그들의 선생을 '묵자'라고 부르는 건 지극히 당연한 일이다.

피부색은 사람의 생활환경을 대표한다. 『회남자』「수무훈(修務訓)」에는 "순(舜)은 휘묵(黴墨)"이라 하여 순이 농민 출신으로 종일 햇볕 아래서 일해 얼굴이 시커멓게 탔다고 했다. 『전국책(戰國策)』에서는 소진(蘇秦)이 "모습이 메마르고 얼굴이 시커멓다"라 했다. 그가 날씨에 상관없이 열국을 돌며 제후에게 유세했으니 얼굴이 어찌 검지 않을 수 있었겠는가?

이른바 검은색 피부가 대표한 것은 사회집단이자 사회계층이다.

● 루쉰의 시 「도유석(悼柔石)」: "月光如水照緇衣." 이 시는 1931년 장제스(蔣介石)의 국민당 정부에게 학살당한 젊은 좌익 작가 유석을 추도하여 지은 작품이며, 당시 루쉰은 당국의 추격을 피해 상하이 여관을 전전하고 있었다.

『한비자』「외저설좌상(外儲說左上)」에서는 "손발에 굳은살이 생기고 얼굴이 시커먼 것은 노동에 공이 있는 자이다"라 했고, 『순자(荀子)』「자도(子道)」에서는 "어떤 사람이 일찍 일어나고 밤늦게 자면서 손발에 굳은살이 생길 정도로 농사일을 해 부모를 봉양했다"고 했다. 여기서 손발에 굳은살이 생기고 얼굴이 시커먼 자가 바로 사회의 노동자, 부양자 계층임을 알 수 있다.

　『사기』「하본기(夏本紀)」에 "백성을 편안히 하면 여민(黎民)이 그리워할 것이다"라는 말이 있다. 여기서 고대에 려(黎)와 려(黧)가 통용됨을 알 수 있다. 즉 백성을 뜻하는 '여민'은 피부색으로 의미를 표시한 것이다. 여민은 피부색이 검은 백성이다. 역사상 묵가라는 지칭은 하나의 사회집단, 사회계층의 대명사일지도 모른다.

　『묵자』에도 고생을 많이 겪은 사람은 필연적으로 "얼굴이 초췌하고 낯빛이 시커멓다"(「절장하」), "시커먼 얼굴색"(「겸애중」) 등의 표현이 있다. 『묵자』「상현하(尙賢下)」에서는 "혈색이 좋은 자는 왕공대인 아니면 벼락부자나 불의로 재물을 취한 자"라고 명확히 구분했다.

　이상의 판단을 근거로 묵가의 제자들은 멸시를 받아도 결코 성내지 않으며 "노동자가 먹을 것을 얻으려고 일하는 게 왜 부끄럽단 말인가?"라고 했을 것이다. 수치스러운 것은 일하지 않으면서 비단옷과 맛있는 요리를 얻는 자들이다. 『묵자』「경설상(經說上)」에서 묵가는 스스로 흑자(黑子), 흑인(黑人)이라고 지칭했다. 이를 통해 이들이 묵자(墨子), 묵자(墨者) 같은 멸칭(蔑稱)을 인정했다고 볼 수 있다. 여기에는 "흉하고 추한 것이 신기한 것으로 변화되는"●● 숭고한 사상의 경지가 담겨 있다. 스스로 '묵자'임을 인정하는 것은 자기의 피부색이 검다고

●● 『장자(莊子)』「지북유(知北遊)」: "臭腐復化爲神奇."

인정하는 것일 뿐 아니라 검은색 피부를 가진 자들에 대해 마음 깊은 곳에서 우러나온 긍정과 공명(共鳴)이기도 하다. 사물은 종류대로 모이고 사람은 무리 지어 나뉜다. 묵가는 바로 하층 민중을 대표했다.

펑유란은 『중국철학사』에서 묵가학파를 명료하게 설명했다.

> 묵자가 주장하는 것은 천한 자들이 주로 하는 행동이며, 이것이 그가 묵도(墨道)라고 칭해진 까닭이다. 묵자는 기꺼이 '묵'으로 자기 학파를 명명했으니, 이는 그리스의 안티스테네스(Antisthenes) 학파가 견유학파(犬儒學派; Cynic, 개와 같은 생활을 한다고 하여 붙여진 이름)로 불린 것과 같다. 그 역시 기꺼이 이를 자기 학파로 명명했고, 그가 죽은 뒤 돌로 만든 개를 조각해 묘표로 삼았다.

안티스테네스가 창립한 유파를 견유학파라고 부르는 것은 분명 모욕적인 호칭이다. 일설에 따르면, 안티스테네스의 제자 디오게네스는 나무통(혹은 항아리) 속에 살면서 구걸로 연명했다. 사람들이 그 모습을 보고 개와 같다고 비웃어도 그는 결코 성내지 않았다. 디오게네스와 관련된 유명한 일화가 있다. 어느 날 알렉산드로스 대왕이 가르침을 받으려고 직접 그를 찾아가 원하는 것이 무엇인지 물었다. 그때 햇볕을 쬐고 있던 그는 "왕이시여, 지금 당신이 따뜻한 햇볕을 가리고 있으니 옆으로 한 발짝만 비켜서 주십시오"라고 대답했다.

안티스테네스 학파의 철학적 주장은 깨끗한 마음으로 욕망을 줄이고 세속의 부귀영화를 버리며 지식인의 독립적 인격을 추구하는 것이다. 이들은 차라리 개처럼 자유롭게 살지언정 제왕의 은총을 바라지 않았다. 따라서 사람들이 견유학파라 불러도 달갑게 받아들인 것이다.

이 밖에 첸무는 묵자의 성씨에 관한 고증에서 성씨가 함축한 사회적 의미를 보다 심층적으로 규명했다. 첸무의 『선진제자계년고변(先秦諸子系年考辨)』 제32절 소제목은 '묵적의 성은 묵이 아니며, 묵은 형벌을 받은 자의 칭호'이다. 첸무는 다음과 같이 서술했다.

대개 묵은 고대의 형벌 이름이다. 『백호통(白虎通)』에서 오형(五刑) 가운데 "묵은 이마에 뜸을 뜨는 것이다"라 했다. 『상서(尚書)』 『주례(周禮)』 『효경(孝經)』 『한서』 등의 주소(註疏)에서 모두 '묵'은 경죄(輕罪)로 얼굴에 글자를 새기고 먹으로 물들이는 것으로 보았다. 묵가의 묵은 여기에서 의미를 취한 것이다.

첸무는 '묵'을 형벌로 여겼다. 이는 고대 자료에서 어렵지 않게 볼 수 있다. 『사기』에서 한 고조 유방(劉邦)에게 경형(黥刑)을 받은 명장 영포(英布)의 열전 제목이 「경포열전(黥布列傳)」이다. 얼굴에 글자를 새기는 죄로 성씨를 삼은 것이다. 『수호전(水滸傳)』에서 임충(林沖)이 백호당(白虎堂) 사건으로 모함을 받아 창주(滄州)로 유배될 때에도 얼굴에 글자를 새기고 묵으로 물들였다. 첸무는 앞의 글에서 또 다음과 같이 서술했다.

묵가는 힘든 일을 숭상해 꼭 형벌을 받은 무리 같았다. 옛날에는 자신이 중죄에 걸리면 가족까지 모두 노예가 되었다. 또 속죄할 능력이 없는 경우에도 노비로 전락했다. 여(輿), 요(僚), 대(臺), 복(僕)이 모두 죄를 지은 사람으로 동복(童僕)과 노예(奴隸)의 명칭이 모두 여기에서 유래했다. 한대 유학자들은 『주례』 주석에서 "지금의 노비는 즉 고대의 죄인이었다"라고 했다. 『좌씨전』에서는 "란(欒), 극(郤), 서(胥), 원(原), 호(狐), 속(續), 경

(慶), 백(伯)이 강등되어 조예(皂隸)가 되었다"●라고 했다. 이것은 멸족으로 인해 노예로 전락한 것이다. 또 말하기를, "비표(斐豹)는 노예로 그 이름이 단서(丹書)에 기록되어 있다"●●고 했는데 이는 범죄를 저질러 노예로 전락한 경우이다. 노예는 고대에 흔히 볼 수 있었고, 또 사회의 중요한 일부분이기도 했다.

첸무는 고증에 근거해 묵자가 "일가족이 노예가 되고 또 속죄할 능력이 없어서 사회의 최하층으로 떨어졌다"고 여겼다. 순자는 묵자의 학설을 역부지도(役夫之道)라 칭했고, 양궈룽(楊國榮)의 『중국고대사상사』에서도 묵자를 노예라고 간주했다.

춘추전국 및 그 후 역대 왕조의 여러 전적에는 묵자의 부모에 관해 전혀 기재돼 있지 않고, 간혹 그의 부친이 수공 기술자였다는 설이 있다. 고대에 여자가 출가하면 남편의 성을 따랐다. 남자만이 종손 자격으로 대를 잇고 성씨를 가졌으며, 성씨로써 귀천을 구별했다. 귀한 자만이 비로소 씨가 있고, 천한 자는 꼭 씨가 있는 것은 아니었다. 예컨대 『춘추』에 기록된 시인초(寺人貂), 시인피(寺人披), 도인비(徒人費)는 모두 성씨가 아니다. 개지추(介之推), 촉지무(燭之武) 역시도 성씨가 아니다. 또한 사양(師襄), 사광(師曠), 복도보(蔔徒父), 복언(蔔偃), 복초보(蔔招父), 도우단(屠牛坦), 도양설(屠羊說) 등 또한 하나같이 성씨가 아니다. 모든 중국 역사는 제왕, 장상(將相), 재자(才子), 가인(佳人)의 무대였으며, 묵자는 빈천해 성씨조차 없었던 것이다.

그러나 『묵자』의 행간을 자세히 살펴보면 묵자의 출신에 관한 일부 실마리를 찾아볼 수 있다. 『묵자』「귀의」에는 다음과 같은 일화가

● 『좌씨전』, 「소공 3년」: "欒, 郤, 胥, 原, 狐, 續, 慶, 伯降在皂隸."
●● 『좌씨전』, 「양공 23년」: "斐豹, 隸也, 著於丹書."

실려 있다. 묵자가 남쪽 초나라에 유세하러 가서 혜왕(惠王)에게 뵙기를 청했다. 혜왕은 묵자의 미천한 신분을 싫어해 늙었다는 이유로 사양하며 목하(穆賀)를 시켜 만나게 했다. 묵자가 자신의 치국지책(治國之策)을 유세하자 목하가 크게 기뻐하며 묵자에게 말했다.

목 하 당신의 말씀은 실로 훌륭합니다. 그러나 왕은 천하의 군주시니 천한 사람의 주장을 어찌 받아들이시겠습니까?

묵 자 해볼 만한 일입니다. 비유하자면 마치 약과 같습니다. 천자가 풀의 뿌리를 먹고 병을 고칠 수 있다면 어찌 풀뿌리 하나라 하여 먹지 않겠습니까? 가령 농부가 대인에게 세금을 내고 대인은 단술과 제수를 장만해 상제와 귀신에게 제사를 지낸다면, 어찌 천민이 만든 것이라 하여 흠향하지 않겠습니까? 따라서 비록 천한 사람이라도 위로는 농부에 비기고 아래로는 약에 비기니 설마 풀뿌리 하나만도 못하겠습니까? 대왕도 일찍이 탕왕(湯王)의 전설을 들으셨을 겁니다. 옛날 탕왕이 이윤(伊尹)을 만나러 가려고 팽씨(彭氏)의 아들에게 수레를 몰도록 했습니다. 팽씨의 아들이 가는 도중에 물었습니다. "왕께선 어디로 가시려는지요?" 탕왕이 이윤을 만나러 간다고 하자 팽씨의 아들이 말했습니다. "이윤은 천하의 천한 사람입니다. 만일 왕께서 그를 보고 싶으시면 명을 내려 부르더라도 그는 기꺼이 달려올 것입니다." 탕왕이 대답했습니다. "그건 네가 알 바 아니다. 가령 여기에 있는 약을 먹고서 귀가 더욱 밝아지고 눈이 더욱 밝아진다면 나는 분명 기뻐서 열심히 그것을 먹을 것이다. 지금 이윤은 우리나라의 훌륭한 의사나 좋은 약과 같다. 그런데 너는 나더러 이윤을 보지 말라고 하니, 이는 내가 훌륭해지길 바라지 않는 것이구나." 그러고는 팽씨의 아들에게 더 이상 수레를 몰지 못하게 했습니다. 대왕이 탕왕의 현명함을 본받는다면 천한 자와 귀한 자 누구의 주장이라도 듣지 않겠습니까?

위의 기록은 다음과 같은 정보를 제공하고 있다. 첫째, 묵자는 천민, 노예에 속하여 군주가 그를 안중에도 두지 않았다. 둘째, 묵자는 자신의 미천한 신분을 부끄러워하지 않고 천민이 비록 지위가 낮지만 좋은 말은 약과 같아서 군주의 어리석음을 고칠 수 있다고 여겼다. 천민, 노예는 대인들에게 의식(衣食)을 제공하는 사람으로 만일 천민들이 세금을 내지 않으면 대인이 어떻게 풍족하게 먹고, 무엇으로 상제와 귀신에게 제사를 올릴 수 있겠는가? 셋째, 탕왕을 보좌해 대업을 이룬 이윤 역시 노예 출신이 아니던가? "가장 미천한 사람 가운데 최상의 지혜가 있다"●는 말처럼 천민 가운데 현명하고 능력 있는 자가 있으며, 탕왕과 같은 성인이 꺼리지 않고 그들을 예우하면서 직접 가르침을 받았다.

『묵자』「노문(魯問)」 편에 묵자의 신분이 보다 명확히 설명돼 있다. 공수반(公輸般)이 대나무를 깎아 까치를 만들어 날렸는데 사흘 동안 떨어지지 않았다. 공수반이 스스로 대단한 기술이라고 여기자 묵자가 공수반에게 말했다.

당신이 만든 까치는 수레바퀴에 차축을 고정시키는 비녀장(車轄)만 못하다. 목수는 눈짐작으로 세 치 비녀장을 만들지만 수레가 무거운 짐을 싣도록 돕는다. 한 사람의 업적이 백성에게 이로울 때 교묘하다 말하지, 이롭지 않은 것은 졸렬하다고 한다.

● 육조(六祖) 혜능(慧能)의 말 : "下下人有上上智."

여기에서 묵자가 바로 수레를 만드는 장인임이 드러나고 있다. 천쉐량(陳雪良)의 『묵자답객문(墨子答客問)』의 설명에 따르면 묵자는 수레를 만드는 데 뛰어난 기술자 가정에서 태어났다. 당시 사회에서 기술자는 관청 소속이었다. 기술자는 엄격한 통제 아래 관청에 예속돼 일했고 사회적 지위가 매우 낮았다. 당시 기술자 직업은 대대로 세습되어 묵자는 "철이 들면서부터 부모를 따라 집안에서 기술을 익혔다". 그는 목공 기술을 전수받아 손재주가 아주 뛰어났다.

　　중국 고대의 대표적 과학기술서인 『고공기(考工記)』에서는 "기구 하나를 만들려면 기술자들이 모여야 하는데 수레 기술자가 가장 많았다"고 했다. 여기서 수레 제작이 극히 번거롭고 어려운 기술이자 각종 지식과 기능의 종합이며, 상당한 경지의 수학, 역학(力學), 기계학 지식이 없으면 만들 수 없음을 알 수 있다. 묵자는 총명하고 재주가 뛰어났기 때문에 당시 유명한 기술자 공수반과 재주를 다툴 정도였고, 혜시(惠施) 또한 묵자를 훌륭한 기술자라고 칭찬했다. 왕충(王充)은 『논형(論衡)』에서 묵자의 조상은 비천한 사람으로 이른바 포의지사(布衣之士)나 천인(賤人)이라고 지적했다. '묵'과 관련된 또 다른 관점으로는 '묵'의 원래 의미가 먹줄을 사용하는 목공이라는 것이다. 묵자 및 그의 수많은 제자는 본래 수공업 기술자였다.

　　첸무는 "당시 형벌을 받은 무리를 묵자로 칭했다는 설에는 확실한 증거가 있다"고 주장하며 『묵자』「노문」 편의 기록을 예증으로 삼고 있다.** 묵자가 제자인 공상과(公尚過)를 월(越)나라에 추천했다. 공상과가 월왕에게 유세하니 월왕은 크게 기뻐하며 공상과에게 말했

** 첸무의 원래 글에서는 이 대목에 관해 「상현」 편으로 근거를 제시했지만 실제로는 『묵자』 「노문」 편에 보이고, 일부 내용만 「상현」 편과 관련이 있다. 따라서 본문에서는 문맥에 맞게 종합하여 번역했다.

다. "선생이 만약 묵자에게 우리 월나라에 와 과인을 가르치게 할 수 있다면, 옛날 오나라 땅 500리를 떼어서 묵자에게 봉지로 하사하겠습니다." 공상과가 제안을 받아들이자 월왕은 수레 50대를 공상과에게 딸려 보내 노나라에 있는 묵자를 맞이하도록 했다.

> **공상과** 제가 선생님의 도로써 월왕에게 유세하니 월왕이 크게 기뻐하며 만일 선생님을 월나라로 오게 해서 자신을 가르친다면 옛 오나라의 땅 500리를 떼어 선생님에게 주겠다고 말했습니다.
>
> **묵 자** 자네가 월왕의 뜻을 살펴볼 때 어떠하던가? 월왕이 내 말을 듣고 내 도를 따른다면 나는 장차 갈 것이고, 알맞게 먹고 적당히 입으면서 스스로 여러 신하들(빈맹)과 어울릴 것이니 어찌 땅을 봉할 필요가 있겠는가?● 그러나 만약 월왕이 내 말을 받아들이지 않고 또 내 도를 따르지 않는다면, 월나라 영토 전체를 내게 준들 무슨 소용이 있겠느냐. 월왕이 내 가르침과 내 도를 따르지도 않는데 그의 제안을 받아들인다면, 그것은 의로움을 파는 짓일 뿐이다. 의로움을 판다면 중원에 나라도 많은데 하필 월나라에 팔겠느냐.

여기서 '여러 신하들' 혹은 '빈맹(賓萌)'은 식객이라는 뜻으로 묵자 스스로 북방의 천인이라 칭한 것과 부합되며, 이주민 혹은 이사 온 사람과 유사하다. 『묵자』 「상현상」 편에서는 백성을 국중지중(國中之衆)과 사비지맹(四鄙之萌)으로 구분하고 있다. 전자는 원주민 즉 자유민이고, 후자는 시골에서 여러 가지 사정으로 이주한 사람들로 노예처럼 남의 밑에 얹혀사는 자이다. 묵자는 벼슬길에 나아가는 사치스러

● 『묵자』 「노문」 편의 원문은 "量腹而食, 度身而衣, 自比於群臣, 奚能以封爲哉"인데, 첸무가 제시한 원문은 "量腹而食, 度身而衣, 比於賓萌, 未敢求仕"이다. 의미상 큰 차이는 없다.

운 생각을 가지지 않았고, 다만 풍족한 의식을 바랐을 뿐이다. 첸무는 이를 묵자가 형벌 생활에 익숙해 있었기 때문이라고 여겼다. 궈모뤄(郭沫若)는 『십비판서(十批判書)』 가운데 선진 역사에 대한 고증에서 첸무의 말을 예증으로 삼았다.

인민(人民)은 본래 생산 노예이며, 이는 내가 고대사회 가운데에서 발견한 중요한 사항이다. 그렇다 해도 이는 사실상 일종의 진보이며, 인민은 이 역사 단계에 도달하기 전까지 노예의 신분조차 가질 수 없었다.

원시시대에는 순수한 가족 집단 혹은 종족만 있었을 뿐 노예가 없었다. 일족이 하나의 가족을 이루어 족장 혹은 가장이 있었지만 결코 주인과 노예의 구분은 없었다. 노예는 다른 종족으로부터 유래했다. 처음에는 이족을 정복하거나 싸움에서 승리해 획득한 포로를 모두 학살하거나 이들을 잡아 종족의 조상신에게 제사를 올릴 때 희생으로 썼다. 복사(卜辭)에서 사람을 희생으로 삼은 기록은 이루 다 열거하기 어렵다.

그러나 사람은 사용 가치가 있기 때문에 처음에는 유순한 자를 가려서 마음대로 부려먹었다. 그것이 곧 신(臣)이자 첩(妾)으로 이른바 집안의 노예였다. 이어 완강하게 따르지 않는 자도 강제로 생산에 동원했다. 그것이 곧 중(衆)이자 민(民)이다. 가장 흥미로운 점은 민과 신 두 글자가 본래 눈의 모양을 본떠 만들었다는 것이다. 신은 세로로, 민은 가로로 흘겨보는 것이다. 고대인은 눈을 인체에서 극히 중요한 상징으로 여겨 항상 눈을 머리 전체 심지어 전신을 대표하는 것으로 보았다. 수목(竪目)은 머리를 조아리고 명을 따르는 것을 표시하는데, 사람이 머리를 숙이면 측면에서는 눈이 곧게 서 있는 것처럼 보인다. 횡목(橫目)은 항명하면서 똑바로 쳐다보는 것이다. 따라서 고대에 '횡목지민(橫目之民)'이라는 말이 있다.●● 가로로 흘겨보게 된 것은 대개 그 한쪽 눈을 멀게 하여 노예의 징표로 삼았기 때문이다. 이에 옛말에 "민은 맹(盲)이다"라고 했다. 이를 통해 고대인들이 노예를 얼마나 잔혹하게 다루었는지 알 수 있다. 노예의 머리카락을 베고 이마에 뜸을 뜨고 뒤꿈치를 베고 거세하는 일이 다반사였으므로 한쪽 눈을 멀게 하는 일에 눈 하나 깜짝하지 않았다. 다만 한쪽 눈이 멀면 생산 활동에 불편하므로 후세에 이런 방법을 쓰지 않았을 뿐이다.

말하자면 효과적으로 노예의 노동력을 착취하기 위해서 횡목으로 반항하며 순응하지 않는 자의 눈동자를 찌르지 않고 얼굴에 문자를 새기거나 물들이는 것으로 바꾸었다. 이로부터 묵자가 태어난 세상에서는 불굴의 반역성이 꿈틀거리고 있었음을 알 수 있다.

『좌씨전』 「성공(成公) 2년」에 따르면, 노나라는 초나라의 침략에 굴복해 부득불 목공, 자수공과 방직공 등을 노예로 보내 화친을 구할 수밖에 없었다.

첸무는 일찍이 유학자의 이미지를 이렇게 묘사했다. 소위 유학자는 육예(六藝), 즉 예악사어서수(禮樂射御書數)를 몸에 익혀 귀족에게 나아가 봉록을 얻었다. 즉 사지를 놀리지 않고 오곡도 분별하지 못하는 백면서생을 잔뜩 양성한 것이다. 또 "유학자는 위로 오르기 위해 죽을힘을 다했고, 묵가는 아랫자리에 있는 것을 달가워했다" "묵가는 노예의 도를 세상에 널리 제창함으로써 유술(儒術)에 대항했다"고 말했다.

얼굴이 시커먼 묵가와 백면서생의 유가는 흑백이 뚜렷하게 구분되듯 세불양립의 대치 국면을 이루었다.

●● 『장자』 「천지(天地)」

묵자의 성명에 관한 고증으로부터 당시 사회의 신분과 지위에 대한 인식을 엿볼 수 있다. 계급사회에서 각개인은 모두 일정한 계급 지위 안에서 생활하며, 각종 사상은 계급의 낙인이 찍히지 않을 수 없다. 이는 묵자 사상의 형성 및 그가 평생 견지한 평민 대변자 입장에 의심할 나위 없이 지대한 영향을 미쳤다.

제2장

묵자의 생몰 연도에 대한 논쟁

사람은 나면서부터 죽을 때까지 세속과 인연을 맺게 된다. 그러나 2000여 년 동안 묵자를 대대적으로 차단하는 바람에 묵자의 생몰 연대조차 안개 속에 가려진 수수께끼로 남았다. 『사기』「맹자순경열전」에서는 애매모호하게 "어떤 이는 공자와 동시대라 하고, 어떤 이는 그 후라고 한다"고 서술했다. 『한서』「예문지」에서도 개략적으로 "묵자는 공자 후대 사람이다"고 했다. 『후한서(後漢書)』「장형전(張衡傳)」의 주석에서는 조금 분명하게 "공수반과 묵적은 자사(子思)와 같은 시대 사람으로 공자 이후에 출생했다"고 했다.

"시대가 영웅을 만든다"는 말처럼 묵자의 생몰 연대에 대한 고증은 한 사상가의 활동 무대 및 당시 풍운 인물들과의 일대일 혹은 일대다의 관계를 정하는 근거가 된다.

묵자의 생몰 연대를 추론하기 위해 후대 학자들은 대부분 『묵자』에 언급된 주요 인물과 중대 사건을 참조했다. 사마천이 공자를 참조한 이유는 공자가 한 무제 때 이미 '독존'의 유명인사가 되었기 때문이다. 대학자 런지위(任繼愈)는 다음과 같이 말했다.

묵자의 생몰 연대를 확실하게 단정할 수 없지만 대략적으로 살펴볼 수는 있다. 초나라의 송나라 공격을 그만두게 한 일은 믿을 만한 역사적 사건으로 기원전 445년부터 기원전 440년 사이에 발생했다. 이때 묵자는 장년(너무 늙었다면 장거리를 갈 수 없었을 테고, 너무 젊었어도 제자 300명을 둘 수 없었을 것이다)이었다. 기타 자료를 종합해 추론해보면 묵자는 대략 기원전 480년에 태어나 기원전 420년에 죽었으며, 그가 어렸을 때 공자는 이미 세상에 없었다.

런지위는 묵자의 생몰 연도에 대해 사마천의 견해인 '공자와 동시대이다'라는 관점을 지지했다. 한편 왕중(汪中)은 상술한 추론에 동의하지 않고 저서인『묵자』서문에서 이렇게 기술했다.

묵자는 사실 초 혜왕과 동시대 사람으로, 그가 송나라에서 벼슬할 때는 경공(景公)과 소공(昭公) 시대였다. 그의 나이는 공자보다 조금 적어 아마도 공자를 볼 수 있었을 것이다.『한서』「예문지」에서 공자보다 뒤라고 본 것이 옳다.『묵자』「비공하」에서는 "지금 천하에서 전쟁을 좋아하는 나라로는 제나라, 진(晉)나라, 초나라, 월나라가 있다"라 했고, 또 "당숙(唐叔)과 여상(呂尙)이 제나라와 진(晉)나라의 시조가 되었을 때 모두 땅의 넓이가 수백 리였는데, 지금은 초나라, 월나라와 함께 천하를 사분했다"고 했으며, 「절장하」에서는 "정벌에 힘쓰는 제후로는 남쪽에 초나라와 월나라의 왕이 있고, 북쪽에는 제나라와 진(晉)나라의 임금이 있다"고 했다. 이는 확실히 구천(句踐)이 패자를 칭한 뒤이자 진(秦) 헌공(獻公)이 뜻을 이루기 전이며, 진(晉)나라가 삼가(三家)로 나뉘기 전이자 제나라에 진씨(陳氏)가 아직 나타나지 않았을 때이다.

왕중은 묵자의 생애 연표를 만들어 대략적인 생몰 연대를 그려냈는데, 월왕 구천이 와신상담(臥薪嘗膽)으로 오나라를 멸하고 패자로 칭한 뒤이자, 조(趙), 한(韓), 위(魏) 삼가가 진나라를 나누기 전이다. 천쉐량은 『묵자답객문』의 '묵자연표'에서 다음과 같이 서술했다.

묵자는 주(周) 정정왕(貞定王) 원년(기원전 468년)에 태어났다. 정정왕 15년(기원전 454년) 묵자 나이 15세 때 정(鄭)나라에서 서쪽으로 진(晉)나라에 갔다가 마침 진나라에서 크게 일어난 내란을 만났다. 진나라 여섯 장군 가운데 비교적 강력한 지백(智伯)이 넓은 토지와 많은 인민을 기반으로 중항씨(中行氏)와 범씨(范氏)를 공격하고 삼가를 합쳐 일가를 이루었다. 정정왕 16년, 묵자는 16세로 진(晉)나라에 있었다. 지백이 둑을 무너뜨려 진양(晉陽)을 물에 잠기게 하자, 조씨(趙氏)의 신하 장맹(張孟)이 한씨(韓氏)와 위씨(魏氏)를 설득해 세 가문이 연합했다. 결국 제방을 허물어 지백의 군대를 물에 잠기게 하고 지백을 사로잡아 살해한 뒤 그 땅을 삼분했다. 한, 위, 조가 진을 삼분한 뒤 묵자는 『묵자』 「비공」 편에서 그 일을 기록하고 사람들에게 지백의 일을 귀감으로 삼으라고 요구했다.

천쉐량은 또 묵자가 소년 시절에 한, 조, 위가 진나라를 삼분하는 일을 겪고서 그의 인생에 인두로 지지는 듯한 깊은 흔적을 남겼다고 분명히 지적했다. 천쉐량의 견해는 청대 손이양(孫詒讓)의 『묵자간고(墨子閒詁)』 고증에 의거했을 가능성이 있다.

가만히 지금 53편으로 추론해본다면 다음과 같다. 『묵자』에서는 먼저 공수반 및 노양문자(魯陽文子)와의 상호 문답을 언급하고, 나중에 제 태공(太公)을 만났으며 제 강공(康公)이 음악을 대대적으로 일으킨 일과 초나라 오기(吳起)의 죽음을 언급했다. 위로 공자가 죽었을 때와 거의 100년 차이가 나므로 묵자가 공자 후대라고 보는 것이 옳다. 전후를 살펴 계산해보면 묵자는 자사(子思)와 동시대(자사는 노 애공 2년, 주 경왕[敬王] 27년, 즉 기원전 492년에 태어났다)이나 생년은 오히려 그 후이다. 주 정왕 초년에 태어나 안왕(安王) 말년(서기로 계산하면 손이양이 생각하는 묵자의 생몰 연대는 대략 기원전 468~기원전 387년)에 죽었으니 대략 80~90세로 장수했다고 볼 수 있다.

손이양은 묵자가 공자 제자인 자사와 같은 시기 사람이라고 여겼다. 손이양과 왕중의 관점이 완전히 같진 않지만 기본적으로 일치한다. 사마천의 '공자와 동시대 사람'이라는 언급을 부정한 것이다. 『묵자』에는 초 혜왕 당시의 일이 대량으로 기재되어 있다. 혜왕의 재위 기간은 주 경왕 32년(기원전 488년)부터 주 고왕(考王) 9년(기원전 432년)까지인데, 공자는 기원전 479년에 죽었으므로 묵자의 활동 연대는 응당 공자 이후이다. 손이양은 묵자가 공자보다 100년 뒤에 태어났다고 추산했고, 량치차오(梁啓超)는 이보다 약간 빠르다고 생각했다. 량치차오는 묵자가 일찍이 교류했던 사람들에 근거해 묵자의 생몰 연대를 추정했다.

묵자의 탄생은 아무리 늦어도 공수반보다 30세 이상 어릴 수 없다(공수반의 탄생은 아무리 늦어도 공자가 죽기 10년 전이다). 묵자의 죽음은 아무리 일러도 정공(鄭公)이 피살된 후 3년(기원전 390년)보다 빠를 수 없고, 아무리 늦어도 오기가 환란을 만난 해(기원전 318년)보다 늦을 수 없다. 죽은 해를 추정하여 그의 생년을 추측해보면 묵자가 자하(子夏)처럼 장수했을 경우 위로 공자 때까지 이를 수 있다. 따라서 묵자는 주 정왕 초기(원년에서 10년 사이, 기원전 468년~기원전 459년)에 태어났다. 대략 공자 사후 10여 년(기원전 479년에 죽음) 뒤이다. 묵자는 주 안왕 중엽(12년에서 20년 사이, 기원전 390년~기원전 382년)에 죽었으며, 대략 맹자가 태어나기 10여 년 전(맹자는 기원전 372년에 태어남)이다.

서기로 계산했을 때 량치차오가 생각하는 묵자의 생몰 연대는 대략 기원전 463년부터 기원전 385년까지이다. 량치차오의 고증에 따르면 맹자가 태어나기 10여 년 전 묵자는 이미 세상을 떠났다. 맹자는 묵가를 가장 극렬하게 공격한 사람인데 뜻밖에 『묵자』에 맹자를 반박하는 내용이 한 글자도 없다. 묵자의 성격으로 봤을 때 이는 절대 불가능한 일이다. 따라서 량치차오의 주장은 어느 정도 근거를 가지고 있다.

수백 가지 설이 난무하는 실정이지만 묵자가 춘추전국 시대에 활약했다는 점은 분명한 사실이다.

『좌씨전』「선공(宣公) 3년」에는 왕손만(王孫滿)이 초 장왕(莊王)에게 주나라의 역수(曆數)는 점치면 30세대에 걸쳐 700년이 나왔다고 기록되어 있다. 서주(西周)의 역수는 250여 년이고, 동주(東周)의 역수는 대략 450년으로 주 왕조 역수는 30세에 걸쳐 약 700년간 이어졌다.

주 왕조를 동주와 서주로 구분한 것은 평왕(平王)의 천도를 경계로 삼았다. 주 왕조 초기의 도읍인 호경(鎬京)은 지금의 산시(陝西)성 시안(西安)시 서남쪽 20킬로미터 펑허(灃河)의 동쪽 기슭이다. 주 유왕(幽王)이 천금(千金)으로 웃음을 사고 제후들과 봉화 놀이에 빠져 국세가 급격하게 기울자, 강력한 서융(西戎)을 피하기 위해 평왕은 성주(成周)로 도읍을 옮겼다. 지금의 허난(河南)성 뤄양(洛陽)시이다. 성주가 호경 동쪽에 자리했기 때문에 후인들은 이를 기준으로 서주와 동주를 구분했다.

춘추와 전국 두 시대는 『춘추』와 『전국책(戰國策)』이라는 책이름에서 비롯되었다. 춘추전국 시기는 주 평왕 원년(기원전 770년)에 성주로 천도했을 때부터 시작해 진왕(秦王) 정(政) 26년(기원전 221년)에 진나라가 동쪽의 육국을 멸망시키고 전국을 통일했을 때까지이다. 총 550년으로 춘추전국과 동주는 시대가 겹친다.

춘추전국 시대에는 사회 생산력이 급속도로 발전했다. 마르크스는 경제적 시기 구분에서 다음과 같은 명언을 남겼다. 사회 생산력의 발전 수준을 판단하는 척도는 "무엇을 생산하는지에 달려 있는 것이 아니라 어떻게 생산하고 어떤 노동 도구를 이용해 생산하느냐에 달려 있다". 여기서 말하는 노동 도구는 주로 생산 도구를 가리킨다. 춘추전국 시기 중국에서는 생철을 야금하는 기술, 즉 철을 주조하는 선진적 기술이 출현했기 때문에 철기가 보편적으로 사용되었고, 이를 이용해 농업과 수공업의 발전을 촉진시켰다.

산둥(山東)성 린이(臨沂)시 인췌산(銀雀山) 한묘(漢墓)에서 출토된 『손자병법(孫子兵法)』「오문(吳問)」편과 『한서』「식화지(食貨志)」에 실린, 이회(李悝)가 변법을 단행해 지력(地力)을 다했다는 기록을 통해 생산력의 발전과 정전제(井田制) 붕괴에 따라 농민 개별경제가 광범위하게 출현했음을 알 수 있다. 『묵자』 『맹자』 『상군서(商君書)』 『순자』 등에서도 당시 사회의 주요 생산자가 개별 농민이었음을 알 수 있다.

이 시기 중국의 개별 농민은 토지 사용권과 일정 정도의 점유권은 물론 상당히 독립적인 경영권을 갖고 있었다. 이는 노예가 주인이 제공하는 생산 조건으로 주인을 위해 생산하던 것과 완전히 달랐고, 또 정전제의 농노처럼 공전(公田)에서 주인을 위해 요역하던 것과도 달랐다. 이런 생산 관계의 변화로 인해 노동자는 적극적으로 생산에 참여하기 시작했다. 그리고 개별 농민 간에 경쟁이 격화됨에 따라 자신의 생존 상황을 개선하기 위해 필사적으로 노력하는 효과가 나타났다. 『묵자』「비명하」 편에서는 이렇게 말했다.

> 농부가 아침 일찍 나가 저녁 늦게 돌아오면서 힘들여 밭을 갈고 씨를 뿌리며, 채소를 가꾸고 곡식을 많이 거두더라도 감히 게을리 하지 않는 까닭은 무엇인가? 힘써서 일하면 반드시 배부르고, 힘쓰지 않으면 반드시 굶주린다고 여기기 때문이다. 따라서 감히 게을리 하지 못한다.

묵자는 농부들이 적극성을 띠게 된 원인을 정확히 분석했다. 노나라의 생산력 발전 과정이 고서에는 누락돼 있지만 선공 15년(기원전 594년)에 중국 경제사상 아주 중요한 기록 하나가 남아 있다. 그것은 바로 초세무(初稅畝)이다. 이 세 글자는 신구 시대를 구분하는 분수령이 되었다.

정전제는 토지 국유제의 전형적인 형태이다. 정전은 밭을 우물 정 자로 구분했기 때문에 생긴 이름이다. 밭을 아홉 구역으로 나누어 여덟 구역은 노예가 경작하고, 중간의 한 구역은 노예주가 점유하는 공전이다. 노예는 자기의 구역을 경작하는 것 외에 공동으로 노예주의 공전을 가꾼다. 토지는 천자가 하사하기 때문에 결정권은 노예주에게 있으며 토지를 정기적으로 바꾸어 경작해야 한다.

따라서 정전제의 붕괴는 두 가지 결과를 가져왔다. 첫째로 각급 노예주가 직접 공전에서 노예의 잉여노동을 착취하는 것이 불가능해졌고, 둘째로 노동자가 정기적으로 돌아가며 토지를 경작할 일이 없어졌다. 정전제가 붕괴됨에 따라 이랑에 따라 실물을 징수하는 조세제도가 출현했다. 이것이 곧 '초세무'이며, 이는 경제 관계에서 중대한 변화가 발생했음을 보여준다.

은주(殷周) 이래로 토지는 모두 국유 혹은 왕이 소유한 공전이었다. 비록 서주 말에 사전이 출현했지만 국가의 경제기구와는 전혀 관계가 없었다. 말하자면 아직 합법적으로 승인된 사유지가 아니었다. 처음 사전이 출현했을 때 대세에 영향을 미치지 않았기 때문에 공가(公家)에서는 크게 신경 쓰지 않았다. 그러나 시간이 지나면서 사전의 면적이 공전을 넘어서자 사가들이 부유해지고 공가는 쇠퇴하기 시작했다. 이에 경제가 정치를 좌지우지함에 따라 예악(禮樂)과 정벌이 점점 대부(大夫)로부터 나오고, 더욱이 가신이 나라의 운명을 쥐게 되는 지경에까지 이르렀다. 공실(公室)은 어쩔 수 없이 대세를 좇아 전통적 공전제를 포기하고 공개적으로 사유제를 인정하면서 사전에 대해 일률적으로 과세했다. 경제체제의 개혁이 필연적으로 사회제도의 개혁을 부른 것이다. 초창기에 이는 미미하게 시작됐지만 점점 극심한 사회문제로 대두되었다. 『논어』「안연(顔淵)」편의 기록을 잠시 살펴보자.

애 공 올해 흉년이 들어 재용(財用)이 부족하니 어찌하면 좋겠나?

유 약 어찌 철(徹)을 시행하지 않습니까?

애 공 10분의 2도 오히려 부족한데 철을 시행하라니?

유 약 백성이 풍족한데 임금께서 누구와 더불어 부족할 수 있으며, 백성이 부족한데 임금께서 누구와 더불어 풍족할 수 있겠습니까?

위의 대화 내용에 대해 후대의 해석도 다양하다. 흔히 철(徹)을 10분의 1을 거두는 조세제도로 해석한다. 애공은 이미 전세(田稅)를 늘려 10분의 2를 거두는데도 나라의 재용이 부족하다고 느꼈다. 이에 유약(有若)이 도리어 "어째서 10분의 1을 거두지 않느냐?"고 꼬집은 것이다.

과거 주석가들은 이를 유약이 애공에게 인정(仁政)을 시행하라고 권유하는 것으로 보고 있는데, 이는 본래의 뜻과 멀어도 너무 동떨어졌다. 이 대화의 역사적 배경을 이해한다면 의미는 아주 명확해진다. 애공이 말한 '10분의 2도 오히려 부족하다'는 것은 노나라의 이전 공전에서 10분의 2를 거둔다는 것이고, 유약의 '철'은 공사(公私)의 구분을 철거해 공전이든 사전이든 일률적으로 10분의 1을 거두라는 말이다. 이렇게 하면 공전에서의 소득이 조금 줄어들지만 대량으로 생긴 사전에서도 10분의 1을 취하기 때문에 전체적으로 소득이 훨씬 많이 증가하게 된다. 이 대화는 바로 노나라의 정전제가 변화하는 과정을 기록한 것이다.

공자의 시대에 비록 주 왕실이 쇠락하고 참월(僭越)이 수시로 벌어졌지만 존주(尊周)는 여전히 호소력을 지닌 기치였다. 그래서 천자를 끼고서 제후에게 명령하는 일과 존왕양이(尊王攘夷)는 각 제후들이 패권을 다툴 때 효과적인 책략이었다. 묵자의 시대에 이르러서는 겸병 전쟁이 정치 투쟁의 근본 목적이 되었고, 경전(耕戰, 농업과 전쟁)이 각국의 기본 책략으로 자리 잡았다. 족병(足兵, 충분한 군사력), 족식(足食, 충분한 식량)과 부국강병의 현실적 요구, 생사존망의 위기는 각국에서 지속적인 변법과 정치 개혁을 실행하도록 압박했다.

이런 극심한 사회 혼란 속에서 엄격했던 사회 등급 질서가 해체되고 '공인과 상인이 관리를 먹여 살리는' 국면은 더 이상 존재할 수 없었다. 각종 수공업 기술자들은 점점 하나의 독립된 사회계층으로 성장했고, 물류 상업의 발전은 수공업의 번영을 한층 더 촉진했다. 사회 물질 생산의 주력군으로 성장한 수공업 기술자와 농민은 이미 무시할 수 없는 사회적 역량으로 자리매김했다. 이들 가운데 특출한 자는 학문을 통해 벼슬길에 오르고 정치 무대에 등장하기도 했다.

묵자는 소생산자 입장에 서서 신흥 소생산자의 물질 이익과 정치 권리를 강력하게 요구했다. 묵자와 그 학파는 서민과 사(士)로 신분이 상승한 특징을 분명히 보여주었다. 바꿔 말해 묵자와 묵가학파는 신흥 생산력을 대표했으며, 바로 춘추전국이라는 격동의 시대에 순응해 '현학(顯學)'으로 급부상했다.

당시는 구체제의 예악이 붕괴되고 새로운 사조가 분출하는 시대이자 대혼란, 대전환, 대변혁의 세월이었다. 또한 '큰 바람이 일어 구름이 날리고'•, '하늘이 장차 이 사람에게 큰 임무를 내리는'•• 시대이기도 했다. 묵자는 이처럼 시대가 영웅을 만드는 격동의 시기에 탄생했다.

묵자의 시대에 또 한 가지 주목할 현상이 있다. 『예기』 「예운(禮運)」 편에서 공자는 "내가 보건대 주나라의 도는 유왕과 여왕(厲王)이 훼손시켰다"고 말했다. 이를 통해 여왕이 주 왕조 쇠퇴의 전환점임을 알 수 있다. 여왕 때 신구 두 세력이 격렬하게 다투는 상황에 직면했다. 『국어(國語)』 「주어(周語)」에는 "여왕이 전리(專利)를 배우고자 했다"고 기록되어 있다. 즉 개간한 사전과 소생산자의 소득을 전부 국유로 몰수하고자 한 것이다. 이는 역사 흐름을 거스르는 정책으로 아래로부터 위에까지 모든 계층의 반대에 부딪혀 수도에서 쫓겨나고

• 한 고조 유방의 고시 : "大風起兮雲飛揚."
•• 『맹자』 「고자하(告子下)」 : "天將降大任於是人也, 必先苦其心志."

말았다.

경제 기초가 상부 구조를 결정하듯, 경제적 지위 변화에 따라 사회계층 간 관계에도 필연적으로 변화가 발생했다. 기존의 이익집단은 새로운 분화와 조합의 과정을 거쳤다. 일부 대부 혹은 가신들은 처음에는 군왕의 비호 아래 점차 가문을 일으키고 새로운 생산력의 출현을 기다렸지만 경제 이익에 변화가 발생하자 군왕은 그들에게 더욱 부담스러운 장애가 되었다. 그들은 어쩔 수 없이 이전에 대립했던 피착취자를 동맹군으로 삼아 군왕에게 대항했다. 여왕은 바로 이런 이중 압박에 의해 쫓겨난 것이다.

중고등학교 때 『고문관지(古文觀止)』에서 「소공간여왕미방(召公諫厲王弭謗)」이라는 명문을 읽은 적이 있다. 여왕이 포학무도해 수도에 있는 사람들이 모두 그를 저주했다. 그러자 소공이 여왕에게 "백성이 군왕의 명령을 거부하고 있습니다"라고 보고했다. 여왕은 몹시 화가 나 위나라의 무당을 불러 자신을 저주하는 사람들을 감시하게 했다. 위나라 무당이 이들을 고발하자 여왕은 그들을 모두 죽여버렸다. 수도 주민들은 함부로 말을 꺼내지 못했고 아는 사람을 길에서 만나더라도 피차 눈빛만을 교환할 뿐이었다. 여왕은 기분이 아주 좋아져서 소공에게 "내가 백성의 비방을 없애버리니 감히 다들 말을 못하는구려"라고 말했다. 소공이 이렇게 대답했다.

이는 그들의 입을 봉쇄하는 것입니다. 백성의 입을 막는 것은 강물을 틀어막는 것보다 훨씬 위험한 일입니다. 강물이 막히면 둑을 터뜨리고 흘러가 피해를 입는 사람이 많아집니다. 백성도 강물과 똑같습니다. 그래서 치수에 능한 사람은 물길이 막힌 곳을 뚫어서 소통시키고, 백성을 잘 다스리는 사람은 그들이 자유롭게 말하도록 내버려둡니다. 천자가 정사를 처리할 때는 공경대부로부터 사(士)에 이르기까지 모두 시를 올리게 하고, 악관은 악곡을 올리게 하며, 사관은 옛 문헌을 올리게 하고, 소사(小師)는 잠언을 올리게 하며, 맹인은 시가를 외우게 하고, 눈이 어두운 자는 문장을 외우게 하며, 각종 기술자들은 일과 관련된 보고를 올리게 합니다. 백성의 의견이 위로 전해지면 근신이 최선을 다해 간언하고, 종실과 인척이 잘못을 바로잡으며, 악관과 사관이 가르침을 경청하고, 원로대신이 명확하게 정리한 연후 천자가 친히 살펴 결정을 내립니다. 이 때문에 정사의 시행이 비로소 정리(情理)에 어긋나지 않게 됩니다.

백성의 입은 마치 대지의 산이나 물과 같아서 사회 물자가 모두 여기서 생산됩니다. 또한 대지 위의 고원, 웅덩이, 평원, 비옥한 들과 같아서 의복과 물자가 여기서 나옵니다. 백성의 입을 통해 여론이 형성되니, 정사의 성공과 실패는 이로부터 반영됩니다. 백성에게 이로운 일을 힘써 행하고 백성에게 해로운 일을 방지하는 것이 재물과 의식을 증가시키는 좋은 방법입니다. 백성이 마음속으로 충분히 생각하고 입으로 드러내놓고 말하여 (생각과 말이) 성숙해진 뒤에 자연스레 행동으로 나타나는 것인데 어찌 강제로 막을 수 있겠습니까? 만일 백성의 입을 막는다면 따르는 자가 몇이나 되겠습니까?

여왕은 소공의 권고를 따르지 않았다. 그리하여 도성 안의 백성은 감히 함부로 말하지 못했다. 3년이 지난 뒤 백성은 그를 체(彘) 땅으로 추방했다.

위의 고사를 통해 사람의 입을 막는 것이 얼마나 잘못된 일이며, 오래 누적되면 폭발력이 어마어마해짐을 알 수 있다. 춘추전국 시기에는 각국 군왕이 여왕의 교훈을 본받은 덕에 하고 싶은 말을 마음대로 할 수 있는 편안한 여론 환경이 형성되었다. 이런 환경에서 선진 제자들은 현실을 폭로하고 비평하는 뚜렷한 특징을 지녔다. 공자는 『춘추』를 편집하면서 역사적 사건을 직필했다. 노자는 "천하는 신령한 기물이라 인위적으로 어떻게 할 수 없다" "성인은 불인(不仁)하여 백성을 짚으로 만든 개로 여긴다"라고 말했다. 또 『한비자』 「고분(孤憤)」에는 이렇게 기록되어 있다.

실권자들이 나라의 중요한 일을 마음대로 하면 나라 안팎이 그 부림을 받게 된다. 이웃 제후들도 그들에게 기대지 않으면 일이 제대로 되지 않으므로 상대국이 그들을 칭송하게 된다. 백관도 그들에게 기대지 않으면 업적을 이루지 못하므로 여러 신하들이 그들의 부림을 받는다. 군주의 근시(近侍)들도 그들을 기대지 아니하면 군주와 가까워질 수 없으므로 좌우 측근은 그들의 잘못을 감춰준다. 학자들도 그들에 의지하지 않으면 봉록이 적어지고 예우가 낮아지므로 그들을 변호해준다.

『묵자』 「상현중」에서는 보다 신랄하게 비판을 가하고 있다.

지금의 왕공대인들은 (…) 국가가 혼란하고 사직이 위태로운 데도 현자를 등용해 나라를 다스릴 줄 모른다. 친척이면 임용하고 아무 이유 없이 부귀하거나 얼굴이 예쁘면 임용한다.

이상은 군왕의 치국 방법과 용인(用人)의 도를 날카롭게 비판한 것이다. 중국 지식인의 선구자인 제자백가는 바로 사회제도 비판을 통해 각자의 존재 가치를 분명히 드러냈다. 제자백가는 모두 묵가의 '아래로는 백성이 직접 보고 들은 바를 살핀다'에 대한 해답을 찾고자 했으며, 사상과 가치관이 비록 다르더라도 현실에 대한 용감한 태도

는 일치했다. 그들이 각자 자기 의견을 펴면서 제시한 학문 방법과 치
국 정책은 논쟁 가운데서 성숙해지고 완성되었다. 바로 이런 포용적
인 태도 덕분에 학술이 서로 보완하고 발전하는 번영을 이루었다. 묵
자는 다행히 '국가는 불행하지만 시인은 행복한'● 시대를 만났다.

● 청대 조익(趙翼)의 시 「제유산시(題遺山詩)」: "國家不幸詩家幸."

제3장

묵자의 출생지는 어디인가

묵자의 출생지 문제도 사학계의 현안으로 남았다. 초나라, 송나라, 노나라 설은 물론 심지어 묵자가 인도인이라는 설까지 있다.

초나라 설의 근거는 다음과 같다. 『회남자』「범론훈(氾論訓)」에서는 "(한대에는) 추로(鄒魯)의 유가와 묵가를 종합하여 선성(先聖)이 남긴 가르침에 통했다"고 했다. 『회남자』의 저자는 한 무제 때의 회남왕(淮南王) 유안(劉安)인데, 공자나 묵자와의 시대 차이가 수백 년이어서 공자와 묵자를 '선성'으로 칭했다. 그의 말인즉 유가의 선성인 공자와 맹자, 묵가의 선성인 묵자는 모두 '추로' 사람이라는 것이다. 청대 필원(畢沅)의 『묵자주』 서문과 무억(武億)의 『수당문초(授堂文鈔)』에 따르면, 그 당시 개념에서 추로의 노(魯)는 초나라 노양(魯陽)이라는 것이다. 만일 이 가설이 성립한다면 묵자뿐만 아니라 공자와 맹자까지 초나라 사람이 된다.

『묵자』에는 묵자의 출생지가 기록돼 있지 않지만, 자세히 읽어보면 글자와 행간 사이에서 단초를 엿볼 수 있다. 『묵자』「귀의」편에 "묵자가 남쪽으로 초나라에 유세하러 가서 혜왕을 만났다"는 내용이 나온다. 만일 묵자가 초나라 노양에서 출발해 남쪽으로 유세하러 갔다고 해도 여전히 초나라 땅이므로 초나라에 유세하러 갔다는 말은 성립되지 않으며, 응당 초나라의 구체적 지명이 명시돼 있어야 한다. 북쪽 지역인 노나라에서 출발해야만 비로소 남쪽으로 초나라에 유세하러 갔다는 말이 성립한다.

『묵자』「귀의」편에는 또 "묵자가 남쪽에서 유세하다 위나라로 갔다"는 내용이 나온다. 만일 노양에서 출발했다면 위나라는 거기서 북쪽이므로 "북쪽에서 유세하다 위나라로 갔다"라고 해야 맞다. 즉 노나라에서 출발해 위나라로 가야만 남쪽으로 유세를 떠난 상황이 된다. 이 밖에 『저궁구사(渚宮舊事)』에는 "노양 문군(文君)이 초 혜왕에게 '묵자는 북쪽 지방의 현성(賢聖)입니다'라고 말했다"는 내용이 있다. 노양에 사는 문군이 묵자를 북쪽 지방의 현성이라고 말했으니, 묵자가 결코 초나라 노양 사람이 아님을 증명한다. 『묵자』에는 묵자가 초나라에서 활동한 기록이 많다. 하지만 이는 모두 전쟁을 중재하기 위한 것이므로 묵자가 초나라 사람이라고 오해해서는 안 된다.

송나라 설의 근거는 다음과 같다. 『사기』에서 "묵적은 송나라 대부이다"라 했고, 그 뒤 『한서』에서도 사마천의 설을 답습했다. 후대 사학가들은 이를 근거로 송나라 대부니까 당연히 송나라 사람일 것이라고 추측했다. 사실 이것은 심각한 오류이다.

대부는 선진 시기의 관직 명칭 중 하나였다. 당시 제후 각국에는 경, 대부, 사의 세 가지 등급을 두었는데, 후세에는 '대부'를 일반 관직의 명칭으로 삼았다. 사마천의 '송나라 대부' 설에 대해 사학계에서는 지금까지 그 근거를 밝히지 못했다. 더욱이 춘추전국 시기에는 설령 송나라에서 관직에 올랐더라도 그가 꼭 송나라 사람이라고 단정 지을 수 없다. 장의, 소진, 상앙, 여불위처럼 다른 나라에 가서 관직을 맡는 경우도 아주 흔했다. 『사기』「굴원가생열전(屈原賈生列傳)」에서는 "굴원의 재능으로 다른 제후에게 유세했다면 어느 제후인들 받아들이지 않을 리 없었을 터인데 왜 스스로 그 지경에 이르렀는지 괴이하다"고 말했다. 여기서 '괴이하다'는 말이 당시의 현실을 잘 반영하고 있다. 즉 고국을 떠나 다른 나라에서 벼슬하는 것은 흔한 일인데, 대장부가 천하에 뜻을 두고서 굳이 고국에 얽매일 필요가 있단 말인가.

『묵자』「귀의」편에서 이미 "나(묵적)는 위로 군주의 일이 없거니와 아래로 농사일에 어려움이 없다"고 하여, 군주가 부여한 어떤 관직도 맡은 적이 없음을 분명히 밝히고 있다. 초나라의 송나라 침공을 막은 일은 묵자 인생에서 휘황찬란한 공적이지만 후대 사학가들의 추측과는 달리, 이는 묵자에게 그저 사명을 부여받은 '직무 행위'였을 뿐이다.

『묵자』「공수」편에는 "묵자가 돌아가는 길에 송나라를 지나다가 마침 비가 내려 성문 안으로 피하려고 했는데 문지기가 들여보내지 않았다"는 내용이 있다. 묵자가 초나라의 송나라 침공을 저지한 것은 중대한 공적이므로 응당 길 양쪽에 늘어서 열렬히 환영하고 군왕이 주연을 베풀어 공을 치하해야 하지 않는가? 그런데 비를 피하려던 묵자를 안으로 들여보내지 않았다는 것은 성문 문지기가 묵자를 몰라봤다는 말이 된다. 이런 묵자가 어떻게 송나라 대부라고 할 수 있으며, 고향 사람이라는 건 더욱 말이 되지 않는다. 량치차오는 『묵자학안』에서 다음과 같이 서술했다.

본서(『묵자』를 가리킴)를 살펴보면, (묵자가) 송나라에서 벼슬한 흔적이 전혀 없다. (…) 묵자가 송나라를 도운 것은 전적으로 그 자신의 '겸애'와 '비공' 이념을 실천한 것뿐인데, 무슨 벼슬 유무를 논한단 말인가? 묵자는 일찍이 "도를 행하지 않으면 그 상을 받지 않고, 의를 따르지 않으면 그 조정에 처하지 않는다"고 말했다. 당시 송나라가 그의 도를 행하거나 그의 의를 따를 수 있었겠는가? 언행일치를 실천한 묵자가 어떻게 송나라 조정에 기꺼이 설 수 있었겠는가? 따라서 묵자는 시종일관 평민이었고, 한 번도 관직에 오른 적이 없었을 것이다.

줄곧 사실에 입각했던 사마천이지만 '송나라 대부' 설에서는 주관적인 억측에 빠지고 말았다. '송나라 대부' 설이 근거를 상실한 이상, 묵자가 송나라 사람이라는 것도 뿌리 없는 부평초와 같아졌다. 중국 근대 학자 후화이천(胡懷琛)은 1928년 4월에 발표한 「묵적은 인도인이다」라는 글에서 이렇게 말했다.

묵은 성이 아니다. 적도 성이 아니며 더욱이 이름도 아니다. 이는 맥적(貉狄) 혹은 만적(蠻狄)의 음이 바뀐 것으로, 성명을 모르는 외국인에게 쓰는 명칭이다. 『묵자』 「경하(經下)」 편에서는 "통의(通意)한 뒤에 대답한다. 그것이 무엇을 가리키는지 모른다는 데 있다"고 했다. 여기서 '통의'는 '번역'으로 해석할 수 있으며, 전체 의미는 "번역을 통해서만 서로 대화할 수 있고, 그렇지 않으면 상대가 무슨 말을 하는지 아무도 알 수 없다"는 것이다. 문제는 '통의'에 있는 듯하다. 일부 학자는 글자만 보고 뜻을 대강 짐작해 묵자가 타인과 대화할 때마다 번역이 필요하다고 여겼다. 그렇다면 그가 외국인이 아니고 무엇인가? 외국인만이 번역이 필요한 것이다.

이는 상당히 그럴듯한 추론이다. 이 근거가 성립하려면 서로 다른 나라 사람들 사이에 번역이 필요한지의 여부에 있다. 고대에는 교통이 발달하지 못하고 언어가 통하지 않아 동일한 지역에서도 산이나 강으로 막혀 있으면 언어가 다를 수 있었다. 중국은 땅덩이가 너무 넓어 베이징 사람이 상하이, 민난(閩南), 광둥(廣東) 말을 알아듣지 못한다. 산시(山西)와 산시(陝西) 사이에는 황허(黃河)라는 강이, 산시(山西)와 허난 사이에는 타이항산(太行山)이라는 산이 가로막고 있어서 두 성 간의 언어 교류에서 해프닝이 자주 발생하곤 한다.

『전국책』「진책(秦策)」에 이런 고사가 있다. 정나라 사람은 가공하지 않은 옥을 박(璞)이라 하고, 주나라 사람은 말리지 않은 쥐고기를 박이라 했다. 주나라 사람이 '박'을 가지고 정나라 상인에게 "박을 사겠는가?"라고 하자, 정나라 상인이 사겠다고 했다. 이에 주나라 사람이 박을 꺼내 쥐고기를 보여주자 정나라 사람이 사양하고 거래를 그만두었다.

똑같은 '박'이라도 두 가지는 근본적으로 다른 것이다. 정나라 사람은 옥을 사려고 했는데 주나라 사람이 꺼낸 것은 쥐고기였다. 주나라와 정나라는 똑같이 하남 경내에 있는데도 언어와 어의가 이렇게 차이가 났으니 좀 더 큰 지역에서는 당연히 '통의'가 필요했을 것이다. 후대 학자들이 『묵자』를 주석할 때 부딪히는 어려운 문제는 바로 『묵자』에서 사용된 당시의 수많은 방언과 대화체이다. 생각건대 당시 묵자는 표준말을 할 줄 몰라 심심치 않게 번역이 필요했을 것이다.

후화이천은 또 「묵적은 인도인이다」에서 "묵자 학설의 핵심인 겸애, 비공, 절용은 불교와 부합되지 않음이 없다"고 지적했다. 이를 근거로 추론하자면 묵자는 인도 사람이다. 묵학과 불교에 상통점이 있으며, 쑨원(孫文) 또한 묵자의 겸애가 기독교의 박애와 유사하다고 했지만 그렇다고 묵자가 서양인이라고 추론하지는 않았다. 유사한 생활 환경에서 "영웅이 보는 견해는 대략 같듯이"• 사상적 공명(共鳴)이 발생하는 것은 지극히 정상이다.

또 다른 고증학자는 묵자의 외모가 시커멓고 겸애와 비공을 주장했다는 데에 근거해 묵자는 응당 브라만이라고 판단한다. 또 진쭈퉁(金祖同)과 천성량(陳盛良)은 묵자가 모하메드 이전의 회교도일 가능성이 있다고 보았으며, 웨이쥐셴(衛聚賢)은 인도인이나 아라비아인일 것이라고 고증했다. 그러나 묵자가 회교도라는 설은 분명 사실에 부합하지 않는다. 왜냐하면 선지자 모하메드는 대략 서기 570년에 태어났고, 이슬람교는 7세기 초 아라비아 반도에서 흥기하여 7세기 중엽(당대)에 비로소 중국에 유입되었으니 묵자의 활동 시기와 약 1000년 정도 차이가 나기 때문이다. 회교는 이슬람교에 근원하며, 이슬람교는 모하메드 혼자 힘으로 창립한 것이다. 따라서 모하메드 이전을 회교라고 칭하는 것은 분명 잘못이다. 이 설은 빈틈이 많고 견강부회하여 천덩위안(陳登原)과 팡서우추(方授楚) 등의 학자가 일일이 근거를 들어 논박했다.

여러 설이 분분한 가운데 근래에는 노나라 사람이라는 설이 학계 대다수 학자의 인정을 받고 있다. 량치차오는 『여씨춘추』 「신대(愼大)」에 근거해 "묵자는 노나라 사람이라는 설이 사실에 가깝다"고 말했다. 손이양의 『묵자간고』 부록인 「묵자전략(墨子傳略)」에서는 묵자가 노나라 사람이라고 제기했다. 그는 『묵자』 「귀의」의 "묵자가 노나라에서 제나라로 갔다", 『묵자』 「노문」의 "월왕이 공상과에게 수레 오십 대를 딸려 보내 노나라에서 묵자를 맞이하도록 했다", 『여씨춘추』

•『삼국지(三國志)』 「방통전(龐統傳)」: "天下智謀之士所見略同耳."

「애류(愛類)」의 "공수반이 운제를 만들어 송나라를 침공하려고 하자, 묵자가 그 소식을 듣고 노나라에서 달려왔다", 『회남자』「수무훈」에서 "노나라에서 열흘 밤낮을 달려가 영(郢, 초나라 수도)에 도착했다"는 등의 기록을 근거로 들었다.

장춘이(張純一)는 『묵자집해』「묵자 노나라 사람 설」이라는 글에서 묵자가 노나라 사람이라는 증거를 제시했다.

「비공중」편에 "동방에 거(莒)라는 나라가 있다"고 했는데 '거'는 노나라 동쪽이고, 「귀의」편에 "북쪽으로 제나라에 가서 치수(淄水)에 이르렀는데 건너지 못하고 되돌아왔다"고 했는데 노나라는 제나라 남쪽이다. (⋯) 「노문」편에서 노나라 군주와 묵자가 문답하는 과정이 나오는데 만일 묵자가 노나라 사람이 아니라면 노나라로 유세하러 가 노나라 군주를 만났다고 해야 옳지 않은가? 또 노나라에서 묵자에게 자신의 자식을 가르치게 한 사람이 있었으니, 분명 묵자와 멀지 않은 곳에 살았을 것이다. 또한 "노나라 남쪽 시골에 오려(吳慮)라는 사람이 살았는데, 겨울엔 질그릇을 굽고 여름엔 농사지으면서 스스로를 순임금에게 비겼다. 묵자가 그 소식을 듣고서 만나러 갔다"고 했다. 묵자가 노나라 북쪽 지역에 살았으므로 남쪽 시골이라 지칭한 것이고, 소식을 듣고서 만나러 갔다는 것은 거리가 그리 멀지 않음을 말해준다. (⋯) 「비제」편에서는 "금골리가 묵자를 섬긴 지 3년이 되어 손발에 굳은살이 생기고 얼굴이 까맣게 그을리자, 묵자가 이를 매우 측은하게 여겨 술과 건포를 준비해 태산으로 가 띠풀을 뽑고 앉아 술을 권했다"고 했는데, 태산은 노나라 북쪽 지역이다. (⋯) 이상이 모두 묵자가 노나라 사람이라는 확증이다.

산둥대학 교수 장즈한(張知寒)은 선인들의 '묵자 노나라 사람 설'

을 바탕으로 량치차오의 『묵자학안』, 첸무의 『선진제자계년』, 왕셴탕(王獻唐)의 『염황씨족문화고(炎黃氏族文化考)』, 퉁수예(童書業)의 『춘추좌전 연구』, 팡서우추의 『묵학원류(墨學源流)』 등 대량의 연구 문헌과 자신의 실지(實地) 조사에 근거하고, 또 묵자의 출신, 묵자 학설의 연원, 묵자 과학기술 발전의 분석, 당시의 사회생활 풍속 네 가지 방면에 걸쳐 깊이 있고 상세한 분석과 논증을 통해 묵자가 소주루(小邾婁) 국경 내의 남읍(濫邑) 사람이라는 결론을 도출해냈다.

『춘추좌씨전』에는 "소공 31년 겨울 묵굉(墨肱)이 람(濫)에서 도망쳐왔다"고 기록되어 있다. 이후 람은 노나라의 부속 읍이 되었다. 주국(邾國)과 남읍은 모두 지금의 텅저우(滕州)시 경내에 있다. 소주루국과 인근의 설(薛), 등(滕)은 모두 사상(泗上) 12제후의 작은 나라에 속했다. 설은 하대에 봉해진 나라로 전설에 의하면 황제(黃帝)의 후예이며 해중(奚仲)이 시조다(『춘추좌씨전』 은공[隱公] 11년조). 서주 초기에 봉해진 등나라는 문왕의 아들 수(秀)가 시조다(『춘추좌씨전』, 은공 7년조). 소주국은 조협(曹挾)의 후예인 주공자(邾公子)가 시조다(『춘추좌씨전』, 장공[莊公] 5년조). 이들 작은 제후국은 제, 노, 초, 송 등 대국 사이에 끼어 아주 곤란한 입장에 처했다. 대국은 패권을 다투기 위해 빈번히 전쟁을 일으켰고, 소국은 부용국으로 전락해 항상 전쟁에 휩쓸렸다. 승리하든 패배하든 전쟁은 늘 부용국에게 재앙을 가져다주었다.

위의 고증을 근거로 런지위는 "묵자의 출생지는 이를 정설로 삼고, 공수반의 출생지 역시 현재의 텅저우다"라고 말했다. 사학계에서는 의견이 분분할 때 종종 권위자에 의해 결론이 내려지는 경우가 있다. 묵자가 세상을 떠난 지 2000여 년이 지나 산둥성 텅저우 시(옛 노나라 땅)에서 제1차 묵학국제학술회의를 개최해 텅저우가 묵자의 고향임을 확인하고, 아울러 묵자 탄생비를 세웠다. 이후 정기적으로 학술회의가 열리고 묵자기념관 등을 건립했다.

학계에서 묵자의 출생지를 고증한다는 것이 지극히 까다롭고 번거로운 일이나 충분히 필요하고 의미 있고 가치 있는 일이다.

일찍이 순자는 "농사일을 오래 하면 농부가 되고, 자르고 깎는 일을 오래 하면 기술자가 되며, 사고파는 일을 오래 하면 상인이 된다" "쑥이 삼밭에서 자라면 도와주지 않아도 곧다. 흰 모래가 진흙 속에 있으면 함께 검어진다"고 말했다. 이를 인간에 대입하면 "초나라에 살면 초나라 사람이 되고, 월나라에 살면 월나라 사람이 되며, 하나라에 살면 하나라 사람이 된다". 어떤 환경에 처하느냐에 따라 인생이 달라진다. 회남의 귤이 회북에서는 탱자가 된다.

텅저우시 내에는 묵자와 관련된 유적지가 많다. 서남부 웨이산다오(微山島)에 있는 목이자묘(目夷子墓)는 묵자 선조의 무덤이고, 동남부에는 목이산(山), 목이하(河) 및 목이정(亭) 등이 있다. 최근에 출토된 문물 가운데 청동기인 목이과(戈) 등도 있다. 특히 텅저우 사람들은 서북부의 염산(染山)을 자랑스럽게 지목하며 묵자가 이곳에서 염색하는 일을 관찰했기 때문에 붙여진 이름이라고 여겼다. 오늘날 염산묘(染山廟)와 비각을 세워 증거로 삼고 있다.

후대에 묵자와 관련된 성어 묵자읍사(墨子泣絲)는 『회남자』「설림훈(說林訓)」의 "묵자가 실이 물드는 것을 보고 눈물을 흘린 이유는 노랗게도 검게도 변했기 때문이다"라는 고사에서 나왔다. 묵자읍사는 바로 사람의 변화가 환경의 영향과 지대한 관계가 있음을 비유한 말이다. 근주자적(近朱者赤), 근묵자흑(近墨者黑)이나 맹모삼천지교(孟母三遷之敎)는 모두 사람이 어떤 환경에 처하느냐에 따라 인생이 크게 바뀔 수 있음을 설명하고 있다.

류쯔헝(劉子衡)은 『논학대요(論學大要)』에서 소주 북쪽에 위치한 염산을 보고 묵자가 크게 감동해『묵자』「소염(所染)」편을 지었다고 밝혔다. 「소염」은 묵자 사상을 이해하는 중요한 편목이다. 묵자는 염색된 것을 본 뒤 "푸른색에 물들면 푸르게 되고, 노란색에 물들면 노랗게 되는구나. 집어넣는 것이 변하면 그 색도 변하네. 다섯 가지를 집어넣어 염색을 마치면 다섯 가지 색깔이 되는구나"라고 감탄했다.

사람의 생존 환경은 커다란 염색통과 같다. 묵자는 실을 물들이는 것을 비유로 사람은 사회관계의 총화(總和)이며, 모든 것은 환경의 영향 및 다양한 주변 사람들과의 교류를 통해 형성된다고 설명했다. 묵자는 바로 '주루(邾婁) 문화'의 산물이라고 할 수 있다.

왕셴탕은 『염황씨족문화고』『산동고국고(山東古國考)』『춘추주분삼국고(春秋邾分三國考)』 등의 저술에서 중국 고대문화에 탁월한 공헌을 한 '주루 문화'에 대해 이렇게 소개하고 평가했다.

이른바 '주루 문화'는 기실 염족(炎族) 문화이며, 황족(黃族)이 동방의 염족을 동이(東夷)로 불렀기 때문에 '동이 문화'라고도 칭한다. 동이 염족의 문화는 왜 주루 문화로 불리는가? 염족의 언어와 음조가 주루와 같기 때문에 황족들이 염족을 주루라고 불렀던 것이다. 『설문』에는 "이(夷)는 동방 사람이다" "산동 각지는 고대 이족(夷族)의 땅이었고, 주(邾)는 등현(滕縣)에 있으며, 거(莒)는 거주(莒州)에 있었다. (…) 다 동쪽에 속하고, 중원의 방위를 기준으로 보면 모두 동이다"라고 기록되어 있다. 고로 동방인을 모두 '이'라 불렀다. 은주 시기에는 동이, 서융(西戎), 북적(北狄), 남만(南蠻)의 호칭이 있었다.

동이 가운데 인구가 가장 밀집되고 문화수준이 가장 높은 곳은 당연히 주루였다. 삼주(三邾)는 원래 동방에서 비교적 큰 국가였다. 『춘추공양전(春秋公羊傳)』서언(徐彦)의 주석에 따르면, "『공양전』에서는 주루를 본래

대국으로 보았다." 주나라가 은나라를 멸한 뒤 동방 이족에 대해 이이제
이(以夷制夷) 정책을 채택하고, 송나라를 책봉해 동방의 여러 이족을 제어
했다. 다음으로는 분리하여 다스리고 회유하는 방법을 채택하여 이족을
통치했다. 무왕(武王)과 주공(周公)은 자신의 자제를 노, 등, 위, 정 등의 땅
에 봉해 그들을 감시했다. 이리하여 주루국은 점점 분할되어 주(邾), 소주
(小邾), 화람(和濫) 세 나라로 나뉘었다. "주는 지금의 쩌우셴(鄒縣) 중부와
남부로 지닝(濟寧)의 동쪽과 텅셴의 북쪽이며 동, 서, 북 삼면이 노나라와
경계다." 소주는 지금의 텅저우 동북에서 동남 일대이다. "지금의 텅저우
지역이 곧 주의 땅이며, 동북의 휘수이(淮水)와 동남의 창뤼(昌慮)도 모두
주의 땅이다." "람은 텅저우 동남쪽 60리 타오산(陶山)의 북쪽으로 둘레
가 10여 리다." 지금의 텅저우 동북에서 동남 일대에 이르는 소주국은 비
록 작은 나라였지만 이른바 삼국오읍(三國五邑)●의 땅이었고 문화가 번창
했다.

삼주를 대표로 하는 주루 문화는 요순(堯舜)과 하은주 삼대 이래로
줄곧 다른 지역의 문화를 선도했다. 주루 문화는 집단을 본위로 하며
이타주의 특색을 띤 윤리 문화이다. 왕셴탕은 『염황씨족문화고』에서
이렇게 말했다.

삼주의 토착 백성은 염제 신농(神農)의 후예로 당시 이(夷)라고 불렸다. 그
들은 교양미와 예의를 갖추었고 문질(文質)이 서로 조화로워, (…) 고대 동
방 민족이 돈후하고 평화로웠음을 알 수 있다. 또 기품과 도량이 넘쳐 황
족이 비록 그들을 질시해 이(夷)라고 비하했지만 끝내 양심의 가책 때문

● 삼국오읍 : 등(滕), 설(薛), 소주(小邾)의 세 나라와 삼국 경내의 다섯 개 읍.

에 '군자국이다' '그 풍속은 인(仁)하다'라고 말하지 않을 수 없었다. 다른 지방 사람에 대해서는 폄하하는 말이 많았지만 유독 동이에 대해서만 이 설이 없었고, 예양(禮讓)이나 인인(仁人)으로 칭했다.

『산해경(山海經)』「대황동경(大荒東經)」에서도 "(동방에) 군자국이 있는데 그 풍속은 관을 쓰고 검을 찬다"고 했고, 또 「해외경(海外經)」에서는 "그 사람들은 양보를 좋아하고 다투지 않는다"고 말했다. 그래서 역사적으로 "염족은 본성이 인애했다" "이족 사람들은 살아 있는 만물을 좋아했다"는 말이 있다. 주루족은 특수한 사회도덕 관념을 가졌으니, 곧 중국 역사에서 말하는 인도(仁道)이다. 인(仁)이란 무엇인가? 인은 인(人)의 이체자(異體字)이다. 무엇이 인(人)인가? 인(人)은 이(夷)와 같은 글자이다. 인도(仁道)는 곧 인도(人道)이자 이도(夷道)이기도 하다. 고대에 이(夷), 인(人), 시(尸)는 원래 같은 글자이며, 인(人)은 인(仁)과 같은 글자이다. 또 인(仁)이 이(夷)가 되기 때문에 인(人)의 이체자이고, 더욱이 『한서』에서는 시(尸)로 이(夷)를 대신했다. 따라서 고대의 인학(仁學)은 원래 이학(夷學)이며, 이(夷)와 주(邾)가 같기 때문에 주루지학(邾婁之學)이기도 하다. 주루지학은 춘추 시대에 이르러 선도적인 지위를 점유했다. 공자는 "옛사람들이 예악을 행하는 것은 야인(野人)과 같았고, (…) 예악을 행한다면 나는 옛사람을 따를 것이다"(『논어』「선진(先進)」)라고 말했다. 여기서 '야인'이 바로 주루 사람이다. 『논어』「자한(子罕)」편에는 "공자가 구이(九夷)에 살고자 하자, 어떤 이가 '누추한데 어찌시렵니까?'라고 물었다. 이에 공자는 '군자가 거처하는데 무슨 누추함이 있겠는가?'라고 대답했다"고 기록되어 있다. 이를 통해 공자가 주루 사람을 선진의 군자로 간주했음을 알 수 있다.

당시 주루 지역은 과학기술 분야에서도 다른 지역보다 훨씬 앞서 있었다. 중국사회과학원 고고(考古)연구소 산둥고고팀과 산둥성텅현 박물관은 『산둥텅현북신유지발굴보고(山東滕縣北辛遺址發掘報告)』(『고고학보』 1984년 제2기)에서 이렇게 기술했다.

지금으로부터 약 7300년 전에 형성된 북신 문화(北辛文化) 유적지는 현재까지 발견된 이 지역 인류의 최초 정착지이자 중국 농경 문명의 요람 중 하나이다. 이 유적지에서 출토된 생산 도구, 도기, 석기, 골기(骨器)만 보아도 제작 기술과 공예가 얼마나 높은 수준인지 금방 알 수 있다. 수많은 생산 도구 양식(예컨대 돌절구)은 지금까지도 쓰이고 있다. 완전한 형태의 각종 도기, 특히 붉은 도기 사발(紅陶鉢)은 동방 원시문화 가운데 채색 도기의 시초이다. 정밀하게 연마한 골침(骨針)과 가락바퀴의 출현은 베짜기, 재봉질, 제골(制骨) 등의 수공업이 초보적으로 발전했음을 보여준다. 북신 문화는 수많은 독창적 기술로 이후 수공 발전의 집합소가 되었다. 기타 유적지 또한 이 지역의 수공업 역사가 유구하고 대대로 이어져왔음을 확인시켜 준다. 예컨대 시캉(西康) 유적지의 달구질한 지층 구조와 형태는 대문구 문화(大汶口文化) 시기보다 앞서 성곽의 초기 형태가 존재했음을 분명하게 보여준다. 특히 텅저우 전장대(前掌大)에서 발견된 은주 시기의 묘지군은 당시의 정치 중심지와 멀리 떨어져 있는데, 이처럼 규모가 크면서도 웅대한 고분은 확실히 보기 드물다. 이 지역에서 출토된 정미(精美)한 은대 청동기 및 서주 초기의 거마갱(車馬坑) 다섯 곳은 같은 시기 최고 수준의 수공업 제조술을 자랑한다.
현재 밝혀진 설나라, 등나라, 소주국의 고성 형태와 규모로 볼 때, 이곳은 당시 도시가 가장 밀집된 지역 중 하나가 분명하다. 고고학 발견을 통해 이곳은 고대 황하 하류에서 수공업이 가장 발달한 지역임이 증명되었다. 당시 초, 월, 제, 진(晉) 4대 강국의 공업 수준은 오히려 주루 지역보다 낙후되었다. 『좌씨전』「성공 2년」에 "초나라가 군사를 일으켜 노나라를 침략해 굴복시키고, 일차적으로 노나라에 기술자 300여 명을 보내라고 요구했다. 다른 몇몇 나라도 자주 이 지역에 와서 기술자를 초빙했다"고 기록되어 있다. 이는 당시 대국에 과학기술 인력을 배양할 조건이 갖춰져 있지 않았음을 설명한다.

공수반과 묵자 이전에 가장 유명한 기술자로는 수레의 성인 해중(奚仲)이 있었다. 해중은 하(夏)의 거정(車正)으로 설나라에 봉해졌으며, 수레의 창시자로 추앙받았다. 『관자(管子)』「형세해(形勢解)」에서는 "해중이 만든 수레는 방원곡직(方圓曲直)이 모두 규구준승(規矩準繩)에 들어맞았다. 이에 수레의 틀과 바퀴가 잘 맞물려 쓰기에 편리하고 구조가 견고했다"고 했다. 『주례』「고공기」에서는 "기구 하나를 만들 때 기술자가 모이기로는 수레가 가장 많다"고 했다. 수레 제작에 있어서 해중은 적어도 견고성과 편의성 측면에서 상당한 수준에 도달했다. 이는 또한 묵자의 선조들이 수레 제작에 능숙했다는 데서 그 근거를 찾을 수 있다.

사료와 민간 전설, 고고학 발견을 통해 묵자의 고향에 유구한 수공업 전통이 존재했음을 알 수 있다. 수공업 번영의 배후에는 인류의 자연 규율에 대한 깊은 연구와 인식 및 사람과 자연의 관계에 대한 이해가 깔려 있다.

묵자는 수공 기술에 정통하여 당시 명장 공수반과 우열을 다툴 정도였다. 묵가는 자발적으로 수공 기술의 지혜를 인생과 사회 등의 영역으로 확장했다. 이에 『묵자』 도처에서 '하나의 기술로부터 도의 경지로 심화한(由技入道)' 흔적을 찾아볼 수 있다. 동시에 묵가의 과학원리와 공정기술에 대한 관심 및 연구는 선진 제자 가운데 독보적인 것이자 고귀한 가치를 지닌 것이다. 묵자 사상의 이런 특징은 지역문화의 배경 아래에서만 합리적으로 설명할 수 있다.

과거로부터 고대 백성의 주거, 음식, 의복은 모두 황제(黃帝)와 그의 신하가 창제했다고 구전되고 있다. 하지만 현대 학자 지쓰허(齊思和)는 이런 역사 기록은 모두 '승리자의 기술'일 뿐이라고 지적했다. 실제로 고대인의 의식주 각 방면의 기물과 용품은 대부분 동이 염족이 처음으로 만든 것이다. 어떻게 알 수 있는가? 왕셴탕은 『염황씨족문화고』에서 이렇게 서술했다.

성음문자(聲音文字)를 아는 것이 과거 전장(典章) 문물의 비밀을 푸는 열쇠이다. 지금 이 열쇠로 전장 문물을 탐구해보면, 그것은 염족에서 나왔으며 '주루' 한 단어로 모든 것이 통한다. 염족이 주(邾)라고 부른 기물의 이름은 주(邾)가 되고, 루(婁)라고 부른 기물의 이름은 루(婁)가 되며, 이(夷)라고 부른 기물의 이름은 이(夷)가 되었다. 예컨대 의(衣)는 고대에 이(夷)와 통했다. 따라서 황족 사람들은 이족이 입는 물건을 '의'라고 이름 붙였다. 사람이 신는 신발을 예전에는 구(屨)라고 불렀다. '구'는 주루의 루(婁)에서 비롯된 것이다. 고대인이 사는 집 옥(屋)은 이(夷, 또는 尸)에서 나왔으며 아마도 염족에서 비롯됐을 것이다. 려(廬)는 주루의 루이고, 루(樓)는 『설문』에서 누각이라고 했는데 역시 루에서 비롯된 것이다. 이외에 금속 제련에 쓰이는 화로(爐), 농업 생산에 쓰이는 호미(鋤), 파종 기구(耬), 가마솥(鑊), 삽(鍤), 가래(鍫), 밭두둑(疇) 등도 모두 주루족이 처음으로 만들었다.

배와 수레 등 주요 교통수단도 주루족이 가장 먼저 발명했다. 주(舟)도 주(邾)에서 비롯된 것이다. 주(舟)는 첨(尖)으로 읽으며, 주(朱)와 같은 성대에서 소리가 나온다. 주는 선(船)이라고도 부르는데 선 역시 주(朱)에서 나왔다. 옛날에는 주(舟), 오늘날에는 선(船)이라고 한다. (…)『설문』‘선(船)’ 조목에서 “한율(漢律)에서는 선(船)이라 부르고 장방형이 축로(舳艫)이다’라 했으니, 염족에서 비롯되었다는 확고한 증거이다. 거(車) 또한 주(朱)에서 바뀐 것이다. 전설에 따르면, 수레를 발명한 해중 부자 역시 동이족의 후예이다. 고대에 배와 수레를 제조하는 일은 최첨단 공정기술이었다. 상당한 수준의 역학, 수학 특히 기하학과 기계학 지식이 없으면 절대 만들 수 없었다. 삼주(三邾) 지역이 고대에 배와 수레를 제조하는 주요 기지였다는 것은 이곳의 과학기술이 이미 당시 세계에서 최고 수준이었음을 말해준다. 따라서 삼주 지역은 고대 문화과학이 가장 선진적인 곳이었다고 할 수 있다.

“땅이 영험하면 인걸이 나온다(地靈人傑)”는 말이 있다. 삼주라는 문화과학의 요람 속에서 시대에 한 획을 긋는 수많은 문화 명인과 과학 거장이 출현했다. 해중, 길광(吉光), 공수반, 공자, 맹자, 안자(顏子), 증자(曾子) 등이 바로 그들이다. 그리고 이 책의 주인공 묵자 역시 이런 문화과학 기술의 요람에서 태어났다.

과학기술 발전의 연원으로 봤을 때, 만일 묵자가 삼주 지역에서 성장하지 않았다면 그렇게 뛰어난 과학적 성취를 이루지 못했을 것이다.『안자춘추(晏子春秋)』「문상(問上)」편에서는 “100리마다 습관이 다르고, 1000리마다 풍속이 다르다”고 했다. 커다란 문화 체계 안에서 지역문화는 여전히 다양한 형태와 이색적인 모습으로 자체적인 특징과 전통을 유지한다. 이것이 곧 대환경과 작은 환경의 관계이다. 자연 조건과 역사 연혁 등의 요소는 특정 사회문화 지역 사람들의 관념과 행위 방식, 역사 전설을 만들어낸다. 동시에 이는 여기에서 대대로 사는 사람들을 만들어내는 것이다. 등주의 ‘지령인걸’은 “바람 따라 밤중에 몰래 들어와 조용히 소리 없이 만물 적시네"•라는 시구처럼 묵자 사상에 은근하게 영향을 끼쳤다. 주루 문화는 더욱이 시대의 사상가 묵자의 기풍과 인격을 만들어냈다.

• 두보의 시 「춘야희우(春夜喜雨)」 : "隨風潛入夜, 潤物細無聲."

제4장
'적'에 담긴 유·도·묵가의 다른 생각

묵자의 특이한 출생과 관련해 아름다운 전설이 전해지고 있다. 『낭현기』에는 "묵자가 태어날 때 어머니가 대낮에 꿈에서 검은 새가 방 안으로 날아 들어왔는데 휘황찬란한 빛이 나서 눈을 똑바로 뜨지 못했으며, 깜짝 놀라 깨어 묵자를 낳았다"고 기록되어 있다. 고대에 봉황의 별칭이 적(翟)이었다. 적의 상단은 우(羽)이고, 하단은 추(隹)로 모두 큰 새라는 뜻이다. 따라서 그의 부모가 아들을 묵적이라고 이름 붙였다.

명대 만력(萬曆) 13년(1585년)의 『등현지(滕縣志)』에도 다음과 같은 전설이 수록되어 있다. 등주시 목석촌(木石村) 서쪽은 호태산(狐駘山, 목이산)으로, 호태산 동남쪽에 자리한 큰 산 이름을 낙봉산(落鳳山)이라고 불렀다. 그 산은 파도치듯 굴곡이 있었는데, 전설에 따르면 봉황이 이곳에 내려앉아 그런 이름을 얻었다고 했다. 등주 사람들은 낙봉산을 가리켜 묵자의 탄생지라고 말했다.

봉황은 중국 고대 전설에서 모든 새의 왕으로 깃털이 아름답고 소리가 듣기 좋아 고귀한 것으로 여겨졌다. 수컷은 봉, 암컷을 황이라 한다. 오동나무 가지를 모아 스스로를 불태워 태양신에게 날아간 뒤 뜨거운 불속에서 다시 태어난다. 봉황은 용, 거북이, 기린과 함께 고대인이 천지 사이의 사령(四靈)으로 추앙했다.

주루 문화는 동이 문화의 일부분으로 동이 문화의 태양 숭배와 까마귀 숭배를 답습했다. 삼주 지역에는 고래로 까마귀를 아끼고 공경하는 습속이 있었다. 이곳 사람들은 현조(玄鳥)를 조상으로 삼고, 봉황을 현조가 진화한 것이라고 여겼다. 소호(少昊) 시대에 동이인의 까마귀 숭배가 절정에 달했다. 소호는 상고 시대 희화(羲和) 부락의 후예이자 동이족의 수령으로 오제(五帝) 중 하나이다. 영(嬴), 진(秦), 황(黃), 강(江), 이(李) 등 수십 가지 성씨의 시조이다. 소호는 모든 새의 왕으로 칭해진다. 『좌씨전』 「소공 17년」에는 "우리 고조 소호 지(摯)가 즉위할 때 마침 봉황새가 날아왔다. 이에 새로써 일을 기록하고 백관의 우두머리를 모두 새와 관련지어 명명했다"고 기재되어 있다.

『사기』 「은본기(殷本紀)」에 따르면, "은나라 시조 설(契)의 어머니는 간적(簡狄)인데, 유융씨(有娀氏)의 딸이자 제곡(帝嚳)의 둘째 부인이었다. 간적 등 세 사람이 함께 목욕하다가 현조가 알을 떨어뜨리는 것을 보고 간적이 받아 삼켜 설을 잉태했다"고 했다. 이는 묵자의 출생과 방식은 다르지만 결론은 같은 기록이며, 은나라 사람 잠재의식 속의 까마귀 숭배를 설명한 것이다. 하대의 상족(商族)이 바로 동이족의 한 갈래이며, 그들은 까마귀를 조상으로 여겼다. 일설에 설(契)이 도읍한 번(蕃)이 지금의 산둥성 텅저우시여서 등주는 한때 번현(蕃縣)이라 불렸다고도 한다. 훗날 상족이 서쪽으로 이주해 하 왕조에 이어 중국의 두 번째 왕조를 건립했지만 까마귀 숭배의 전통은 여전히 동방에서 성행했다.

한 시대의 의식은 곧 통치자로부터 발현된다. 은대의 까마귀 숭배는 부속국이었던 문왕(文王)의 서주에 영향을 미쳤다. 주 무왕이 주왕(紂王)을 정벌할 때 "봉황새가 기산(岐山)에서 운다"는 신화를 만들어내 자신이 천명에 순응해 은나라를 멸한다는 합법성을 증명했다.

은주 시대 사람은 태평성대를 만날 때에는 봉황이 상서로운 조짐을 드러낸다고 믿었다. 『국어』의 "주나라가 일어날 때 봉황이 기산에서 울었으며", 『죽서기년(竹書紀年)』의 "문왕 원년에 봉황이 기산에 모여들었다"가 바로 그것이다. 은말에 주왕은 애첩을 총애하고 충신을 살해하며 민생을 도탄에 빠뜨렸다. 그때 봉황 무리가 하늘에서 내려와 서쪽 기 땅의 공중을 선회하고, 지금의 주공묘 북쪽 기슭 봉황산 위에 서식하면서 목을 길게 빼고 오랫동안 울었다. 당시 서백(西伯)의 희창(姬昌, 문왕)과 아들 희발(姬發, 무왕)은 백성의 고통을 안타까워했고, 한편으로 상서로운 새의 울음소리를 듣고서 인재들을 모아 병마를 훈련시켰다. 때가 되자 이들은 하늘의 뜻에 순응해 목야(牧野)● 전쟁을 일으켜 일거에 은 왕조를 무너뜨리고 장장 800년 가까이 유지된 주 왕조를 건립했다.

전설에 따르면, 봉황은 봉황산에서 신선이 되었고 깃털이 떨어져 오색 흙이 되었는데 색채가 선명하고 빼어나 사람들이 봉황퇴(堆)라 칭하고 주공묘를 팔경의 하나인 단혈봉적(丹穴鳳跡)으로 기렸다. 『시경(詩經)』의 "봉황이 우는구나, 저 높은 멧부리에서. 오동나무가 자라는구나, 저 햇빛을 바라보며"라는 노래 가운데 '높은 멧부리'는 곧 봉황산의 멧부리를 가리킨다.

● 목야 : 무왕이 주왕을 정벌할 때 최후의 결전지. 지금의 허난성 신샹(新鄕)시.

춘추전국 시기에 동이는 점점 중원과 융화되었지만 문화 전통과 토템 숭배에 있어서는 여전히 자체적인 특색을 유지했다. 소주국은 노나라와 등나라 사이에 위치하며 여전히 봉황토템 숭배의 풍속을 보존했다.

닭(鷄)의 원래 명칭은 봉황이다. 서주 전설에 "봉황이 기산에서 울다가 진창(陳倉)으로 날아오르니, 진창산 사람들이 알아보지 못하고 놀라 '보계(寶鷄)로구나!' 하고 외쳤다"는 기록이 있다. 닭은 고대 인류에게 길들여진 최초의 동물로 야생을 봉황이라 부르고, 사육하는 것을 닭이라 했다. 산시(陝西)성 바오지(寶鷄)시 남쪽의 진창산은 계산(雞山), 계봉산(雞鳳山)으로도 불린다.

닭은 길들여지기 전까지 고귀한 봉황 대접을 받아 위수(渭水)에서 나온 용과 이름을 나란히 하며 모두 상서로운 징조를 나타냈다. 하지만 사육되기 시작한 뒤로는 집에서 기르는 닭을 용도에 따라 산란계, 육계, 투계 세 가지로 나누었다. 수탉은 '새벽을 알리는 닭'으로 임명되어 약간의 발언권을 가졌다. 암탉도 소리 내 울 수 있었지만 고대인들은 암탉을 성차별했을 뿐 아니라 미신과 거짓말까지 날조했다. 『주역(周易)』「계사전(繫辭傳)」과 『상서』「목서(牧誓)」에서 모두 "암탉이 새벽에 울면 집이 궁해진다"고 했다. 즉 암탉이 새벽에 우는 것은 패가망신의 조짐이라는 것이다. '덕을 지닌 가금'이라 불린 닭의 미덕은 사육하고 식용으로 잡아먹고 희롱하는 것뿐이었다. 이 이후로 '용과 봉이 상서로움을 나타낸다'는 조화로운 관계가 '용은 하늘에 있고 봉은 아래에 있는' 상하관계로 바뀌게 되었다.

진(秦) 왕조의 영성(嬴姓)도 동이의 한 갈래이다. 영은 연(燕)의 이체자이며, 토템은 제비이다. 영을 성으로 하는 동이족 일파는 서쪽으로 옮긴 뒤 주 왕실의 부용국이 돼 말을 길렀다. 동주 초에 평왕을 호

위해 낙읍으로 천도하는 데 공을 세워 제후로 봉해지고 진(秦)을 건립했다. 이후 진시황 영정(嬴政)은 육국을 멸해 중국 역사상 최초로 천하를 통일하고 다민족 중앙집권적 전제주의 왕조를 건립했다. 진시황은 중국 최초의 황제가 되었고, 영성은 봉황 토템에서 용 토템으로 전환하는 데 성공했다.

신화 전설과 토템 숭배 안에는 한 민족의 집단무의식이 함축되어 있다. 이런 문화 부호를 이해하면 묵자의 출생에 관한 전설 및 부모가 왜 묵자를 '적'이라 명명했는지 쉽게 이해할 수 있다. 소호의 후손인 묵자와 공수반은 나무를 이용해 연과 학을 만들어 하늘에 날리고 사흘 동안 내려오지 않게 했는데, 어쩌면 이는 하늘을 나는 조상에 대한 갈망일지도 모른다.•

비상을 동경하고 모든 속박에서 벗어나 자유를 추구하는 꿈은 동이족 나아가 전체 중국 민족의 꿈이라고 할 수 있다. 비록 날개를 가지고 있지만 날아오르는 능력을 상실한 닭은 평생 자유롭게 나는 쾌감을 느낄 방법이 없다. 누릴 수 있는 것이라곤 우리에서 곡물을 쪼아 먹거나 진흙 속에서 먹이를 찾는 것뿐이다. 이것 역시 하나의 생존 방식이라고 할 수 있지만 그들은 이미 높은 하늘을 날 수 있는 날개와 '봉황으로서 기산에서 울던' 낭랑한 소리를 상실했다. 야생과 사육은 전혀 상반된 생존의 명제이다.

묵자의 '적'이라는 명명에는 한 민족의 아주 풍부한 잠재의식이 담겨 있다. 묵자의 출생에 관한 전설은 비록 시골 사람들의 신기한 상상과 아름다운 축원이 깃든 것이지만 '적'이라는 글자에 너무 천착해 꿰맞춘 것일지도 모른다. 첸무는 「장자유완묵적석의(莊子儒緩墨翟釋

• 이상의 논술은 장칭쥔(張慶軍)의 『묵자의 성명과 봉황 토템 숭배』를 참조했다.

義)」에서 묵자의 이름이 '적'이라는 데 대해 자신의 견해를 밝혔다.

(『장자』「열어구(列禦寇)」에서) 유자(儒者)를 왜 완(緩)이라 하고, 묵자(墨者)를 왜 적(翟)이라 했는가? 이는 우언(寓言)이긴 하나 다 이유가 있기 때문이다. 내가 생각건대 이는 모두 당시의 복식에 따라 부른 것이다. '적'은 『설문』에서 꼬리가 긴 꿩이라고 했다. 고대의 야인은 꿩의 깃털로 관을 장식했다. 이른바 '적'은 묵가에서 야생 꿩의 깃털을 모자에 꽂아 장식으로 사용한 것이다. 묵가에서는 왜 적관(翟冠)을 썼을까? 적관은 본래 야인의 복식으로, 묵자들은 직접 노동에 힘쓰고 정수리가 닳아서 발꿈치에 이를 정도였으며 예문(禮文)을 숭상하지 않았다. 이에 스스로 꿩의 깃털로 모자를 장식하고 비루한 야인에서 벗어나지 않은 것이다. 또 꿩의 깃털은 닭털과도 유사하다. 묵자들이 적관을 쓴 것은 마치 야인이 닭털로 모자를 장식한 것과 같다. 이런 복장은 당시 사람들에게 미개인의 습속으로 여겨졌다. 마치 자로(子路)가 공자에게 교화받기 전 복장으로 우아한 공문 제자들에게 무시당한 것과 같다.

『사기』「중니제자열전(仲尼弟子列傳)」에 "자로의 성품은 거칠고 용맹을 좋아하며 심지가 강직했다. 수탉의 꼬리로 만든 관을 쓰고 수퇘지의 가죽주머니를 허리에 차고 공자를 업신여겼다. 공자가 예로써 대하며 조금씩 바른길로 인도하자, 자로는 뒤에 유복(儒服)을 입고 예를 표하면서 문인들을 통해 제자 되기를 청했다"고 기록되어 있다.

『장자』「전자방(田子方)」에서는 "유자가 둥근 관을 쓰는 것은 천시(天時)에 밝음을, 네모진 신을 신는 것은 지형에 밝음을 나타낸다"고 했다. 하늘은 둥글고 땅은 네모지다는 관념을 복식에 반영한 것이다. 유가의 복식과 묵가의 복식은 '유가는 우아하고 묵가는 비루하다'

는 식으로 선명하게 대조를 이룬다. 유가는 복식을 매우 중요하게 여겼다. 이는 '사람은 의상에 의지하고 말은 안장에 의지한다'는 외형의 추구일 뿐 아니라 일정한 사유 관념과 사상적 경지를 반영한 것이기도 하다.

『예기』「방기(坊記)」편에서 공자는 "무릇 예란 의심스러운 것을 밝히고 미세한 것을 분별함으로써 백성의 잘못을 막는 것이다. 따라서 귀천에 등급이 있고 의복에 구별이 있으며 조정에 지위가 있게 되면 백성은 사양하는 바를 알게 된다"고 했다. 공자가 보기에 의복관대는 결코 사소한 것이 아니라 예의 등급 및 정치질서와 관련된 중요한 문제였다. 주례에는 "중요한 예(經禮)가 300가지, 사소한 예(曲禮)가 3000가지"라 하여, 각종 복식의 재질, 규격, 색깔, 무늬 등 세세한 절목에까지 매우 엄격하고 번쇄한 규정이 있었다. 관면복식(冠冕服飾)은 신분 등급을 나타낸다. 따라서 유가 입장에서 모자 위에 닭의 깃털을 꽂은 묵가를 보면 어떤 생각을 가졌을지 명약관화하다.

『묵자』「비유」편에는 묵자와 유가의 옷에 관련된 대화가 나온다.

유자가 이르기를, "군자는 반드시 옛말을 하고 옛 옷을 입은 뒤에야 인을 이룰 수 있다"고 했다. 그러자 묵자가 반박했다. "소위 옛날의 말과 옷이라는 것은 당시에 모두 새것이었다. 따라서 옛사람이 그렇게 말하고 입었다면 군자가 아닐 것이다. 그렇다면 군자 아닌 옷을 입고 군자 아닌 말을 한 뒤에야 인을 이루었단 말인가?"

묵자는 선복후행(先服後行)의 유가를 비판한 것이다. 행동은 어떤 옷을 입는지가 중요한 것이 아니라 마땅히 행위의 효과로 귀결된다고 보았다. 『묵자』「공맹(公孟)」편에도 이와 관련된 묵자와 공맹의 대화가 실려 있다. 공맹자(公孟子)가 장보관(章甫冠)을 쓰고 허리에 홀을 꽂은 유복 차림으로 묵자를 만나 다음과 같이 말했다.

공맹자 군자는 의복을 제대로 갖춘 뒤에 행동하는 것입니까? 아니면 행동을 한 뒤에 옷을 차리는 것입니까?

묵　자 행동은 옷에 달려 있지 않습니다.

공맹자 어떻게 그러함을 아십니까?

묵　자 옛날 제 환공(桓公)은 높은 관을 쓰고 넓은 띠를 두르고 금으로 만든 검에 나무 방패를 들고서도 나라를 잘 다스렸습니다. 진 문공(文公)은 거친 삼베옷과 양가죽 옷을 입고 가죽 끈으로 칼을 차고서 나라를 잘 다스렸습니다. 초 장왕은 화려한 관에 색실로 갓끈을 매달고 진홍색 장포를 입고서 나라를 잘 다스렸습니다. 월왕 구천은 머리를 깎고 문신을 하고서 나라를 잘 다스렸습니다. 이 네 왕은 복장이 달랐지만 행동은 똑같았습니다. 저는 이를 통해 행동이 복장에 달려 있지 않다는 것을 알았습니다.

공맹자 훌륭합니다! 저는 선을 보류하는 것은 상서롭지 않다고 들었습니다. 홀을 버리고 장보관을 바꿔 쓰고 다시 선생을 뵙고자 하는데 괜찮겠습니까?

묵　자 지금 이대로 만나는 것이 좋습니다. 만약 홀을 버리고 장보관을 바꾼 뒤에 다시 만난다면 그 행동은 정말 복장에 달려 있는 것이 됩니다.

공맹자 군자는 반드시 옛말을 하고 옛 옷을 입어야만 인을 갖추었다고 할 수 있습니다.

묵　자 옛날 은 주왕의 대신인 비중(費仲)은 천하의 포악한 사람이었고, 기자(箕子)와 미자(微子)는 천하의 성인이었습니다. 이들은 똑같이 옛

말을 했지만 한쪽은 인하고 한쪽은 불인(不仁)했습니다. 또 주공 단(旦)은 천하의 성인이었고, 관숙(管叔)은 천하의 포악한 사람이었습니다. 이들은 똑같이 옛 복장을 입었지만 한쪽은 인하고 한쪽은 불인했습니다. 이렇게 볼 때 인하고 불인함은 옛날의 복장과 말에 달려 있는 것이 아닙니다. 또 그대는 주나라를 본받고 하나라를 본받지 않으니, 그대가 말하는 옛날은 진실한 옛날이 아닙니다.

이처럼 유가와 묵가는 의복을 입는 문제에서 서로 다른 사유 방식을 가졌다. 묵가의 '하리파인(下里巴人)'●식 복장은 당시에 수많은 비난을 받았다. 우아한 집에는 들일 수 없는 기이한 복장으로 간주되었고, 심지어 일부러 대중의 관심을 불러일으키려 한다는 오해도 받았다. 『장자』 「천지(天地)」 편에는 묵가의 복장에 대한 장자의 신랄한 비판과 조롱이 실려 있다.

양주와 묵적은 홀로 동떨어져 행동하며 스스로 본성을 찾았다고 여기지만 이는 내가 말하는 본성을 찾은 것이 아니다. 무릇 자기를 괴롭게 하면서 본성을 찾았다고 한다면 비둘기나 올빼미가 새장 속에 갇힌 것 역시 본성을 찾았다고 할 수 있다. 또한 취사선택의 마음, 소리와 빛깔로 그 안을 막고, 가죽관이나 물총새의 깃으로 장식한 관을 쓰고 홀을 꽂고 큰 띠를 두르며, 옷자락이 긴 옷으로 몸 밖을 얽어맨다. 안은 울타리를 쳐서 막고 바깥은 밧줄로 겹겹이 묶고서 스스로 본성을 찾았다고 한다면, 이는 곧 죄인이 뒤로 결박당해 손가락이 겹쳐지고 호랑이와 표범이 우리 안에 갇힌 것도 본성을 찾은 것이라고 할 수 있다.

● 원래는 전국시대 초나라 민간에서 유행한 가곡의 일종으로 현재는 통속적인 문학예술을 가리킨다. 이와 반대로 '양춘백설(陽春白雪)'은 우아하고 고상한 문학예술을 가리킨다.

이처럼 묵자의 '적'이라는 단 한 글자로 유가, 묵가, 도가 사이에 지향하는 인생관 및 풍속과 견해가 얼마나 다른지 알 수 있다.

역대 왕조의 복식에서 드러난 사상 관념과 심미적 취향 등에는 깊이 있는 의미가 내포되어 있다. 선충원(沈從文)은 『중국고대복식연구』에서 복식에 함축된 내용을 심도 있게 분석했다. 그는 「전국갈미관피연갑기사(戰國鶡尾冠被練甲騎士)」라는 글에서 다음과 같이 밝혔다.

특히 중요한 점은 투구에 새의 깃털 두 개를 꽂는 것이다. 역사책에 전해지는 조 무령왕(武靈王)의 '호복기사(胡服騎射)' 가운데 갈관(鶡冠), 준의관(鵕鸃冠)과 관련이 있거나 혹은 그것과 상통하는 점이 있다는 것이다. 거기에 갈(鶡)의 꼬리를 쓰는 까닭은 『고금경(古禽經)』에 "갈관은 무사가 착용하는 것으로 용맹을 상징한다"고 설명되어 있다. 응소(應劭)의 『한관의(漢官儀)』에서도 "호분(虎賁, 호위병)은 투구에 갈의 깃털을 꽂는다. 갈은 맹금류 중 가장 강한 것이다. 포획할 때 발톱을 부수어야 한다. 꼬리는 위에 공물로 바친다"고 했다. 또 『속한서(續漢書)』에서는 "우림(羽林, 금위군)의 좌우 감독은 모두 무관(武冠)을 쓰고 갈의 꼬리를 두 개 더한다"고 했다. 호분기사(虎賁騎士)는 반드시 투구에 갈의 꼬리를 꽂고 호랑이 무늬 옷을 입었다. 2000여 년 전 무장들이 일괄적으로 투구에 갈의 꼬리 형상을 단 것은 모두 여기서 발전된 것이다. 복식은 여러 가지 상징적 의미를 가지고 있다.

'봉황'은 자유롭게 날아오르는 꿈이다.

제5장

묵자가 백이와 숙제의 자손일까

2000여 년 이래 학자들이 "위로 하늘로부터 아래로 땅속까지 뒤지듯"● 방대한 역사 자료를 통해 고증하려 했지만, 묵자는 이름과 성이 없고 부모도 없으며 심지어 아내와 자녀조차도 찾을 수 없었다.

묵자가 송나라 대부라는 사마천의 설은 아마도 묵자 조상에 대한 고증에서 비롯되었을 것이다. 구제강(顧頡剛)은 「선양(禪讓)의 전설은 묵가에서 시작되었다」라는 글에서 "묵은 확실히 그의 본래 성씨이고, 이 성으로부터 그가 공자(公子) 목이(目夷)의 후예이며 원래 송나라 종족임을 알 수 있다"고 말했다. 통수예는 『춘추좌전 연구』에서 구제강의 설에 동의하며 "묵자는 사실 목이자(目夷子)의 후예이고, 묵이(墨夷)가 씨(氏)인데 줄여서 묵이 되었다"고 말했다.

공자 목이의 또 다른 이름은 묵이수(墨夷須)이고, 자(字)는 자어(子

● 백거이의 시 「장한가(長恨歌)」: "上窮碧落下黃泉."

魚)이다. 그는 송 양공(襄公)의 이복형으로 송나라의 좌사(左師)였다. 목이 사후에 그의 아들 공손우(公孫友)가 좌사를 물려받았다. 공손우 사후에는 그의 손자 어석(魚石)이 좌사, 어부(魚府)가 소재(少宰)가 되었다. 송 공공(共公)이 죽었을 때(기원전 576년) 내부에 권력 다툼이 일어나 어석과 어부가 패하고 팽성(彭城)으로 도망쳤다. 4년 뒤 송나라가 팽성을 포위 공격하자 어석과 어부는 진(晉)나라에 구원을 요청했다. 진나라가 출병해 어석과 어부를 진나라로 맞아들이고 호구(瓠丘)에 거처를 마련해주었다. 이것이 역사상 유명한 '묵(어)씨가 진나라로 옮긴' 사건이다. 호구는 호구(壺丘) 혹은 양호(陽壺)로도 부른다. 이로부터 묵자의 조상이 송나라 귀족이었음을 알 수 있다는 것이다.

목이국(目夷國)은 원래 은 왕조를 건립한 성(姓)과 같은 나라이다. 등주의 지명 자료를 참고하면, 청대 도광(道光) 26년(1846년) 『등현지』에 청대의 유명한 시인 왕사정(王士禎)이 호태산(狐駘山)을 지나면서 느낀 감정을 노래한 "회고하건대 어느 해인지 전해 듣기에 여기가 주(邾)를 정벌한 곳이다. 지금 노래하는 어린아이들은 오히려 난쟁이를 원망하는 듯하네"• 라는 시가 실려 있다. 이 책의 편집자 왕특선(王特選)은 「고적잡영(古跡雜詠)」에서 "호태산 아래 목이정(目夷亭)은 나무와 가까이 있어서 온통 푸른색이네"라 읊고 "목이정은 호태산 아래에 있으며 또한 목석촌이 있다. 태(駘)의 음은 이(頤)로 간혹 음이 바뀌기도 한다"고 덧붙였다.

역대 지리학자들은 등주가 상족(商族)의 발원지이며, 상족이 서쪽으로 이주하면서 동족인 목이씨를 이곳에 분봉하고 목이국이라 칭했다고 여겼다. 주대에 이르러 목이국은 소주국의 영지로 전락하고, 그

• "憑弔何年事, 傳聞此伐邾, 至今歌小子, 猶似怨侏儒."

뒤 송, 주(邾), 노, 제 등의 부용국이 되었다. 춘추 시대 송 양공은 자신의 조카 사마소어(司馬小魚)를 소주(小邾) 안의 목이에 분봉하고 목이자로 칭했다. 목이자의 후손은 이곳에서 번성했다. 목이국이 소주국으로 바뀜에 따라 목이씨는 귀족에서 평민으로 강등되었다. 이런 거대한 변화는 묵자 일생에서 '상(商)을 높이고 주(周)를 낮추려는' 잠재의식을 갖게 했다.

묵자 세가와 관련해 『원화성찬』에서는 "묵씨는 고죽군(孤竹君)의 후예로 본래 묵태씨(墨台氏)인데 뒤에 묵씨로 바꾸었다"고 했다. 양샹쿠이(楊向奎)는 한 걸음 더 나아가 『원화성찬』의 이런 서술이 일리가 있다고 보고, 남북조(南北朝) 시대까지 줄곧 묵태씨라는 성이 있었다고 주장했다. 『사기』「은본기」에는 은의 후대에 목이씨가 있었다고 기록되어 있다. 『광운육지(廣韻六脂)』 '이(夷)'의 주석에서는 "송 공자 목이의 후예이며, 목이를 씨로 삼았다"고 했다. 목이는 묵이(墨夷)로도 쓰며, 적(翟)과 이(夷)는 고음(古音)에서 서로 가차할 수 있었기 때문에 '묵적'은 '목이'의 별칭일 가능성이 있다.

구제강은 「선양의 전설은 묵가에서 시작되었다」는 글에서 묵자 세가에 대해 비교적 체계적으로 고증했다.

『사기색은(史記索隱)』「백이열전」에서는 응소의 말을 인용해 "(고죽국은) 백이의 나라이며, 군주의 성은 묵태씨(墨胎氏)이다"라 했고, 『사기정의(史記正義)』「주본기(周本紀)」에서는 『괄지지(括地志)』를 인용해 "고죽은 (…) 은대 제후인 고죽국이며 성은 묵태씨이다"라고 했으니, 백이의 성이 묵태임을 알 수 있다. (…) 묵자는 고죽군의 후예이며 묵태를 줄여서 묵을 성으로 삼은 것이다. 양옥승(梁玉繩)의 『한서고금인표고(漢書古今人表考)』에서는 "『북주서(北周書)』「이봉전(怡峰傳)」을 보면 '본래 성은 묵태(黙台)

인데 피난하면서 고친 것이다'라 했으니, 태(台)는 이(怡)이지 태(胎)가 아니다(태[台]에는 태[胎]의 음이 있으므로 잘못이다-지은이)"라 했다. 이에 의거하면 태(台)는 응당 '이'로 읽어야 한다.

(…) 남북조 시기까지도 묵태라는 성이 있었다. 『잠부론(潛夫論)』 「지씨성(志氏姓)」편에서는 목이씨를 미자(微子)의 후예로 보았다. (…) 『세본(世本)』에서는 "송 양공의 아들 묵이수(墨夷須)가 대사마(大司馬)가 되었고, 그의 후손 가운데 묵이고(墨夷皐)가 있었다"고 했는데, 송 양공의 아들은 '송 양공 형의 아들'이 와전된 것이다. 『통지(通志)』 「씨족략(氏族略)」에서는 "묵태는 송 성공의 아들 묵태의 후예이다"라 했는데, 송 성공은 송 환공의 잘못이다. 목이는 줄곧 묵태로 쓰였으며 백이의 성(姓)과 부합된다. 『좌씨전』 「희공(僖公) 8년」에는 송 태자 자보(玆父)와 공자 목이가 서로 나라를 양보한 일이 실려 있는데, 자보는 "목이가 저보다 나이가 많고 어집니다'라 했고, 목이는 "나라를 양보할 수 있다면 그보다 더한 어짊이 있겠습니까?'라 했다.

이는 백이와 숙제가 서로 나라를 양보한 전설과 아주 흡사하다. 『논어』 「술이(述而)」에서도 백이와 숙제는 "어짊을 구하여 어짊을 얻었는데 무슨 원망이 있겠는가?"라 했다. 백이와 목이가 나라를 양보한 일이 매우 비슷한 데다 성도 같고 이름 또한 거의 같으니, 아마도 한 사람의 전설이 분화되었을 것이다. 목이가 연장자이기에 백이라 칭했고, 숙제는 태자 자보일 것이다. 묵자는 백이의 후예이고, 실제로는 공자 목이의 후예이다. 『논어정의(論語正義)』에서는 『춘추소양편(春秋少陽篇)』을 인용하여 "백이의 성은 묵이다"라 했는데, '묵이'의 뒤 글자를 없애고 간단히 '묵'이라고 한 것이다.

구제강은 엄밀한 고증을 거쳐 묵자의 조상이 바로 "주나라 곡식

먹는 것을 부끄럽게 여겨" 수양산 아래에서 굶어 죽은 백이와 숙제라고 추론했다. 사마천은 『사기』에서 백이와 숙제의 사적을 열전 70편의 첫머리에 두었다. 이로부터 태사공이 두 사람의 인품을 얼마나 경모하고 추앙했는지 알 수 있다. 『사기』 「백이열전」의 기록을 보자.

백이와 숙제는 고죽군의 두 아들이다. 아버지는 숙제를 세우고 싶어 했는데, 아버지가 죽자 숙제가 백이에게 양보했다. 백이는 "아버지의 명이다"라 하고는 달아나버렸다. 숙제 역시 자리에 오르려 하지 않고 도망갔다. 나라 사람들이 가운데 아들을 세웠다. 이에 백이와 숙제는 서백(西伯) 창(昌)이 노인을 잘 모신다는 말을 듣고 가서 기대려 했다. 도착해 보니 서백은 죽고 무왕이 나무 위패를 싣고서 문왕으로 추존한 다음 동쪽으로 주(紂)를 토벌하려 했다. 백이와 숙제는 말고삐를 잡고서 "아버지가 죽어 장례도 치르지 않았는데 창칼을 들다니 효라 할 수 있겠소이까? 신하로서 군주를 죽이는 것을 인이라 할 수 있겠소이까?"라고 간했다. 좌우에서 이들을 죽이려 하자 강태공이 "의로운 분들이다"라 하고는 부축해 떠나게 했다. 무왕이 은나라의 난리를 평정하고 천하가 주나라를 받들었지만 백이와 숙제는 이를 부끄럽게 여겨 주나라의 곡식을 먹지 않고, 수양산에 숨어 고사리를 캐서 먹었다. 굶어 죽기에 앞서 이런 노래를 지었다. "저 서산에 올라 고사리를 캐노라. 폭력을 폭력으로 바꾸고도 그 잘못을 알지 못하는구나! 신농, 우, 하는 이미 사라졌으니 우리는 어디로 돌아갈까나? 아, 막막하구나. 운명이 다했나 보다!" 마침내 수양산에서 굶어 죽었다.

선진 제자는 이구동성으로 백이와 숙제를 칭송했다. 공자는 『논어』에서 "옛날의 현인이다" "옛날에 다른 사람이 자기에게 악하게 굴었던 일을 맘에 두지 않았기 때문에 원망하는 일이 드물었다"어짊을 구하여 어짊을 얻었는데 무슨 원망이 있겠는가?"라 칭송했고, "자기 뜻을 굽히지 않고 몸을 욕되게 하지 않았다"고 찬탄했다. 맹자는 백이와 숙제를 "성인이면서 깨끗한 사람"이라고 평가했다. 관자는 "백이와 숙제는 그들의 죽음 때문에 유명해진 것이 아니라 그 전에 행실을 잘 닦았기 때문이다"라 평했고, 한비자는 "성인의 덕은 요순과 같고, 행실은 백이와 같다"고 말했다.

자신의 이상을 위해 순절한 시인 굴원은 『초사(楚辭)』구장(九章)「귤송(橘頌)」에서 "홀로 우뚝 서 변치 않고", "깨끗이 세속 떠나 속되지 않은" 귤나무로 백이와 숙제의 인격적 매력을 표현했다.

'쌀 다섯 말 때문에 허리를 굽히지 않은'● 도연명은 시를 지어 찬송했다.●●

나라를 양보한 백이와 숙제는 함께 바닷가 귀퉁이로 갔네.

하늘의 명을 받은 이가 혁명을 하니 속세와 연을 끊고 궁벽한 곳에 살았네.

고사리를 캐면서 소리 높여 노래하며 황제와 순임금을 생각했네.

곧은 기풍은 세속을 하찮게 여기니 나약한 사내의 마음을 움직였네!

표일호방(飄逸豪放)한 시선(詩仙) 이백도 이런 시를 지었다.●●●

청운의 뜻을 품은 소년들이 활을 끼고 장대(章臺)●●●● 왼편에서 노네.

말 타고 나오자 사방에서 피하니 유성처럼 쏜살같이 달려 나가네.

● 『진서(晉書)』「도잠전(陶潛傳)」: "不爲五斗米折腰."
●● 도연명의 「독사술(讀史述)」9장 가운데 제1장.
●●● 이백의 시「소년자(少年子)」.
●●●● 장화대(章華臺). 춘추 시대 초나라 영왕(靈王)이 화용현(華容縣) 부근에 세운 누대.

금 탄환으로 나는 새 떨어뜨리고 밤에는 기루에 들어 누우니

백이와 숙제는 어떤 사람이길래 홀로 서산에서 절개 지켜 굶어 죽었나.

백거이 역시 시로서 백이, 숙제를 찬탄했다.•••••

아침에 산에 올라 고사리를 캐고 저녁에 산에 올라 고사리를 캐는데

한 해가 저물면 고사리도 다 없어져 허기를 어찌 채울꼬?

앉아서 흰 바위 아래 물을 마시며 손으로 푸른 소나무 가지를 쥐고

박자 맞추어 긴 노래를 부르니 소리가 맑으면서도 슬프구나.

마구간의 말이 살지지 않음은 항상 매어 있음에 고통스럽기 때문이고

살진 돼지가 배불리 먹지 않음은 끝내 희생으로 쓰일까 걱정하기 때문이네.

항상 이 노래를 부르면서 늘 고통과 굶주림을 위로한다네.

백거이는 '마구간의 말이 살지지 않음'과 '살진 돼지가 배불리 먹지 않음'으로 백이와 숙제의 '주나라 곡식 먹는 것을 부끄럽게 여김'과 선명하게 대비시켰다.

이후 당대 호증(胡曾)은 영사시(詠史詩) 「수양산」에서 "고죽국의 백이와 숙제는 전쟁을 수치스럽게 여겨, 먼지를 무릅쓰고 길을 막아 전쟁을 그만둘 것을 청했으나, 수양산이 도리어 평지가 되었으니 응당 처음부터 성명을 말할 수 없게 되었네"라 하였다.

당대 이기(李頎)는 「등수양산알이제묘(登首陽山謁夷齊廟)」에서 "고인은 이미 보이지 않지만 높은 나무 필경 누군가 지나가리라. 적막한

••••• 백거이의 시 「속고시십수(續古詩十首)」 가운데 세 번째 시.

수양산에는 흰 구름만 공연히 다시 많아지네. 검푸른 이끼는 땅속으로 돌아가는데 흰 머리 노인이 고사리 캐면서 노래한다. 목숨을 마치면서도 원망함이 없으니 인(仁)을 이룸이 이보다 더할쏜가"라 읊었다.

송대 사마광(司馬光)은 「제이제묘(題夷齊廟)」에서 "백이와 숙제 두 분의 뼈는 이미 재가 되었지만 홀로 깨끗한 이름은 날마다 더욱 새롭구나. 굶어 죽은 속마음 남들이 알 수 없지만 안타까운 사람이 고래로 얼마나 많은가?"라 탄식했다.

명대 유백온(劉伯溫)은 「조대(釣臺)」에서 "백이의 청절은 강태공의 공이니, 나아가고 머무름이 사악하지 않다면 어찌 같은 필요가 있겠는가? 벼슬하여 제왕의 업을 일으키는 것이 아니라면 동강(桐江)에서의 낚시질도 쓸모없으리라"라 하였다.

명대 서경(徐瓊)은 「청절사(淸節祠)」에서 "사람들이 국통(國統)으로 둘째를 추대하여 계승시켰으니 수양산에서 기꺼이 굶주려 죽음에 남은 정이 있구나. 도망친 두 형제는 이륜(彝倫)을 중시하여 한 번 간언하여 군신의 대의가 밝아졌다. 은나라 땅에서는 고사리가 아니라도 저절로 늙었고 주나라에서는 비록 곡식이 있어도 살지 못했다. 옛 터의 오래 된 사당에서 정액(旌額)이 빛나니 찬역(篡逆)하여 서로 부끄러운 일이 어찌 생기리오"라 하였다.

명대 한응경(韓應庚)은 「알이제묘(謁夷齊廟)」에서 "청절한 성인에게는 고통스러운 절개가 아니었으니 강상(綱常)을 드러내는 것이 우선이었다. 군주와 부모는 본래 중요한 바이니 자식과 신하의 정은 감내할 수 있었다. 이러한 정을 그만둘 수 없으니 어찌 후세에 명예가 이어질까 걱정하겠는가. 고사리 캐던 일 아득하고 왕조가 이미 여러 번 바뀌었는데, 누가 굶주린 저 영혼을 불러내어 수양산 꼭대기에 제사를 올리는가? 겨울을 난 소나무가 푸름을 더하고 옛 집에서 누런 연기가 생긴다. 남은 형상이 엄연히 생존하여 지척에서 손과 발이 닿는 듯하다. 두 손을 모으고 절하며 용모를 바라보니 공손하면서도 열심히 움직인다. 그릇에 주나라 곡식이 없으나 언덕 위에는 동산의 밭이 있다. 자성(粢盛)에는 계명주를 꺼리고 한여름과 겨울제사에는 싱싱한 생선을 배척한다. 찬란한 북쪽 바닷가 3000년을 이어오고 고아한 풍격은 저절로 장구(長久)하지만 더러운 세상이 헛되이 흐름을 뒤엎는구나. 따라서 아! 탐욕스러운 사내는 몸이 죽어도 이름이 전하지 않느니(…)"라 하였다.

이처럼 수많은 문인들이 백이와 숙제의 절개를 앞 다퉈 칭송했다. "자고로 죽지 않는 이가 어디 있으리오. 이 마음 후일 역사에 전해지길 바랄 뿐이다"*라는 명문을 남긴 문천상(文天祥)은 포로로 구금된 기간에 「화이제서산가(和夷齊西山歌)」를 써서 자신의 뜻을 밝혔다.

「소아(小雅)」가 모두 없어지니 수레를 내어 고사리를 캔다.
오랑캐가 중국을 소유하니 인류가 없어질 것이다.
명왕(明王)이 일어나지 않으니 내 누구와 함께 돌아갈거나.
『춘추』를 품고서 세상을 다하려니 심하구나! 나의 쇠약함이여.
저 훌륭한 사람이여 서산에서 고사리를 캐는구나.
북방의 사람들이여 나를 위해 시비를 가리는구나.
이역(異域)에서 오래 단절되어 다시 돌아갈 수 없을 것 같네.
봉황이 이르지 않으니 세상의 덕이 쇠퇴할 것이다.

원나라 장수가 문천상에게 투항을 권유하며 "나라가 곧 망할 터

● 문천상의 시 「과령정양(過零丁洋)」: "人生自古誰無死, 留取丹心照汗青."

인데 죽음으로써 절개를 지킨다고 누가 글로 써주겠는가?"라고 말하자, 문천상이 바로 답했다. "은나라가 아직 망하지 않았을 때 백이와 숙제는 스스로 주나라 곡식을 먹지 않았다. 신하는 스스로 자기 마음을 다하면 되는 것이지 어찌 글로 써주고 안 써줌을 바라겠는가?" 아울러 "굶어 죽는 것이 정말 나의 일이니 꿈속에서 고사리를 캐러 간다"라는 시로 자신의 감정을 토로했다.

당대의 한유(韓愈) 또한 「백이송(伯夷頌)」을 지어 진심에서 우러나오는 찬사를 보냈다.

> 선비로서 남에게 굴하지 않고 소신대로 행동하여 오직 의로움에 마땅할 따름이오. 남들의 평가에 전혀 개의치 않는다면 모두 호걸지사로서 도를 믿음이 독실하고 스스로 앎이 분명한 사람이다. 온 집안이 비난하더라도 힘써 할 일을 행하며 미혹되지 않는 사람은 드물다. 심지어 나라 전체가 비난한데도 힘써 행하면서 미혹되지 않을 사람은 아마 천하에 한 사람 있을 정도일 것이다. 만약 온 세상이 비난해도 힘써 행하면서 미혹되지 않을 사람은 100년이나 1000년에 한 사람 나올 수 있을 뿐이다. 백이 같은 사람은 천지를 다하고 만세를 다해도 다른 것을 돌아보지 않는 사람이다. 빛나도다! 해와 달도 밝다고 할 수 없고, 높도다! 태산도 높다고 할 수 없으며, 광대하도다! 하늘과 땅도 넓다고 할 수 없다. 은나라가 망하고 주나라가 흥할 때 미자(微子)는 현인이라 제기(祭器)를 갖고 떠났으며, 무왕과 주공은 성인이라 천하의 현인과 제후를 이끌고서 은나라를 공격했는데 그들을 비난한 사람이 있었다는 말은 들어보지 못했다. 저 백이와 숙제만이 옳지 않은 일이라고 여겼다. 은나라가 멸망하여 천하가 주나라를 떠받들었지만 저 두 사람만은 그 곡식 먹는 것을 부끄럽게 여기고 굶어 죽는 것까지도 거들떠보지 않았다. 이 점에서 보자면 그들이 어

찌 추구하는 바가 있어서 그렇게 했겠는가? 오직 도를 독실하게 믿고 스스로 앎이 분명했기 때문이다. 오늘날 이른바 선비라는 자는 범부 하나가 칭찬하면 스스로 만족하게 생각하고, 범부 하나가 비난하면 스스로 부족하다고 여긴다. 그들은 성인이 아니기에 이와 같은 것일 뿐이다. 성인이란 만세의 표준이다. 나는 그래서 말한다. 백이 같은 사람은 남에게 굴하지 않고 소신대로 행동하여, 천지를 다하고 만세를 다해도 다른 것을 돌아보지 않은 사람이다. 비록 그러하나 백이, 숙제가 없었다면 난신적자(亂臣賊子)가 후세에 연이어 나왔으리라.

묵자의 출신이 치욕스럽고 천하다고 말하지 말라. 뿌리를 찾아보면 묵자도 자랑할 만한 가계와 조상을 가지고 있었다. 자신을 뜻을 굽히지 않고 몸을 욕되게 하지 않은 조상의 절개가 묵자의 유전자를 만들었다. 목표를 이룰 때까지 절대 포기하지 않는 확고한 신념 및 공명과 영욕을 따지지 않고 이해득실을 고려하지 않는 품격이 묵자의 영혼을 주조했다.

묵자는 만년에 은나라 미자의 묘와 목이군의 묘를 방문해 제사를 올렸다. 묵자는 푸른 소나무와 비취빛 잣나무가 둘러싼 묘 앞에 엄숙히 서서 오랫동안 무덤을 응시하며 떠나려 하지 않았다. 빠르게 지는 석양이 점점 희미해지고, 어스름한 석양 가운데 허공에 윤곽 하나가 그려졌다. 묵자의 눈빛은 마치 두텁고 두터운 땅속을 뚫어 무언가를 찾고자 하는 듯했다.

응시(凝視)는 '검은 눈동자로 광명을 찾는 것이며', 응시는 현실과 역사의 접합이자 공간의 시간에 대한 초월이다. 오랫동안 응시하다 보면 마치 태양광이 볼록렌즈를 통해 탄소를 함유한 물체를 쪼이는 것처럼 무언가를 태울 수 있을 것이다!

나는 묵자의 이런 오랜 응시로부터 문득 깨닫는 바가 있었다. 묵자가 가진 귀족 혈통의 유전자와 가세가 기울어 하층민으로 전락한 현실이 그의 내심과 사상 가운데서 긴장감이 충만하면서도 조화로울 수 없는 심각한 모순을 이루었다고 말이다.

제6장
유학을 익혀 유가를 배반한 학문의 길

천쒜량은 『묵자답객문』 '묵자연표'에서 "기원전 460년(주 정정왕 9년) 천민 출신인 묵자가 조금 늦게 배움에 나아갔는데, 이것은 9세 때다"라고 했다. 한편 『장자』 「열어구」에는 흥미로운 고사가 실려 있다.

정나라 사람 완(緩)은 구씨(裘氏)를 스승으로 모시고 유가의 책을 열심히 읽어서 불과 3년 만에 명사(名士)가 되었다. 황하가 그 주위 9리를 적시듯이, 그의 은택이 삼족(三族)에까지 미쳤다. 그의 아우에게는 묵가를 공부하게 하여 두 형제가 유가와 묵가에 대해 논쟁을 벌였다. 그런데 그의 아버지가 묵가의 편을 들자 완은 서운한 마음에 10년이 지나 자살해버렸다. 어느 날 그의 아버지 꿈에 완이 나타나 "당신의 아들을 묵가로 만든 것은 접니다. 그런데 어찌하여 제 무덤에는 한 번도 와보시지 않는 겁니까? 제 무덤에는 이미 추백(楸柏)나무 열매를 맺었습니다"라고 말했다.

위의 고사는 복잡하고 모호하면서도 의미심장하다. 첸무는『선진
제자계년』에서 이 고사를 다음과 같이 해석했다.

이것은 우언이다. 묵자는 처음에 유술을 배우다가 중도에 포기했다. 묵가
는 본래 유가로부터 나왔는데 유가가 도리어 배척을 받은 것이다. 그래
서 공자가 이를 깨닫고 노자에게 "저는 이제야 깨달았습니다. 까마귀와
까치는 알에서 부화하고, 물고기는 물속에서 새끼를 치며, 벌은 누에를
가져다 키우고, 사람은 동생이 생기면 젖을 빼앗겨 형이 웁니다"라고 말
했다. 이는 유가와 묵가를 가리켜 말한 것이다. 완은 오히려 깨닫지 못하
고 사람으로 변화하지 못하여 추백나무 열매가 된 것은 마땅하다. 완은
널리 유가를 가리키고, 적은 널리 묵가를 가리킨다. 손씨가「묵자제자고
(墨子弟子考)」에서 정나라 사람 가운데 모씨 성의 적(翟)이 있다고 한 것은
장자 우언의 취지를 몰랐기 때문이다.

『장자』「천운(天運)」편에는 첸무가 말한 노자와 공자의 대화가 자
세히 실려 있다.

공 자 저는『시』『서』『예』『악』『역』『춘추』의 육경(六經)을 배웠습니다.
   스스로 오랫동안 익혀서 그 뜻을 잘 알고 있다고 생각합니다. 그래
   서 그것을 가지고 군주 72명에게 선왕의 도를 논하고 주공과 소공
   의 업적을 밝혔습니다. 그러나 한 임금에게도 채택되어 쓰이지 않
   았습니다. 사람들을 설득하는 것이 어렵고, 도를 밝히는 것이 정말
   어렵더군요.
노 자 그대가 치세의 군주를 만나지 못함이 다행이네. 무릇 육경이란 선
   왕이 남긴 흔적일 뿐이니 어찌 그것이 흔적을 남긴 선왕 본인이겠

는가? 지금 그대가 말한 것은 발자국과 같네. 발자국은 신발에서 나온 것인데 발자국이 어찌 신발일 수 있겠나? 저 흰 물새는 서로 바라보며 눈동자를 굴리지 않아도 감응해 수정되고, 벌레는 수컷이 위에서 울고 암컷이 아래에서 호응만 해도 수정된다네. 본성은 바꿀 수 없고, 천명은 변화시킬 수 없네. 때는 그치게 할 수 없고, 도는 막을 수 없다네. 만약 도를 얻는다면 자기 뜻대로 되지 않는 것이 없고, 도를 잃으면 뜻대로 되는 것이 없다네.

공자는 석 달 동안 두문불출하다가 다시 노자를 찾아가 말했다.

공자 저는 이제야 깨달았습니다. 까마귀와 까치는 알에서 부화하고, 물고기는 물속에서 새끼를 치며, 벌은 누에를 가져다 키우고, 사람은 동생이 생기면 젖을 빼앗겨 형이 웁니다. 제가 이런 자연의 변화를 체득하지 못한 지 오래되었습니다. 자연의 변화를 체득하지 못하고 어찌 남을 교화할 수 있겠습니까?

노자 되었네. 자네가 마침내 도를 깨우쳤구나!

『회남자』「요략(要略)」에는 "묵자는 유가의 업(業)을 배우고 공자의 학술을 받아들였는데, 그 예가 번거로워 좋아하지 않았고, 장례를 후히 지내 재화를 낭비함으로써 백성을 가난하게 하며, 상복을 오랫동안 입어 산 자를 상하게 하고 일에 해가 된다고 여겼다. 이런 이유로 주나라 도를 버리고 하나라 정령을 썼다"고 기록되어 있다.

이상의 기록에 따르면, 묵자는 처음에 공문의 유술을 배웠지만 어느 정도 시간이 흐른 뒤 점점 극기복례(克己復禮)나 '중용의 도' 같은 것이 자신들 천민의 실제 삶과 취향에는 맞지 않는다고 느꼈다. 이에 과감하게 유가를 버리고 결국 비판적 태도로 돌아섰다.

　양이(楊義)의 『묵자환원(墨子還原)』에 따르면, 묵자의 학문 탐구는 '유가를 가까이하다가 유가에서 벗어나는 과정'이었다. 또한 사상 흐름의 과정에서 '묵자식 S형'이 출현했다. 묵자는 유자와 교유하며 천민에서 사로 상승하는 과도기를 실현했고, 유자와 논쟁하며 유가를 벗어나 묵가로 돌아오는 전환점을 실현했다.

　이상에서 묵가는 유가 학설을 학습해 환골탈태를 이루었고, 더욱이 묵자가 유가 학설에 대한 비판과 반성을 가했음을 알 수 있다. 묵자가 유가를 학습한 과정은 상당히 중요하다. 이를 통해 유가 학설의 진면목을 깨달았기 때문이다. 이런 학습 과정이 없었다면 묵자는 「비유」 편처럼 날카롭고 핵심을 찌르는 글을 쓸 수 없었을 것이다.

　춘추전국 시대는 대혼란과 대변혁의 시기로 사회는 거대한 변화 국면에 직면했다. 은 왕조가 주 왕조로 교체된 이후, 작은 주나라가 어떻게 큰 나라였던 은나라를 통치하느냐는 정치적 난제에 봉착했다. 이런 난제를 해결하기 위해 주나라는 두 가지 조치를 채택했다. 우선 은대에 이미 존재했던 분봉제(分封制)를 한층 더 강화하고 발전시켰다. 주 왕조는 동성 귀족에게 대대적으로 분봉하고, 아울러 이성 귀족의 봉지와 봉국은 동성 귀족에게 제약을 받게 해 귀족 간 차등을 두는 통치를 시행했다.

　그런데 정치성을 띤 이런 분봉 자체에 멸망의 요인이 은연중 내포돼 있었다. 왜냐하면 귀족에 대한 차등은 지리적 조건의 차이나 생산 경제 발전의 불균형으로 말미암아 서로 영토 쟁탈전을 벌이는 정치, 군사적 투쟁이 불가피했기 때문이다. 원래 주 왕실의 통치 기반으로 삼기 위해 분봉했던 제후가 결국 뒤통수를 치는 결과로 이어진 것이다. 이와 세트로 엄격한 등급 제도도 출현했다. 『좌씨전』「소공 7년」

에는 우윤(芋尹, 관명) 무우(無宇)의 말이 실려 있다.

천자가 천하를 다스리고 제후가 봉지를 다스리는 것은 옛날의 제도입니다. (…) 하늘에는 열흘의 날짜(갑일에서 계일까지)가 있고 사람에게는 열 등급의 품계가 있습니다. (…) 그러므로 왕은 공(公)을 신하로 삼고, 공은 대부(大夫)를, 대부는 사(士)를, 사는 조(皂)를, 조는 여(輿)를, 여는 예(隸)를, 예는 료(僚)를, 료는 복(僕)을, 복은 대(臺)를 신하로 삼습니다.

『좌씨전』「환공 2년」에는 진(晉)나라 대부 사복(師服)의 말이 실려 있다.

따라서 천자는 국(國)을 세우고, 제후는 가(家)를 세우고, 경(卿)은 측실(側室, 관명)을 두고, 대부는 이종(貳宗, 관명)을 두고, 사는 자제를 복예(僕隸)로 삼고, 서인과 공상(工商)은 각각 친함을 나누어 모두 등급이 있다. 고로 백성은 윗사람에게 복종하고 아래에서 위를 넘보는 일이 없다.

이상은 당시 등급 제도의 정치적 작용을 설명한 것이다. 또 이런 등급 제도는 예악의 제정을 거치면서 일련의 예의와 수레, 복식 등 외재 형식이 추가되고 강화되었다. 『좌씨전』「선공 3년」에 따르면, 초 장왕이 낙수에서 무력 시위를 벌이며 주나라 정(鼎)의 크기와 무게를 묻자 주나라 대부인 왕손 만(滿)이 이렇게 대답했다.

하늘이 밝은 덕을 내리는 데에도 한계가 있는 법입니다. 성왕(成王)이 정을 겹욕(郟鄏)에 안치한 것은 (…) 하늘이 명한 것입니다. 주나라 덕이 비록 쇠했지만 천명이 바뀌지 않았으니 정의 경중을 물어서는 안 됩니다.

『동주열국지(東周列國志)』에는 구정(九鼎)에 대한 상세한 설명이 있다.

구정은 우왕이 구주(九州)에서 바친 쇠를 모아서 각각 하나의 정으로 주조하고, 해당 주의 산천과 인물, 공부(貢賦)와 전토(田土)의 수를 기록한 것이다. 다리와 귀에 용무늬가 있어서 구룡신정(九龍神鼎)이라고도 칭한다. 하나라가 은나라에 전하면서 진중(鎭中)의 보물이 되었다. 주 무왕이 은을 정벌한 뒤 낙읍으로 옮겼다.

우왕이 구정을 주조한 뒤로 구정은 지고무상한 왕권의 상징이 되었다. 당시 춘추오패의 하나인 초 장왕이 주나라 구정의 무게를 물은 것은 곧 중원의 패자가 되려는 야심으로 간주할 수 있다. 이와 관련돼 만들어진 유명한 성어가 '문정중원(問鼎中原)'이다. 자신의 분수를 모르고 경거망동할 때 사용된다.

이 밖에 예의와 수레, 복장 등 외재 형식에서 등급 질서를 공고히 하고 강화하는 놀라운 수단을 만들어냈다. 『좌씨전』「환공 2년」에 이런 글이 있다.

곤(袞), 면(冕), 불(黻), 정(珽), 대(帶), 상(裳), 폭(幅), 석(舃), 형(衡), 담(紞), 굉(紘), 연(綖)은 제도를 밝히기 위한 것이고, 조(藻), 솔(率), 비(鞞), 봉(鞛), 반(鞶), 려(厲), 유(游), 영(纓)은 분수를 밝히기 위한 것이며, 화(火), 룡(龍), 보(黼), 불(黻)은 꾸밈을 밝히기 위한 것이고, 오색으로 각종 물상을 비유하는 것은 사물을 밝히기 위한 것이며, 석(錫), 란(鸞), 화(和), 령(鈴)은 소리를 밝히기 위한 것이고, 삼진(三辰)의 정기(旌旗)는 광명을 밝히기 위한 것이다. 덕은 검소하면서도 법도가 있고 오르고 내림에 일정한 분수가 있으니, 꾸밈과 사물로 기강으로 삼고 소리와 광명으로 덕을 드러내 백관을 감시하면 백관은 이를 경계하고 두려워하여 감히 기율을 소홀히 하지 못한다.

후세 사가들은 서주에서 춘추로 전환된 것이 도가 쇠미해진 징조라는 데 대체로 동의했다. 『한서』 「식화지」 서문에서는 이렇게 말했다.

주 왕실이 쇠퇴하면서 예법이 추락했다. 제후들이 꽃무늬를 새긴 사각형 서까래와 붉게 칠한 기둥을 사용하고, 대부들이 산 모양의 두공(斗拱)과 무늬를 새긴 들보를 사용할 뿐 아니라 뜰에서 팔일무(八佾舞)를 추고 집에서 옹(雍)이라는 음악으로 제사를 마친다. 그 흐름이 서인에게까지 이르러 제도를 어기고 근본을 버리지 않음이 없었다. 농사짓는 백성은 적어지고 장사치가 많아져 곡식은 부족한데 재화는 넘쳐났다.

또 『한서』 「유협전(游俠傳)」 서문에도 이런 기록이 있다.

주 왕실이 이미 쇠퇴해 예악과 정벌이 제후로부터 나왔다. 환공과 문공 이후로 대부가 대대로 권세를 부리고 가신이 명령권을 쥐게 되었다. 전국 시대에 이르러서는 합종연횡이 판을 쳐 무력으로 권력을 다투었다. (…) 모두 왕공의 세력을 빌려서 앞 다퉈 유협이 되고, 계명구도(鷄鳴狗盜)의 천한 재주를 빈례(賓禮)로 대하지 않음이 없었다.

꽃무늬를 새긴 사각형 서까래와 붉게 칠한 기둥, 산 모양의 두공과 무늬를 새긴 들보, 뜰에서 팔일무를 행하고 집에서 옹이라는 음악으로 제사를 마치는 것들이 모두 예악 붕괴의 현상이다. 『논어』 「팔일

(八佾)」에는 "공자가 계씨(季氏)를 일러 '뜰에서 팔일무를 거행하니 이런 짓을 차마 할 수 있다면 무엇을 차마 못하겠는가?'라고 비판했다"는 기록이 있다.

팔일은 음악에 따라 춤을 추는 행렬로 사회적 지위를 나타내는 악무(樂舞)의 등급과 규격이다. 1일(佾)은 8명이고, 8일은 64명이다. 『주례』 규정에 따르면 천자만이 8일을 쓰고, 제후는 6일, 경대부는 4일, 사는 2일이다. 경대부인 계씨는 4일을 사용해야 했는데 8일을 쓴 것이다. 공자는 주례의 등급을 파괴하는 이런 참월 행위에 대해 강한 불만을 표시했다.

공자는 묵자보다 백 년 가까이 선배이며, 그때 당시에는 귀족 세력이 여전히 막강했다. 새로 형성된 평민 계층은 일정한 경제적 지위를 획득한 뒤 서서히 정치적 지위를 추구하기 시작했다. 따라서 '세상의 풍속이 날로 추락하고 도덕이 침체되며 예악이 붕괴된' 국면에서 공자가 창립한 유가는 '끊어진 세대를 잇고 없어진 학문을 일으키며' '주나라는 이대(하, 은)를 본받았으니 찬란하도다, 문화여! 나는 주나라를 따르겠다'라고 부르짖고, '극기복례가 인이다'라는 말로 서주의 옛 질서를 회복하고자 노력했다. 공자가 개창한 유학은 근본적으로 주례를 옹호하고 있다. 싱자오량(邢兆良)은 『묵자평전』에서 이렇게 설명했다.

주나라 문화에 대한 공자와 묵자의 입장은 형식적 개조에서 내용의 비판으로, 그리고 온화한 비평에서 격렬한 부정으로 바뀌었다. 공자와 묵자의 대립 원인 가운데 하나는 바로 주나라 문화를 어떻게 다루느냐에 있었다. 동시에 주나라 문화는 제자백가 사상 발전의 기점이자 원천, 그리고 비교와 참조의 체계가 되었다. 선진 제자는 바로 주나라 문화를 대상으로 긍정 혹은 부정, 또는 개량이 필요하냐는 관점으로 자신의 사상 체계를 발전시킨 것이다.

어떤 사상학설이든 모두 시대에 부응한 산물이다. 묵자가 유학에서 벗어난 것에 대해 첸무는 「묵자전략(墨子傳略)」에서 상세히 자신의 견해를 밝혔다.

『설문』에서 "유(儒)는 술사(術士)의 칭호이다"라 했다. 『예기』 「향음주의(鄕飮酒義)」 주석에서는 "술(術)은 예(藝)와 같다"고 했다. 『열자(列子)』 「주목왕(周穆王)」에서 "노나라의 군자 가운데 술예(術藝)가 많다"고 했으니 술사는 예사(藝士)와 같다. 『장자』 「재유(在宥)」 편에서는 "성인을 좋아하는 것은 속된 학문을 조장하는(藝) 것이다"라 했다. 성인은 곧 최고의 예인(藝人)이다. '예사'라고 칭한 것은 육예에 능하기 때문이다. 『주례』 「지관(地官)」 '사도(司徒)'에서는 "보씨(保氏, 관명)가 국자(國子, 공경대부의 자제)를 도로써 기르고, 육예(六藝)와 육의(六儀)로 가르쳤다. 이는 곧 오례(五禮), 육악(六樂), 오사(五射), 오어(五御), 육서(六書), 구수(九數)다"라 했다. 이 여섯 가지는 당시 귀족의 학문이자, 귀족으로 신분 상승을 하기 위한 유자의 학문이었다. 예악을 익히는 것은 재상이 되기 위함이요, 사어를 익히는 것은 장군이 되기 위함이며, 서수를 익히는 것은 관원이 되기 위함이다. 그래서 (공자는) "3년 공부하고서 봉록에 뜻을 두지 않기란 쉽지 않은 일이다"라 했다. 선유(先儒)가 육예를 익힌 것은 모두 귀족으로 출세하고 봉록을 얻기 위함이었다. 이후 육예는 경적(經籍)으로 명칭이 바뀌었다. 『예기』 「왕제(王制)」 편에서는 『시』 『서』 『예』 『악』을 사술(四術)로 삼았으니, 즉 사예(四藝)이다. 『한서』 「유림전(儒林傳)」에서는 "육예는 왕교(王敎)의 전적(典籍)이며, 선왕이 천도를 밝히고 인륜을 바로잡아서 다스림을 이루는 법이다"라 했다. 이는 한유(漢儒)들의 말이다.

유가에서 귀족으로 신분 상승을 위해서 배우는 '육예'의 번잡한 예절과 시대에 뒤떨어진 고리타분함으로 인해 묵자는 끝내 사문(師門)을 배반하기에 이르렀다. 천쉐량의 『묵자답객문』 '묵자연표'에는 이렇게 기록되어 있다.

기원전 457년(주 정정왕 12년) 묵자의 나이 12세 때 공자의 학문을 그만둔 뒤 묵자는 사관 각(角)의 후예에게 고대 청묘(淸廟)의 예법을 배웠다. 그 예가 간결하고 실질을 중시했으며, 역사적으로 들어가면 우왕의 도를 강술했다.

『여씨춘추』 「당염(當染)」 편에도 유사한 기록이 있다.

노 혜공(惠公)이 재양(宰讓)을 시켜 천자에게 교묘(郊廟)의 예를 거행하겠다고 청했다. 환왕이 사관인 각을 사신으로 보냈는데, 혜공이 그에게 떠나지 말라며 붙잡았다. 그 후 노나라에서 살게 되어 묵자가 그에게 배웠다.

『한서』 「예문지」에서는 "묵학은 대개 청묘의 관리로부터 비롯되었다"고 했다. 이런 학습 덕분에 묵자는 큰 깨달음을 얻은 데 이어 묵학의 기반이 다질 수 있었다. 묵학이 현학으로 이름을 날리게 된 것은 주로 우왕의 도를 종지로 삼았기 때문이다.

쳰무는 「묵자전략」에서 주나라를 따른 유가와 하나라를 본받은 묵가를 대비시켜 다음과 같이 서술했다.

유자가 익힌 것은 모두 당시 귀족이 대대로 지키던 이전의 법이었다. 반면 묵자는 예악을 비판하고 실질을 숭상하면서 매우 검소했다. 그들의 의식과 행동은 한결같이 죄수의 힘든 생활을 표준으로 삼았다. 유자들은 이를 조롱하여 "이것은 우리 선왕 문무주공이 전한 도가 아니다"라 말했다. 이에 묵가 무리가 "이는 옛날 우왕의 도이다"라고 답했으니, 유가의 조롱에 제대로 반박한 것이다.

묵자가 말한 우왕의 도는 유자가 칭한 문무주공에 대비시켜 이른 것이다. "무릇 예악은 문무주공 이래로 내려온 도이다"라는 유가의 주장에, 묵자는 더 좋은 말이 떠오르지 않아 "우리가 직접 노동에 몰두하며 스스로 힘들게 고생하는 것은 우왕의 도이다"라고 한 것이다. 그런데 후인들은 묵자가 정말로 하나라 우왕의 도를 얻었다고 여겼다. 이 어찌 족히 학술 변천의 진실이라고 말할 수 있겠는가? (…) 유가는 처음에 스스로 유(儒)라고 여기지 않았고, 묵가도 묵(墨)을 계승하면서 "남들이 우리를 묵이라고 부르는데 우리는 성인 우왕의 도라고 생각할 따름이다"라고 말했다. 따라서 우왕의 도가 아니면 묵이라고 할 수 없다. 남들이 묵이라고 조롱할 때 그들은 오히려 묵을 자랑으로 삼았다. (…) 요컨대 일파는 상층 귀족을 모방했고, 다른 일파는 하층 서민을 대표했다. 저들이 스스로 사군자(士君子)라 여기면 남들도 사군자라 하고, 저들이 스스로 죄수와 서민으로 여기면 남들 또한 그렇게 생각하는 것이다. 유가와 묵가의 칭호는 이로부터 나온 것이다.

『회남자』를 지은 유안(劉安)은 묵가 학설의 시발점을 하나라 정치의 부활로 보았다. '주나라 도를 등지고 하나라 정치를 채택한' 묵자의 빛나는 점은 위험을 무릅쓰고 인류에 행복을 가져다준 우왕의 실천 정신과 인격적 역량을 발굴하고 선양했다는 것이다.

『묵자』에서 우왕의 이미지는 유가에서 선전하는 예악 문화와 배치되는 고대 성왕으로 묘사된다. 묵자의 '천하를 위해 애쓴 우왕'은 유가에서 공경하는 우왕과 본질적 차이가 있다.『논어』「태백(泰伯)」편에서 공자는 우왕을 이렇게 칭송했다.

> 우왕은 내가 비난할 데가 없다. 평소 음식은 간소하게 하면서도 제사에는 지극 정성을 다하고, 의복은 검소하면서도 의관 제복(祭服)에는 아름다움을 다하며, 궁실은 낮게 하면서도 치수에는 온힘을 다했으니, 우왕은 내가 비난할 데가 없다.

여기서 공자는 우왕의 행위 가운데 드러난 예법을 중시했다.『맹자』「등문공상(滕文公上)」에서 맹자는 우왕이 구하(九河)를 소통시킨 업적을 칭송하면서 "8년 동안 밖에 있으며 세 차례 자기 집을 지나면서도 들어가지 않았다"고 했다. 그런데 「등문공하」에서 그 의미를 해석할 때에는 "옛날 우왕이 홍수를 억제하여 천하가 태평해졌고, 주공이 오랑캐를 병합하고 맹수를 몰아내 백성이 편안해졌으며, 공자가 『춘추』를 지음으로써 난신적자들이 두려워했다"고 말했다. 즉 요점은 모두 상고시대 삼대의 예제(禮制)에 대한 계승을 강조한 것이다. 그러나 묵가는 우왕을 이상적인 상징으로 삼아 유가에서 칭송하는 문왕과 주공을 굴복시키고 있다.『장자』「천하」편에서는 묵자에 대해 이렇게 서술하고 있다.

> 묵자가 찬양했다. "옛날 우가 홍수를 막고 강과 하천을 터서 사방 변방의 땅과 구주(九州)에 흐르게 해, 큰 강이 300개, 지류가 3000개, 작은 물줄기는 셀 수 없을 정도였다. 우는 손수 삼태기와 보습을 들고 천하의 모든

하천을 찾아다니며 다스렸다. 장딴지와 정강이의 털이 모두 없어지고, 빗물로 머리를 감고 바람으로 머리를 빗으면서 온 나라를 안정시켰다. 우는 대성인으로 천하를 위해 자기 몸을 아끼지 않고 힘써 일했다."

루쉰은 『고사신편(故事新編)』 「이수(理水)」에서 우왕의 이미지를 이렇게 묘사했다. "그는 홍수가 범람해 백성들이 물속에 잠기는 것을 보고 노심초사했다. 홍수를 제어하기 위해 그는 아내를 맞은 지 나흘 만에 집을 떠났고, 아들 계(啓)를 낳고서도 자기 자식을 알아보지 못했으며, 비바람 속에서 사방으로 달리느라 관절염에 걸렸으면서도 쉬려 하지 않았다. 8년 동안 밖에 있으며 세 차례 자기 집 앞을 지나면서도 들어가지 않을 정도로 치수에 바빴다." 여기에는 분명 묵자 및 묵가 정신에 대한 루쉰의 존경심이 깃들어 있다. 루쉰은 『한문학사강요(漢文學史綱要)』에서 묵자를 이렇게 평가했다.

묵자는 노나라 사람으로 이름이 적이다. (…) 하나라 도를 숭상했다. 겸애와 상동을 주장하고 옛날의 예악을 비판했으며 또 유가를 비판했다. (…) 그러나 유가는 실(實)을 숭상하고, 묵가는 질(質)을 숭상했다. 따라서 『논어』와 『묵자』의 문장에는 모두 화려한 수식이 없고 의미만 통하면 그만일 뿐이었다.

짧은 글이지만 칭찬의 감정이 붓끝에 넘치고 있다. 루쉰은 「중국인은 자신감을 상실했는가?」라는 글에서 "중국인을 논하기 위해서는 겉에 바른 자기기만의 분칠에 좌우돼서는 안 되고, 반드시 그의 근골과 등뼈를 보아야 한다"고 말했다. 또 "우리에게는 예로부터 억척스레 일하는 사람, 필사적으로 열심히 일하는 사람, 백성을 위해 목숨을 바친 사람, 자신을 버리고 법을 추구한 사람이 있었다. (…) 이것이 바로 중국의 등뼈다"라고 역설했다.

'중국의 등뼈'는 바로 루쉰과 묵가 사상의 진정한 연결점이다. 묵가의 '바쁘게 일하고 목숨을 아까워하지 않으며 고행으로 세상을 구제하는' 정신이 루쉰의 공감을 불러일으켰다. 루쉰은 "오늘날 청년들에게 가장 필요한 것은 실천이지 말이 아니다. 말은 유자이며 실천은 묵자다"라고 강조했다. 이처럼 루쉰은 공허한 변설에 반대하고 몸소 행하는 실천을 강조했다.

『장자』「천하」편에는 "후세의 묵자들은 대부분 가죽옷이나 삼베옷을 입고 나막신이나 짚신을 신었다"고 기록되어 있다. 왕선겸(王先謙)은 『장자집해(莊子集解)』에서 "가죽옷과 삼베옷은 거친 옷이고, 나무로 만든 것이 나막신, 풀로 짠 것이 짚신이다"라고 주석을 달았다. 『문자(文子)』「자연(自然)」편과 『회남자』「수무훈」에 모두 "공자의 집에는 굴뚝이 검어지지 않았고, 묵자가 앉은 자리는 따뜻할 겨를이 없었다"는 말이 실려 있다. 반고(班固)의 「답빈희(答賓戲)」에서는 "공자의 자리는 따뜻할 틈이 없었고, 묵자의 집 굴뚝은 그을릴 틈이 없었다"로 바뀌었지만 식사하고 잠들 시간이 없을 정도로 분주했다는 의미는 같다.

이처럼 묵자 자신은 아주 강렬하게 '천하의 이로움을 일으키고 천하의 해로움을 제거하는 것'을 자신의 임무로 삼는 현실주의적 기상을 지니고 있었기에, 정수리가 닳아서 발꿈치에 이르더라도 천하가 이로우면 행하였고, 삶에 열중하고 죽음을 소홀히 하며 고통을 즐거움으로 삼는 이상주의적 흉금을 지녔으며, 스스로 자신의 행위를 단속하면서 세상의 위급함에 대비하고, 불속에 뛰어들고 칼날을 밟으면서도 죽어도 물러나지 않는 희생정신으로 이상적 인격을 추구해 후인들을 감동시켰다. 그리하여 세속 초탈을 추구한 장자마저 묵자에 대해서는 '일대의 재사(才士)'라고 진심 어린 찬사를 표했다.

천줴량의『묵자답객문』'묵자연표'에도 이렇게 기록되어 있다.

기원전 456년(주 정정왕 13년) 묵자의 나이 13세에 묵자는 한편으로 우왕의 도를 익히고, 다른 한편으로 고래의 전적(典籍)을 학습했는데 특히 시와 서를 좋아했다. 이는『묵자』에 반복적으로 인용되고 있다는 점에서 쉽게 확인할 수 있다.

대략 헤아려보면,『묵자』에서 고전이 원용된 것은 17편에 걸쳐 총 48차례에 달한다. 양이는『묵자환원』에서 별도로 하나의 장을 설정해 묵자가 유가를 가까이하다가 유가에서 벗어난 과정을 이렇게 기술했다.

묵자에 대해 말하자면, 그가 사상가로 성장하는 첫 단계에서 천인에서 사로 오르는 신분 상승을 실현할 과도기가 필요했다. 이런 과도기가 없고, 거기에 필요한 역사 문화 지식이 없었다면 감수성을 사상으로 승화시킬 수 없었을 것이다. 따라서 선왕의 시서와 예악을 익혀 사가 되는 것(『예기』「왕제」편)은 부득이한 일이었다.

『묵자』「귀의」편에는 주 정정왕 25년(기원전 444년), 묵자 나이 25세 때의 일화가 실려 있다. 묵자가 남쪽으로 위나라에 유세하러 가면서 수레에 아주 많은 책을 실었다. 현당자(弦唐子)가 이를 보고 이상하게 여겨 물었다.

현당자 선생님은 공상과를 가르칠 때 "책은 옳고 그름을 헤아리는 데 필요한 것일 뿐이다"라고 말씀하셨습니다. 그런데 지금 어디에 쓰려고 책을 이렇게 많이 실었습니까?

묵 자 옛날 주공 단은 매일 아침 『서』 100편을 읽고, 저녁에는 선비 70명을 만났다네. 그래서 주공 단은 천자를 보좌할 수 있었고, 그 명성이 지금까지 전해지고 있네. 나는 위로 군주를 섬기는 직무를 맡은 적이 없고, 아래로 농사짓는 어려움을 경험해본 적이 없으니, 어찌 감히 책을 손에서 놓을 수 있겠는가?

모든 책은 세계를 조망하는 창문이다. 묵자는 젊었을 때부터 원대한 뜻을 품어 구세안민(救世安民)할 수 있는 방책을 찾아 나섰다. 장즈한은 이렇게 말했다.

공묵의 학문은 모두 '주루 문화'에서 나왔으며, 사실 근원이 같다. 하지만 공자는 서주 문화의 영향을 받은 노나라에 살았고, 묵자는 서주의 고압적 통치를 받은 옛날 소주루국에 살면서 가장 심하게 압박받은 천민이었다. 이 때문에 비로소 주나라를 따르는 공자와 하나라를 본받은 묵자의 입장이 서로 엇갈리고 두 학파가 병립, 대치하게 된 것이다.

제7장

공맹의 도에 대한 도전

춘추전국 시대는 전쟁과 재난으로 얼룩진 시기였다. 도대체 어떤 이유로 이렇게 잔혹한 사회 현실이 조성됐을까? 어떻게 해야 이런 사회 위기를 근본적으로 해소할 수 있을까? 이런 것들이 춘추전국 시대의 중대한 사회문제로 부상했고, 또 수많은 사상가와 철학가들이 분주히 탐구하고 해결을 시도한 근본 문제이기도 했다.

마르크스주의에 따르면 이론은 한 국가의 실천 정도에 달려 있으며, 그 국가의 수요가 만족되는 선에서 결정된다. 한 국가에서 어떤 이념의 실행 관건은 그 이념이 그 국가가 당면한 역사적 과제를 충분히 해결할 수 있는지 여부를 따져보아야 한다. 장 폴 사르트르는 "각각의 시대에는 하나의 철학만이 풍부한 생명력을 가지며, 그것이 바로 사회의 모든 동향을 반영하는 철학이다"라는 명언을 남겼다. 또 빅토르 위고는 "하나의 사상이 일단 시대에 적용되면 곧 비할 수 없는 힘을 갖게 된다"고 아예 잘라 말했다.

각각의 사상가들이 견지하는 세계관은 서로 다르기 때문에 그들이 사회를 관찰하는 방식과 출발점이 다르고, 그 이상적 사회 모델 또한 같지 않다. 유가 학파의 창시자인 공자는 도덕이 사회 문제를 해결하는 출발점이라 여기고, 서주의 인문적 전통 질서를 중건하자고 주장했으며, 요순과 우왕의 대동(大同) 사회로 돌아가는 것을 최고 이상으로 삼았다. 도가 학파의 창시자인 노자는 사회 혼란의 발생 원인을 인간이 순진한 천성을 상실했기 때문이라고 여겨 욕심과 지혜를 구하지 않고 사물에 초탈하며, '닭 울음소리와 개 짖는 소리가 들리더라도 백성이 죽을 때까지 서로 왕래하지 않는' 소국과민(小國寡民)의 시대로 돌아가야만 작금의 사회 위기를 극복할 수 있다고 생각했다. 법가는 '법' '술' '세'를 통해서 부국강병의 목표에 도달하자고 강조했다. 유가, 도가, 법가, 묵가 등 선진 제자의 갖가지 학설은 하나같이 춘추전국 시기의 참혹한 난세를 구하기 위해 처방된 약방문이었다.

량치차오는『선진정치사상사』에서 "묵자의 유일한 이념은 겸애다"라고 말했다. 뤼쓰몐(呂思勉)은『선진학술개론』에서 "묵자 전 책을 관통하는 근본 주지(主旨)는 겸애이다"라고 잘라 말했다. 하나의 학설은 마치 큰 나무처럼 줄기도 있고 가지도 있다. 묵자의 사상이 비록 십대 주장으로 총괄되지만 핵심은 단 하나로, 특히 '겸애'가 다른 모든 항목을 망라한다. 뤼쓰몐은『선진학술개론』에서 겸애의 주도적 역학을 명확하게 밝혔다.

「천지」와 「명귀」에서 세인들을 벌벌 떨게 한 이유는 서로 사랑하고 서로 이로움이 되라는 뜻을 분명히 하기 위해서다. 백성에게 이롭지 못한 것은 전쟁과 사치보다 더한 것이 없다. 따라서 「겸애」를 말할 때 반드시 「비공」과 「수어」의 술을 언급한 것은 바로 공벌을 그치게 하기 위함이다. 「절용」 「절장」 「비악」은 모두 사치를 경계하기 위한 것이다. 「비명」
은 「천지」를 설명하기 위한 것이다. 봉건시대에 예악과 정벌이 천자로부
터 나오면 제후들이 모두 꺼리는 바가 있어 백성이 조금 편안해질 수 있
다. 하지만 제후로부터 나오면 상호간에 정벌이 이어지고, 대부로부터 나
오거나 가신들이 국명을 좌우하게 되면 하루도 편안할 날이 없기 때문에
묵자는 「상동」을 주장한 것이다. (…) 「상현」은 「상동」과 표리 관계이고,
「상동」이 하늘을 표준으로 삼게 되면 곧 「천지」와 뜻이 상통한다.

『묵자』의 다양한 사상은 모두 '겸애'를 둘러싸고 전개되었다. 겸애
를 실천하기 위해서는 반드시 여러 가지 보장 체계가 갖춰져야 한다.
우선 정치상의 보장 체계는 바로 현인 정치로, 현인을 추천하여 국가
를 다스리는 데 임용하는 것이다. 이렇게 하면 '겸애'를 실현할 가능
성이 커지기 때문에 「상현」을 지었다. 군사상의 보장 체계 역시 필요
한데, 만일 대국이 소국을 침략하고 강국이 약국을 능멸하기만 하면
어떻게 겸애라고 할 수 있겠는가? 겸애는 평화로운 사회 환경을 기반
으로 해야 하므로 「비공」을 지었다. 경제상의 보장 체계도 당연히 필
요하다. 부국이든 빈국이든 경제발전과 절약을 중시하지 않으면 일부
사람의 생활은 나아질지 몰라도 나머지 사람은 먹고 입는 것이 부족
해진다. 따라서 반드시 사치를 경계해야 하므로 「절장」 「비악」 「절용」
등을 지었다. 또 심리상의 보장 체계도 필요하다. 묵자가 겸애를 주장
하지만 많은 사람들이 여전히 사랑을 받지 못하고 사회 하층에서 억
압을 받았다. 이런 사람들은 장기간 "부유할 운명이면 부유하고 가난
할 운명이면 가난하며" "장수할 운명이면 장수하고 요절할 운명이면
요절하며" "비록 열심히 일하더라도 무슨 도움이 되겠는가?" 등의 사
상적 속박을 받아 감히 자신의 운명을 주재할 엄두를 내지 못했으므

로「비명」을 지었다. 사상관념상의 보장 체계 또한 필요하다. 묵자가 겸애를 극력 주장하더라도 일부 사람 특히 통치자가 겸애를 시행하지 않으면 어찌할 것인가? 사상적 측면에서 이런 사람들이 제약을 받아 감히 하고 싶은 대로 하지 못하도록「천지」와「명귀」를 지었다.

묵자가 춘추전국의 난세를 구하기 위해 처방한 약방문이 '겸애' 이론이다. 묵자의 일생은 겸애라는 핵심적 사상을 실현하는 데 바쳤다고 해도 과언이 아니다. 묵자는「겸애」에서 다음과 같이 말했다.

성인은 천하를 다스리는 일에 종사하는 사람이니 혼란이 어디서 일어나는지 잘 살펴야 한다. 혼란이 일어나는 원인을 모른다면 잘 다스릴 수 없다. 이는 의사가 환자를 치료하는 것처럼, 반드시 병이 생긴 원인을 알아야만 치료할 수 있다. 병이 생긴 원인을 모른다면 치료가 불가능하다. 혼란을 다스리는 것이 어찌 이와 같지 않겠는가? 반드시 혼란이 일어난 원인을 알아야만 잘 다스릴 수 있고, 혼란이 일어난 원인을 모르면 다스릴 수 없다.(「겸애상」)

혼란이 어디에서 일어나는지 살펴보면 서로 사랑하지 않는 데에서 비롯된다.(「겸애상」)

천하에 재난과 찬탈, 원한이 일어나는 이유는 서로 사랑하지 않기 때문이다.(「겸애중」)

자식은 자기만 사랑하고 부모를 사랑하지 않으므로 부모를 헐뜯으며 자기 이익만 취한다. 아우는 자기만 사랑하고 형을 사랑하지 않으므로 형을 헐뜯으며 자기 이익만 취한다. 신하는 자기만 사랑하고 임금을 사랑하지 않으므로 군주를 헐뜯으며 자기 이익만 취한다. 이것이 이른바 혼란이다. (…) 도적은 자기만 사랑하고 남을 사랑하지 않으므로 남을 해쳐서 자신만 이롭게 한다. (…) 대부는 각각 자기 가문만 사랑하고 다른 가문을 사랑하지 않으므로 남의 가문을 어지럽혀서 자기 가문만 이롭게 한다. 제후는 각각 자기 나라만 사랑하고 다른 나라를 사랑하지 않으므로 다른 나라를 공격해 자기 나라만 이롭게 한다. (…) 이런 혼란이 어디에서 일어나는지 살펴보면 서로 사랑하지 않는 데에서 비롯된 것이다.(「겸애상」)

묵자가 주장하는 겸애는 각 개인이 피아, 귀천, 빈부, 종족, 혈연, 나라를 구분하지 않고 모든 사람을 사랑하는 것이다. 즉 '내가 남들을 사랑하면 남들도 나를 사랑하는 것'이다. 묵자는 '겸상애'(서로 사랑하는 것)가 이로움을 일으키고 해로움을 제거하는 데 필요할 뿐 아니라 혼란을 제거하고 다스림을 추구하는 데도 필요하다고 생각했다. 만일 겸애를 실현한다면 모든 재난과 사악한 일이 사라지고, 인간이 천하를 한 가문처럼 서로 사랑하고 이롭게 해주는 아름다운 국면을 형성할 수 있다는 것이다.

묵자는 '겸애' 설에서 겸(兼)과 별(別) 두 가지 대립적 개념을 제시했다. 량치차오는 『묵자학안』에서 다음과 같이 말했다.

묵자의 가장 중요한 한마디는 "겸으로써 별을 바꾼다"는 것이다. 그는 당시의 군주에게 '별군(別君)'이라는 별칭을, 대부에게는 '별사(別士)'라는 별칭을 붙여주었다. 묵자(墨者) 스스로는 '겸사(兼士)'라고 불렀다. 묵자가 말한 소위 '겸으로써 별을 바꾼다'에서의 '겸'은 남의 나라 보기를 자기 나라 보듯이 하고, 남의 가문 보기를 자기 가문 보듯이 하며, 남의 몸 보기를 자기 몸 보듯이 한다는 것이다. 한마디로 '남 위하기를 자기 위하듯' 한다는 뜻이다. 즉 피아를 구분하지 않고서 남 보기를 자기와 같이 하고, 남 사랑하기를 자기와 같이 하며, 남 위하기를 자기와 같이 하는 것이다. '별'은 '겸'과 완전히 상반된다. 그것은 대국 입장에서 소국을 침략하고, 큰 가문 입장에서 작은 가문을 찬탈하며, 강자가 약자를 겁박하고, 대중이 소수를 폭행하며, 교활한 자가 어리석은 자를 속이고 귀한 자가 천한 자를 업신여기는 것이다. 요컨대 이는 사람과 사람, 나라와 나라, 가문과 가문이 서로 침탈하고 서로 원한을 맺는 사악한 사회현상이자 사회의 병리적 표출이다. '겸으로써 별을 바꾼다'는 것은 곧 남 사랑하기를 자기와 같이 하는 것으로 서로 적대시하면서 이웃을 배려하지 않고 자신의 이익만 챙기는 것을 대체하는 것이다.

주촨치(朱傳棨)는 「묵자의 진보적 사회정치관 및 그 철학적 기초」에서 이렇게 말했다.

묵자가 겸상애 사상을 제시한 것은 유가가 주장한 인애(仁愛) 설에 대한 도전이자 극복이었다. (…) 유가에서 제창한 인애는 세습 귀족 제도와 '가까운 이를 가까이 하고(親親), 높은 이를 높이는(尊尊)' 종법 관념을 위해 봉사하는 것이고, 유가의 사랑은 평민 백성을 노역하고 부리는 위치에 두기 위한 것이다. 공자는 "군자가 도를 배우면 사람을 사랑하고, 소인이 도를 배우면 부리기 쉽다"고 했는데, 이는 일종의 '차별애'이다. 따라서 묵자는 겸상애를 강력히 주장하고, 겸으로써 별을 바꾸자고 제창했다. 이는 매우 진보적 의의를 지니고 있다. (…) 그는 사람을 사랑한다고 주장하려면 마땅히 친소(親疏)와 후박(厚薄)의 구별을 두어서는 안 되며 겸애해야 한다고 생각했다.

주찬치는 묵가의 겸애와 유가의 인애를 구분해야 한다고 지적했다. 유가의 인애는 차별적인 사랑이기 때문에 사람들은 이를 '별애(別愛, 쑨중위안[孫中原]의 『묵학통론』)'라고 칭했다. 그러나 묵가의 겸애는 차별적인 사랑을 인정하지 않았으므로 '주애(周愛, 두루 사랑함)'라 불렸다. 『묵자』「소취(小取)」 편에서는 '주애'에 대해 명확한 정의를 내렸다.

사람을 사랑한다는 것은 두루 사람을 사랑한 이후에 사람을 사랑한다는 말로 성립된다. 사람을 사랑하지 않는다는 것은 모든 사람을 두루 사랑하지 않아야 하는 건 아니다. 두루 사랑하지 않는다면 그로 인해 '사람을 사랑하지 않는다'고 말하는 것이다.

『묵자』「천지하」 편에는 "천하 사람들을 겸애한다"는 구절이 있다. 쑨원은 『삼민주의』 '민족주의' 강연에서 "옛날에 '애(愛)'라는 글자를 가장 많이 언급한 사람으로 묵자만 한 이가 없다. 묵자가 말하는 겸애는 예수가 말한 박애와 똑같다"고 말했다. 겸애는 일종의 넓은 마음이자 공평무사한 정신을 대표한다. 쑨원은 정치가의 관점으로 공자의 인애와 묵자의 겸애를 중국 고대의 '사랑'이라고 통칭했다. 사실 두 가지 사이에는 본질적 구별이 있다. 천쒜량은 『묵자답객문』에서 이렇게 말했다.

유가 무리는 항상 "인(仁)은 인(人)"(『중용』)이라고 말한다. 그러나 실제로 유가의 인은 상층계급과 친근한 사람에게만 베푸는 것이다. 인애의 기본 함의는 '친친(親親)'이다. 즉 "친애하는 것을 일러 인(仁)이라 한다"(『국어』「진어(晉語)」)는 말처럼, 인애의 또 다른 함의는 아래에서 위로 향하는 충성이다. 미자(微子), 기자(箕子), 비간(比干)은 모두 주왕(紂王)의 신하였다. 주왕의 극악무도함을 목격하고서 미자는 울분을 품고서 망명했고, 기자는 어쩔 수 없이 미친 사람으로 위장해 남의 집 노예가 되었으며, 비간만이 아랑곳하지 않고 간언하다가 끝내 살해되었다. 이들의 처신은 각기 다 달랐지만 주왕에 대해 말하자면 모두 충신이었다. 따라서 공자는 "은나라에 인자 세 사람이 있었다"(『논어』「미자」)고 그들을 칭송했다. (유가의) 이런 인애의 특징은 첫째 친한 이를 사랑하는 것이며, 둘째 귀한 이를 높이는 것이다.

그런데 묵가에서는 "천자처럼 존귀하면서도 남을 이롭게 함이 필부보다 두텁지 못하다"고 표명했다. 묵자가 제창한 사랑은 유가에서 제창한 사랑과 근본적으로 달랐다. 『시자(尸子)』「광택(廣澤)」편에서 "묵자는 겸(兼)을 중시했다"라 했고, 『순자』「비십이자(非十二子)」에서는 "차등을 두지 않았다"고 말했다. 묵자의 사랑은 "빈천을 가리지 않고", "원근을 가리지 않는"(『묵자』「상현상」) 것이다. 그러나 인애는 이와 완전히 상반돼 "형벌은 위로 대부에게 적용되지 않고, 예악은 아래로 서인에게 적용되지 않는"(『예기』「곡례(曲禮)」) 것이다.

겸애와 인애의 구별은 묵자와 유생인 무마자(巫馬子)와의 대화에서 더욱 명확하게 드러난다. 『묵자』「경주(耕柱)」편에는 두 사람 사이의 첨예한 논쟁이 실려 있다.

무마자 저는 선생과 달리 겸애를 할 수 없습니다. 제가 월나라 사람보다 추나라 사람을 더 사랑하고, 추나라 사람보다 노나라 사람을 더 사랑하며, 노나라 사람보다 고향 사람을 더 사랑하고, 고향 사람보다 우리 집안사람을 더 사랑하며, 우리 집안사람보다 내 부모를 더 사랑하고, 내 부모보다 나 자신을 더 사랑하는 것은 내게 더 가깝기 때문입니다. 내가 맞으면 아프지만 남이 맞으면 나는 아프지 않으니, 어찌 내 자신의 아픔을 풀지 않고 남의 아픔에 관심을 가지겠습니까? 따라서 저는 남을 죽여서 나를 이롭게 할지언정 나를 죽여서 남을 이롭게 하지는 않을 것입니다.

묵　자 당신이 생각하는 의(義)를 감추겠소? 아니면 남에게 알리겠소?

무마자 어찌 나의 의를 감추겠습니까? 당연히 남에게 알려야지요.

묵　자 그럼 좋소. 한 사람이 당신의 의견을 좋아한다면 그 사람은 당신을 죽여 자신을 이롭게 하려 들 것이고, 열 사람이 당신의 의견을 좋아한다면 그 사람들이 당신을 죽여 자신들을 이롭게 하려 들 것이며, 온 천하가 당신의 의견을 좋아한다면 온 천하가 당신을 죽여 자신들을 이롭게 하려 들 것이오. 또 한 사람이 당신의 의견을 좋아하지 않아 당신을 죽이려 든다면 이는 당신이 상서롭지 않은 말을 퍼뜨린다고 여기기 때문이오. 열 사람이 당신의 의견을 좋아하지 않아 당신을 죽이려 든다면 이는 당신이 상서롭지 않은 말을 퍼뜨린다고 여기기 때문이오. 온 천하가 당신의 의견을 좋아하지 않아 당신을 죽이려 든다면 이는 당신이 상서롭지 않은 말을 퍼뜨린다고 여기기 때문이오. 당신의 의견을 좋아하는 사람도 당신을 죽이려 들고, 당신의 의견을 좋아하지 않는 사람도 당신을 죽이려 들 것이니, 이것이 이른바 '입을 놀려 살신(殺身)의 화가 미치게 된다'는 뜻이오.

무마자 선생은 천하를 두루 사랑하지만 아직 그 이로움이 보이지 없고, 저는 천하를 사랑하지 않지만 아직 해로움이 보이지 않습니다. 결과가 아직 나타나지 않았는데 선생은 어찌 홀로 옳다고 하고 저를 그르다고 하십니까?

묵　자 가령 여기에 불이 났다고 합시다. 한 사람은 물을 들고 끼얹으려 하

고, 또 한 사람은 불을 들어서 보태고자 할 때, 결과가 모두 나타나
지 않았지만 당신은 두 사람 중 누구를 칭찬하겠소?

무마자 물을 든 사람의 뜻을 옳게 여기고, 불을 든 사람의 뜻을 그르다고
할 것입니다.

묵 자 나 역시 나의 뜻을 옳게 여기고 당신의 뜻을 그르다고 할 것이오.

묵자는 유창한 변설로 비록 결과가 아직 드러나지 않았더라도 선
행과 악행의 구별은 명징하다고 밝혔다. 묵자의 겸애는 이성의 기초
위에 건립된 것이다. 공자는 『논어』「자로」에서 "자식은 부모를 위해
숨겨주고, 부모는 자식을 위해 숨겨주는 것이니 그 가운데 정직이 있
다"고 말했다. 그러나 묵가는 친족 간에 상호 비호하는 행위에 대해
단호히 반대했다. 『여씨춘추』「거사(去私)」에 이런 기록이 있다. 묵자
의 제자인 복돈(腹䵍)의 아들이 살인죄를 저질렀을 때, 진(秦)나라 왕
은 그에게 다른 아들이 없음을 감안해 죄를 사해주려고 했다. 그러나
복돈은 "살인자는 사형에 처하고 남을 해친 자에게는 형벌을 내린다"
는 묵가의 법을 내세워 거절했다. 이 고사를 통해 묵가의 겸애와 유가
의 인애가 얼마나 다른지 극명하게 드러난다.

공자가 주창한 인애는 명확한 차별성을 띠고 있다. 이런 관계를
구체적으로 표현한다면, 맹자가 말한 "친친(親親)으로써 인민(仁民)하
고, 인민으로써 애물(愛物)한다"이다. '친친'은 자기와 혈연관계에 있
는 사람을 가까이 한다는 것이고, '인민'은 모든 사람을 사랑하는 것
이며, '애물'은 천하의 모든 사물을 두루 사랑한다는 만물일체의 표현
이다. 이 세 가지는 공자와 맹자가 보기에 선명한 논리적 관계를 갖고
있다. 즉 자신의 혈연에 대한 애정을 천하 사람에게 시행하고 아울러
천하 사람에게 체현하는 것이 곧 '인민'이다. 다시 사람을 사랑하는

마음을 천하 만물로 확대하고 아울러 구체적 행위로 표현한 것이 곧 '애물'이다. 맹자는 각 개인이 자신의 혈연을 친근히 대하고 자기 어른을 존경하기만 해도 천하태평이 실현될 수 있다고 주장했다.

묵자 학설의 핵심은 겸애이고, 유가 학설의 핵심은 '인자애인(仁者愛人)'이다. 맹자는 '양으로 소를 바꾼다'는 것과 '군자는 푸줏간을 멀리한다'는 논리로 이런 사상을 알기 쉽게 설명했다. 『맹자』 「양혜왕상(梁惠王上)」에는 제 선왕(宣王)과 맹자의 문답이 실려 있다.

제 선왕 덕이 어떠해야 왕도를 행할 수 있습니까?

맹　자 백성을 보호하고 왕도를 행하면 이것을 막을 자가 없습니다.

제 선왕 과인과 같은 사람도 백성을 보호할 수 있습니까?

맹　자 물론 가능합니다.

제 선왕 무슨 근거로 가능하다고 말하는 것인지요?

맹　자 제가 호흘(胡齕)에게 들었습니다. 왕께서 당상에 앉아계실 때 소를 끌고 당 아래로 지나가는 자가 있었습니다. 왕께서 이를 보시고 "소는 어디로 가는가?"라고 묻자, "장차 흔종(釁鐘, 종의 갈라진 틈에 짐승의 피를 바르는 일)에 쓰려고 합니다"라고 대답했습니다. 왕께서 "놓아주어라. 두려워 벌벌 떨면서 죄 없이 사지로 나아감을 차마 볼 수 없구나"라고 하시니, "그렇다면 흔종을 그만둘까요?"라는 물음에 "어찌 폐지할 수 있겠는가? 양으로 바꾸어 쓰라"고 하셨습니다. 잘 모르겠지만 이런 일이 있었습니까?

제 선왕 그런 일이 있었습니다.

맹　자 이런 마음이면 충분히 왕도를 행할 수 있습니다. 백성들은 모두 왕더러 재물에 인색하다고 수군대지만 저는 진실로 왕의 차마 하지 못하는 마음을 알고 있습니다. (…) 신경 쓰지 마십시오. 이것이 바로 인술(仁術)이니, 소는 보았고 양은 아직 보지 않았기 때문입니다. 군자는 살아 있는 금수를 보고 차마 그것들의 죽음을 보지 못하고, 죽으면서 애처롭게 울부짖는 소리를 듣고 차마 그 고기를 먹지 못합니다. 이 때문에 군자는 푸줏간을 멀리하는 것입니다.

후인들은 맹자의 이 말을 오해하여 군자의 뜻이 고상하고 심원해 주방 일처럼 하찮은 가사를 꺼렸다는 의미로 보기도 하지만, 이는 맹자의 본래 의도와 전혀 다르다. 『맹자』「공손추상(公孫丑上)」에 이런 내용이 보인다.

사람은 모두 남에게 차마 하지 못하는 마음을 가지고 있다. 선왕은 남에게 차마 하지 못하는 마음으로 남에게 차마 하지 못하는 정치를 펼쳤다. 남에게 차마 하지 못하는 마음으로 남에게 차마 하지 못하는 정치를 행한다면 천하 다스림을 손바닥 위에서 운용할 할 수 있다.

『맹자』「고자상(告子上)」에서도 "측은지심을 사람들이 모두 가지고 있다. (…) 측은지심은 인(仁)이다"라고 말했다. 맹자가 바란 인정(仁政)은 바로 통치자의 '남에게 차마 하지 못하는 마음'의 기초 위에 건립되는 것이다. 맹자는 "내 집안의 윗사람을 공경하는 마음으로 남의 윗사람을 공경하고, 내 아이들을 사랑하는 마음으로 남의 아이를 사랑하라"고 주장했다. 자신의 처지에서 가까운 데로부터 먼 데로 미치며, 혈연의 정을 확대해 나아가 정치 이념에 드러내는 것이다. 이것이 곧 '인으로 나라를 다스린다'는 사유 논리이다.

『장자』「천하」편에서는 묵자의 겸애에 대해 이렇게 평했다.

(…) 그들의 도는 너무 각박해 사람을 근심스럽게 하고 슬프게 하기 때문에 행하기 어려운 것이다. (…) 온 세상 사람의 마음과 반대되는 것이므로 세상 사람들이 감당할 수 없다. 묵자 홀로 감당해낼 수 있더라도 세상 사람들은 어찌한단 말인가?

장자는 겸애를 '남을 사랑하는 것'과 '자신을 사랑하는 것'의 대립된 관점에서 바라봤기 때문에 세상 사람들이 감당할 수 없다고 여긴 듯하다. 이런 오해는 사실 아주 일반적인 것이며, 선진 제자 중 많은 사람들이 묵자의 겸애를 이런 시각으로 바라보았다. 『묵자』 「대취」편을 보자.

사람을 사랑하는 일에 자기 자신이 배제되는 것이 아니며, 자신 또한 사랑하는 대상 가운데에 포함된다. 자신이 사랑하는 대상 가운데 있으면 사랑이 자기에게 더해진다. 자신을 사랑하는 것과 함께 나란히 있는 것이 곧 사람을 사랑하는 것이다.

따라서 겸애의 '겸'에는 당연히 자신을 사랑하는 것이 포함된다. 『묵자』 「겸애중」에서는 이를 더 명확히 밝히고 있다.

지금 나라들이 서로 침략하고, 가문들이 서로 찬탈하며, 사람들끼리 서로 해치고, 군신 사이에 은혜와 충성이 없으며, 부자 사이에 자애와 효도가 없고, 형제 사이에 화목함이 없는 것이 곧 천하의 해로움이다. (…) 천하 사람들이 서로 사랑하지 않으면 강자는 반드시 약자를 겁박하고, 부자는 반드시 가난한 자를 모욕하며, 귀한 자는 반드시 천한 자를 업신여기고, 교활할 자는 반드시 어리석은 자를 기만할 것이다.

사회 전체가 서로 잡아먹을 듯 으르렁대고 이판사판으로 싸우게 되면 사람들은 자연히 해를 면할 수 없다. 이처럼 서로 속고 속이며 이웃을 구렁텅이로 몰아넣는 혼란한 사회를 구제하기 위해 묵자는 '겸애'를 핵심으로 하는 이상주의적 그림을 그렸다. 묵자의 유토피아적 이상국가 안에서는 제후와 제후가 서로 사랑하고 가문과 가문이 서로 사랑하며 군신, 부자, 형제 등 천하 사람이 모두 서로 사랑한다. 서로 사랑하기 때문에 모든 혼란과 재난 발생의 원인이 더 이상 존재하지 않고 사람들은 편안히 함께 살며 사회질서가 자연히 안정되고 조화를 이룬다. 이것이 곧 묵자가 혼란한 사회를 위해 처방한 약방문이며 한 폭의 조화로운 청사진이다.

겸애의 이상주의적 모델에 관해 반드시 짚고 넘어가야 할 문제가 하나 있다. 선진 제자는 묵자의 겸애를 비판하면서, 겸애가 가장 보편적이고 모든 사람에게 미치는 사랑이라면 극악무도한 악인이나 살인하고 물건을 훔치는 도적에 대해서도 사랑을 베풀어야 하느냐고 힐문했다. 『묵자』「소취」편에는 이런 묵변(墨辯)이 나온다.

도적은 사람이다. 도적이 많은 것은 사람이 많은 것이 아니다. 도적이 없는 것은 사람이 없는 것이 아니다.

여기서 사람은 생물학적 의미로 이해할 수도 있고, 사회학적 의미로 이해할 수도 있다. 묵자는 두 가지 '사람'의 개념을 교대로 사용했다. '도적은 사람이다'라는 표현은 생물학적 의미에서 쓴 것이다. 도적도 피와 살과 몸뚱이를 가졌고, 또 감정과 의식을 가졌으므로 당연히 사람인 셈이지만 일반적 사람과는 다르다. '도적이 많은 것은 사람이 많은 것이 아니다. 도적이 없는 것은 사람이 없는 것이 아니다'는 사회학적 의미에서 말한 것이다. 이런 도적은 살인, 방화로 재물을 취하고 인명을 해치므로 금수와 다를 바 없다. 그것은 사람에게 큰 해가 되기 때문에 진정한 의미에서의 사람이라고 할 수 없다. 「소취」에서는 이어서 이렇게 설명했다.

> 쉽게 구분하지 못하겠는가? 도적이 많음을 싫어함은 사람이 많음을 싫어하는 것이 아니다. 도적이 없기를 바람은 사람이 없기를 바라는 것이 아니다. 세상 사람들이 모두 다 그렇게 인정하고 있다. 만일 그렇다면 비록 도적도 사람이지만 도적을 사랑함은 사람을 사랑하는 것이 아니다. 도적을 사랑하지 않음은 사람을 사랑하지 않는 것이 아니다. 도적을 죽이는 것은 살인이 아니라 해도 무방하다.

『묵자』「대취」 편에서는 또 이렇게 말했다.

> 부득이해서 하고자 함은 정말로 하려는 것이 아니다. 하인을 죽이지 않고 오로지 도적만을 죽이는 것은 도적을 죽이는 것이 아니다. (…) 두 사람을 똑같이 사랑하더라도 그중 하나를 가려서 죽이는 것은 마치 구덩이 속의 쥐를 죽이는 것처럼 천하의 해악을 제거하기 위함이다.

쑨중위안은 『묵학통론』에서 다음과 같은 견해를 밝혔다.

> 묵가는 겸애설을 제창하는 동시에 시종일관 분명한 시비관과 선악관을 견지했다. 즉 진리와 오류, 좋음과 나쁨 사이에서 조금이라도 절충의 여지가 없었다. 아주 강한 원칙성을 드러낸 것이다. 묵가에서 사람을 인인(仁人)과 폭인(暴人), 즉 선인과 악인 둘로 나눈 점은 의미가 있다.

쑨중위안은 겸애를 곧 인인의 이익을 보호하고 폭인을 징벌하려는 하나의 기치로 여겼다. 루쉰은 『준풍월담(准風月談)』 「초파자(抄靶子)」에서 다음과 같이 말했다.

중국은 어쨌든 가장 오랜 문명을 지닌 곳이고 본래 인도를 중시하는 나라여서, 줄곧 사람을 대단히 중시했다. 간혹 능욕과 주륙이 벌어지게 된것은 결코 사람 때문이 아니다. 황제가 주륙한 것은 '반역자'이고, 군관이소탕한 것은 '비적'이며, 망나니가 살해한 것은 '범법자'였는데 만주인이중원에 들어오면서 이런 순수한 기풍이 오염되었다. 옹정제(雍正帝)는 자기 형제들을 제거하고, 선대 황제가 하사한 것을 '아기나(阿其那)'와 '색사흑(塞思黑)'으로 개칭했다. 내가 만주어를 몰라 정확하게 번역할 순 없지만 대략 '돼지'와 '개'라는 뜻이다. 황소(黃巢)가 반란을 일으키고 사람을식량으로 삼았으나 그가 사람을 먹었다고 말하는 것은 옳지 않다. 그가먹은 것은 '다리가 둘 달린 양'이었다.

묵자의 겸애는 세상 모든 사람을 사랑하기 위해서 어쩔 수 없이 '백마는 말이 아니다(白馬非馬)'라는 논리 오류에 빠졌다.

묵자는 겸애 사상으로 주류 사회의 등급 제도에 도전장을 던졌다. 이것이 바로 묵자 학설이 시행되기 어려웠던 근본 원인이었다. 하지만 묵자의 겸애 사상은 광대한 하층 민중의 갈망을 반영함으로써 당시 혜성같이 등장해 유학과 더불어 현학의 두 봉우리로 우뚝 솟았다.

제8장
부모를 무시하는 금수로 배척된 '겸애'

차별을 두지 않는 겸애는 등급 질서가 엄밀한 인애를 비판하면서 유가의 아픈 곳을 찔렀다. 유가에서는 길거리를 지나는 사람과 부모를 똑같이 사랑한다는 건 말도 안 된다고 여겼다. 묵자는 부모를 길거리 사람처럼 보는 것이 진정한 평등사상의 실현이라고 여겼지만 유가 입장에서는 인류의 윤리강상을 파괴하는 짓이었다. 공자의 인애는 친친(親親)에 중점을 두었지만 묵자의 겸애는 사실상 친친을 없애고 타인을 자신의 친인과 똑같이 대하자고 주장했다. 그래서 맹자는 "묵자의 겸애는 '무부무군(無父無君)'하여 금수나 다름없다"(『맹자』「등문공상」)고 공격했다.

『한서』「예문지」에서는 묵가의 겸애에 대해 "(묵가의 이론에) 속은 사람들이 그것을 행할 때 검소함의 이로움만 보고서 예의를 비판하고, 겸애의 뜻을 높이 받들어 친소(親疏)의 구별을 모른다"고 말했다. 『순자』「비십이자」에서도 묵자의 이론을 다음과 같이 비판했다.

천하의 국가를 세우는 법도는 모르면서 성과와 노동을 숭상하고 검약을 중시하며 차별과 등급이 없어, 사람 간에 다름이 허용되지 않고 군신 간에 등급이 차이 나지 않는다. 그러나 그들의 논조에 근거가 있고 말에 조리가 있어서 충분히 어리석은 민중을 속이고 현혹할 수 있으니, 묵적과 송견(宋鈃)이 바로 그들이다.

'군군, 신신, 부부, 자자(君君, 臣臣, 父父, 子子)'의 사회윤리 구조 내에서 주례의 회복을 인생의 이상으로 삼은 유가는 부모와 군주를 통치자와 지도자로, 자식과 신하를 피통치자와 피지배자로 인식했다. 이런 존비귀천의 경계는 너무도 명확해서 쉽게 넘어설 수 있는 것이 아니었다. 이렇게 불평등한 쌍방이 겸애를 시행하면 유가에서 극력 보호하는 사회 등급의 경계가 무너지고, 군왕과 귀족의 권위가 도전을 받게 돼 유가에서 두려워하는 '무부무군'의 결과가 초래된다.

맹자가 핏대를 올리며 '금수'라는 우아하지 못한 말을 뱉었다는 것은 바로 겸애 학설이 등급 경계의 아픈 데를 콕 찔렀음을 설명한다. 유가가 천하의 주도 이념이 된 뒤 맹자의 말은 거의 정설로 인정받아 역대 문인들의 엄호를 받았다.

청대 학자 장혜언(張惠言)은 「서묵자경설해후(書墨子經說解後)」에서 맹자의 겸애 비판을 옳고도 잘한 일이라고 여겼다. "맹자는 갈래를 공격하지 않고 근본을 공격했으며, 그 말을 벌하지 않고 마음을 벌했다. 부모를 무시하는 죄를 단호히 비판함으로써 그 학설이 처음부터 자립할 수 없도록 만들었다." 아울러 『묵자』가 유실되지 않아 반면교사 역할을 톡톡히 하고 있다면서 "만일 묵자서가 모두 없어졌다면 오늘날 어떻게 맹자의 변설이 이처럼 준엄하고 분명하며 요령이 넘침을 알 수 있겠는가?"라고 역설했다.

묵가 학설에 대한 맹자의 공격은 묵자 사후의 일이다. 그래서 안타깝게도 묵자의 반격을 볼 수가 없다. 하지만 다행히 묵자에게 선견지명이 있었던 것으로 보인다. 『묵자』 「겸애하」에서 우리는 맹자 식의 비난에 대한 우회적인 반박을 읽을 수 있다.

나는 장차 천하의 이로움을 일으키는 방법으로 겸애를 시행할 것이다. 그래서 눈 밝고 귀 밝은 사람이 서로 감응하여 보고 들으며, 팔다리가 모두 튼튼한 자가 서로 협력해 일할 수 있으며, 도를 체득한 사람이 서로 일깨우고 가르칠 것이다. 그리하여 늙어서 처자가 없는 자도 부양을 받아 그 수명을 다할 수 있고, 어려서 고아가 돼 부모 없는 자도 의지할 데가 생겨 그 몸을 키울 수 있다. 이것이 지금 겸애를 가지고 정치해야 하는 이유이다. 그런데 천하 사람들이 겸애설을 비난하는 까닭은 무엇인가?

위의 구절을 잘 보면 유가에서 제창한 "내 집안의 윗사람을 공경하는 마음으로 남의 윗사람을 공경하고, 내 아이들을 사랑하는 마음으로 남의 아이를 사랑하라"는 말과 유사한 점이 있다. 이는 어쩌면 방법은 달라도 목표는 같은 것이 아닐까?

맹자가 '무부' 운운한 것은 실제로 '효'를 어떻게 취급하고 인식하느냐의 문제이다. "모든 선행 가운데 효가 으뜸이다"라는 말처럼, 효 문화는 유가에서 막중한 지위를 점유하고 있다.

『묵자』 「겸애하」에서도 효에 대해 언급하고 있다. 사람들은 겸애를 비난하는 근거로 부모에게 이익이 되지 못하고 해를 끼치는데 어떻게 효라 할 수 있느냐고 말한다. 이에 대해 묵자는 이렇게 반박했다.

잠시 이 세상의 효자가 그 부모를 위해 헤아리는 본심을 살펴보자. 효자가 부모를 위해 헤아릴 경우 남이 자기 부모를 사랑하고 이롭게 하길 바라겠는가 아니면 남이 자기 부모를 미워하고 해롭게 하길 바라겠는가? 상식적으로 본다면 남이 자기 부모를 사랑하고 이롭게 하길 바랄 것이다. 그렇다면 어찌해야 이를 얻을 수 있을까? 내가 먼저 남의 부모를 사랑하고 이롭게 한 뒤 그 보답으로 남이 내 부모를 사랑하고 이롭게 하길 바랄 것인가 아니면 내가 먼저 남의 부모를 미워하고 해롭게 한 뒤 그 보답으로 남이 내 부모를 사랑하고 이롭게 하길 바랄 것인가? 반드시 내가 먼저 남의 부모를 사랑하고 이롭게 한 뒤 그 보답으로 남도 내 부모를 사랑하고 이롭게 할 것이다. 그렇다면 두루 이롭게 해주는 효자는 부득이 해서 먼저 남의 부모를 사랑하고 이롭게 한 것인가 아니면 천하의 효자는 어리석어 바르다고 하기에 부족한 것인가?

『묵자』「겸애상」에서는 "남을 사랑하는 것은 자신을 사랑하는 것과 같으니 어디에 불효하는 자가 있겠는가?"라고 반문했다. 여기에는 아주 강력한 논리적 추론이 존재한다. 즉 개인이 모든 사람을 자기 사랑하듯 사랑한다면 효의 대상인 부모는 당연히 그 가운데 포함된다. '남을 사랑한다는 것'에는 포함되지 않는 것이 없다. 부모는 사람이므로 필연적으로 사랑의 대상 가운데 포함되고, 또 보다 많은 사람의 사랑을 얻을 수 있다. 개인이 먼저 사랑을 베푼 연후에 사회에 상호 작용하는 선순환 기제가 작동된다.

『묵자』「겸애하」에서는 세인들의 겸애에 대한 비판을 여러 가지 예를 들어 반박하고 있다.

한 사람은 별(別, 차별애)을 견지하고 다른 한 사람은 겸(兼, 겸애)을 견지한다고 가정해보자. 먼저 별이 "내가 어찌 친구 위하기를 제 몸 위하듯 하고, 친구 부모 위하기를 제 부모 위하듯 할 수 있겠는가?"라고 말했다. 그래서 친구가 굶는 것을 보고도 먹을 것을 주지 않고 추위에 떠는데도 옷을 입혀주지 않으며, 병을 앓더라도 돌봐주지 않고 죽었는데도 묻어주지 않는다. 다음으로 겸은 "내가 듣기로 천하에 이름 높은 선비가 되려면 반드시 친구 위하기를 제 몸 위하듯 하고, 친구 부모 위하기를 제 부모 위하듯 한 뒤에야 천하에 이름 높은 선비가 될 수 있다"고 말했다. 그래서 친구가 굶으면 먹여주고 추위에 떨면 입혀주며, 병을 앓으면 돌봐주고 죽으면 묻어주었다. 이처럼 두 사람의 말과 행동은 서로 완전히 달랐다. 그렇다면 생사를 알 수 없는 전쟁에 참가하거나 귀환을 보장할 수 없는 외국에 사신으로 갈 경우, 어느 쪽에게 처자의 부양을 맡기겠는가? 내 생각으로는 천하의 어리석은 필부나 '겸'에 반대하는 자일지라도 반드시 '겸'을 주장하는 사람에게 처자의 부양을 부탁할 것이다.

『묵자』「겸애하」에서는 상술한 관점에서 한 걸음 더 나아가 두 명의 군주를 예로 들어 이렇게 말했다.

한 군주는 '별'을 견지하고 다른 한 군주는 '겸'을 견지한다고 가정해보자. 먼저 별을 견지하는 군주는 "내 어찌 만민 위하기를 내 몸 위하듯 하겠는가? 이는 천하의 인정과 크게 다르다. 사람이 땅 위에 살아 있는 시간은 얼마 되지 않아, 비유하자면 말이 빠르게 벽 틈새를 지나가는 것과 같다."고 말했다. 그래서 만민이 굶주려도 먹여주지 않고 헐벗어도 입혀주지 않으며, 병을 앓더라도 돌보지 않고 죽더라도 묻어주지 않았다. 다음으로 겸을 견지하는 군주는 "내가 듣건대 천하의 명군이 되려는 자는 반드시 만민을 먼저 생각하고 뒤에 제 몸을 위한다고 한다. 그런 뒤에야 명군이 될 수 있는 것이다"라고 말했다. 그래서 만민이 굶으면 먹여주고 헐벗으면 입혀주며, 병을 앓으면 돌봐주고 죽으면 묻어주었다. 이처럼 두 군주의 말과 행동은 완전히 상반되었다. 그렇다면 흉년이 들고 전염병이 퍼져서 만민 대다수가 추위에 떨고 굶주려 시체가 밭도랑에 버려지는 일이 발생할 경우, 장차 어떤 군주를 따르겠는가? 내가 추론컨대 천하의 어리석은 필부나 '겸'에 반대하는 자일지라도 반드시 '겸'을 주장하는 군주를 따를 것이다.

『맹자』「등문공하」에는 춘추전국 시기에 "양주와 묵적의 말이 천하에 가득해 천하의 여론이 양주로 귀결되지 않으면 묵자로 귀결되었다"고 기록되어 있다. 묵가의 겸애 정신과 선명히 대비되는 것이 양주 학파이다. 앞서 언급했듯이 맹자는 묵자의 겸애를 '부모를 무시하는 금수'의 짓이라고 공격했다. 이 구절의 전문은 원래 "양주는 위아(爲我)하니 이는 군주를 무시하는 것이고, 묵자는 겸애하니 이는 부모를 무시하는 것이다. 부모를 무시하고 군주를 무시하는 것은 금수이다"였다. 이것이 이른바 '맹자가 양주와 묵적을 배척한' 사건이다.

『맹자』「진심상(盡心上)」에서는 "양주는 위아를 취하여 털 하나를 뽑아서 천하를 이롭게 한다 해도 하지 않는다"고 말했다. 『여씨춘추』「불이(不二)」에는 "양생(陽生, 양주)은 자신을 귀히 여겼다"고 기록되어 있다. 『한비자』「현학」에서는 "지금 어떤 사람이 있는데, 위험한 성에 들어가지 않고 군대에 참여하지 않으며 천하의 큰 이로움을 위해 자기 정강이 털 하나도 바꾸지 않는다. (…) 외물을 가볍게 보고 생명을 중시하는 사람이라고 생각한다"라 했고, 『회남자』「범론훈」에서는 "본성을 온전히 하여 참된 것을 보존하고 외물로 내 몸을 얽어매지 않는다는 것은 양주가 수립한 주장이다"라고 말했다.

이 기록들은 모두 후인들이 묘사한 양주의 이미지이다. '털 하나를 뽑아서 천하를 이롭게 한다 해도 하지 않는' 양주의 주장과 '자기를 죽여 천하가 보존됐다면 자기를 죽인 것은 천하를 이롭게 한 것'이라는 묵자의 자기희생 정신은 춘추전국 시기에 극단적으로 대립된 두 가지 인생관 혹은 가치관을 형성했다.

민국 연간에 기서(奇書) 『후흑대전(厚黑大全)』을 써서 유명해진 리쭝우(李宗吾)는 묵자와 양주를 대비시켜 이렇게 말했다.

묵자의 뜻은 남을 구하는 데 있어서 정수리가 닳아 발꿈치에 이르더라도 천하를 이롭게 했다. 양주는 위아를 주장하여 털 하나를 뽑아 천하를 이롭게 한다 해도 절대 하지 않았다. 보통 사람의 입장에서 보면 묵자의 품격을 마땅히 양주 위에 두어야 한다. 그런데 맹자는 "묵자에서 빠져나오면 반드시 양주로 돌아가고, 양주에서 빠져나오면 반드시 유가로 돌아간다"고 해 양주를 묵자 위에 두고 유가와 더 가깝다고 여겼으니, 어찌 괴이한 일이 아니겠는가?

'양주와 가깝고 묵자와는 멀다(楊近墨遠)'는 맹자의 말은 2000년 이래 의견이 분분했다. 친후이(秦暉)는 「양근묵원의 논변 : 겸하여 양주는 고대 권리 사상의 요람임을 논함」이라는 글에서 자세하게 분석했다.

맹자가 양주와 묵적을 배척하는 과정에서 둘을 구별한 방식은 상당히 음미할 만한 가치가 있다. 맹자는 "묵자에서 빠져나오면 반드시 양주로 돌아가고, 양주에서 빠져나오면 유가로 돌아온다. 돌아오면 받아줄 뿐이다. 지금 양묵과 논쟁하는 유자들은 마치 뛰쳐나간 돼지를 쫓는 것과 같으니, 이미 우리에 들어왔음에도 따라가서 발을 묶어놓는다"(『맹자』 「진심하」)고 말했다. 즉 묵자의 사설(邪說)에서 벗어나면 반드시 양주를 따르게 되고, 양주의 오류를 깨달으면 유가의 진리에 귀의한다는 것이다. 이것이 이른바 '양근묵원'이다.

묵가의 열정은 (…) 반드시 끊임없는 생명의 위해를 받게 되고, 상처가 너무 심하면 (…) 반드시 양주로 돌아가 도가의 은사(隱士)와 같은 휴양 노선을 선택한다. 그러나 휴양이 끝나면 (…) 반드시 다시 사람 무리로 되돌아오게 돼 필연적으로 유가의 길로 나가게 되어 있다(위안바오신[袁保新], 「어떻게 자유 안에서 인성의 존엄을 살릴 수 있는가 : 중국 유가와 도가 철학의 현대적 해석」).

조기(趙歧)는 '묵가에서 빠져나오면 반드시 양주로 돌아간다'는 조목에 "묵적의 도는 겸애하고 친소의 구별이 없어서 예에 가장 위배된다. 양주의 도는 자기 자신만 사랑하여 비록 예에 위배되지만 오히려 (부모로부터 받은 신체를) 감히 훼손할 수 없다는 뜻을 얻었다. (…) 따라서 묵자에서 빠져나오면 양주로 돌아가고 양주를 떠나면 유가로 돌아가는 것이다"(『맹자주소』「진심하」)라고 주석을 달았다. (…) 청대 유자들은 한 걸음 더 나아가 "묵적은 친소의 구별이 없었고, 양주는 오히려 부모가 물려준 신체를 감히 훼손할 수 없다는 뜻을 얻었다"고 말했다. (…) 이른바 '부모에게 물려받은 것을 감히 훼손하지 않는다'는 의미는 아주 명확하니, 털 하나를 뽑아서 천하를 이롭게 하는 일은 해서는 안 되는 일이 아니라 '감히 할 수 없는' 일이다. 무엇 때문에 감히 할 수 없는 것인가? 당연히 아프다거나 손해를 볼까 두려워서가 아니라 내 신체발부(身體髮膚)에 털 하나가 포함돼 있고, 모두 부모에게서 물려받은 것이지 결코 내게 속하는 것이 아니기 때문이다. 따라서 부모의 지시가 없으면 마음대로 할 권리가 없다. 묵자 안중에는 부모가 없으니 맹자가 보기에 당연히 대역무도했다. 다만 부모가 허락하거나 혹은 부모가 시키면 그 일을 당연히 할 수 있다. 양주의 자신을 사랑함이 부모를 위한 일이라면 물론 훌륭하다. 이것이 바로 맹자가 묵자보다 양주를 가깝게 여긴 이유이다. 그러나 양주의 이런 자기 사랑은 오로지 자기만을 위한 것이어서 예에 위배됐다고 한 것이다. 이런 측면에서 맹자는 양주와 묵적 모두 사설(邪說)이라고 여겼다. 조기의 해석을 통해 볼 때, 고대 유가는 '털 하나를 뽑아 천하를 이롭게 하는' 문제를 마땅히 해야 하거나 하지 말아야 하는 것이 아니라 누구에게 할 권리가 있느냐의 문제로 이해했다.

내가 천하를 위해 기꺼이 털 하나를 뽑는 것과 남(대중을 포함)이 천하를 이롭게 한다는 구실로 내 털 하나를 뽑는 것은 별개의 일이다. 진짜 문제는 누가 이런 선택을 할 권리를 가졌느냐이다. 털 하나를 뽑을 권리가 내게 있는가, 내 가정과 친족에 있는가 아니면 천하 혹은 사회에 있는가? 근대 이래로 양주를 변호하려는 사람이 급격히 늘어나, 양주의 설이야말로 중국문화에서 개인 권리 관념의 시초라고 여겼다. 확실히 현재의 시각에서 봤을 때 털 하나를 개인의 권리에 비유한다면 타인 및 공권력은 천하를 이롭게 한다는 등의 어떠한 이유로도 개인의 권리를 박탈할 수 없다. 스스로 자신의 권리를 행사해서 천하를 이롭게 하는 일에 자원한다면 털 하나를 뽑는 일은 족히 논할 필요도 없다. 목숨을 바치고 뜨거운 피를 뿌릴 권리가 나에게 있으며, 스스로 당당히 그렇게 한다면 얼마나 장한 일인가!

그러나 권리가 나에게 없다면 노예나 다름없다. 만일 공권력이나 공권을 대표하는 통치자가 천하를 이롭게 한다는 이유로 내 털 하나를 뽑을 수 있다면, 다음날 이를 구실로 내 팔목을 꺾을 수 있고, 또 다음날에는 내 머리를 취할 수가 있다. 이로써 유추해보면 51퍼센트의 다수의 이익을 위해 49퍼센트의 소수를 도륙하는 게 가능해진다. (…) 본래 유가의 논리에 따르자면 털 하나를 뽑아서 부모를 이롭게 하고 가정 혹은 친족을 이롭게 하는 것이 위로 천리에 부합하므로 당연히 하지 않으면 안 된다. 그러나 털 하나를 뽑아서 군주와 나라를 이롭게 하는 경우는 어떠할까? 이때는 부모의 뜻을 살펴야만 한다. 양주는 지나친 이기주의를 주장한 것이 아니라 단지 내 털은 내 자주권에 속함을 강조한 것이다. 마찬가지로 유가도 '가정을 훼손시켜 국난을 구하는 일'에 자원하는 데 반대한 것이 아니다. 다만 가족의 털 하나는 가장의 자주권에 속하기 때문에 군주가 강제할 수 없고, 나 또한 함부로 털 하나를 사사로이 허락할 수 없다는 것이다. 털 하나도 감히 사사로이 허락할 수 없는데 하물며 정수리가 닳아 발꿈치에 이르는 일에 있어서랴? 맹자가 양주보다 묵자를 심하게 배척한 것은 이상한 일이 아니다.

양주는 내 털 하나도 내 자주권에 속한다고 강조했다. 이는 개인의 권리를 본위로 하는 관념(적어도 이런 관념의 초기 형태)이라고 말할 수 있다. 반면 묵자는 개인의 모든 것을 '천하를 이롭게 하는' 목적에 종속시켰다. 이는 천하를 본위로 하는 권리 관념이라고 말할 수 있다.

이른바 '양근묵원' 논쟁은 실상 '공권력'과 '개인 권리' 간의 문제이다. 친후이의 글은 인터넷 상에서 반박을 당했다.

사맹(思孟, 자사[子思]와 맹자) 학파가 비판한 것은 양주의 극단적 개인주의와 묵가의 겸애라는 허무주의이다. 허무주의는 필연적으로 결국 정신의 붕괴를 초래해 사회에 질서가 없어지고, 혼돈 속에서 개인주의의 극단으로 치닫고 만다. (…) 개인주의가 일정 단계에 도달하면 반드시 유가가 부흥한다.

후대인들은 "양주는 위아를 취하여 털 하나를 뽑아 천하를 이롭게 한다 해도 절대 하지 않았다"는 맹자의 말을 오해해 양주 학설을 극단적 이기주의로 여겼다. 사실 이는 맹자의 양주에 대한 의도적 곡해이다. 『한비자』「현학」에 인용된 양주의 말은 맹자가 말한 것과 사뭇 다르다.

> 지금 어떤 사람이 있는데, 위험한 성에 들어가지 않고 군대에 참여하지 않으며 천하의 큰 이로움을 위해 자기 정강이 털 하나도 바꾸지 않는다. 세상의 군주는 필시 그를 좇아 예우하고 그의 지혜를 존경하며 행동을 고상하게 여겨, 외물을 가볍게 보고 생명을 중시하는 사람이라고 생각할 것이다.

한비자가 인용한 양주의 말은 "천하의 큰 이로움을 위해 정강이 털 하나도 바꾸지 않는다"이다. 이는 맹자가 인용한 "털 하나를 뽑아서 천하를 이롭게 한다 해도 하지 않는다"와 거의 차이가 없어 보이지만 실상은 커다란 차이가 있다.

맹자가 말한 양주는 자기 털 하나를 희생해 천하 사람을 이롭게 할 마음이 없는 것이 되므로 의심의 여지없는 극단적 이기주의자이다. 반면 한비자에 따르면 양주는 천하의 큰 이로움으로 내 털 하나와 바꾸자고 해도 난 바꾸지 않을 것이고, 내 신체와 생명이 가장 소중하며 물질적 이익은 그다지 중요하지 않다는 것이다. 『여씨춘추』「중기(重己)」편에 다음과 같은 내용이 있다.

> 지금 내 생명을 내가 갖고 있기에 나에게 이로움 또한 큰 것이다. 그 귀천을 논한다면 천자의 지위에 있다 하더라도 이에 비할 수 없고, 그 경중을 논한다면 천하를 소유할 만큼 부유하더라도 그것과 바꿀 수 없으며,

그 안위(安危)를 논한다면 하루아침에 잃어버리면 종신토록 다시 얻을 수 없다. 이 세 가지는 도를 지닌 자가 신중히 하는 바이다. 신중히 해야 할 것을 도리어 해친다면 성명(性命)의 본질에 통달하지 못한 것이다.

다른 말로 하자면, 아무리 주 무왕의 귀한 지위라도 내 목숨과 바꾸지 않겠다는 말이다. 내가 목숨을 잃으면 아무 의미가 없기 때문이다.『여씨춘추』「귀생(貴生)」편에 또 이런 글이 있다.

세상의 군주들은 대부분 부귀를 내세워 도를 얻은 사람을 업신여기고 알아보지 못하니 어찌 슬프지 않은가? 따라서 "도의 참됨으로 몸을 지키고 그 나머지로 국가를 위하며 그 티끌로 천하를 다스린다"고 한다. 이로 보건대 제왕의 공(功)은 성인의 허드렛일일 뿐, 몸을 온전히 하고 생명을 기르는 도가 아니다.

여기에서 보면 양주 역시 타인을 이롭게 하는 일에 전혀 관여하지 않는 것은 아니다. 양주가 보기에 인생의 참된 진리는 생명을 아끼는 것이었다. 그러고 나서 남은 힘이 있다면 국가를 위하고 천하를 다스리는 것이다. 따라서 제왕의 업적은 진리를 터득한 성인에게는 아주 하찮은 것이자 손쉬운 일에 불과했다.『열자』「양주(楊朱)」편에는 이런 문답이 실려 있다.

금활 당신 몸의 털 하나를 뽑아 세상을 구제할 수 있다면 기꺼이 하겠습니까?

양주 세상은 본디 털 하나로 구제할 수 있는 것이 아닙니다.

금활 가령입니다. 구제할 수 있다면 하겠습니까?

양주가 대답하지 않자 금자가 나가서 맹손양에게 이 얘기를 했다.

맹손양 그대는 우리 선생님 뜻을 깨닫지 못했군요. 하나만 물어보겠습니다. 만일 살갗에 상처를 내 만금을 얻을 수 있다면 당신은 하겠습니까?

금 자 하겠습니다.

맹손양 만일 관절 하나를 끊어서 한 나라를 얻을 수 있다면 하겠습니까?

금자가 한참 동안 묵묵히 말이 없었다.

맹손양 털 하나는 피부보다 못하고, 피부는 관절보다 못한 것이 분명합니다. 그렇다면 털이 여러 개 모여 피부를 이루고, 피부가 여러 개 모여 관절을 이룬다고 말할 수 있습니다. 털 하나는 본래 신체 전체에서 만분의 일에 해당하니 어찌 가볍게 여길 수 있겠습니까?

여기서 금자(禽子)는 묵자의 제자 금골리(禽骨釐)이며, 맹손양(孟孫陽)은 양주의 제자이다. 위의 세 가지 예로 볼 때 한비자의 관점이 양주의 본래 의도와 보다 근접하고, 맹자에 의해 양주의 학설이 왜곡됐음을 알 수 있다. 양주의 학설은 오히려 서양의 현대철학자 에리히 프롬의 『자기를 찾는 인간(Man for Himself)』의 관점과 일맥상통한다.

위진 시대 죽림칠현(竹林七賢) 중 하나인 완적(阮籍)은 "양주는 갈림길에서 울었고, 묵자는 염색실을 보고 슬퍼했다"는 시를 지었다. 묵자가 염색실을 보고 슬퍼했다는 전거는 『묵자』 「소염」 편의 내용이다. "묵자가 길을 가다가 흰 실을 보았는데, 본래 희던 것이 노랗고 또 검게 물드는 것을 보고 슬퍼했다." 묵자는 이로부터 사람들이 사회의 나쁜 습속에 물들어 순수함을 잃어가는 데 대해 비통해하고, 또 여기서 사람에게 환경 요소가 아주 중요하다는 철학적 사유를 끌어냈다. 양주가 갈림길에서 울었다는 전거는 『순자』「왕패(王霸)」편의 내용이다. 양주가 갈림길에서 눈물을 흘리며 "여기서 반걸음을 옮기면 천리 차이가 나는 것을 깨닫겠구나!"라 말하면서 슬피 울었다.

이 두 가지 고사는 선택의 기로에서 고민하는 인간의 모습을 나타낸 것이다. 실존주의 철학자 사르트르는 자신의 희극을 '상황극(狀況劇)'이라 칭했다. 그 안에는 사람은 '일정한 상황'에서만 비로소 자아선택의 자유를 가지며, 그것이 자유선택의 전제이자 객관적 조건이라는 깊은 뜻이 함축되어 있다.

이후 『전당시(全唐詩)』 권88에서도 "묵자가 염색실을 보고 슬퍼하고 양주가 갈림길에서 울었다"는 것과 "주박(朱博)에게 까마귀가 모여들고 소지(蕭芝)에게 꿩이 따른다"는 두 가지 고사를 연용했다. '주박에게 까마귀가 모여든다'는 고사는 『한서』「주박전」에 나온다.

주박의 자는 자원(子元)이며 두릉(杜陵) 사람이다. 집이 가난해 어렸을 때 현의 정장(亭長)을 담당했다. 빈객과 소년들을 좋아했지만 범인을 포박할 때는 주저하지 않았다. 얼마 뒤 공조(功曹)로 승진하고 강직하면서도 교류를 좋아하여 사대부들을 따르면서 역경을 피하지 않았다. (…) 이때 어사부 관리들의 저택 100여 곳의 우물이 모두 말랐다. 어사부 가운데에는 잣나무가 늘어서 있었는데 항상 까마귀 수천 마리가 그 위에서 둥지를 틀고 아침에 나가서 저녁에 돌아왔으므로 '조석오(朝夕烏)'라 불렀다. 까마귀가 떠난 지 몇 달이 돼도 돌아오지 않자 장로가 이상하게 생각했다.

'소지에게 꿩이 따른다'는 고사에서 소지는 한나라 재상 소하(蕭

何)의 15세손이다. 소광제(蕭廣濟)의 『효자전』에 이런 내용이 보인다.

소지는 효성이 지극했으며 상서랑(尚書郎)에 제수되었다. 꿩 수십 마리(일설에는 수천 마리)가 물을 마시고 서식했는데, 출근할 때는 갈림길까지 전송하고 퇴근 후 집에 올 때는 수레 옆으로 날아와 울었다.

북송(北宋)의 성리학자 정호(程顥), 정이(程頤) 형제는 묵자와 양주 모두 사실은 유가에서 나왔다고 여기고 다음과 같이 말했다.

양주와 묵적은 모두 인의를 배워서 나온 유파이다. 묵자는 자장(子張)과 비슷하고 양주는 자하(子夏)와 유사하다. (…) 또 양주의 위아는 의(義)이고 묵자의 겸애는 인(仁)이다. 터럭만큼의 차이가 1000리의 격차를 만들듯 '무부무군'에 이름이 이처럼 심했다. (…) 두터우면 점차적으로 겸애에 이르고, 미치지 못하면 곧 위아에 이르게 되니, 그 지나치고 모자람은 모두 유가에서 나왔지만 그 말단은 끝내 양주와 묵적에 이르렀다. (…) 양주의 털 하나를 뽑아서 천하를 이롭게 하더라도 하지 않겠다는 것과 묵자의 정수리가 닳아서 발꿈치에 이르더라도 천하를 위해서 한다는 것은 모두 중용을 얻지 못한 것이다.

유가는 '중용의 도'를 숭상한다. 중용은 『논어』「옹야(雍也)」의 "중용의 덕이 지극하구나!"에서 가장 먼저 등장했다. 공자는 중용의 상대적인 측면에 대해 "중도에 맞게 행동하는 사람과 함께할 수 없다면 반드시 광견(狂狷)과 함께할지니라. 광자(狂者)는 나아가 취하려 하고, 견자(狷者)는 하지 않는 바가 있다"(『논어』「자로」)라 말했다.
중용의 본질은 균형의 예술이다. 『중용』에서는 "그 양단을 잡아

가운데를 두드리는 것을 일러 중용"이라고 했다. 또 "사람을 대할 때는 인정에 알맞게 하고, 외물을 대할 때는 법칙에 알맞게 하며, 일을 처리할 때는 이치에 알맞게 하여 알맞으면 중을 얻는다. 완전히 알맞으면 이루어지고 완전히 어긋나면 실패한다""치우치거나 기울지 않고 인정과 이치를 모두 고려하여 지나치거나 모자람이 없는 것이 중이자, 일을 알맞게 처리하는 것이 중이다"라 했다. 이처럼 중용은 과격한 태도를 지니지 않고 극단을 달리지 않는 것이다.

역대 유가는 모두 묵자와 양주가 중용을 위배한 양극단이라고 여겼다. 과유불급이자 오십보백보라는 것이다. "양주와 묵적의 말이 천하에 가득하여 천하의 여론이 양주로 돌아가지 않으면 묵자로 돌아온다"로부터 "백가(百家)를 퇴출하고 유학만을 높인다"까지, 한 민족의 잠재의식 속에서 문화를 취사선택하는 감정과 논리가 가감 없이 느껴진다.

제2부
'인간다움'을 지키고자 노력한
묵자의 발자취

혼란의 시대에 반전과 평등,
사랑을 말하다

실천을 통해 부각된 '의인'의 형상 | 지행합일의 위대한 실천가 | 묻지 않아도
먼저 가르치는 교육관 | 절약을 강조하고 사치를 멀리한 경제관 | 인문 정신
에 바탕을 둔 절장 | 음악에 대한 유묵의 입장 차이 | 같은 뿌리에서 나온 다
른 가지 | 운명론을 거부하라 | 등급 제도에 충격을 던지다 | 전란의 시대에
반전을 선언하다 | 송나라 침공을 저지한 찬란한 업적 | 침략 비판, 방어 옹
호의 군사사상 | 묵자와 공수반의 관계를 재정립하다

"굶주린 자가 먹지 못하고 헐벗은 자가 입지 못하며
피곤한 자가 쉬지 못하는 것이 백성의 세 가지 고통이다."

제9장
실천을 통해 부각된 '의인'의 형상

량치차오는 『묵자학안』에서 다음과 같이 말했다.

묵자는 겸애를 얘기할 때 항상 '겸상애, 교상리(兼相愛, 交相利)' 여섯 글자
를 함께 언급했으니, 반드시 결합해야만 그의 의도가 명확히 드러난다.
'겸상애'는 이론이고, '교상리'는 이 이론을 실행하는 방법이다. 겸상애는
톨스토이의 이타주의이며, 교상리는 크로포트킨(P.A. Kropotkin)의 호조주
의(互助主義)라 할 수 있다.

『논어』「이인(里人)」에서 공자는 "군자는 의(義)에 밝고 소인은 리
(利)에 밝다"고 말했다. 유가의 관념 속에서 의와 리는 물과 불처럼 서
로 용납하지 못하는 대립적 개념이다. 공자는 "리를 드물게 말했고"
(『논어』「자한」), 맹자는 양 혜왕에게 "하필 리를 말씀하십니까? 인의가
있을 뿐입니다"(『맹자』「양혜왕상」)라고 대답했으며, 동중서는 한 걸음

더 나아가 "그 마땅함을 표준으로 삼고 리를 도모하지 않으며, 그 도를 밝히고 공을 따지지 않는다"고 말했다.

유가에서는 인의의 도를 이익과 뒤섞는 것에 반대했다. 공자는 "나이 마흔에 미혹되지 않았고"(『논어』,「위정(爲政)」), 맹자는 "40세에 부동심했다"(『맹자』,「공손추상」). 이른바 불혹(不惑)과 부동심(不動心)은 이익에 유혹되지 않는 것이다. 후세의 유자는 리를 말하는 것을 크게 경계했다. 이에 대해 량치차오는 "유가는 모든 행위에서 오로지 동기만 따지고 결과를 묻지 않아 도덕 표준과 실생활과의 거리가 날로 멀어지게 되었다"고 밝혔다. 『묵자』,「대취」 편에서는 유가의 이런 관점을 반박했다.

천하 사람들은 이로움을 얻어 기뻐하거늘, '성인은 사랑만 있을 뿐 이로움을 추구하지 않는다'는 것은 유가의 말이거나 외지인의 말이다.

묵자는 공맹과 정반대로 이로움을 적극적으로 말하고 사랑과 이익의 결합을 강조했다. 그것이 곧 '겸상애'와 짝을 이룬 '교상리'이다. 양귀룽은 『중국고대사상사』에서 "묵자의 유명한 겸애설은 현실적 공리를 기반으로 삼는 것이다"라고 말했다. 묵자는 겸애에 만약 '교리'라는 토대가 없다면 마치 부평초처럼 영원히 바람에 이리저리 흔들린다고 보았다. '교상리'는 '겸상애'를 견고히 지탱한다.

량치차오는 「묵자의 실리주의 및 그 경제학설」에서 '겸상애, 교상리'를 이렇게 해석했다.

묵자는 그렇지 않다. 도덕과 실리가 서로 분리되지 않고, 이로움과 불리함이 곧 선과 불선의 표준이었다. 그의 책에서는 늘 애와 리가 붙어 다녔다. (…) 간단히 말하면, 경제라는 새 조직 위에 겸애 사회를 건설하는 것이 묵학의 특색이다.

『묵자』「겸애하」에서는 다음과 같이 말했다.

반드시 내가 먼저 남의 부모를 사랑하고 이롭게 한 뒤에 남이 그 보답으로 내 부모를 사랑하고 이롭게 하는 것이다. 선왕의 글 「대아(大雅)」에 "말은 돌아오지 않는 경우가 없고, 덕은 보답하지 않는 경우는 없네. 나에게 복숭아를 던지면 오얏으로 보답하리!"라는 좋은 글귀가 있다. 남을 사랑하고 이롭게 하면 반드시 남의 사랑과 이로움을 받게 되고, 남을 미워하고 해치면 반드시 남의 미움과 상해를 받게 된다.

애와 리는 한 사물의 양단으로 긴밀하게 연계되어 있다. 사람과 사람 사이의 교류에서는 필연적으로 서로 이익을 주어야만 비로소 쌍방이 원원할 수 있다. 이상에서 보면, 묵가는 완전히 공리를 초월한 무조건적 사랑을 믿지 않는다.

묵자가 생각하기에 '내가 남의 부모를 사랑하고 이롭게 하는 것'과 '남이 내 부모를 사랑하고 이롭게 하는 것'은 일방적인 것이 아니라 일종의 상호관계다. 물론 이런 상호관계는 등가교환이나 사소한 것을 꼬치꼬치 따지는 것이 아니라 약자 편을 들고 여유 있는 데를 덜어서 부족한 데를 보충하는 것이다. 『묵자』「상현하」에서 "힘이 있는 자가 열심히 남을 돕고, 재물이 풍족한 자가 힘써 남에게 나누어준다"고 말한 것은 이런 의미를 아주 명확하게 표현한 것이다. 량치차오는 『묵자학안』에서 다음과 같이 평했다.

묵자는 리의 원리를 유감없이 발휘했다. 『묵자』 「경상(經上)」의 "의(義)가 곧 리다"라는 말은 리가 곧 의이며, 리를 제외하면 의도 없다는 뜻이다.

남을 사랑한다는 것은 곧 남에게 이로움을 베푸는 것이다. 이로움을 많이 베풀수록 사랑이 더욱 두터움을 나타낸다. 『묵자』 「대취」에서는 '교상리'에 대해 이렇게 정의했다.

사물 가운데에서 경중을 저울질하는 것을 일러 '권(權)'이라 한다. (…) 손가락을 잘라서 팔을 보존하는 것은 이로움 가운데 큰 것을 취하고, 해로움 가운데 작은 것을 취하는 것이다. 해로움 가운데 작은 것을 취하는 것은 해로움을 취하는 것이 아니라 이로움을 취하는 것이다. 이런 선택은 사람이 마땅히 견지해야 할 것이다. 강도를 만난 것은 분명 해로움이지만 강도를 만나 손가락을 잘라서 위기를 모면함은 이로움이다.

이는 표면적으로 실리주의에 어긋나는 것처럼 보이지만 실상은 그렇지 않다. 왜냐하면 이로움이 해로움보다 커야만 비로소 취하기 때문이다. 이것을 일러 "두 가지 해로움을 저울질해 그중 가벼운 것을 취한다"고 한다. 해로움을 취하는 듯 보이지만 실제로는 이로움을 취하는 것이다.

묵자는 자신의 가치 취향에 의거해 독특한 계산법을 가지고 있다. 소수가 큰 이익을 점유하게 되면 소수 쪽에게는 당연히 이롭겠지만 대다수 사람이 그로 인해 피해를 입게 된다. 천하의 이익을 우선하는 묵자 입장에서 본다면 이는 해로움이지 결코 이로움이 아니다. 반대로 소수가 손해를 보고 다수가 이익을 얻는다면 묵자는 이로움이라고 말할 것이다. 따라서 그는 "자신을 죽여서 천하를 보존하는 것은 자신을 죽여서 천하를 이롭게 하는 것이다"(『묵자』「대취」)라고 말했다. 영국의 철학자 벤담(Jeremy Bentham)은 공리주의를 주장하고 '최대 다수의 최대 행복'을 기초 원리로 삼았는데, 묵자의 실리주의 또한 이와 같다.

이로움과 해로움은 상대적 개념이다. 이로움은 공리공담으로 흘러서는 안 되고, "위에서 반드시 해로움을 제거해야 한다"는 말과 서로 대응한다. 민중에게 해롭고 사회에 해로운 갖가지 병폐와 폐단을 제거하는 것이 실질적으로 백성을 위하고 이로움을 일으키는 것이다.

리쩌허우(李澤厚)는 '교상리'가 '겸상애'의 기초임을 인정하면서도 구체적으로 논술할 때에는 묵자의 이런 사상적 특징을 '소생산자의 교환 개념의 확대화'라고 보았다. 사실 이는 묵자에 대한 오독이다.

『묵자』「대취」에서는 "성인은 자식을 위한 일을 하지 않는다"라 했고, 「비명하」에서는 "국가와 백성 인민의 이로움"을 말했으며, 「비악상」에서는 "백성의 의식과 재물을 침탈하는 일을 인자는 하지 않는다"고 했다. 묵자는 소생산자 출신으로 소생산자의 이익을 대표했지만 그것이 꼭 소생산자 범주에 그친 것은 아니다. 수많은 사상가들이 그들의 출신과 전혀 관련이 없었다. 톨스토이, 루소, 사르트르 등이 그랬다. 이 사상가들은 자신의 출신 한계를 뛰어넘어 그들이 처한 시대를 초월하는 이념과 사상을 창조해냈다. 후인들은 『묵자』의 수많은 논설로부터 묵자가 이미 사적 이익 관념의 울타리에서 벗어나 공적 이익 관념의 경지에 깊이 들어갔음을 분명히 알 수 있다. 묵자의 '교상리' 안에는 자기를 버리고 남을 위하는 희생정신이 함축되어 있다.

묵자는 이로움을 말할 때 늘 의를 함께 언급했다. 사랑은 핵심이고 이로움은 기초이며 의는 강령이다. 묵자의 '겸상애, 교상리'는 적극적으로 의를 실천하는 행위를 통해 실현된다. 묵자의 삶은 '스스로 힘들면서도 꿋꿋이 의를 행한' 일생이었다고 말할 수 있다.

유가에서는 이로움이 의를 해치고, 이로움을 보면 의를 잊는다 하여 리와 의를 대립적 개념으로 보았다. 법가에서는 리를 중시하고 의를 중시하지 않았다. 의는 허무맹랑한 것이고, 오직 리만이 부국강병의 요체라고 여겼다.

하지만 묵자는 '교상리'만 말하면 기회를 틈타 사사로운 이익을 취하는 사람이 생기므로 의를 통해 이를 제한하고 바로잡아야 한다고 강조했다. 따라서 묵자는 항상 리와 의를 함께 언급했다. 묵자는 의를 아주 중요한 위치로 끌어올렸다. 『묵자』 「경주」에서 "의는 천하의 좋은 보배이다"라 했고, 「귀의」에서는 "모든 일 가운데 의보다 중요한 것은 없다"고 했으며, 「천지상」에서는 "천하에 의가 있으면 살고 의가 없으면 죽으며, 의가 있으면 부유하고 의가 없으면 가난하며, 의가 있으면 다스려지고 의가 없으면 혼란스럽다"고 말했다. 여기서 의는 정의(正義), 정기(正氣), 정도(正道)이다. 「노문」에서는 시골 사람 오려(吳慮)와의 대화를 통해 "이른바 의는 힘 있는 자가 남을 위해 노력하고, 재물이 풍족한 자가 남에게 나누어주는 것이다"라 했고, 「상현하」에서는 "힘 있는 자가 열심히 남을 도와주고, 재물이 풍족한 자가 힘써 남에게 나누어주는 것이 곧 의이다"라고 말했다.

묵자에 따르면 의는 중요한 사회적 역할을 가지고 있을 뿐 아니라 국가와 민족의 안위 및 생사존망을 결정하는 대사이다. 또한 의는 인류의 생존 조건이자 인민 생활이 부유한지를 결정하는 관건이었다.

묵자가 강조한 리는 확실히 집단의 이익이다. 따라서 개인의 이익은 전체의 이익에 종속되어야 하며, 개인은 전체의 이익을 위해서 위험을 감수해야 한다. 묵자의 관점에서 의는 심지어 개인의 생명보다 중요했다. 필요할 경우 사람은 의를 위해 응당 자기의 고귀한 생명을 바쳐야 한다. 「귀의」 편에서 묵자는 이렇게 말했다.

> 만사에서 의보다 중요한 것은 없다. 가령 "고귀한 신분이 될 수 있는 모자와 신발을 줄 터이니 당신의 손발을 자르라"고 한다면 그리 하겠는가? 반드시 그렇게 하지 않을 것이다. 왜 그런가? 신분이 아무리 고귀하다 한들 손발보다 귀하지 않기 때문이다. 또 "당신에게 천하를 줄 테니 목숨을 내놓아라"라고 한다면 그리 하겠는가? 반드시 그렇게 하지 않을 것이다. 왜 그런가? 천하를 얻는다 한들 제 목숨보다 귀하지 않기 때문이다. 말 한마디로 다투다가 서로 죽이는 것은 의가 사람의 목숨보다 중요하기 때문이다. 그러므로 "만사에서 의보다 중요한 것은 없다"고 말하는 것이다.

물론 여기서 언급한 '말 한마디로 다투다가 서로를 죽이는' 것은 결코 일시적 충동으로 일을 저지르는 필부의 용기가 아니라 의를 지키기 위해 행하는 용감한 희생을 가리킨다.

묵가는 가만히 앉아서 이로움을 떠드는 것에 강력히 반대했다. "앵두는 맛있지만 나무를 기르기 어렵고, 하늘에서 만두가 저절로 떨어지지 않는다"는 속담도 있지 않은가.

의는 이익을 구하는 행위이며, 이익을 얻기 위해서는 반드시 전력투구해야 한다. 「귀의」에서는 "손과 발, 입과 코, 귀와 눈이 의를 따른다면 반드시 성인이 될 것이다"라고 말했다. 묵자는 의를 행할 때 전방위적으로 노력하라고 강조했다. 「귀의」 편에는 묵자가 의를 실행하기 위해 사방팔방으로 분주하게 유세하는 내용이 실려 있다. 묵자가 노나라에서 제나라로 가는 길에 친구를 방문해 다음과 같은 대화를 나누었다.

지금 천하에서 아무도 의를 행하지 않는데 왜 자네 혼자만 스스로
를 괴롭히며 의를 행하려고 하는가?

가령 어떤 사람에게 자식이 열 명 있는데, 한 명만 농사를 짓고 나
머지 아홉은 한가하게 논다면 농사짓는 사람은 더욱 열심히 하지
않을 수 없을 것이네. 왜 그런가? 먹는 사람은 많고 농사짓는 사람
은 적기 때문이네. 지금 천하에서 아무도 의를 행하지 않는다면 자
네는 응당 나를 격려해야 할 터인데 왜 나를 말리는 것인가?

『묵자』에서는 의인(義人)의 개념을 제시했다. 이에 대해 손이양은
『묵자간고』에서 "의인은 도의(道義, 겸상애, 교상리)를 견지하는 사람이
다"라고 간략히 주를 달았다. 묵자가 말하는 의인은 사실 의의 인격
화이다. 의인에게서 의의 정신이 완벽하게 실현된다. 의인은 일반적
의미의 의사나 의를 행하는 군자보다 경지가 더 높다. 묵자가 생각하
는 의사는 단지 '선왕의 도를 받들고 말하는' 사람으로, 적극적으로
묵가의 도를 주창하는 사람은 모두 '의사'라 부를 수 있다. 그런데 '의
인'은 이와 크게 다르다. 「비명상」에서는 "의인이 윗자리에 있으면 천
하가 잘 다스려지고, 상제나 산천의 귀신이 반드시 제사를 받으며, 만
민이 큰 이로움을 얻게 된다"라 했다. '의인'은 끊임없이 의를 부르짖
는 사람이자 몸과 마음을 바쳐 의를 행하는 사람이다.

의인은 묵자의 이상 가운데 최고 경지를 대표한다. 본보기가 되는
사례는 무궁하지만 묵자의 지향점은 몸소 최선을 다해 이런 의인이
되는 것이었다.

리쩌허우는 묵자의 '교상리'란 '소생산자의 교환 개념의 확대화'
로 소생산 계급의 사유재산의 한계성을 지니고 있다고 지적했다. 궈
모뤄는 『십비판서』에서 묵자의 '겸상애, 교상리'에 대해 이런 의견을

제시했다.

똑같이 사람을 사랑한다고 말하지만 묵자의 중점은 사람이 아니라 재산
에 있었다. 묵자는 사유재산권을 특별히 신성시했다. 그의 관념 속에서
인민은 여전히 구시대의 노예이고, 모든 사물은 일종의 재산이었다. 따라
서 그가 사람을 사랑하라고 권유한 것은 실상 사람에게 소와 말을 사랑
하라고 권유한 것과 같다.

귀모뤄와 리쩌허우는 모두 묵자의 '사유권' 관념을 비판했다. 반
면 량치차오는 『묵자학안』에서 이와 완전히 상반된 관점을 제시했다.
"겸(兼)과 별(別)의 다른 점은 어디에 있을까? 솔직히 말하자면 사유
권을 인정하는 것을 '별'이라 하고, 사유권을 인정하지 않는 것을 '겸'
이라 한다"고 말했다. 량치차오가 보기에 묵자는 '사유권' 관념에 반
대한 것이다. 어떤 입장에서 '사유권'을 인식하느냐는 마르크스주의
가 탄생한 이래 줄곧 시대의 화두가 되었다. 량치차오는 『묵자학안』
의 「묵자의 실리주의 및 그 경제학설」에서 이렇게 설명했다.

과거에 일반적 교의(敎義)는 모두 자기를 중심으로 해 단계적으로 확대
되어 나갔다. 따라서 "천하의 근본은 나라에 있고, 나라의 근본은 가문에
있으며, 가문의 근본은 자신에게 있다"고 말하는 것이다. 그렇다면 겸상
애 사회는 어떠한가? (…) 요약하자면 '사유' 성격을 띤 모든 조직을 파괴
해버리고 '함께 소유하고 함께 누리는' 조직을 만드는 것이 묵자가 말하
는 겸애 사회이다. (…) 고대사회에 이런 이상적 조직이 있었는지 경솔하
게 판단할 수는 없지만, 현재 러시아의 노농(勞農) 정부 치하의 인민은 확
실히 묵자의 '겸으로 별을 바꾼다'는 이상의 일부분을 실행하고 있다.

량치차오는 당시 새로 탄생한 소비에트의 노농 정부를 예로 들어 묵자가 말하는 겸애 사회를 실천할 수 있다고 설명했다. 량치차오는 같은 글에서 또 이렇게 말했다.

묵자의 겸애주의와 공자의 대동주의는 이론과 방법적인 면에서 완전히 똑같았다. 다만 공자의 대동은 즉시 실행되기를 바라는 것이 아니라 점차적으로 발전해가다가 '태평세(太平世)'에 이르렀을 때 실현 가능해진다. 또 과도기에는 '소강(小康)'의 단계를 거치게 된다. 반면 묵자는 아주 간단명료해 겸애를 실행하는 것 외에 특별히 다른 주장을 내놓지 않았다. 공자와 묵자의 차이점은 바로 여기에 있다.

근대 마르크스 일파는 "자본가가 향유하는 것은 모두 약탈로부터 비롯되었다"고 말했다. 이런 입장의 근거는 2000년 전의 묵자와 정확히 같다. 묵자의 경제 사상은 노동을 본위로 한다. 따라서 '노동은 신성하다'는 것이 묵자의 유일한 신조이다. 그가 창도한 세 번째 규칙은 "자기 힘(노동)에 의지하면 살고 자기 힘에 의지하지 않으면 죽는다"이다.(「비악상」)

묵자는 사람이 금수와 다르다고 말했다. 금수는 "깃과 털로 옷을 삼고 발톱과 발굽으로 신발을 삼으며 물과 풀로 음식을 삼는다". 따라서 꼭 노동을 하지 않아도 "의식의 재화가 이미 갖추어져 있다". 인류는 그렇지 않아서 반드시 "육체의 힘을 다하고 사려의 지혜를 다해야만" 비로소 자기의 생명을 유지할 수 있다.

내가 생각건대, 현재 러시아 노농 정부 치하의 경제조직은 많은 부분에서 묵자의 이상을 실현하고 있다. 그 가운데 가장 주목할 만한 두 가지 사항이 있다. 첫째, 그들의 의식주는 모두 정부가 간섭한다. 아무리 돈이 많아도 사치스럽게 생활할 수 없다. 묵자의 절용주의가 철저히 시행되고 있는 것이다. 둘째, 노동을 강요하고 조금도 쉴 틈을 주지 않는다. 이는 묵자의 "재용이 부족하면 시간을 되돌아본다"는 이치에 아주 부합한다. 꼭 "불철주야하여 스스로 고통을 극대화할" 필요는 없지만 이전에 노동당에서 노동시간을 줄이자고 선전한 것에 비해 강도가 훨씬 높다. 묵자는 "어찌 좋은 것이라면 쓸모가 없겠는가?"라고 말했다. 노농 정부에서 의외로 충분히 실현되는 것을 보면서 묵자가 몽상가가 아님을 더욱 확신하게 되었다.

량치차오는 19세기 말에서 20세기 초까지 활동한 사상가이자 개혁가로, 그의 말에는 자연히 그 시대의 정신이 담겨 있다. 20세기 초반에 새롭게 탄생한 소비에트로 많은 지식인들이 "여산(廬山)의 진면목을 모르면서"● 우르르 몰려드는 현상이 발생했다. 량치차오는 『묵자학안』에서 다시 이렇게 말했다.

묵자의 이런 학설은 과연 나무랄 데 없는 것이었을까? 난 일찍이 묵자가 약간 기독교적이고, 다른 측면에서 보자면 크게는 마르크스주의자라고 말한 적이 있다. 마르크스의 공산주의는 유물론의 기초 위에 건설되었다. 묵자의 유물론은 마르크스에 비해 더욱 극단적이다. 그가 말하는 유용과 무용, 유리와 불리는 한결같이 눈앞의 현실생활을 기준으로 하고, 인류 생존에 필요한 최저한도를 표준으로 삼고 있다. 따라서 항상 폐단이 발생한다.

마르크스주의 정치경제학에는 한 가지 관점이 있다. 어떤 제도의 성질을 알려면 주로 분배 방식을 살피라는 것이다. 각종 정치경제학

● 소식의 시 「제서림벽(題西林壁)」 : "不識廬山眞面目."

의 핵심 문제 중 하나는 서로 다른 사회 구성원 사이에 점유하고 있
는 사회 자원의 관계 문제를 어떻게 확정하고 조정할 것인지, 또 서로
다른 사회계층 구성원이 어떻게 사회 자원을 나누고 향유하는 사회
제도를 건립할 것이냐에 있다. 량치차오는 『묵자학안』 「묵자의 실리
주의 및 그 경제학설」에서 묵자의 관점을 이렇게 설명했다.

> 분배를 언급할 때 묵자는 일곱 개 규칙을 제시했다. 그중 하나는 "남는
> 힘으로 서로 도와주고, 남는 재물로 서로 나누어준다"(「상현상」)이다. 자
> 신의 노력과 시간으로 스스로에게 주어진 일을 완료하고 여유가 있으면
> 남을 도와주는 것이다. 자신의 재물로 자기와 가족의 생활을 유지하고
> 여유가 있으면 남에게 나누어 주는 것이다.

량치차오의 붓끝에서 묵자의 이미지는 무산계급 혁명가로 그려졌
다. 묵자는 2000여 년의 시대적 풍상을 넘어서 후세에도 여전히 거대
한 호소력과 영향력을 지녔다.

차이허썬(蔡和森)은 "레닌이 소비에트에서 시행한 것은 묵자의 이
론과 비슷하지만 묵자의 학설에 비해 더욱 철저하고 더욱 인상적이
며 더욱 위대하다"고 말했다. 마오쩌둥(毛澤東)도 청년 시절에 묵자를
세상을 구한 성현으로 간주했다. 마오쩌둥은 『윤리학 원리』에서 이렇
게 말했다.

> 모든 생활 활동은 개인을 완성하기 위한 것이고, 모든 도덕 역시 개인을
> 완성하기 위한 것이다. 타인에게 동정을 표하고 타인을 위해 행복을 도
> 모하는 것은 남을 위한 것이 아니라 자신을 위한 것이다. 내가 이렇게 남
> 을 사랑하는 마음을 가지면 반드시 그것을 완성해야 한다. 만일 완성하

지 못하면 생활에 큰 흠결이 생겨 정곡(목표)에 이르지 못한다. 석가와 묵적은 모두 개인의 목표에 도달한 사람이다.

마오쩌둥이 증국번(曾國藩)을 존경한 것은 결코 증국번이 이학(理學)의 대가이기 때문이 아니었다. 량수밍(梁漱溟)은 "그가 '성현'(수양)과 '호걸'(공리)을 겸비하여 당시 마오쩌둥의 구미와 취향에 꼭 부합했을 것이다"라고 지적했다. 증국번은 유가, 묵가, 도가, 법가에 모두 정통했는데, 스스로 "노자와 장자를 체(體)로 삼고 우왕과 묵가를 용(用)으로 삼았다"고 평가하고, 평소 근검을 숭상해 묵가 정신을 표준으로 삼았다. 그는 묵가 정신을 수신제가에 적용했을 뿐 아니라 백성을 구제하는 데도 활용했다. 그는 이렇게 말했다.

무릇 인정은 편안함을 좋아하고 힘든 것을 싫어하지 않음이 없다. 귀천과 지우(智愚)를 막론하고 모두 편안함을 탐하고 힘든 것을 꺼리는 것은 예나 지금이나 마찬가지이다. (…) 개인적으로 보자면, 반드시 기예를 익히고 근골을 연마하며 어렵게 배우고 힘써 행하며 마음을 항상 조심스럽게 견지한 뒤에 지혜를 증진시키고 재능을 기를 수 있다. 천하로 보자면, 백성이 굶주리거나 물에 빠지면 자신 때문이라 생각하고 한 필부라도 생활이 불안정하면 자신의 허물이라고 생각한다. 우왕은 네 가지 탈 것(배, 수레, 썰매, 나막신)으로 천하를 주유하며 집 앞을 지나면서도 들어가지 않았고, 묵자는 정수리가 닳아서 발꿈치에 이르더라도 천하를 이롭게 했다. 이 모두 지극히 검소함으로 자신을 기르고 지극히 근면함으로 백성을 구제한 것이다.

묵자의 이상을 위해 몸을 바치는 희생정신은 중국 역대 인인지사

(仁人志士)들을 감동시켰다. 무술변법(戊戌變法)이 실패한 뒤 비분강개하며 처형된 무술 육군자(六君子) 중 하나인 담사동(譚嗣同)은 묵자를 크게 칭송했다. 그는 거사 전에 "몸뚱이 하나로 남을 이롭게 하는 것 외에 또 무슨 보탬이 되겠는가?"라고 말했는데, 이는 바로 묵자 정신의 계승을 드러낸 것이다.

묵자가 살던 시대에는 왕권 전제주의가 주도하는 제도화된 등급 제도로 사람과 사람 사이에서 발생하는 이익 분배에 차별을 가했다. 전체 사회는 마치 피라미드 구조와 같아서 소수가 다수의 이익을 점유할 수 있었고, 맨 꼭대기에는 모든 것을 굽어보는 군주가 자리했다. 등급 제도하의 이런 이익 지탱 체계는 바로 갖가지 '차별애'가 존재하는 사회, 정치, 경제의 근본이었다.

사람들 사이에 공동의 이익을 소유하기 매우 어렵기 때문에 기득권끼리도 다툼이 일상화되었고, 사람들의 생존 목적은 수단과 방법을 가리지 않고 이익을 획득해 자신의 욕망을 채우는 것이었다. 그런데 등급 제도가 극소수의 기득권층에게 손쉽게 극대화된 이익을 가져다줌에 따라, 그들이야말로 진정한 의미의 '식리자(食利者, 이익을 독점하는 자)'가 되었다. 그리고 그들은 사회 각 영역에 점점 더 깊이 침투해 불평등을 더욱더 심화시키는 마각을 드러냈다. 등급 제도의 본질은 기득권 집단이 '인, 의, 예'라는 온정의 스카프로 얼굴을 가리고 공개적으로 약탈을 감행하는 것이다.

묵자는 일생 동안 온힘을 기울여 방대하고 위대한 사상 체계를 구축했다. 또한 몸소 힘써 실천하고, 가슴 가득한 열정과 사사로움이 없는 정신으로 인민을 격려하고 이끌어서 이런 위대한 이상을 위해 분투하도록 했다. 이런 사상의 근본 목적은 단지 인민의 공동 노력을 이끌어내 완전무결한 이상사회를 실현하기 위함이었다. 이런 생각과 주장은 시종 하나의 노선, 즉 '이상적 대동사회의 완성'을 관철하는 데 있었다.

'대동'이라는 이상사회 실현은 세상 모든 지식인들이 오매불망 바라는 바였다. 엥겔스는 "마르크스 이전 자본주의 사회에 대해 이런 비판을 가했던 사람은 푸리에(Charles Fourier) 한 명뿐이다"고 말했다. 푸리에 학설의 핵심은 자본주의 제도에 대한 날선 비판이었다. 푸리에는 '팔랑주(phalange)'를 기층 조직으로 하는 공상적인 사회주의 사회 건설을 꿈꿨다. 그 안에서는 농업이 주가 되고 공업이 부가 되며 도시와 농촌이 결합된다. 사람들은 자신의 취향에 따라 노동에 참가하고, 노동 소득은 '각자 자기 능력을 다한 뒤 각각의 노동과 자본, 재능으로 얻은 만큼 가진다'는 원칙에 따라 분배하며, 구성원 모두 더없이 친밀하고 자유로운 집단생활을 하는 것이다.

저명한 공상적 사회주의자 오웬(Robert Owen)은 영국 수공업자 집안에서 태어났다. 오웬은 적극적으로 사회 개혁 활동에 참여했다. 1800년에 그는 스코틀랜드의 한 방적 공장에서 개혁적인 실험을 통해 노동자의 생산성과 생활 여건을 개선함으로써 영국과 유럽에 이름이 알려졌다. 1824년에는 미국에서 토지 3만 에이커를 구매해 공산주의 촌락을 만들었다. 이 실험이 실패한 뒤 그는 영국으로 돌아와 노동조합과 생산 합작사를 조직하고 사회 개혁운동에 헌신했다. 그는 사유제, 종교, 전통 혼인제도가 사회 진보의 삼대 걸림돌이며, 그중 사유제가 만악의 근원이라고 여겼다. 사유제는 사람을 마귀로 변하게 하고 세계를 지옥으로 만들기 때문에 사유제를 완전히 전복시켜야 한다고 역설했다. 그가 제시한 미래 사회의 원칙은 계급 차별 없이 공동으로 노동하고 공동으로 점유하며, 권리와 의무가 평등하고, 공업 노동과 농업 노동이 서로 결합하고 도시와 농촌이 결합해 계획적으로 각종 경제활동을 조직하는 것이다.

미국의 저명한 극작가 잭 런던(Jack London)은 거액의 원고료를 투자해 힐 농장, 라모트 농장, 피쉬 농장을 구매하고, 나중에 소노마 카운티(Sonoma County) 알렉산더 계곡 부근의 퀼러 포도농원 800에 이커를 사들였다. 사람들은 그가 소유한 드넓은 토지를 '달의 계곡'이라 불렀다. 잭 런던은 고난으로 가득한 세상에 동고동락하고 공동으로 먹고사는 공유제의 유토피아 촌락을 건설하고자 했다.

마오쩌둥은 청년 시절에 캉유웨이(康有爲)의 『대동서(大同書)』에 깊은 영향을 받았다. 1917년 청년 마오쩌둥은 리진시(黎錦熙)에게 보낸 편지에서 "대동이 우리의 정곡이다"라고 밝혔다. 정곡은 곧 목표이다. 마오쩌둥은 캉유웨이의 대동사상을 일본 무샤노코지 사네아쓰(武者小路實篤)의 신촌주의(新村主義)와 결합시키고 창사(長沙) 웨루산(嶽麓山)에 '신촌'을 건설하여 세상에 이상사회의 청사진을 제시하고자 결심했다. 하지만 '신촌' 모델이 현실화되지 못하면서 마오쩌둥은 마음속에 콤플렉스를 가지게 되었다. 그러다가 1958년에 이르러 인민공사(人民公社) 실험이 진행되었다.

무술변법의 지도자 캉유웨이는 대동사회의 걸림돌인 가족의 해체를 주장했다. 그러나 가족을 해체해 '대동'을 실현한다는 것은 이론적으로 가능할 수는 있어도 현실적으로는 매우 어려운 일이다. 아무리 훌륭한 이상이라도 강제로 시행하면 필연적으로 재난이 뒤따르는 법이다. 당시 량치차오가 거론한 러시아 노농 정부의 사례는 소비에트가 해체됨에 따라 실패로 막을 내렸다. 전체의 이익을 위해 개인의 이익을 포기하는 것은 신기루와 같은 유토피아적 환상이다. 궈모뤄는 『중국고대사회연구』에서 묵자의 사상과 주장은 실현 불가능한 '유토피아적 환상'이라고 지적한 바 있다.

얼마나 많은 사람의 유토피아적 환상이 연기처럼 사라졌는가? 플라톤의 『국가』에서 토마스 모어의 『유토피아』, 캄파넬라의 『태양의 나라』, 베이컨의 『새로운 아틀란티스』, 안드라에(Johann Valentin Andreae)의 『크리스티아노폴리스교 도시』, 헤르츠카의 『자유국가』, 모리스(William Morris)의 『유토피아에서 온 소식』, 『열자』 「황제」 편에 보이는 '화서씨(華胥氏)의 나라'까지 허무맹랑한 이야기가 수없이 넘쳐났다. 밀란 쿤데라는 『농담』에서 이렇게 조롱했다.

> 유토피아라는 소리에 유혹돼 그들은 죽기 살기로 천국 문을 향해 나아간다. 그러나 뒤편에서 대문이 쾅하는 소리와 함께 닫힐 때 자신이 지옥에 와 있음을 발견하게 된다. 이럴 때 나는 역사란 아주 즐겁고 통쾌하다는 사실을 느낀다.

순자는 묵자를 "평등한 것만 보고 차별을 보지 못한다"고 비판했다. 말하자면 묵자는 사람과 사람, 사물과 사물 사이의 차별과 다름을 인식하지 못하고 오로지 절대적 평등과 화해를 추구했다. 또 개별 사물을 고정 불변하는 것으로 보고, 살아 있는 개개인을 무정무욕(無情無欲)하고 개성이 없으며 독립의지와 인격이 없는 추상적 존재로 여겼다. 따라서 이는 진실하지 않고 인간의 통념에 부합하지 않는다는 것이다.

실제로 사물은 모두 천차만별이고 각각의 특색을 갖고 있으며 끊임없는 변화 과정을 거친다. 또한 각 사회의 사람들은 칠정육욕(七情六欲) 그리고 사심과 잡념으로 가득하며, 각기 다른 생각과 가치관, 인생관을 가지고 있다. 무조건적으로 사람들에게 선을 행하고 공평무사하며 자신을 버리고 타인을 이롭게 하라고 요구하는 것은 불가능하다. 왜냐하면 사람의 본성과 도덕 수준 내지 사회발전은 모두 그처럼 높은 수준에 도달할 수 없기 때문이다. 이런 이유들로 인해 묵자 학설은 쇠락할 수밖에 없는 비극적 운명을 맞이했다.

인류 사회의 발전과 역사의 진보에 따라 자신을 덜어서 남을 이롭게 하는 묵자의 사상은 분명한 한계성을 드러냈다. 그는 사회와 국가를 중시하고 개성과 개체를 소홀히 하여, 개체를 사회집단 가운데 매몰시키고 개인 가치를 사회 가치에 융합시켰다. 부정적으로 보자면 개성의 발산을 쉽게 말살하고, 자아 가치의 추구와 실현 및 주관적인 창조성 발휘에 악영향을 미쳤다. 이는 의심할 나위 없이 인간의 존엄과 자유, 가치를 무시한 것이다. 사회는 결국 개체로부터 조직되고, 개체의 충분한 발전이 사회에 생기와 활력을 불어넣는다. 개체에게 사회집단에 복종하라고 지나치게 강조하면 필연적으로 사람의 창조성을 말살시켜 결국 사회 전체가 질식하고 만다. 이는 역사적으로 이미 증명된 바이다.

묵자의 이상주의 유토피아가 춘추전국 시대에 흥성한 뒤 이후 2000여 년간 쇠망의 길을 걸은 것은 어쩌면 역사가 우리에게 주는 교훈일지도 모른다.

제10장
지행합일의 위대한 실천가

묵자 학설은 '알기는 쉬워도 행하기는 어려운' 문제에 당면했다. 그런데 묵가는 "산에 호랑이가 있음을 분명히 알면서도 일부러 호랑이가 있는 산으로 간다"는 기백을 지니고 있었다. 『장자』 「천하」 편에서는 묵자에 대해 다음과 같이 평하고 있다.

> 묵적과 금골리의 의도는 옳지만 행동은 잘못되었다. 장차 후대의 묵자들에게 스스로를 고달프게 하여 장딴지에 털이 나지 않고 정강이의 털이 닳아 없어지게 하면서 서로 나아가게 하는 것만 가르칠 뿐이다. 이는 세상을 어지럽히는 데는 최고이나 안정시키는 데는 최악이다. 비록 그러하지만 묵자는 정말 천하에 좋은 사람이며, 다시는 그런 사람을 찾을 수 없을 것이다. 몸이 야위어 말라비틀어져도 절대 그만두지 않았으니까.

묵적과 금골리의 행동거지는 자못 고행승을 닮았다. 『묵자』 「공

「맹」편에는 다음과 같은 문답이 보인다.

> ^{제 자} 고자(告子)가 "(선생님의) 말은 의로우나 행동은 아주 나쁘다"고 떠
> 들고 다닙니다. 당장 그를 내치십시오.
> ^{묵 자} 안 되네! 나의 말을 칭찬하고 행동을 헐뜯었으니 없는 것보다 낫다.
> 가령 어떤 사람이 "묵자는 매우 불인하지만 상제를 높이고 귀신을
> 섬기며 사람을 사랑한다"고 한다면 '매우 불인하다는 말'이 없는
> 것보다 낫네. 지금 고자는 변설을 아주 잘하는데 인의를 말하는 것
> 때문에 나를 헐뜯지는 않으니, 고자의 헐뜯음은 없는 것보다 낫다.

여기서 '행동이 아주 나쁘다'는 것은 도덕에 위배된 행위를 가리
킬 수도, 또 아주 곤란하고 어려운 상황을 가리킬 수도 있다. 예컨대
'궁산악수(窮山惡水)'는 척박한 땅이란 의미와 함께 곤궁하고 어려운
상황이란 뜻도 가지고 있다. 따라서 '행동이 아주 나쁘다'는 것은 묵
자의 행위가 잘못됐다는 것이 아니라 묵자 학설이 귀에는 솔깃하지
만 실행에 옮기기 너무 어렵다는 뜻으로 보아야 한다.

사마담의 『논육가요지』에서는 묵학의 '겸상애'가 검소하나 따르
기 어렵고, 천하 사람의 마음에 반하여 사람들이 감당할 수 없다고 비
판했다. 『묵자』「겸애중」에서도 겸애를 실행하기 어렵다는 점을 인정
해 "윗사람들이 그것으로 다스리지 않고, 선비도 그것을 행하지 않으
며", 심지어 "예로부터 지금까지 그것을 능히 실행에 옮긴 사람이 없
었다"고 말했다. 묵자도 마음속으로는 자신의 학설을 실행에 옮기기
쉽지 않다는 점을 잘 알고 있었던 것 같다.

묵자의 '겸상애'는 이상주의 색채가 짙어서 일반인이 이해하기 쉽
지 않았다. 그래서 세상 지식인들이 늘 묵자를 비판하고 심지어 조롱

하기도 했다. 그들은 "겸은 인이고 의이다. 비록 그렇지만 어떻게 행할 수 있는가?"라고 반문했다. 말하자면 겸애는 순수한 이상일 뿐이어서 실행하려면 산을 옮겨 강을 메우는 것처럼 어렵다는 것이다. 묵자의 처지는 "양춘(陽春)과 백설(白雪)처럼 곡조가 심원하면 화답하는 사람이 적고"●, 높은 곳에서는 추위를 이기기 어렵듯 알아주는 사람이 적었다. 『묵자』「겸애하」에서는 겸애가 그르다는 주장에 대해 다음과 같이 반박했다.

태산을 옆구리에 끼고 강을 건너뛰는 것은 예로부터 지금까지 사람이 태어나서 한 번도 없었던 일이다. 그러나 서로 사랑하고 서로 이롭게 하는 일은 옛날 여섯 성왕(요, 순, 우, 탕, 문, 무)이 몸소 행한 바이다. 어떻게 그들이 몸소 행했음을 알 수 있는가? 죽백(竹帛)에 적고 금석(金石)에 새기고 소반에 쪼아 후세에 남긴 것을 통해 알 수 있다. 「태서(泰誓)」에 이르기를, "문왕은 해와 달과 같이 환하게 비추어 천하 사방과 서쪽 땅까지 빛났다"고 했다. 이는 문왕이 천하를 두루 사랑함이 넓고 커서, 마치 해와 달이 천하를 사사로움 없이 두루 비춤과 같다고 한 것이다. 이것이 곧 문왕의 겸애이다. 「태서」뿐만 아니라 「우서(虞誓)」 역시 그러하다. 우왕이 유묘(有苗)를 정벌한 것은 부귀와 복록을 구해서가 아니라 천하의 이로움을 일으키고 천하의 해로움을 물리치기 위함이었다. 이것이 바로 우왕의 겸애이다. 「우서」뿐만 아니라 「탕서(湯誓)」에서도 그러하다. 탕왕이 이르기를 "소자 이(履)가 감히 검은 소를 바쳐 상제에게 고합니다. 지금 하늘이 크게 가문 것은 곧 짐의 죄입니다. 하늘과 땅 사이에 얼마나 많은 죄를 지었는지 모르오나 선한 일은 감히 감추지 않고 죄가 있으면 감히 용

● 송옥(宋玉)의 「대초왕문(對楚王問)」: "陽春白雪, 曲高和寡." 여기서 '양춘'과 '백설'은 전국시대 노나라의 비교적 고상한 가곡임.

서하지 않는 것이니, 그 판가름은 상제 마음에 달려 있습니다. 여러 나라에 죄가 있다면 짐을 벌하시고, 짐에게 죄가 있다 해도 여러 나라에 미치지 않게 하소서!"라 했다. 탕왕은 천자의 존귀한 몸이요, 천하를 소유한 부자인데도 백성을 위해 스스로 제 몸을 바치고 상제와 귀신에게 기도를 드렸다. 이것이 탕왕의 겸애이다. 「탕서」뿐만 아니라 「주시(周詩)」에서도 그러하다. 「주시」에 이르기를 "왕도는 탄탄하고 넓네. 치우치지 않고 사사롭지 않도다. 왕도가 평평하고 매끄럽네. 사사롭지 않고 치우치지 않도다. 곧기가 화살 같고 평탄함은 숫돌과 같네. 군자가 밟고 갈 길이요, 소인이 보고 배워야 할 도리라네"라 했다. 옛날 문왕과 무왕은 정치를 할 때 고루 나누었고, 어진 이에게 상을 주고 포악한 자를 벌함에 있어 부모 형제라 하여 편들지 않았다. 이것이 문왕과 무왕의 겸애이다.

묵자는 고대 성현을 예로 들어 겸애를 실행하기 어렵다고 말하는 사람들은 모두 어려움을 보면 물러나는 의지박약한 무리라고 여겼다. 올바른 신념임을 안다면 앞에 아무리 험난한 길이 가로막고 있다 해도 꿋꿋이 나아가야 한다. 정의를 위해 뒤돌아보지 않고 용감하게 전진하는 정신이 필요하다. 『묵자』 「수신(修身)」에서는 또 이렇게 말했다.

마음에서 우러나오지 않는 선행은 오래가지 않고, 몸에 배지 않은 행동은 바로 설 수 없다. 명성은 쉽게 이룰 수 없고, 영예는 재주로 이룰 수 없다. 군자란 몸소 행하기를 힘쓰는 사람이다.

여기서 핵심은 '몸소 행하기를 힘쓰기'에 있다. 묵자의 생각은 확고했다. 만일 묵가 자신들이 솔선수범하지 않는다면 묵가 학설이 호소력을 상실하게 돼 누가 이를 믿고 따르겠냐는 것이다. 이에 묵자는

"말이 반드시 신뢰가 있고 행동이 반드시 결과가 있어서 언행이 마치 부절(符節)을 합친 듯 꼭 들어맞는다면 어떤 말이든 행해지지 못할 것이 없다"(「겸애하」)고 재차 강조했다. 또 "의지가 굳지 않으면 지혜가 통달하지 못하고, 말에 신뢰가 없다면 행동에 결과가 없다"(「수신」), "근원이 탁하면 흐름이 맑지 못하고, 행동에 신뢰가 없으면 명성은 반드시 무너진다"(「수신」), "신(信)은 말이 뜻에 부합하는 것이다"(「경상」)라 하여 제자들에게 언행일치를 엄격하게 요구하고, 공리공담이나 실제에 힘쓰지 않는 행동을 반대했다.

또 「수신」 편에서는 "말에 힘쓰면서 행동을 느슨히 하면 비록 말을 잘해도 들어주지 않고, 힘을 많이 쓰면서 공적을 자랑한다면 비록 수고롭더라도 함께하는 사람이 없을 것이다"라고 했다. 입에서 나오는 말, 마음속의 뜻, 실천 세 가지가 부합해야 설득력을 얻을 수 있다. 입으로 떠벌리기만 하거나 말과 행동이 달라서는 절대 안 된다.

묵자는 겸애의 사상적 이론을 제시했을 뿐 아니라 이론적 인식은 반드시 실천에 옮겨야 한다고 강조했다. "말로는 탕왕이나 문왕을 칭송하면서 행동은 개나 돼지와 같은"(「경주」) 사람을 경멸했다. 『묵자』 「공맹」 편에 다음과 같은 대화가 보인다.

공　자　저도 국정을 다스릴 수 있을 것 같습니다.

묵　자　정치는 입으로 말한 것을 몸으로 반드시 행하는 것이다. 지금 자네가 입으로는 말하면서 몸으로는 행하지 않으니, 이는 자네가 자신의 몸을 어지럽히는 일이다. 자네가 자네의 몸을 다스릴 수 없는데 어찌 국정을 다스릴 수 있겠는가? 자네는 다만 자네의 몸을 어지럽히지 말게!

여기서 묵자는 고자의 언행 불일치를 명확히 지적했다. 자신을 다스리지도 못하면서 어찌 나라를 다스린단 말인가? 후스는 공자와 묵자를 대비시켜 "공자는 하려고 하는 바 없이 저절로 했고, 묵자는 하려고 하는 바가 있어서 했다(無所爲而爲, 有所爲而爲)"고 말했다.

묵자는 '겸상애, 교상리'를 실천하는 의인의 행동이 결코 세상에서 가장 어려운 일이 아니며, 이보다 더 어렵고 곤란한 일은 얼마든지 있다고 밝혔다. 결국 관건은 정치를 담당한 사람의 의지에 달려 있다. 사회 기풍에 영향을 주는 건 결국 통치자가 제창하는 사상이니까. 묵자는 「겸애하」에서 세 가지 예를 나열했다.

옛날 초 영왕(靈王)은 허리가 가는 사람을 좋아했다. 그래서 당시 초나라 신하들은 가는 허리를 유지하려고 하루에 한 끼도 제대로 먹지 못해 지팡이를 짚고서야 겨우 일어서고 담 벽에 의지해서야 길을 걸을 수 있었다. 식사를 줄이는 것은 대단히 어려운 일이지만 영왕이 좋아했기 때문에 그렇게 한 것이다.

옛날 월왕 구천은 용맹을 좋아했다. 3년 동안 군사를 훈련시킨 뒤 성과를 알아보기 위해 고의로 배에 불을 지르고 북을 치면서 군사들을 나아가게 했다. 병사들은 앞 다퉈 어지럽게 달려가다가 물에 빠지고 불에 뛰어들어 죽는 자가 부지기수였다. 자신의 생명을 돌보지 않는 건 어려운 일이지만 월왕이 좋아했기 때문에 다들 앞장서서 이를 따랐다.

옛날 진(晉) 문공(文公)은 거친 옷을 좋아했다. 그래서 관료들은 거친 베옷과 암컷 양의 갖옷을 입고 누인 비단 관을 쓰며 성긴 신발을 신고 들어가 문공을 만났다. 거칠고 누추한 옷을 입는 건 대단히 어려운 일이지만 문공이 좋아했기 때문에 다들 이를 따랐다.

당시 사람들이 어렵고 꺼리는 일을 기꺼이 행했던 이유는 군주의 뜻에 영합하기 위함이었다. '겸상애'도 이와 같은 경우에 해당한다. 즉 그것을 좋아하는 군왕이 없기 때문이지, 만일 이를 좋아하는 군왕이 있기만 하면 아무리 험난한 조건 아래서도 충분히 실행 가능하다는 것이다. 량치차오는 『묵자학안』에서 묵자를 이렇게 평했다.

묵자를 연구할 때는 그의 학설만이 아니라 그의 인격을 연구하는 것이 더욱 중요하다. 학설을 놓고 보자면 충분히 가치가 있지만 폐단 역시 적지 않다. 반면 인격적인 면에서 묵자는 천고의 위대한 실천가라고 부를 만하다. 중국에서는 비할 수 있는 사람이 없으며, 전 세계에서도 이런 인물을 찾기 어렵다. 묵자는 '지행합일'을 이룬 사람으로 알면서 행하지 않는다면 아는 것조차도 아는 것이 아닌 셈이 된다고 보았다. 입으로 인의 도덕 몇 마디 떠드는 것쯤 누군들 못하겠는가? 그러나 실천은 이와 전혀 별개의 문제이다.

『묵자』「비공상」에는 "쓴 것을 조금 맛보고서 쓰다고 하면서 쓴 것을 많이 맛보고서는 달다고 한다"는 말이 있다. 이로부터 묵자가 자기의 이상을 실현하기 위해 고생을 낙으로 삼았음을 알 수 있다.

묵자는 자신의 이론을 실천에 옮기기 위해 인성을 거슬러 반골(反骨)로 향하는 '기계적(형식적)' 측면의 규정을 마다하지 않았고, 심지어 "사물이 극에 이르면 반드시 되돌아온다(物極必反)"는 함정에 빠져 한 가지 경향이 다른 경향을 엄폐하기도 했다. 묵자는 또 제자들에게 "기쁨과 노여움, 즐거움과 슬픔, 사랑과 증오를 떨쳐버리면 어질고 의로울 수 있다. 손과 발, 입과 코, 귀와 눈이 의로움을 따른다면 반드시 성인이 될 것이다"(「귀의」)라고 강조했다. 묵자가 말하는 의와 리는 본능적인 칠정육욕을 버려야만 실현할 수 있는 것이다. 이는 '천리(天理)를 보존하고 인욕(人欲)을 멸하라'의 극단적인 일면을 가지고 있다. 묵자는 소생산자의 대표적 사상가이다. 소생산자 고유의 역사 발전에 대한 모순적 심리는 이론화 형식으로 묵자의 역사관에 집중적으로 반영되었다. 이러한 점은 항상 후세 학자들에게 비판을 받았다.

예리함은 왕왕 자신의 의지와 상관없이 극단적인 면으로 흐르곤 한다. 묵자의 주장은 당시 생산력 수준이 높지 않고 물질적 부가 그다지 풍부하지 않으며 양극화가 상당히 심각한 사회상황에 기반을 두고 있었다. 부자는 사치스럽고 가난한 사람은 굶어 죽어서 "부잣집에서는 술과 고기 썩는 냄새가 진동하는데 길거리에는 얼어 죽은 시체의 뼈가 굴러다녔다".● 묵자, 공자, 노자는 서로 다른 사회 계급의 사상을 대표했지만 모두 당시 사회 양극화의 어두운 측면을 아주 명확히 인식하고 가차 없이 폭로와 비판을 가했다.

상대적으로 묵자의 사회 비판은 더욱 격렬하고 날카로웠다. 이는 묵자 자신이 소생산자의 일원이었다는 점과 관련이 있다. 그는 사회의 어두운 측면을 뼈저리게 경험했기 때문에 빈부 불균형의 사회 양극화에 대해 더욱 본능적으로 분노했던 것이다. 묵자의 금욕과 절약, 스스로 고통을 극대화해야 한다는 주장은 주로 통치 계급을 겨냥한 것이었지만 소생산자에게도 똑같이 이를 요구했다. 묵자는 소생산자의 생활 욕구를 먹을 것, 입을 것, 쉬는 것 등 최소한의 생존 조건에 국한시키고, 보다 높은 물질적 이익 추구를 장려하지 않았다. 묵자의 이런 주장은 소생산자의 이중성을 반영한 것으로, 한편으로는 빈부 양극화에 대해 크게 분노하면서도 다른 측면에서는 지나친 물질 욕

● 두보의 시 「자경부봉선영회오백자(自京赴奉先詠懷五百字)」: "朱門酒肉臭, 路有凍死骨."

구가 사회 갈등을 격화시킴으로써 그들이 꿈꾸는 '따뜻하고 배부른 소강'의 생활에 영향을 줄까 두려워했다. 아무리 심오한 사상가의 사상이라도 자기의 머리털을 뽑으면서 다리 아래 생존하는 대지의 인력을 넘어설 수 없는 법이다.

묵자의 '금욕' 주장의 한계성은 이미 개인의 품격이나 인성과는 무관하며 일종의 시대 생존환경에서 비롯된 것이다. 이로우면 폐단도 있고 불이 있으면 재가 남듯이, 생명의 찬란함이 연소된 결과는 사람들로 하여금 생명의 체온이 '타고 남은 재(餘燼)'를 보지 않을 수 없게 만든다.

한대 무명씨의 고시에 "달콤한 참외에도 쓴 꼭지가 있고, 맛있는 대추에도 가시가 난다(甘瓜抱苦蒂, 美棗生荊棘)"는 구절이 있다. 이는 아마도 묵자의 명언 "달콤한 참외에 쓴 꼭지가 있듯, 천하에 완벽한 사물은 없다"는 말에서 유래했을 것이다.

왕부지(王夫之)는 『시경패소(詩經稗疏)』 주석에서 "묵자는 '달콤한 참외에 쓴 꼭지가 있듯, 천하에 완벽한 사물은 없다'••고 말했다. 과(瓜)의 종류는 한 가지가 아니며, 오직 달콤한 것을 과라 하는데 달콤한 것의 꼭지는 극히 쓰다"라고 했다. 진대장(陳大章)은 『시전명물집람(詩傳名物集覽)』 주석에서 "과에서 꽃이 떨어진 부분을 꼭지라고 한다. 꼭지는 과의 줄기에 매달린 부분으로 맛이 약간 쓰다"고 했다.

달콤한 참외와 쓴 꼭지가 병존하듯, 입술과 치아, 뼈와 피는 서로 연결되어 있으면서도 서로 반대되며 또 서로 이루어준다. 금에는 완전한 순도의 금이 없고 참외에는 완전히 동그란 것이 없듯, 천하 사물은 원래 모든 면에서 완벽하지 않다. 달콤한 참외에 쓴 꼭지가 있듯

•• 현행본 『묵자』에는 보이지 않는 내용이다.

천하에 완벽한 사물이 없다는 묵자의 철학적 지혜는 심원한 영향을 미쳤다. 『좌씨전』「선공 15년」에 따르면, 진나라에서 송나라의 위급함을 도우려고 할 때 대부 백종(伯宗)은 왕에게 이렇게 건의했다.

> 안 됩니다. (…) 옛말에 (업적의) 높고 낮음은 마음먹기에 달려 있다고 했습니다. 하천과 연못은 더러운 물을 받아들이고, 산과 늪은 독충을 숨어 살게 하며, 아름다운 옥은 티를 감추고 있으니, 군주도 치욕을 참는 것이 하늘의 상도입니다.

『여씨춘추』「거난(擧難)」에서는 "한 자짜리 나무에도 반드시 옹이가 있고, 한 치 옥에도 반드시 티가 있다"고 했다. 묵자의 명언을 대련의 위 구절이라 한다면 아래 구절은 다음과 같아도 무방하다. "흰 옥에 작은 티가 있듯, 변화(卞和)●의 옥에도 작은 흠이 있다."

● 고사 화씨지벽(和氏之璧)의 주인공.

제11장

묻지 않아도 먼저 가르치는 교육관

교육은 국가가 장기간 흥성하고 쇠락하지 않기 위한 백년대계로 간주되어 왔다. 궈모뤄는 당시 '학재관부(學在官府, 관부의 학)' 상황에 대해 다음과 같이 설명했다.

> 이렇게 보면 완전히 세습 관료 양성소이다. 이것은 물론 고대의 상서학교(庠序學校) 등에서 발전돼 나왔지만 노예제 시대에 상서학교 등은 귀족 자제를 가르치는 곳이어서 서민 자제가 넘볼 수 없었다.

어떤 교육 형태든 그것은 모두 특정 사회의 경제적 산물이다. 하은주 시대에는 생산재를 국가가 소유했다. 허우와이루(侯外廬)의 『중국사상통사』 설명에 의하면 "의식(意識)의 생산은 씨족 귀족 범위 내에서만 발전하고 민간으로 전이되지 않았으며, (…) 토지 국유, 종법 제도, 학재관부는 서주 사회의 삼위일체 시스템이었다."

교육 체계는 단지 관부의 학만 존재하고 사학 교육 시스템이 없었으며, '백화제방, 백가쟁명'의 토양을 상실했다. 묵자의 교학은 학재관부로 통일된 당시 상황을 타파하고 고대 교육 방식이 사학 교육으로 향하는 기점이 되었다.

옛 문헌에서는 늘 묵자를 누르고 공자를 찬양해, 공자가 중국 사학의 시조이자 문화의 주요 계승자, 전파자라고 생각했다. 류이정(柳詒徵)은 『중국문화사』에서 "공자가 없다면 중국 문화도 없다. 공자 이전의 수천 년 문화는 공자에 의해서 전해졌고, 공자 이후의 수천 년 문화는 공자에 의해 시작되었다"고 역설했다. 그러나 우니(吳霓)는 『중국 고대 사학 발전의 여러 문제 연구』에서 이와 다른 견해를 제시하고, 유묵 양가는 똑같이 사학을 크게 진흥시킨 선구자이자 각기 다른 영역과 교육 범위 안에서 자신의 기치를 세웠다고 주장했다.

중국 고대에 문자 기록을 관장하는 전문직을 '사(史)'로 통칭했다. 춘추 말 전란으로 인해 사관은 대부분 전국 각지를 떠돌았다. 대대로 주 왕실 사관이었던 사마씨(司馬氏)는 진(晉)나라를 유랑하다가 이후 위, 조, 진(秦) 등으로 흩어졌다. 이와 동시에 일부 문화 담당관과 기술자는 원래 궁정에 비밀히 수장돼 있던 전적(典籍), 예기(禮器), 악기(樂器) 등을 가지고 사방으로 도망쳤는데, 이로 인해 학술과 문화가 아래로 전이되는 현상이 발생했다. 『논어』「미자」에 이런 내용이 보인다.

> 태사(太師) 지(摯)는 제나라로 가고, 아반(亞飯) 간(干)은 초나라로 가고, 삼반(三飯) 료(繚)는 채나라로 가고, 사반(四飯) 결(缺)은 진(秦)나라로 가고, 북을 치던 방숙(方叔)은 황하로 들어가고, 땡땡이를 연주하던 무(武)는 한수(漢水)로 들어가고, 소사(小師) 양(陽)과 경(磬)을 치는 양(襄)은 해도(海島)로 들어갔다.

이렇게 관학이 쇠퇴하고 천자가 관리들을 잃으면서 학술이 사방으로 흩어졌다. 황사오지(黃紹箕)는 『중국교육사』에서 "춘추 240년 동안 경전에 보이는 제후국의 학교 제도라곤 노 희공(僖公)이 반궁(泮宮)을 세운 것과 정나라 자산(子産)이 향교를 허물지 않았다는 두 가지뿐이다"라고 말했다. 『모시(毛詩)』「자금정(子衿亭)」 서문에서는 "'자금'은 학교가 없어졌음을 풍자한 것이니, 난세에는 학교가 설 수 없었다"고 했다. 한편으로는 궁정의 문화 관리가 궁정을 떠나 '사(士)'로 혼입되고, 다른 한편으로는 각 사회 범위 내에서 점차적으로 문화를 생계 수단으로 삼는 자들이 배출돼 역시 '사'의 대열에 합류했다. 궈모뤄는 이런 현상을 다음과 같이 개괄했다.

> 사는 민간의 지위 상승으로 상층의 예악과 형정(刑政) 같은 문화가 사를 매개로 하강되기도 했다. 문화가 위아래로 움직이기 시작한 것이다. 서인에게 내려가지 않던 예악 일부분이 아래로 내려갔고, 고상한 곳에 오르지 못했던 것 중 일부가 위로 오르기도 했다.

'사' 계층이 출현함에 따라 사를 양성하는 풍조가 날로 성행했다. 『한비자』「외저설우상(外儲說右上)」에는 "제나라의 진성자(陳成子)가 소 한 마리를 잡으면 고기 한 그릇만 취하고 나머지는 사에게 나눠주었다"는 기록이 있다. 『한비자』「외저설좌하(外儲說左下)」에서도 "계손(季孫)이 공자의 무리를 육성해 조복(朝服)을 입고 함께 앉은 자가 수십 명이었다"고 했다. 전국 시대에 이르러 공실(公室), 즉 노 목공(穆公), 위 문후(文侯), 제 위왕(威王)과 선왕(宣王), 양 혜왕(惠王), 연 소왕(昭王) 등은 모두 한때 문사들을 집중적으로 보호한 인물이다. 그리고 사공자(四公子)로 일컬어지는 맹상군(孟嘗君), 춘신군(春申君), 평원군

(平原君), 신릉군(信陵君) 및 진(秦)나라의 여불위 역시 식객이 3000명에 달했다. 이런 배경 아래 각종 문화학술 사상이 우후죽순처럼 생겨나 잇달아 교육의 역사 무대 위로 올랐다.

묵자의 교육에는 한 가지 현저한 특징이 있는데, 그것은 바로 '비록 치지 않아도 반드시 울린다'는 것이다. 「공맹」 편에는 묵자와 유생 공맹자의 논쟁이 실려 있다.

공맹자 군자는 공손한 자세로 기다리다가 남이 물으면 말하고 묻지 않으면 그만둡니다. 비유하자면 마치 종과 같아서 치면 울리고 치지 않으면 울리지 않습니다.

묵 자 말을 하는 데에 세 가지 고려할 것이 있는데, 그대는 그중 한 가지만 알 뿐이고 또 그 한 가지도 왜 그래야 하는지 모르고 있군요. 만일 군왕이 포악한 짓을 일삼을 때 나아가 간언하면 불손하다는 말을 듣고, 측근을 통해 간언을 올려도 분란만 일으킨다고 할 것입니다. 이것이 바로 군자가 의혹을 품고 말하지 않는 이유입니다. 만일 군왕의 정치가 나라에 어려움을 가져올 판국이라면 군자는 반드시 간언하여 이익을 가져와야 합니다. 바로 이때가 비록 치지 않아도 반드시 울려야 할 경우입니다. 만일 군왕이 의롭지 않은 기행을 행한다면 기묘한 병서를 얻더라도 군대를 발동시켜 죄 없는 나라를 침략하고 땅과 재물을 얻으려다 반드시 욕만 보게 됩니다. 공격하는 쪽이나 공격받는 쪽 모두 이롭지 않으니, 이런 경우에도 비록 치지 않아도 반드시 울려야 합니다. 그런데도 그대는 "군자는 공손한 자세로 기다리다가 남이 물으면 말하고 묻지 않으면 그만둔다. 비유하자면 마치 종과 같아서 치면 울리고 치지 않으면 울리지 않는다"고 했습니다. 지금은 아무도 묻지 않았는데 그대가 말을 했으니,

이는 치지 않았는데도 울린 것이겠군요. 고로 그대는 군자가 아닌 것이지요?

묵자의 교육 이념에서는 교학의 적극성을 강조한다. 유가의 교학 이념은 학생 주도로, 선생은 학생이 질문하면 반드시 대답하지만 학생이 묻지 않으면 '울리지 않는' 것이다. 반면 묵가의 교육에서는 상대가 물으면 답하고, 묻지 않아도 주도적으로 사람을 가르침에 게을리 하지 않는다. 「공맹」편에 보이는 묵자와 공맹자의 또 다른 대화가 이 의미를 더욱 명확하게 드러내고 있다.

> **공맹자** 진실로 선행을 베푸는 사람이라면 누가 알아주지 않겠습니까? 이는 마치 아름다운 옥이 꽁꽁 감춰져 있어도 기이한 광채를 발하고, 또 미인이 집 안에 들어앉아 나가지 않아도 사람들이 다투어 구혼하는 것과 같습니다. 만약 미인이 자신을 뽐내며 돌아다닌다면 아무도 아내로 맞이하지 않을 것입니다. 지금 선생은 사방을 두루 다니면서 사람들에게 유세하는데, 굳이 그런 수고를 할 필요가 있습니까?
>
> **묵자** 지금 세상은 혼란합니다. 미녀를 원하는 사람은 많으므로 미녀가 비록 나가지 않더라도 많은 사람이 구혼하겠지만, 선을 추구하는 사람은 적어서 힘써 유세하지 않으면 사람들이 그것을 알지 못합니다. 여기에 용한 무당 두 명이 있다고 칩시다. 한 사람은 돌아다니면서 사람들을 위해 점을 치고, 다른 한 사람은 집에 들어앉아 나가지 않는다면 이 둘 가운데 누구의 복채가 더 많겠습니까?
>
> **공맹자** 돌아다니면서 점을 치는 무당의 복채가 많겠지요.
>
> **묵자** 인의도 마찬가지입니다. 돌아다니면서 사람들에게 유세하는 자의

공적과 이익이 더 많습니다. 그런데 어찌 돌아다니면서 사람들에게 유세하지 않겠습니까?

쑨중위안은 『묵학통론』에서 "묵가가 교육을 일으킨 목적은 의를 행하기 위함이며, 교육은 곧 사람에게 의를 알고 의를 행하게 해준다"고 말했다. 이는 힘 있는 자가 열심히 남을 돕고 재물 많은 자가 힘써 남에게 나누어주어, 복은 함께 누리고 어려움은 함께 감당하는 것이다. 묵자가 '세상에 의보다 중요한 일은 없다' '의는 천하의 훌륭한 보배다'라고 확신한 이상, 사방을 다니며 유세하고 소수에게만 말하는 것이 아니라 좀 더 많은 사람들에게 이 이치를 알린 것은 당연했다. 묵자의 교육은 사람들에게 강하게 어필한다는 의미를 가지고 있다. 선을 추구하는 사람이 적어서 사람들에게 강하게 어필하지 않으면 그것을 알지 못하기 때문이다.

욕망은 사람의 본능이므로 의를 행하게 하려면 선을 권유하는 것이 필요했다. 따라서 묵자의 교육은 '주입식'이다. 당시에는 공자처럼 '배움에 싫증내지 않는' 사람이 많지 않았다. 그래서 순자의 「권학(勸學)」 편이 나오게 된 것이다. 만일 선생이 적극성을 띠지 않는다면 자발적으로 배우려는 사람이 얼마나 될까?

「공맹」 편에는 묵자의 '권학'에 관한 멋진 고사 두 가지가 실려 있다. 먼저 묵자의 문하에 신체 건장하고 사려 깊은 자가 찾아오자, 묵자는 "일단 배워보게! 내 자네를 벼슬길로 인도해주겠네"라고 말했다. 1년이 지나 그가 벼슬길에 오르는 방법을 묻자 묵자는 이렇게 대답했다.

벼슬길은 무슨. 자네도 이런 노나라 이야기를 들어봤겠지? 노나라에 다섯 형제가 있었는데, 아버지가 죽었는데도 맏아들이 술만 마시고 장례를 지내지 않자 동생 넷이 "형님이 우리와 함께 장례를 지내면 나중에 술을 사겠습니다"라며 좋은 말로 권한 뒤 장례를 치렀네. 장례가 끝나자 맏형이 동생들에게 술을 요구했지. 그러자 동생들이 말했네. "형님에게 술을 사줄 수 없습니다. 형님은 형님 아버지의 장례를 치렀고, 우린 우리 아버지의 장례를 치렀으니 어찌 우리만 아버지의 장례를 치른 것이겠습니까? 형님이 장례를 지내지 않으면 남들이 형님을 비웃을 것 같아서 장례를 지내도록 권한 것입니다." 지금 자네는 의를 행하고, 나 또한 의를 행한 것인데 어찌 나만 의를 행한 것이겠는가? 자네가 배우지 않으면 남들이 자넬 비웃을 것 같아서 배우도록 권한 것일세.

두 번째 고사는 묵자가 자신의 문하를 찾아온 자에게 "그동안 어찌하여 배우지 않았는가?" 하고 묻자, 그는 "저의 가족 중에는 배우는 사람이 없었습니다"라고 대답했다. 이에 묵자가 다음과 같이 말했다.

그렇지 않네. 아름다움을 좋아하는 사람이 어찌 우리 가족 중에 아름다움을 좋아하는 사람이 없기 때문에 좋아하지 않는다고 말할 수 있겠는가? 또 부귀를 바라는 사람이 어찌 우리 가족 중에 부귀를 바라는 사람이 없기 때문에 바라지 않는다고 말할 수 있겠는가? 아름다움을 좋아하고 부귀를 바라는 사람은 남들과 비교하지 않고 자기 생각을 견지하는 것이네. 의로움은 천하의 큰 그릇이니 왜 굳이 남과 비교하고서 열심히 행하려는가?

이상의 고사는 묵자의 '권학' 편이라고 말할 수 있다. 묵자는 가족과 주위의 나쁜 영향에서 벗어나도록 설득하기 위해 '아름다움을 좋아하는 것'과 '부귀를 바라는 것'이라는 두 가지 손쉬운 예를 들었다. 쟈오궈청(焦國成)은 『구세재사 묵자(救世才士墨子)』에서 이렇게 설명했다.

묵자의 교육 방식은 유가와 다르며 매우 진보적이라고 말할 수 있다. 묵자는 배우러 오는 자를 조건 없이 받아들임은 물론 적극적이고 주도적이며 열정적으로 가르쳤다. 그는 학생들을 강하게 다그치듯 교육했고, 언제 어디서나 학습의 적극성과 주도성을 계발하고 유도했다.

묵자와 공자의 교육 방식에는 커다란 차이가 있다. 공자가 사학을 창립하고 "가르침에 출신을 따지지 않는다"(『논어』 「위령공(衛靈公)」), "사람을 가르침에 게을리 하지 않는다"(『논어』 「술이」)고 제창한 것은 중국 고대 교육사에서 전향적인 사건이었다. 그러나 공자는 "속수(束脩) 이상의 예를 행한 자에게는 내 일찍이 가르치지 않은 적이 없었다"(『논어』 「술이」)고 말했다. 속수는 말린 고기 묶음으로 간단한 예물을 지칭한다. 『예기』 「곡례상」에서는 "예를 와서 배운다는 말은 들었어도 가서 가르친다는 말은 들어보지 못했다"고 했다. 그렇다면 속수를 갖출 능력이 없는 사람은 가르침의 범위 안에 들지 않는다는 말이 된다.

그런데 묵가들은 "지(知)는 재(材)이다"(「경상」)라고 생각했다. 여기서 '지'는 사람의 인식능력을 가리키고, '재'는 선천적 재능을 말한다. 이는 아리스토텔레스가 『형이상학』에서 언급한 "지식을 추구하는 것은 인류의 천성이다"와 대동소이한 의미이다. 「경상」 편에서는 또 "지(知)는 접(接)이다"라고 말했다. 사람이 선천적 인식능력을 가지고 있다고 해서 꼭 지식을 가진 것은 아니다. 반드시 외부 세계와 접촉해야만 지식을 얻을 수 있다. 그러나 개인적으로 외부 세계와 직접 접촉하는 데는 한계가 있다. 이에 「경상」에서는 또 "려(慮)는 구(求)이다"
라고 말했다. 즉 사고를 통해서 지식을 찾고자 하는 것이다. 따라서
지식을 추구하고 전수하는 것은 인간이 응당 누려야 할 권리이자 최
선을 다해야 할 의무이다. 이에 「경하」에서는 "지식이 적으면서도 배
우지 않으면 공(功)이 반드시 적고, 지식이 많으면서도 가르치지 않으
면 공이 제자리에 머무른다"고 했다.

"가르침에 출신을 따지지 않는다"는 공자의 말은 적어도 '속수'의
학비를 전제로 한 것이다. 그러나 묵자의 교학에서는 어떤 물질적 조
건도 제시하지 않았다. 묵자의 제자들은 모두 가난하여 '속수'의 예를
행할 수 없었다. 묵자는 묵학을 선양하기 위해 보수를 따지지 않고 가
르침을 베풀었다. 「노문」에는 이와 관련된 일화가 실려 있다. 노나라
남쪽 시골에 오려(吳慮)라는 사람이 있었는데, 겨울엔 질그릇을 굽고
여름엔 농사지으면서 스스로를 순임금에 비유했다. 묵자가 그 소식을
듣고 그를 만나러 갔다.

오 려 의여! 의여! 어찌 그것을 말할 필요가 있습니까?

묵 자 그대가 말하는 의란 힘써 남을 위해 수고하고 재물을 남에게 나누
어주는 일입니까?

오 려 그렇습니다.

묵 자 저도 일찍이 계산해본 적이 있습니다. 제가 농사를 지어 천하 사람
들을 먹이려고 생각했지만 기껏해야 농부 하나가 농사짓는 것에
불과해 천하에 나누어주면 한 사람에게 곡식 한 되도 돌아갈 수 없
습니다. 설령 곡식 한 되씩 돌아간다 하더라도 그것으로는 천하의
굶주린 자들이 배부를 수 없음을 이미 알고 있습니다. 제가 길쌈을
해서 천하 사람들을 입혀주려고 생각했지만 기껏해야 부인 하나가

길쌈하는 것에 불과해 천하에 나누어주면 한 사람에게 베 한 자도 돌아갈 수 없습니다. 설령 베 한 자가 돌아간다 하더라도 그것으로는 천하의 헐벗은 자들이 따뜻하게 입을 수 없음을 이미 알고 있습니다. 제가 견고한 갑옷을 입고 예리한 무기를 쥐고서 제후의 환난을 구하려고 생각했지만 기껏해야 병사 하나의 싸움에 불과해 삼군의 공격을 막아낼 수 없음을 이미 알고 있습니다. 제 생각으로는 선왕의 도를 외우고 그 학설을 추구하며, 성인의 말에 통달하고 그 말을 잘 살펴서 위로는 왕공대인을 설복하고 다음으로 일반 백성에게 유세하는 것이 낫다고 봅니다. 왕공대인이 제 말을 쓴다면 나라가 반드시 다스려질 것이고, 일반 백성이 제 말을 쓴다면 행실이 가지런해질 것입니다. 따라서 저는 비록 농사를 지어 굶주린 자를 먹이거나 길쌈을 해서 헐벗은 자를 입히지 않더라도 그 효과는 농사를 지어 먹이고 길쌈을 해서 입히는 것보다 낫다고 생각합니다.

오 려 의여! 의여! 어찌 그것을 말할 필요가 있습니까?

묵 자 만일 천하 사람들이 농사지을 줄 모른다고 가정할 때, 사람들에게 농사를 가르치는 것과 농사를 가르치지 않고 홀로 농사짓는 것 중 어느 쪽이 더 효과가 크겠습니까?

오 려 사람들에게 농사를 가르쳐주는 쪽의 효과가 클 것입니다.

묵 자 만일 의롭지 못한 나라를 공격한다고 가정할 때, 북을 쳐서 여러 사람들을 나가게 해 싸우는 것과 홀로 나아가 싸우는 것 중 어느 쪽이 더 효과가 크겠습니까?

오 려 북을 쳐서 여러 사람들을 나가게 하는 쪽의 효과가 클 것입니다.

묵 자 천하의 일반 백성 가운데 의로움을 아는 이가 적기 때문에 의로써 그들을 가르친다면 효과가 클 터인데 왜 권하지 않겠습니까? 만일 북을 쳐서 의로움에 나아가게 할 수 있다면 저의 의로움이 더욱 진전되지 않겠습니까?

'가르침에 출신을 따지지 않는' 공자의 말을 진정으로 실천한 이는 묵가뿐일 것이다. 『여씨춘추』「존사(尊師)」에 "고하(高何)와 현자석(縣子碩)은 제나라의 난폭한 자들로 시골구석에서까지 손가락질을 당할 정도였으나 묵자에게 배웠다. 색로삼(索盧參)은 동쪽 지방에서 교활함으로 알아주는 인물이었지만 금골리에게 배웠다"는 기록이 있다. 『묵자』「경주」편에 현자석이 묵자에게 의를 행하는 방법에 대해 묻는 내용이 나오는 것으로 보아, 그가 학문을 좋아하고 의를 실천하려 노력했음을 알 수 있다. 또 묵자의 수제자 금골리는 색로삼을 열심히 가르쳐 당시 명망 높은 유명인사로 변신시켰다.

천주(陳柱)는 『묵자간고보정(墨子間詁補正)』에서 "묵자는 사람들을 가르칠 때 가정교육, 학교교육, 국가교육 측면에서 모두 인(仁)과 불인(不仁)을 분별하라고 가르쳤고, 절대복종을 강요하지 않았다"고 말했다. 여기서 나타난 묵자의 교육 방법과 스승으로서의 태도는 유가와 확연한 차이를 보이고 있다.

유가는 사도(師道)를 중시한다. 『순자』「치사(致仕)」편에서는 "존엄하면서도 위엄이 넘치면 스승이 될 수 있다"고 말했다. 『예기』「학기(學記)」편에서도 "스승이 존엄한 뒤에 도가 존중되고, 도가 존중된 뒤에 백성이 학문을 공경할 줄 안다"고 했다. 유가의 이런 말들로 인해 후세에 '사도존엄'의 기풍이 형성되었다.

공자의 제자들은 공자를 지극히 존경했다. 공자의 제자는 3000명에 이르렀는데 후대에 십철(十哲)로 요약되었다. 『논어』「선진」편에는 이런 내용이 실려 있다.

공자가 말했다. "진나라와 채나라에서 나를 따르던 자들은 모두 여기에 있지 않구나! 덕행에는 안연(顔淵), 민자건(閔子騫), 염백우(冉伯牛), 중궁(仲弓)이고, 언어에는 재아(宰我)와 자공(子貢)이며, 정사에는 염유(冉有)와 계로(季路), 문학에는 자유(子游)와 자하(子夏)이다."

공자의 제자 가운데 일부는 평생 스승을 옆에서 모셔서 정이 부자나 형제보다 더 깊었다. 만일 공자를 비방하는 사람이 있으면 제자들이 나서서 스승을 변호했다. 공자 사후에 제자들은 부친의 예로 공자를 대하고 삼년상을 행했으며, 자공은 공자의 무덤가에 작은 초가를 짓고 6년 동안 무덤을 지켰다.

공자가 가장 아꼈던 제자 안회(顔回, 안연)는 공자를 부친처럼 받들었다. 이와 관련된 유명한 일화가 있다.

공자가 열국을 주유할 때 안회는 날이 어두워지기 전에 머물 숙소를 찾았다. 안회는 항상 문을 열고 스승이 먼저 들어가길 청한 다음 뒤따라 들어가 문을 닫았다. 식사할 때는 스승이 손을 쓸 필요 없이 두 손으로 받들었다. 차를 마실 때는 자신의 손으로 물의 온도를 가늠한 뒤에 스승에게 드렸다. 잠들 시간이 되면 스승의 옷을 벗기고 요대를 풀어주며 침상에 자리를 깔고 베개가 딱딱한지 부드러운지 만져보았다. 스승이 막 자려고 하면 안회는 스승의 신발을 벗겨 조심스럽게 놓아두고, 스승이 누울 때까지 전혀 움직이지 않고 옆에 앉아서 스승이 잠에 드는 것을 지켜보았다. 스승의 코고는 소리가 들리면 그제야 조심스럽게 걸어 나갔다. 다음날 안회는 스승이 잠에서 깨길 기다렸다가 옷을 입혀주고 신발을 신기며 두건을 매어주고 알맞은 때에 차를 올렸다. 스승이 문을 나서려 하면 안회는 먼저 문을 열어드렸다.

안회의 공자에 대한 감정은 부자처럼 깊다고 말할 수 있다. 그리고 여기에는 "부모는 자식의 벼리다" 혹은 "부모가 자식에게 죽으라고 하면 자식은 명을 따르지 않을 수 없다"는 봉건적 윤리도덕관이 반영되어 있다.

그러나 묵자는 자기 제자들에게 자발적으로 차근차근 깨달으라고 가르쳤다. 『묵자』 「법의(法儀)」에는 다음과 같은 기록이 있다.

지금 크게는 천하를 다스리고 다음으로는 큰 나라를 다스리면서 본받을 만한 법도가 없다면 기술자들이 사리를 명확히 분별하는 것만도 못한 것이다. 그렇다면 무엇을 가지고 다스리는 법도로 삼아야 할까? 가령 자기 부모를 본받는다면 어떻겠는가? 천하에 부모 된 자는 많지만 어진 이는 적다. 만약 모두 자기 부모를 본받는다면 불인(不仁)을 본받는 것이다. 불인을 본받는다면 법도가 될 수 없다. 가령 자기 스승을 본받는다면 어떻겠는가? 천하에 스승 된 자는 많지만 어진 이는 적다. 만약 모두 자기 스승을 본받는다면 불인을 본받는 것이다. 불인을 본받는다면 법도가 될 수 없다. 가령 자기 군주를 본받는다면 어떻겠는가? 천하에 군주 된 자는 많지만 어진 이는 적다. 만약 모두 자기 군주를 본받는다면 불인을 본받는 것이다. 불인을 본받는다면 법도가 될 수 없다. 그러므로 부모, 스승, 군주 셋은 다스리는 법도로 삼을 수 없다.

이렇게 볼 때 부모, 군주, 스승의 도는 모두 존엄해 보이지 않는다. 부모, 스승, 군주 셋을 다스리는 법도로 삼을 수 없다는 말은 일반적인 각도에서 보면 상대가 어떠한 지위에 있든 모두 본받을 대상이 될 수 없다는 것이다. 그래서 팡서우추는 "스승의 존엄에 대한 묵가의 태도에는 유가와 달리 대체로 평등의 의미가 깔려 있다"고 말했다. 묵자가 왜 유학을 배우고서 유학을 배반하게 됐는지 잘 알 수 있는 대목이다.

광서우추는 『묵학원류』에서 "(묵가는) 권유와 질책을 병행해 제자를 가르쳤다"고 말했다. 그 기준은 대개 도의를 배반했는지의 여부에 있었다. 「노문」 편에는 묵자가 녹봉을 의보다 중시한 데 대해 질책하는 일화가 나온다.

묵자가 제자인 승작(勝綽)에게 항자우(項子牛)를 섬기라고 했다. 그런데 항자우가 노나라를 세 번이나 침략하는데도 승작은 순순히 이를 따르기만 했다. 묵자가 그 소식을 듣고 고손자(高孫子)를 항자우에게 보내 승작을 파면하라고 청하면서 말했다.

제가 승작을 보낸 것은 그대의 교만함을 막고 편벽함을 바로잡기 위해서였습니다. 그런데 지금 승작은 많은 녹봉을 받으면서 그대를 기만하고 있습니다. 그대가 노나라를 세 번 침략할 때마다 승작이 따랐으니, 이는 달리는 말의 가슴걸이에 채찍질을 가하는 것과 같습니다. 의를 말하면서 실행하지 않는 것은 이치에 어긋남을 알면서도 일부러 잘못을 저지르는 것이라 들었습니다. 승작은 이를 모르는 것이 아니라 녹봉을 의보다 중시했기 때문입니다.

「귀의」에도 위와 유사한 고사가 실려 있다. 묵자가 제자를 위나라에 추천했는데, 관직에 임명된 제자가 위나라로 갔다가 되돌아왔다.

묵 자 왜 되돌아왔는가?

제 자 위나라가 약속을 지키지 않았기 때문입니다. 말로는 1000분(盆)을 주겠다고 하고는 실제로 500분을 주기에 떠났습니다.

묵　자 자네에게 1000분 이상을 준다면 떠나겠는가?

제　자 떠나지 않겠습니다.

묵　자 그렇다면 그것이 부당했기 때문이 아니라 녹봉이 적었기 때문이군.

「경주」 편에서는 스승을 배반한 제자를 질책했다. 제자 가운데 묵자를 배반했다가 되돌아온 자가 있었다. 그는 "저에게 어찌 죄가 있겠습니까? 저는 남들보다 나중에 배반했습니다"라고 말했다. 이에 묵자는 "이는 마치 삼군이 패배했는데 낙오자가 상을 요구하는 것과 같다"고 답했다. 「경주」 편에는 또 중임을 감당하는 데 용감하지 못한 제자 경주(耕柱)를 질책하는 문답이 실려 있다. 묵자가 경주를 크게 꾸짖자 경주가 말했다.

경　주 제가 남보다 나은 게 없습니까?

묵　자 내가 태항산에 오르기 위해 준마와 소에게 수레를 끌게 한다면 자네는 어느 것을 몰겠나?

경　주 준마를 몰겠습니다.

묵　자 어째서 준마를 몰려고 하는가?

경　주 준마가 충분히 그것을 감당할 수 있기 때문입니다.

묵　자 나 또한 자네가 충분히 감당할 수 있다고 믿기에 꾸짖은 것이네.

묵자는 말과 행동에서 솔선수범하는 방법으로 제자들을 성공적으로 키워냈다. 『회남자』 「태족훈(泰族訓)』에서는 "묵자를 따르는 자 180명은 모두 불속에 뛰어들고 칼날을 밟게 하더라도 절대 발길을 돌리지 않았다"고 말했다. 묵자는 초나라의 송나라 침공을 저지하는 과정에서 초나라 왕에게 "제 제자 금골리 등 300명이 이미 저의 방어 무기를 갖고서 송나라 성 위에 올라 초나라 적들을 기다리고 있습니다. 비록 저를 죽이더라도 막을 수 없을 것입니다"(「공수」)라고 말했다. 전쟁 과정에서 자신의 말에 무조건 따르는 제자 300명을 동원했다는 점으로 볼 때, 묵자의 감화력이 얼마나 대단했는지 엿볼 수 있다.

제12장

절약을 강조하고 사치를 멀리한 경제관

출신이 미천한 묵자는 평생 검약을 신조로 삼았다. 장타이옌(章太炎)은 『국학강연록(國學講演錄)』에서 "묵가의 학설은 '겸애'와 '상동'을 근본으로 한다. '절용'의 취지는 오로지 검약에 있으며, 겸애에 도달하는 길이다"라고 말했다. 량치차오는 「묵자의 실리주의 및 그 경제학설」에서 "경제학의 원어 'economy'의 본뜻은 절용이다. 따라서 묵자의 실리주의는 '절용'을 골자로 하는 것이다"라고 했다. 사마담은 『논육가요지』에서 두 차례에 걸쳐 "(묵가의) 근본(생산)을 강화하고 쓰임새를 절약하는 것은 폐기할 수 없다" "요약하면 근본을 강화하고 쓰임새를 절약하는 것이 집안을 풍족하게 하는 방법이다. 이것이 묵자의 장점이며 비록 백가라 하더라도 폐기할 수 없다"고 언급했다.

근본을 강화하고 쓰임새를 절약하는 '강본절용(强本節用)'이 곧 묵자 경제사상의 핵심이다.

'강본'과 '절용'은 당시의 폐단을 겨냥해 말한 것이다. 춘추전국 시기에 전쟁이 빈번하게 발생하고 많은 나라들이 전쟁 준비에 진력함에 따라 "백성들의 밭 갈고 씨 뿌리는 일을 망치고, 추수를 망치게 되었다."(「비공중」) 이런 상황이 장기간 지속되다 보니 나라의 근본과 백성의 근본이 크게 약화되었다. 게다가 일부 통치자는 나라의 재물을 쓸데없는 곳에 낭비하는데 근본이 어떻게 강화될 수 있었겠는가? 상황이 점점 악화되는데도 일부 통치자는 사치와 향락이 극에 달해 "위에서는 환락을 싫증내지 않는데 아래에서는 고통을 견디지 못하고"(「칠환(七患)」), "부귀한 자는 사치하는데 고아와 과부는 추위와 굶주림에 시달렸다."(「절용상」) 바로 이런 현실을 겨냥해 묵자는 '강본절용'을 제시했다. 천쒜량은 『묵자답객문』에서 '강본'의 '강(強)'에 대해 다음과 같이 해석했다.

'강'이란 무엇인가? 강은 일종의 정신 상태이다. 묵가는 목표한 일을 할 때 격앙된 정신 상태가 아니면 안 된다고 여겼다. 묵가는 사람의 정신 상태를 크게 두 가지로 귀결했다. 하나는 '강'의 상태이고 (…) 다른 하나는 '권태'의 정신 상태이다. 이는 곧 맥이 풀려 어영부영하는 상태를 가리킨다. 묵가에서 '강'의 정신 상태를 제창하고 찬양한 이유는 그렇게 해야만 비로소 다스려지고, 편안해지고, 귀해지고, 영예로워지고, 부유해지고, 배부르고, 따뜻해지는 경지에 도달할 수 있다고 여겼기 때문이다.
'강'이라는 정신은 사회 일부 계층의 전유물이 아니다. 묵가의 관점에서 보면 왕공대인, 경대부, 농부, 부녀자를 포함한 모든 사회 계층의 사람들이 적극적으로 노력하고 발전하려는 정신 상태를 가졌을 때 비로소 사회는 물론 나라에 희망이 있었다. 바로 이런 의미로 보자면 묵가에서 '강'을 크게 과장한 것은 사실 적극적이고 진보적인 민족정신을 제창한 것이다. 이런 민족정신이 확대 발전될 수 있다면 국가는 더욱 희망을 가질 수 있다.

『묵자』「비명하」 가운데 송사, 정치, 관문, 시장, 산림, 천택, 농사, 방적 등 수많은 분야에서 '강'이라는 글자를 강조했다. 천웨량은 이런 묵가의 정신에 찬사를 보내고,『묵자답객문』에서 유묵 양가의 정신적 기질을 다음과 같이 대비시켜 설명했다.

객 문 묵가에서 '강'을 숭상했기 때문에 사람들은『설문』에서 말한 "유(儒)는 유(柔)이다"를 떠올리지 않을 수 없다. 한쪽은 강(强)을 강조하고 한쪽은 약(弱)을 강조하며, 한쪽은 강(剛)을 강조하고 한쪽은 유(柔)를 강조한다. 여기서 학파의 논쟁은 곧 기질의 논쟁이라는 말이 성립하지 않을까?

답 문 아주 정확하게 보았다. 학파의 논쟁은 기질의 논쟁이다. 유묵 양가를 예로 든다면, 한쪽은 강이고 한쪽은 유이니 아무리 해도 조화를 이룰 수 없는 것이다.『한서』「예문지」에서는 "유가는 대개 사도(司徒)의 관직에서 나왔으며, 군주를 돕고 음양에 순응하고 교화를 밝히는 자들이다"라고 했다. 유가의 창시자인 공자는 사지를 부지런히 움직여 일하지 않고 오곡을 분별하지 못하며, 실제 생산과는 멀찍이 떨어져 공리공담과 예교를 숭상했다. 사마담의『논육가요지』에서는 "육예의 경전은 헤아릴 수 없이 많아 누대에 걸쳐 배워도 그 학문에 통달할 수 없고, 평생을 바쳐도 그 이치를 궁구할 수 없다"고 했다. 따라서 이 학파는 유술(柔術)을 숭상하고 유(柔)로써 강(剛)을 제어하는 것이다. 그러나 묵가는 이와 전혀 달랐다. 이 학파는 현실과 직접 대면했다. 자신들이 수공업자이기에 현실의 여러 가지 기술을 직접 접할 수 있었다. 그들 주변에 있는 농민, 공인, 상인들 역시 의식주와 같은 실제 생활 문제에 먼저 직면했다. 묵가는 "눈을 부릅뜨고 오로지 세상을 구제하는 것으로 뜻을 삼았다."(뤼쓰멘,『선진학술개론』) 그래서 전쟁과 기황, 전염병 등 현실적인 문제에 좀 더 가까이 접근할 수 있었다. 이런 문제에 직면해 단순히 '유(柔)'의 자세를 취했다면 그야말로 바로 서기 어려웠을 것이다. 이 때문에 반드시 '강'을 주장해야만 했다.

후세에 유가 제자를 유생(儒生)이라 칭하고 묵가 제자를 협사(俠士)라고 부르는 것은 아마도 양가의 '유'와 '강'이라는 정신 기질이 반영된 것인지도 모른다. 쟈오궈청은 『구세재사 묵자』에서 "중국 사상사에서 묵자는 처음으로 노동 생산에 의한 가치 창조를 제안한 사상가이다"라고 말했다.

사람은 만물의 영장이지만 '영묘함'이 어디서 드러나는지에 대해서는 다양한 견해가 있다. 공자와 맹자는 인의와 같은 도덕관념에서 드러난다고 생각했다. 심지어 맹자는 "사람은 인의가 아니면 갓난아이의 마음을 잃게 돼 금수와 차이가 크지 않다"(『맹자』「고자상」)고 여겼다. 맹자는 또 "사람이 금수와 다른 점은 많지 않으나 보통 사람은 그것을 버리고 군자는 그것을 보존한다"(『맹자』「이루하(離婁下)」)고 말했다. 유가는 도덕적 측면에서 사람을 정의했다.

순자의 관점은 이와 달라 "사람은 기(氣), 생명, 지각과 아울러 예의를 가졌기 때문에 천하에서 가장 귀하다"(『순자』「왕제」)라고 말했다. "사람은 기개로 살고 나무는 껍질로 산다"는 속담이 있다. 사람이 산다는 것은 곧 굳세고 도도하며 올바른 기개로 사는 것이다. 순자는 정신적 측면에서 사람을 정의했다.

그런데 묵자는 독특한 견해를 지녔다. 『묵자』「비악상」에서 묵자는 이렇게 말했다.

> 사람은 본디 금수, 고라니, 사슴, 나는 새, 곤충과 다르다. 그런 것들은 깃
> 털에 의존해 옷이나 가죽으로 삼고, 발굽이나 발톱에 의존해 바지와 신
> 발로 삼으며, 물과 풀에 의존해 마실 것과 먹을 것으로 삼는다. 그러므로
> 수컷이 논밭을 갈고 씨를 뿌리고 채소와 나무를 심지 않으며, 암컷이 실
> 을 뽑고 베를 짜지 않아도 입고 먹는 재물이 원래부터 갖추어져 있다. 그
> 러나 사람은 이와 다르다. 그 힘(노동)에 의지해야 살 수 있고, 그 힘에 의
> 지하지 않으면 살아남지 못한다.

묵자의 관점은 "노동이 사람을 창조한다"는 마르크스의 관점과
약속이나 한 듯 일치한다. 바꾸어 말하자면 사람과 동물을 구별하는
가장 근본적인 차이는 노동을 하느냐의 여부에 있다. 즉 노동을 했기
때문에 비로소 유인원에서 사람으로 진화했다는 말이다.

"그 힘에 의지해야 살 수 있고, 그 힘에 의지하지 않으면 살아남지
못한다"는 것은 묵자가 거듭 강조하는 관점이다. 팡서우추는 『묵학원
류』에서 이 구절을 "이는 사람이라면 누구나 노동을 해야 한다고 주
장한 것이다. 노동하는 자는 충분히 살아갈 수 있지만 노동하지 않는
자는 살아갈 수 없다"라고 설명했다. 또 『묵자』 「천지하」에 "노동을
하지 않고 열매를 얻는 것은 자기 소유가 아닌데 취하는 것과 같다"
는 구절이 있다. 그래서 "위에서 알게 되면 처벌하고 대중이 듣게 되
면 비난하는" 것이다. 여론이 형성되면 불로소득을 얻은 사람은 어디
에도 설 자리가 없어진다. 묵자의 경제관은 수많은 노동 민중의 염원
을 대표했다고 볼 수 있다.

사마천은 『사기』에서 묵자에 대해 단 24자만 기록했고, 그의 경제

사상을 개괄할 때는 간결하게 '위절용(爲節用)' 세 글자만 사용했다. 『순자』「부국(富國)」 편에서는 묵자의 '절용'에 대해 "묵가의 학술이 정말 행해진다면 천하는 검소함을 숭상할 것이다"라고 평했다.

일찍이 묵자 이전에도 절약과 검소에 대한 인식이 있었다. 『상서』「대우모(大禹謨)」에서는 "나랏일에 부지런하고 집안일에 검소했다"라 했고, 「태갑상(太甲上)」에서는 "삼가 검약의 덕으로 영원한 계책을 삼았다"고 했다. 이는 중국 최초의 절약 사상이다. 한편 『주역』「수택절(水澤節)」에서는 절제하고 절약하면 형통하나 절제와 절약이 지나치면 사물 발전의 규율에 부합하지 않는다고 지적했다. 규율에 부합하는 절제는 사물의 정상적인 발전에 유리하지만 그렇지 않으면 불행을 초래한다. 장타이옌은 『국학강연록』에서 이렇게 밝혔다.

춘추 말에 검약을 숭상하는 마음은 누구나 가지고 있었다. 공자는 "예는 사치하기보다 차라리 검소한 편이 낫다"고 했고, 노자에게는 세 가지 보물이 있는데 두 번째가 검소함이었다. 춘추 시기에는 번거로운 규칙과 까다로운 예절이 호화롭고 사치한 데로 흘렀기 때문에 노자, 묵자, 유가 모두 검소함을 미덕으로 여겼다. 따라서 묵가만 검소함을 숭상했다고 말하기 어렵다.

『논어』「술이」 편에서는 "사치하면 공손하지 못하고 검소하면 고루하다"고 했고, 「학이(學而)」 편에서는 "천승(千乘)의 나라를 다스릴 때는 일을 정성껏 처리해 믿음을 얻고, 쓰임새를 절약하고 사람을 사랑해야 하며, 백성을 부리되 때에 알맞게 해야 한다"고 했다.

도가에서는 주로 원시의 소박한 생활에 대한 그리움과 세속 사회에 대한 항의의 표시로 검소함을 숭상했다. 유가에서 검소함을 숭상할 때 지킨 원칙 한 가지는 예에 위배되지 않아야 한다는 것이었다. 바꿔 말해, 주례가 허용하는 범위 내에서만 절약이 가능했다. 그런데 묵가는 절약에 있어서 자기만의 뚜렷한 특징을 가지고 있었다. 『묵자』의 「절용상」 「절용중」 「사과(辭過)」 세 편에서는 성왕을 본보기로 삼아 총 다섯 가지 방면에서 절용에 대해 규정하고 있다.

옛날 성왕들은 먹고 마시는 법을 제정하면서, "허기를 채워 기운을 차리고 팔다리가 힘을 쓰게 하며 귀와 눈을 밝게 하는 정도에서 그치도록 하라. 다섯 가지 맛의 조화와 향긋한 냄새를 추구하지 말고 먼 나라에서 진귀하고 기이한 음식을 가져오지 말라"고 했다. 어떻게 그것을 알 수 있는가? 옛날 요임금이 천하를 다스릴 적에 남으로 교지(交阯)를 무마하고 북으로 유도(幽都)를 항복시켜 해가 뜨는 곳에서 해가 지는 데까지 복종하지 않는 자가 없었다. 그런데도 두 가지 이상의 곡식으로 밥을 짓지 않았고 고기 여러 개를 한 상에 올리지 않았으며 질그릇에 밥을 담고 질냄비로 국을 마시며 국자로 술을 떠서 마셨다. 또 머리를 치키거나 숙이면서 예의를 차리는 행동도 하지 않았다.

옛날 성왕들이 의복에 관한 법을 제정하면서, "겨울에는 쪽빛 비단 옷을 입어 가볍고도 따뜻하게 하며 여름에는 삼베 홑옷을 입어 가볍고 서늘할 정도에서 그치라"고 했다. 갖가지 비용만 더하고 백성에게는 더욱 이롭지 않은 일을 성왕은 하지 않았다. 옛날 백성이 의복을 만들 줄 몰랐을 때 짐승의 가죽을 입고 새끼를 꼬아 띠를 둘렀다. 겨울에는 가볍지도 따뜻하지도 않았고, 여름에는 가볍지도 시원하지도 않았다. 성왕이 보기에 이는 인정에 부합하지 않았다. 그래서 실을 잣고 베를 짜는 기술을 가르쳐 옷을 만들도록 했다. 의복을 만드는 법은 겨울에는 누임질한 비단 속옷으로 가볍게 하여 더욱 따뜻이 할 수 있고, 여름에는 홑 속옷으로 가볍고 더욱 시원히 할 수 있을 정도면 그만둔다는 것이다. 따라서 성인의 의복 제도는 몸에 알맞고 피부에 닿아 부드러우면 충분하였고, 눈을 즐겁게 꾸미거나 어리석은 백성에게 보이려는 걸치레는 아니었다.

옛날 집이 없었던 시기에 사람은 굴을 파서 살았다. 성왕은 "겨울에는 바람과 추위를 피할 수 있지만 여름에는 밑이 눅눅하고 위로 열기가 올라와 백성이 기력을 상할까 두렵다"고 했다. 그래서 집을 짓는 게 이롭겠다고 여겼다. 그렇다면 집을 어떻게 지을 것인가? 묵자가 말했다. "둘레 벽은 바람과 추위를 막을 수 있고 지붕은 눈과 서리, 비, 이슬을 막을 수 있으며, 안쪽은 깨끗하여 제사를 지낼 수 있고 담은 남녀를 구별할 수 있을 정도에서 그치라고 했다. 갖가지 비용만 더하고 백성에게는 더욱 이롭지 않은 일을 성왕은 하지 않았다."

사람이 탈 것을 만든 이유는 무엇인가? 수레는 무거운 물건을 싣고 멀리 갈 수 있어 타면 안전하고 끌면 편리하다. 편안하면서도 부상을 입지 않고 신속히 달릴 수 있는 것이 수레의 이점이다. 또 큰 하천이나 계곡을 건널 수 없었기 때문에 옛날 성왕은 배와 노를 만들어 물길을 다닐 수 있도록 했다. 비록 지위가 높은 삼공이나 제후라 하더라도 배와 노를 다르게 하지 않고 뱃사공도 꾸미지 않았다. 이것이 배의 이점이다.

옛날 성왕들은 절용의 법을 제정하면서, "무릇 천하의 백공, 예컨대 수레장이, 피혁공, 도자기공, 금속공, 목수 등은 각자 그 능력에 따라 일하도록 하고, 모두 백성이 쓸 물건을 공급할 수 있는 정도에서 그만두게 하라"고 했다. 갖가지 비용만 더하고 백성에게는 더욱 이롭지 않은 일을 성왕은 하지 않았다.

묵자는 인류의 욕망이 마땅히 생명 유지에 필요한 최저한도를 기준으로 삼아야 한다고 여겼다. 「절용상」에서는 "그들이 이런 물건을 만듦에 있어 무익하고 실질적인 이익이 없는 것은 더하여 쓰지 않았다"고 했다. 묵자가 제시한 이런 절용의 소비 기준은 유가의 '예에 따라 쓰는' 엄격한 소비 기준과 현저한 차이가 있었다.

묵자가 제정한 이러한 생산 및 소비 원칙에 대해 줄곧 반대하는 목소리가 있었다. 『순자』 「부국」 편에서는 "물자가 부족하지 않을까 하는 것은 천하 전체의 걱정이 아니다. 다만 묵자의 개인적인 근심이요, 지나친 걱정일 뿐이다"라고 했다. 양둥쑨(楊東蓀)은 『중국문화사』에서 묵자의 생산과 소비 원칙은 보수 우파를 대표한다고 지적했다. 리쩌허우도 묵자의 생산과 소비 원칙이 진취적이지 못하며 보수적인 소비를 조장했다고 비판했다.

궈모뤄는 계급 분석의 관점에서 묵자는 소생산자의 대표자로 당연히 무산계급과 같을 수 없었으며, 필연적으로 자신들의 밥그릇을 중시할 수밖에 없었다고 말했다. 그는 『십비판서』 「공묵의 비판」에서 묵자의 절용관에 대해 격렬하게 비판했다.

'절용'과 '절장(節葬)'은 소극적 경제정책으로 백성의 생활과 결코 직접적인 관련이 없다. 왜냐하면 백성의 소비는 조절하려고 해도 조절할 수 없고, 장례 역시 마찬가지이기 때문이다. 그의 전체 학설은 모두 왕공대인을 대상으로 한 것이며, 왕공대인의 불합리한 소비가 조금 줄어든다면 당연히 백성에게도 그만큼 도움이 될 수 있다. 간접적인 혜택을 주자는 묵자의 이런 주장이 꼭 인민을 위한 것처럼 보이는 까닭에 사람들은 묵자를 인민의 친구라고 생각한다. 예컨대 「절용중」 편에서 반복적으로 "갖가지 비용만 더하고 백성에게는 더욱 이롭지 않은 일을 성왕은 하지 않았다"고 언급하고 있다. 많은 동지들은 이것이 바로 묵자가 매사에 백성의 이익을 고려한 증거라고 여긴다. 그러나 나는 이 구절에서 만족할 만한 점을 조금도 찾지 못했다. 한 나라의 정치가 정말로 백성의 이익을 위해 돌아간다면 다만 비용이 충분하지 못한 것을 걱정해야 한다. 거기에 왜 낭비를 우려하는가? 그가 낭비를 우려한 까닭은 단지 왕의 이익을 위한 것이지 백성의 이익 때문이 아니며, 어떻게 백성들이 좀 더 풍족하게 쓸 수 있는지에 대해 한 번도 생각해본 적이 없다. 다만 그는 인민의 생활을 지극히 검소한 단계로 제한하고, 모든 도구는 "백성의 쓰임새에 충분히 공급할 정도에서 그친다"고 하여 그들이 얼어 죽지 않고 굶어 죽지 않기만을 바랐다. 가령 군주가 절약하지 않고 백성을 착취하여 백성이 얼어 죽고 굶어 죽는 지경에 이르면 어찌한단 말인가? 이것이 바로 묵자가 우려한 바이다. 그런데도 그가 진심으로 인민을 위했다고 생각하는가? 그러나 나 역시 그를 탓할 마음은 결코 없다. 이런 한계를 타파하려면 역사는 다시 2000년 이상 흘러야 하기 때문이다. 그러나 우리들이 이런 한계를 인정하지 않고 묵자가 가장 민주적이라거나 볼셰비키적이라고 말한다면, 이는 도리어 2000여 년의 역사를 건너뛰는 것이다.

천쉐량은 『묵자답객문』에서 묵자의 입을 빌려 상술한 관점에 대해 반박했다.

그러한 내 말이 사람들에게 거듭 인용되고, 아울러 내 절용 사상의 총원칙으로 칭해지고 있다. 그런 이해도 충분히 가능하다! 그 말은 사실 두 가지 관점을 가지고 있다. 첫째는 물품 생산의 극한이다. 나는 그 극한을 '백성의 쓰임새에 충분히 공급할' 정도로 정했다. 백성의 쓰임새에 부족하면 더 많이 생산해야 하고, 공급이 풍족하면 생산을 줄이거나 심지어 중단해야 하는 것이다. 둘째는 물품 소비의 원칙이다. 나는 물품 소비를 '백성의 이익'에 설정했다. 비용을 더 들여 백성에게 이로우면 하고, 비용을 더 들여 백성에게 이익을 더하지 못하면(백성에게 어떠한 실제 이익이 없다면) 하지 않는 것이다.

위의 두 가지는 모두 구체적 환경을 떠나서 말할 수 없다. 첫 번째에서 왜 물품 생산의 극한을 '백성의 쓰임새에 충분히 공급할' 정도로 정했는가? 이는 당시 생산력 수준이 아주 낙후해서 적지 않은 사람들이 기본적인 의식주조차 해결하지 못했기 때문이다. 뤼쓰몐은 당시 길가에 굶어 죽은 시체가 널려 있었다고 말했다. 이런 상황에서 '백성의 쓰임새에 충분히 공급할' 정도를 제시한 것이 왜 잘못된 것인가? 내 이후 2000년이 지난 시대에도 전체 인민이 따뜻하고 배부른 '소강(小康)'의 날을 지내기가 실로 어렵지 않은가. 두 번째도 실질적인 면을 고려한 것이다. 많은 사람이 비용을 늘렸지만 백성에게 아무 이익도 돌아가지 않았기 때문에 비용을 들이지 말라고 강하게 목소리를 높인 것이다. "쓸모없는 비용을 없애는 것이 성왕의 도이고 천하의 큰 이로움이다."(「절용상」) 목적이 어디에 있는지는 아주 명확하다. 나는 온 천하의 인민이 큰 이익을 얻길 바랄 뿐이다. 소비는 생산에 의해 결정된다. 생산 수준이 높지 않은 조건 하에서 맹목적으로 고소비를 부추기는 것은 옳지 않다. 더욱이 여기서 말하는 고소비는 단지 소수 사람의 고소비이고, 절대 다수는 죽음의 문턱에서 발버둥치는 경우에 있어서랴.

"천하 전체의 걱정이 아니라 다만 묵자의 개인적인 근심이다"라는 순자의 말은 실은 근거가 없는 말이다. 나는 '삼촌(三寸)의 나무를 깎아서 오십 석 무게를 감당하는' 기구를 만들 수 있는 숙련공이다. 이런 나에게 무슨 의식주 걱정이 있겠는가? 따라서 '개인적인 걱정' 운운은 뜬금없는 말이다. 나는 "사람을 사랑한다는 것은 두루 사람을 사랑한 이후에 사람을 사랑한다는 말이 성립한다"(「소취」)고 주장하는 사람으로 늘 이런 모습만 보아왔다. "백성을 고단하게 부리고 세금을 무겁게 거둬 백성의 재물이 부족해 얼어 죽거나 굶어 죽는 자가 이루 다 셀 수 없을 정도이고, 왕공대인이 군사를 일으켜 이웃 나라를 침략해 길게는 일 년 내내 짧게는 몇 달 동안 남녀가 서로 만나지 못하며, 거처가 불안하고 음식을 제때 먹지 못해 병에 걸려 죽는 자가 속출하고 침략 전쟁에서 포로가 되고 공성(攻城)과 야전에서 죽는 자가 부지기수였다."(「절용상」) 이런 갖가지 것들 때문에 근심하고 걱정하는데, 설마 '개인적인 근심'이라고 부를 수 있을까? 이는 마땅히 '사회 전체의 걱정'이자 수천 수백만 인민의 우환과 재난이다.

쟈오궈청은 『구세의 재사 묵자』에서 묵자의 절용은 한편으로 사회 특권 계층의 소비 의식을 비판한 것이라고 지적했다. '사회 특권 계층'은 후대 용어이고, 당시 묵자는 그들을 '왕공대인' 혹은 '당금지주(當今之主)'라고 불렀다. 이 호칭에는 이들에 대한 묵자의 애증과 조롱의 의미가 담겨 있다.

『묵자』「사과」편은 이들 왕공대인 혹은 당금지주를 정조준하고 있다. 사과(辭過)의 뜻을 살펴보면 '사'는 고친다는 것이고, '과'는 과실, 잘못이다. 바로 특권을 빙자해 백성에게 과중한 세금을 거두고 교묘한 방법이나 완력으로 부당하게 재물을 약탈하는 잘못을 고친다는 말이다. 「사과」편에서는 의식주와 탈 것(수레와 배), 후궁 등 다섯 가지 측면에서 왕공대인 혹은 당금지주의 사치와 부패에 대해 다음과 같이 질책했다.

옛날 백성이 아직 음식을 만들 줄 모르던 시절에는 풀이나 나무열매를 먹고 제각기 흩어져 살았다. 그래서 성인이 나서서 남자에게 농사짓는 법을 가르쳐 백성에게 식량을 공급했다. 음식은 기력을 높이고 허기를 채우며 몸을 튼튼히 하고 배부르게 할 정도면 충분했다. 그리하여 재물 씀씀이가 절약되고 자신을 보양하는 데도 검소해 백성은 부유해지고 나라는 안정되었다. 지금은 그렇지 않다. 백성에게 세금을 무겁게 거둬들여 소, 양, 개, 돼지, 물고기, 자라 등 여러 가지 맛난 음식을 만든다. 큰 나라의 임금은 상에 백 가지 음식을 차리고 작은 나라의 임금은 10가지 음식을 차려서 성찬이 사방에 가득 쌓였다. 눈으로 두루 다 볼 수 없고, 손으로 두루 다 잡을 수 없으며, 입으로 두루 다 맛볼 수 없어서 남은 음식이 겨울에는 얼고 여름에는 상한다. 임금이 이렇게 음식을 중시하므로 좌우 신하들도 이를 본뜬다. 이에 부귀한 자들은 사치를 일삼지만 고아나 과부들은 추위에 떨고 굶주린다. 이렇게 되면 나라에 혼란이 없기를 바라더라도 이룰 수 없다. 임금이 진실로 천하가 다스려지길 바라고 혼란을 싫어한다면 먹거나 마시는 데 절제하지 않으면 안 된다.

지금의 임금들은 의복을 만드는 데 있어서도 이와 다르다. 겨울에는 가볍고 따뜻하며 여름에는 가볍고 시원하여 이미 모두 갖추어져 있다. 그런데도 반드시 백성에게 세금을 무겁게 거둬들이고 백성이 입고 먹을 의식 재료까지 착취해 금실로 수놓은 아롱무늬 고운 비단 옷을 만들고 금붙이를 녹여서 허리띠를 만들며 주옥을 다듬어 패물을 만든다. 임금의 의복을 위해 여공은 아롱무늬 옷감을 짜내고 남공은 조각 장식물을 만든다. 이는 실로 보온을 위해 의복을 입는 것이 아니다. 재물을 다 써버리고 백성의 힘을 낭비하는 것은 모두 쓸데없는 데로 귀결되고 만다. 이렇게 볼 때 그들이 의복을 만드는 것은 신체를 위한 것이 아니라 보기에 좋도록 하기 위함이다. 그리하여 백성들이 비뚤어져 다스리기 어렵고, 임금은 사치스러워 간언하기 어렵게 된다. 사치스러운 임금이 비뚤어진 백성을 다스리니, 나라가 어지럽지 않기를 바라더라도 그렇게 될 수 없는 것이다. 임금이 진실로 천하가 다스려지길 바라고 혼란을 싫어한다면 의복을 만드는 일에 절약하지 않을 수 없다.

지금의 임금은 집을 짓는 데 있어서 이와 다르다. 백성에게 세금을 무겁게 거둬들이고 백성이 입고 먹을 의식 재료까지 착취해 궁실과 누각을 곧고 구부러지게 모양내 지으며 청황의 색깔로 조각해 장식한다. 궁실을 이와 같이 지으니 좌우 신하들도 이를 본뜬다. 그리하여 흉년과 기근에 대처할 재물이 부족해지고 고아나 과부를 구제할 수 없다. 이에 나라가 가난해지고 백성을 다스리기 어려워지는 것이다. 임금이 진실로 천하가 다스려지길 바라고 혼란을 싫어한다면 궁실을 짓는 일에 절약하지 않을 수 없다.

옛날 백성이 배나 수레를 만들 줄 모르던 시절에는 무거운 짐을 실어 나르지 못하고 먼 길을 가지 못했다. 그래서 성왕이 나서서 배와 수레를 만들어 백성의 일을 편리하게 하였다. 그 배와 수레는 안전하고 견고하며 가볍고 편리해 무거운 짐을 싣고 멀리 갈 수 있었다. 재물을 적게 쓰면서도 이로움이 아주 많았다. 그리하여 백성은 그것을 즐겨 이용했고, 법령으로 재촉하지 않아도 행해졌으며, 백성을 수고롭게 하지 않아도 위에서 재물을 쓰는 데 풍족해 백성이 모두 임금에게 귀의했다. 지금의 임금은 배와 수레를 만드는 데 있어서 이와 다르다. 완전하고 견고하며 가볍고 편리한 것이 모두 갖추어져 있는데도 반드시 백성에게 세금을 무겁게 거둬들여 배와 수레를 장식한다. 수레는 무늬와 채색으로 꾸미고 배는 여러 가지 조각으로 꾸민다. 여자는 베 짜는 일을 버리고 무늬와 채색 꾸미는 데 바쁜 탓에 백성이 추위에 떨고, 남자는 농사짓는 땅을 벗어나 조각을 새기는 데 바쁜 탓에 백성이 굶주린다. 임금이 배와 수레를 이렇게 만드는 까닭에 좌우 신하들이 이를 본뜬다. 그리하여 백성이 굶주림과 추위에 시달리다가 어쩔 수 없이 간사한 짓을 하게 된다. 간사한 자가 많아지면 형벌이 엄중해지고, 형벌이 엄중해지면 나라가 어지러워진다. 임금이 진실로 천하가 다스려지길 바라고 혼란을 싫어한다면 배와 수레를 만드는 일에 절약하지 않을 수 없다.

무릇 하늘과 땅 사이에 두루 존재하는 것과 사해 안의 사물 중에 천지의 감응과 음양의 조화 아닌 것이 없다. 비록 성인이라도 이를 바꿀 수 없다. 어떻게 그러함을 아는가? 성인이 책을 남겨 천지를 상하라 하고 사시를 음양이라 하며, 인간을 남녀로 나누고 금수를 암컷과 수컷으로 나누었기 때문이다. 이것이 진정한 천지간의 성정이라 성왕이라도 바꿀 수 없는 것이다. 옛날 최고의 성인도 반드시 시첩을 두었지만 이 때문에 품행을 손상시키는 일이 없어 백성이 원망하는 일이 없었다. 궁궐에 갇혀 사는 여자가 없었으므로 천하에 홀아비가 없었다. 안으로는 갇혀 사는 여자가 없고 밖으로는 홀아비가 없어서 천하의 백성들이 많아졌다. 지금의 임금은 시첩을 둠에 있어서 큰 나라에 갇혀 사는 여자가 수천이요, 작은 나라에도 수백에 이른다. 그리하여 천하의 남자 대부분은 아내가 없고 여자들은 대부분 갇혀 살아 남편이 없었다. 남자와 여자가 혼인할 시기를 놓치게 되므로 백성이 적은 것이다. 임금이 진실로 백성의 수가 많아지길 바라고 적어지는 것을 싫어한다면 시첩 두는 일을 절제하지 않을 수 없다.

「칠환」 편에서는 기근이 일어났을 때 상층 통치 계급이 먼저 소비 기준을 낮춰야 한다고 지적했다.

무릇 오곡은 백성의 삶에 가장 근본이 되는 것이고, 군주는 이것을 이용해 백성을 기른다. 따라서 백성이 근본을 잃으면 군주도 기를 것이 없어지고, 백성에게 먹을 것이 없으면 부릴 수가 없다. 그러므로 식량을 늘리는 데 힘쓰지 않을 수 없고, 땅을 힘써 경작하지 않을 수 없으며, 사용하는 것을 절약하지 않을 수 없다. 오곡을 모두 거둬들이면 군주가 모든 것을 맛볼 수 있지만 다 거둬들이지 못하면 모든 것을 맛볼 수 없다. 오곡 중 한 가지 곡식을 거두지 못한 것을 근(饉)이라 하고, 두 가지 곡식을 거두지 못한 것을 한(旱)이라 하며, 세 가지 곡식을 거두지 못한 것을 흉(凶)이라 하고, 네 가지 곡식을 거두지 못한 것을 궤(餽)라 하며, 다섯 가지 곡식을 거두지 못한 것을 기(饑)라고 한다. '근'이 든 해에는 대부 이하의 봉록을 오분의 일 감하고, '한'일 때는 오분의 이를 감하며, '흉'일 때는 오분의 삼을 감하고, '궤'일 때는 오분의 사를 감하며, '기'일 때는 봉록을 모두 없애고 먹고살 만큼의 양식만 지급한다. 나라에 '흉' 이상의 흉년이 들게 되면 군주는 음식의 오분의 삼을 줄이고, 대부는 음악을 듣지 않으며, 선비는 학문을 포기하고 농사일에 나선다. 또 군주가 조회할 때 입는 예복을 새로 만들지 않고, 제후의 빈객이나 사방 이웃 나라에서 온 사신을 성대히 접대하지 않으며, 수레를 끄는 말 네 마리 중 바깥쪽 두 마리를 없애고, 도로를 수리하지 않으며, 말에게 곡식을 먹이지 않고, 비첩에게 비단옷을 입히지 않는다. 이는 모두 나라에 식량이 매우 부족함을 알리기 위함이다.

묵자는 절용을 주장하며 일반 민중에게는 공검(恭儉)을 싫어하거나 음식을 탐하지 말라고 권유했고, 군주에게는 재물 씀씀이를 절약하고 스스로 검소함을 기르라고 요구했다. 비뚤어진 백성을 비판하는 한편, 사치스러운 군주를 더욱 크게 질책했다. 확실히 묵자 비판의 창끝은 주로 상층 통치 계급 및 그들의 무절제한 낭비를 향하고 있다. 묵자가 불로소득과 빈부 양극화 현상을 몹시 증오했다는 점에서 그의 경제학 이념은 '여유 있는 데를 덜어서 부족한 데를 보충하는 것'으로 요약할 수 있다.

「사과」 편에서는 "절검하면 번창하고 사치스러우면 망한다"고 했다. 이는 묵자 절용 사상의 핵심이라고 말할 수 있다. 절검(節儉) 두 글자 중 '절'은 절제란 뜻이고, '검'은 줄인다는 뜻으로 힘써 재물 소비를 줄이고 일을 열심히 하는 것인데 여기서는 '줄인다'에 방점이 찍혀 있다. 『순자』 「천론(天論)」에서는 "근본(생산)에 힘쓰고 재물 사용을 절제하면 하늘도 가난하게 할 수 없다"고 했다. 여기서 강조하는 것은 '절제'이다. '검'과 '절'을 결합시키면 재물을 사용하는 곳 어디에서나 '줄임'을 생각하고 곳곳에서 스스로 절제하기를 고려하게 된다. 이처럼 절검은 일반적인 재물 사용의 방법 문제일 뿐 아니라 개인의 품행 문제이기도 하다. 즉 사람들이 힘들게 창조해낸 재부를 어떻게 다룰 것인지의 문제인 것이다.

「사과」 편에서는 또 "부부가 절제하면 천지가 조화롭고 의복이 절제되면 피부가 조화롭다"고 했다. 절검은 개인의 품행 문제라고 말할 수 있지만 좀 더 확장하면 한 국가와 한 민족의 품행 문제가 된다. 만일 절검이 한 국가와 민족이 공통으로 따르는 미덕이 된다면, 절검하면 번창한다는 말처럼 그 국가와 민족은 번영을 누릴 수 있을 것이다.

다른 한편으로 '절검'은 '음일(淫佚)'과 대비되는 말이다. '음'은 지나치게 물질 향락에 빠진 것을 가리킨다. 『상서』 「대우모」에서는 "즐거움에 지나치게 빠지지 말라(罔淫于樂)"고 했다. '일'은 방종하여 아무것도 하지 않는 것이다. 따라서 '음일'은 향락에 지나치게 빠지고 자신을 단속하지 못해 결국 한 가지 일도 이루지 못함을 가리킨다.

묵자는 상층 통치 계급의 사치스러운 소비가 좌우 신하들의 본뜸을 부른다고도 훈계했다. 윗사람의 행동을 아랫사람이 그대로 본받아 사회에 사치 풍조가 만연하면 백성에게 세금을 무겁게 거둬들이고 백성이 입고 먹는 데 쓰는 재화를 약탈해 많은 백성들이 더욱 빈곤해

진다. 그리하여 백성이 굶주림과 추위에 시달리게 되면 결국 전체 사
회가 붕괴하고 마는 것이다.

제13장
인문 정신에 바탕을 둔 절장

장타이옌은 『국학강연록』에서 절장(節葬)의 근본 취지가 겸애에 있다는 견해를 밝혔다. 겸애는 묵가 학설의 근본으로 모든 사상이 겸애로부터 파생돼 나왔다. 『묵자』「절장하」에서는 다음과 같이 말했다.

> 지금 천하의 사군자가 진정으로 인의를 행하고 훌륭한 선비를 구하고자 하며, 위로 성왕의 도에 들어맞고 아래로 국가와 백성의 이익에 들어맞기 바란다면 마땅히 '절장'과 같이 정치해야 함을 살피지 않을 수 없다.

여기서 '인의를 행하다' '성왕의 도에 들어맞다' '국가와 백성의 이익에 들어맞다'는 것은 모두 겸애를 가리키는 말이다. 겸애를 시행하는 방법은 여러 가지가 있는데, 묵자는 삶은 물론 죽음에까지 관심을 두었다. 겸애를 위해서 사람은 살아 있는 동안 반드시 절용하고 쓸데없는 비용을 없애야 한다. 또 겸애를 위해서는 사후에도 반드시 절장의 원칙을 따라야 하는데, 이 역시 천하의 이익을 고려한 행동이다. 따라서 절용을 제창하면 반드시 절장을 제창하고, 절용 가운데 절장이 포함되어 있다고 말할 수 있다. 량치차오는 『묵자학안』에서 "절장은 절용의 일단일 뿐이다"라고 말했다.

묵자의 절장은 당시 통치자들이 대량의 재물을 소모해 지나치게 화려한 장례를 치르는 데 반발하며 제시한 절약 주장이다. 묵자는 화려한 장례와 긴 상중 기간이 사회의 재부를 낭비할 뿐 아니라 사람의 생산 노동 시간을 뺏고 인구 증가에도 영향을 미친다고 여겼다. 이는 사회에 유해할 뿐더러 죽은 자의 이익과 고대 성왕의 전통에 부합하지 않으므로 반드시 폐지해야만 했다. 「절장하」에서 묵자는 다음과 같은 관점을 제기했다.

지금 천하의 사군자들은 후장(厚葬)과 구상(久喪, 긴 상중 기간)의 옳고 그름, 이로움과 해로움에 대해 많은 의심을 품고 있다. 그렇다면 잠시 후장과 구상을 고집하는 자들의 말에 따라 나라를 다스린다고 해보자. 이 경우 왕공대인이 상을 당하면 관곽을 여러 겹으로 포개고 묻을 구덩이를 깊고 넓게 파며 죽은 이에게 입힐 옷과 이불을 많이 짓고 그것에 새기는 무늬와 수를 화려하게 하며 봉분을 거대하게 조성할 것이다. 상례가 이렇다면 미천한 필부들은 가산을 탕진하고 만다. 제후가 죽으면 곳간에 쌓아둔 재물을 싹 비워 금옥과 구슬로 시신을 장식해 두르고 비단실과 솜으로 꽁꽁 동여매어 수레와 말을 묘혈에 매장한다. 또한 휘장과 솥, 그릇, 책상과 깔개, 술병과 물대야, 우모 깃대, 상아, 뿔, 가죽을 마련해 함께 묻은 뒤에야 흡족해한다. 죽은 자를 보냄이 마치 이사 가는 것과 같다. 천자가 죽으면 순장되는 사람이 많게는 수백 명 적어도 수십 명이 되고, 장군이나 대부가 죽으면 순장되는 사람이 많게는 수십 명 적어도 여러 사람이 된다.

거상(居喪)의 방법은 어떠한가? 수시로 곡을 하면서 눈물로 상복을 적시고 초막에 거처하며 거적자리를 깔고 흙으로 베개를 삼으며, 억지로 굶어 배를 주리게 하고 옷을 얇게 입어 일부러 추위를 겪어야 한다. 그렇게 하여 얼굴이 앙상히 마르고 안색은 검게, 귀는 안 들리고 눈은 침침하게, 손발은 힘이 빠져 아무 일도 할 수 없어야 한다. 또 훌륭한 선비는 상을 치르는 동안 반드시 부축을 받아야 일어설 수 있고, 지팡이를 짚어야 걸어 다닐 수 있다. 이런 식으로 3년을 지내야 한다. 만일 왕공대인에게 이를 따르게 한다면 조회에 일찍 나가거나 늦게 물러나올 수 없고, 사대부에게 이를 따르게 하면 여러 관청의 일을 다스리지 못하고 땅을 개간할 수 없어 창고를 채우지 못할 것이다. 농부에게 이를 따르게 한다면 새벽에 일찍 나가 밤늦도록 농사일을 할 수 없고, 기술자에게 이를 따르게 한다면 배와 수레를 고치거나 그릇 따위를 만드는 일을 할 수 없으며, 부녀자에게 이를 따르게 한다면 실을 뽑고 베 짜는 일을 할 수 없을 것이다. 후장을 잘 헤아려보면 실은 재물을 많이 묻는 것이고, 구상을 헤아려보면 오랫동안 일하지 않는 것이다. 생산한 재물을 관 속에 파묻고 살아가기 위해 해야 할 일을 오랫동안 금하고서 부유하길 바라는 것은 마치 농사일을 그만두고 수확을 바라는 것과 같다.

그리하여 옛날 성왕은 매장하는 법도를 제정했다. 세 치 두께 관으로 시신을 충분히 썩게 할 수 있고, 옷 세 벌로 추한 부위를 충분히 가릴 수 있다. 매장할 때에는 아래로 수맥에 닿지 않게 하고, 위로 냄새가 새어 나오지 않게 하며, 봉분은 세 사람이 나란히 밭갈 정도의 넓이면 충분하다. 시신을 매장했으면 산 자는 너무 오래 곡하지 말고 빨리 생업에 종사하도록 했다. 사람마다 각자 능한 바에 힘써서 서로 이로움을 나누는 것이 곧 성인의 법이다.

묵자가 중국 전통문화의 조류를 거스르고서 제창한 절장은 당시 거대한 저항에 부딪혔다. 왕공대인들은 후장과 구상이 "나라 안의 군자들이 그치지 않고 꾸준히 행하며, 손에 쥐고서 놓을 수 없는"(「절장하」) 도덕률이라고 여겼다.

중국의 문화 전통에는 고래로 '죽은 자 섬기기를 산 자 섬기듯 하라'는 말이 있다. 『중용』에서는 "죽은 자 섬기기를 산 자 섬기듯 하고, 돌아가신 이 섬기기를 생존한 이 섬기듯 하는 것이 지극한 효이다"라고 말했다.

고고학 발견에 의하면, 석기시대부터 죽은 자가 생전에 사용하던 물품, 즉 옥기, 석기, 골기 등을 시신과 함께 매장하는 풍속이 있었다. 은허(殷墟) 부호묘(婦好墓)에서 출토된 대량의 수장품은 3000여 년 전에 이미 후장의 전통이 있었음을 증명한다. 고대의 묘장(墓葬) 제도, 상례와 제례, 고분 구조, 부장품의 종류가 번다함은 '죽은 자를 산 자 섬기듯 한' 중국인의 의식이 반영된 것이다.

우리는 진시황릉을 통해서 진시황이 생전에는 천하를 호령한 황제였고, 죽은 뒤에도 살아 있을 때 소유한 모든 것을 계속 누렸음을 알 수 있다. 구조가 복잡한 진시황릉은 진나라 도성 함양(咸陽)의 구조에 따라 설계되고 건립된 것이다. 묘실 안에는 수은이 가득 차 있고, 묘의 천장에는 야명주가 상감돼 있다. 『사기』 「진시황본기」에는 "수은으로 많은 개천과 강물, 큰 바다를 만들고, 기계로 서로 물이 흐르도록 하였다. 위에는 천문 도형을 장식하고 아래는 지리 모형을 설치했다"고 적혀 있다. 익히 알려진 병마용(兵馬俑) 외에 지하에 함께 수장된 백희용(百戲俑), 문관용(文官俑), 청동수금(靑銅水禽) 등은 생전에 그가 소유한 것을 지하에 똑같이 재현한 것이다. 뤄양 동주(東周) 유적지의 '천자육가(天子六駕)' 거마갱(車馬坑) 역시 고대인의 '죽은 자를 산 자 섬기듯 하는' 사상이 반영된 것이다. 주나라 천자가 생전에 사용하던 말 여섯 필이 끄는 수레를 지하에 그대로 매장했다.

『묵자』「절장하」에서는 "의복과 음식은 사람이 살아가는 데 이로운 것이나 오히려 절제를 숭상한다. 매장은 죽은 사람에게 이로운 것인데 어찌 유독 절제가 없단 말인가? 따라서 묵자의 원칙은 죽은 자와 산 자의 이로움을 잃지 않게 하는 데 있다"고 말했다. 춘추전국 시대에 후장과 구상의 풍속이 날로 심해져 사회의 커다란 악습이 되었기 때문에, 묵자는 이를 더 이상 방치할 수 없는 심각한 사회 문제로 인식했다.「절장하」에서 묵자는 후장의 풍속을 가차 없이 비판했다.

지금 후장과 구상을 고집하는 자들은 "후장과 구상이 정말 성왕의 도가 아니라면 왜 나라 안의 군자들이 그것을 그치지 않고 꾸준히 행하며 손에 쥐고서 놓지 않는가?"라고 말한다. 묵자는 이를 버릇에 길들고 풍속에 알맞다고 여기는 것뿐이라 말하고 이런 예시를 들었다. 옛날 월나라 동쪽에 해목국(較沐國)이 있었는데 할아버지가 죽으면 할머니를 짊어지고 산에 버리면서 귀신의 아내와는 함께 살 수 없다고 말한다. 초나라 남쪽에는 담인국(啖人國)이 있었는데 부모가 죽으면 살을 발라내서 버린 다음 뼈만 묻고서 그래야 효자가 될 수 있다고 말한다. 또 진(秦)나라 서쪽에는 의거국(儀渠國)이 있었는데 부모가 죽으면 땔나무를 모아 화장했다. 연기가 피어오르는 것을 보고 죽은 자가 하늘로 올랐다고 말한 뒤 그제야 효자가 되었다고 여긴다. 위에서는 이런 풍습을 정치하는 데 이용하고, 아래에서는 풍속이 되어 끊임없이 행해지다 보니 붙잡고 놓을 수 없게 된 것이다. 그런데 이를 어찌 인의의 도리라 할 수 있겠는가? 이는 그저 버릇에 길들고 풍속에 알맞다고 여기기 때문이다. 위 세 나라의 경우 죽은 사람에 대한 장례가 너무 간소하다면, 나라 안 군자들은 너무 후한 것이다. 장례는 반드시 심히 후하지도 않고 심히 간소하지도 않게 알맞은 절도가 있어야 한다.

「노문」 편에서는 노양 문군과의 대화에서 풍속을 변화시키는 문제에 대해 언급했다.

> **론 콘** 초나라 남쪽에 사람을 잡아먹는 교(橋)라는 나라가 있는데, 그 나라에서는 맏아들을 낳으면 잡아먹으면서 아우를 위한 일이라고 말합니다. 맛이 좋으면 그것을 군주에게 보내고 군주가 만족하면 그 아비에게 상을 내립니다. 이 어찌 추악한 풍속이 아닙니까?
>
> **묵 자** 중국의 풍습도 이와 마찬가지입니다. 아비를 죽게 만들어놓고 그의 자식에게 상을 내리는 것이 자식을 잡아 임금에게 바치고 그 아비가 상을 타는 풍속과 무엇이 다릅니까? 진실로 인의를 행하지 않는다면 오랑캐가 자기 자식을 잡아먹는 것을 비난할 수 있겠습니까?

「노문」 편에는 이와 관련된 또 다른 일화가 있다. 노나라 군주의 애첩이 죽자 노나라 사람이 군주에게 아부하려고 그녀를 위해 추도문을 지었다. 노나라 군주가 기뻐하며 그를 등용했다. 묵자가 그 소식을 듣고 "추도문은 죽은 사람의 뜻을 칭송하는 것입니다. 지금 기뻐하여 그를 등용하는 것은 마치 살쾡이로써 수레를 끌게 하는 것과 같습니다"라 하였다.

묵자가 절장의 창끝을 겨눈 곳은 분명 공자의 유학이었다. 『논어』 「학이」에서는 "공자가 말했다. 아버지가 살아계실 때는 자녀의 뜻을 잘 살펴야 하고, 아버지가 돌아가신 뒤에는 자녀의 행동을 잘 관찰해야 한다. 3년 동안 아버지의 방식을 바꾸지 않아야 효성스럽다고 할 수 있다"고 했다. 자손에게 삼년상을 요구한 것은 후장과 구상을 실행하라는 것이다. 『논어』 「위정」에서는 공자가 제자 번지(樊遲)에게 효에 대해 "살아계실 때 예로서 섬기고, 돌아가셨을 때 예로서 장례를 치르며, 예로써 제사를 드리는 것이다"라고 설명했다. 『논어』 「양화(陽貨)」에는 삼년상과 관련해 공자와 그의 제자 재아(宰我)의 대화가 실려 있다.

재　아 삼년상은 너무 길어서 1년으로도 충분하다고 봅니다. 군자가 3년 동안 예를 행하지 않으면 예가 반드시 무너지고, 3년 동안 음악을 익히지 않으면 음악이 반드시 무너질 것입니다. 묵은 곡식이 다 없어지고 새 곡식이 나오며, 불씨 만드는 나무도 바뀌니 일 년이면 그칠 만합니다.

공　자 쌀밥을 먹고 비단옷을 입는 것이 너에게는 편하더냐?

재　아 편안합니다.

공　자 네가 편안하면 그리 해라. 군자가 상을 치를 때는 맛난 것을 먹어도 달지 않고, 음악을 들어도 즐겁지 않으며, 집에 있어도 편하지 않기 때문에 그렇게 하지 않는 것이다. 너는 지금 편하다고 하니 그렇게 해라.

재아가 밖으로 나가자 공자가 말했다.

공　자 "재아의 불인(不仁)함이여! 자식은 태어난 지 3년이 지나야 부모의 품을 벗어날 수 있다. 무릇 삼년상은 천하의 공통된 상례인 것을. 재아도 3년 동안 부모의 사랑을 받았을 터인데!"

공자는 노나라 문화의 대표 인물이다. 은대 유민인 노나라는 자신들만의 장례 풍속을 가지고 있었다. 『예기』「단궁상(檀弓上)」에 따르면, 공자는 임종 전에 제자 자공(子貢)에게 이렇게 말했다.

하후씨(夏后氏)는 동쪽 계단 위에 빈소를 차렸으니 죽은 사람을 주인으로 대우한 것이고, 은나라 사람은 두 기둥 사이에 빈소를 차렸으니 죽은 사람을 빈객과 주인의 중간쯤으로 대우한 것이며, 주나라 사람은 서쪽 계단 위에 빈소를 차렸으니 죽은 사람을 빈객으로 대우한 것이다. 나는 은나라 사람이다. 어젯밤에 두 기둥 사이에 앉아서 궤향(饋餉)을 받는 꿈을 꾸었다. 무릇 명왕(明王)이 나오지 않으니 천하에 그 누가 나를 종주로 받들겠느냐? 내 아마도 곧 죽을 것 같다.

여기서 보면 두 기둥 사이에 빈소를 차리는 것은 은나라의 상례이다. 「단궁상」에서는 또 자장(子張)의 부친상에 "붉은 바탕에 저막(褚幕)을 만들고 네 귀퉁이에 개미 그림을 그렸는데, 이는 은대에 선비가 죽었을 때의 예이다"라고 했다. 공자의 제자인 자장도 은대 유민이었기 때문이다. 『공자가어(孔子家語)』「곡례자공문(曲禮子貢問)」에는 이런 기록이 실려 있다.

자장의 아버지가 죽어 공명의(公明儀)가 그 일을 도왔다. 공명의가 이마를 땅에 대는 법을 묻자, 공자는 다음과 같이 설명했다. "절을 한 뒤에 꿇어앉아 이마를 땅에 대는 것은 공손하면서도 일반적인 예법이요, 이마를 땅에 댄 다음 절을 하는 것은 덤덤하지만 지극한 예법이다. 부모의 삼년상이라면 나는 지극한 예법을 따르겠다."

고대에는 길례(吉禮, 제례), 가례(嘉禮, 관례, 혼례), 빈례(賓禮), 군례(軍禮), 흉례(凶禮)의 오례(五禮)가 있었다. 상장례(喪葬禮)는 흉례에 속한다. 평생 극기복례가 인이라고 주장한 공자 입장에서 오례와 같은 큰 예법을 어찌 소홀히 할 수 있었겠는가?

유가에는 "100가지 선(善) 가운데 효행이 으뜸이고, 만 가지 악(惡) 가운데 음사(淫事)가 첫째이다"라는 유명한 말이 있다. 후장과 구상은 효 문화의 극단적인 표현이다. 효는 생전의 효와 사후의 효 두 가지로 나뉜다. 생전의 효는 주로 물질적인 봉양 및 예를 받드는 형식으로 표현되고, 사후의 효는 주로 후장과 구상의 정신적인 형태로 표현된다. 『묵자』「비유하」에서는 공자의 후장과 구상을 강하게 비판하고 신랄하게 조롱했다.

유자는 "가까운 이를 사랑하는 데 차등이 있고, 어진 이를 높이는 데에도 등급이 있다"고 하여 친소와 존비를 구별한다. 그 예에 따르면, 복상(服喪) 기간이 부모는 3년, 처와 자식도 3년, 백부와 숙부나 형제, 서자는 1년, 외가붙이는 다섯 달이라 한다. 만일 친소를 가지고 세월 수로 삼는다면 가까운 이는 길고 먼 이는 짧아야 하는데, 처와 자식을 아버지와 똑같이 한다. 만일 존비를 가지고 세월 수로 삼는다면 처자를 부모처럼 높이고 백부나 종가 형 보기를 자식보다 낮추니, 어긋남이 이보다 큰 것이 있겠는가?

부모가 죽으면 시신을 뉘어두고 염하지 않는다. 지붕 위에 올라갔다 우물을 들여다보았다 하고, 쥐구멍을 쑤시고 손 씻는 그릇을 뒤지면서 죽은 이를 찾는다. 실제로 거기에 있다고 여긴다면 대단히 어리석은 것이고, 없다는 것을 알면서도 찾는 척한다면 아주 큰 위선이다.

장가들 때에는 직접 신부를 맞으러 가서 검은색 옷을 입고 수레를 끌면서 마치 부모 받들 듯하고, 혼례 의식을 제사를 지내는 것처럼 공경히 한다. 이는 위아래를 뒤엎고 부모를 거스르는 일이다. 자신을 낮추어 처자를 중시하고 처자를 높여 부모를 업신여기기 때문이다. 이와 같이 한다면 효라고 말할 수 있는가? 유자들은 "처를 맞아들이는 일은 처와 함께 제사를 받들어야 하고, 자식은 장차 조상의 사당을 지켜야 하기 때문에 그들을 중시한다"고 말한다. 이것은 꾸며낸 거짓말이다. 종가 형이 조상의 사당 지키기를 수십 년 하는데도 죽으면 복상 기간이 1년이다. 형제의 처자가 조상 제사를 받들어도 그들을 위해 상복을 입지 않는다. 처자에 대한 복상 삼년은 반드시 제사를 받들고 지키기 때문은 아니다. 처자가 사랑스러워 이미 잘못을 저지르면서도 "부모를 소중히 하는 까닭이다"라고 한다. 지극히 사사로운 것을 두텁게 하기 때문에 지극히 소중한 것을 가볍게 여기는 것이니, 어찌 큰 간악이 아니겠는가?

또한 그들은 예악을 번거롭게 꾸며서 사람을 얼빠지게 만들고, 오랜 복상과 슬퍼하는 겉치레로 부모를 속이며, 명(命)을 내세워 가난하면서도 고상한 척하고, 근본(생산)을 어기고 해야 할 일을 버리고서 게으름과 오만에 빠져 있다. 음식만 탐하고 할 일을 게을리 하며, 굶주림과 추위가 닥쳐 얼어 죽고 굶어 죽을 위험에 처해도 그것을 피할 줄 모른다. 이는 마치 거지가 두더지 먹이 감추듯 하고, 숫양이 사방을 둘러보듯 하며, 돼지가 날래게 일어서듯 하는 것과 같다. 군자가 그들을 비웃으면 화를 내며 "너희들이 어찌 진정한 유자를 알겠는가?"라고 말한다. 무릇 여름에는 보리나 벼를 빌어먹다가 오곡 수확이 끝나면 큰 초상집만 찾아다니는데, 가족을 모두 거느리고 가서 음식을 실컷 먹는다. 몇 집 초상만 치르고 나면 충분히 살아갈 수 있다. 남의 집에 의지해 배를 채우고, 남의 논밭에 기대어 잘난 척한다. 부잣집이 상을 당하면 크게 기뻐하면서 "이것이 먹고 입을 거리를 얻는 바탕이다"라고 말한다.

마지막 구절에서 그야말로 유자를 통렬하게 조롱하고 있다. 후스는 유가의 변천사를 분석할 때, "주로 상례를 돕던 유자 계층은 점차적으로 육체노동에서 벗어나면서 그들과 서로 대립했다. 또한 육체노동에서 벗어난 시간이 길어짐에 따라 '사지를 놀리지 않고 오곡을 구별하지 못하는' 비육체 노동 계층이 되었다"고 말했다. 『묵자』 「공맹」 편에서는 묵자와 유자인 공맹자와의 대화를 통해 유가의 효도를 비판했다.

묵자 상례에 따르면 군주, 부모, 아내, 맏아들이 죽으면 3년상을 치르고, 백부, 숙부, 형제는 1년상, 친족은 5개월상, 고모, 누이, 외삼촌, 생질은 몇 개월간 상복을 입습니다. 또 상례 기간이 아닐 때는 시를 외우고 악기로 연주하며 곡조에 맞춰 춤을 춥니다. 이처럼 그대의 말대로라면 군자는 어느 겨를에 정치를 하고, 서인은 어느 겨를에 일을 할 수 있겠습니까?

공맹자 나라가 어지러우면 다스리고 나라가 안정되면 예악을 행하며, 나라가 가난하면 일에 매진하고 나라가 부유하면 예악을 행합니다.

묵자 나라가 안정됐다고 해서 다스림을 그만둔다면 나라의 안정 또한 사라질 것입니다. 나라의 부유함은 백성이 일에 매진했기 때문인데, 백성이 일을 그만둔다면 나라의 부유함 또한 없어질 것입니다. 따라서 나라가 비록 안정되더라도 권장하는 것을 그치지 않는 것이 좋습니다. 지금 그대가 "나라가 안정되면 예악을 행하고 어지러우면 다스린다"고 말한 것은 마치 목이 마르고서야 샘을 파고 사람이 죽은 다음에 의원을 찾는 것과 같습니다. 옛날 삼대 때 폭군이었던 걸왕, 주왕, 유왕, 려왕은 음악을 성대히 하면서도 백성을 보살피지 않았습니다. 이 때문에 몸은 죽임을 당했고 나라가 멸망에 이르렀으니, 모두 이런 길을 따랐기 때문입니다.

공맹자 귀신은 없습니다. 그렇지만 군자는 반드시 제사를 배워야 합니다.

묵 자 귀신이 없다고 주장하면서 제례를 배우라고 권하는 것은 마치 손님이 없는데 손님 대접하는 예를 배우는 것과 같고, 물고기가 없는데 그물을 만드는 것과 같습니다.

공맹자 선생은 삼년상을 잘못이라고 하는데, 그러면 선생의 삼개월상도 틀렸습니다.

묵 자 그대가 삼년상을 가지고 삼개월상을 비판하는 것은 마치 벌거벗은 사람이 옷자락 걷은 사람을 공손하지 않다고 말하는 것과 같습니다.

공맹자 삼년상은 우리 자식들에게 부모 사랑하는 법을 가르치는 것입니다.

묵 자 어린아이의 머리로는 단지 자기 부모를 사랑할 뿐입니다. 부모가 보이지 않으면 울음을 그치지 않습니다. 그 까닭은 무엇일까요? 아주 어리석기 때문입니다. 그렇다면 유자의 머리가 어찌 어린아이보다 나은 점이 있겠습니까?

이상의 예문은 『회남자』 「요략」 편에 보이는 "묵자가 처음에 유자의 업을 배우고 공자의 학술을 수용했지만 나중에 그 예가 지나치게 번거로워 좋아하지 않았다. 후장으로 재물을 낭비하고 구상으로 생업을 해친다고 여겨 유가 학설을 버렸다"는 내용의 근거라고 할 수 있다.

묵자가 유가의 후장과 구상에 반대하면서 제창한 '세 치 두께의 관과 세 벌의 수의와 금침(衾枕)' 주장에 대해 더욱 격렬한 힐난이 이어졌다. 사마담은 「논육가요지」에서는 다음과 같이 평했다.

묵가에서는 장례를 치를 때 오동나무 관의 두께가 세 치를 넘지 않았고,

곡소리도 마음속의 슬픔을 다하지 않았다. 상례를 가르치면서 반드시 이를 만민의 표준으로 삼았다. 만약 세상 사람들이 이를 본받는다면 귀천의 구별이 없어질 것이다.

다음으로 『한비자』 「현학」 편을 보자.

묵가의 장례에는 겨울에는 겨울옷을, 여름에는 여름옷을 입고, 세 치 두께의 오동나무 관에 복상 기간이 3개월이었기 때문에 세상의 군주는 묵가를 검소하다고 여겨 예우했다. 유자는 가산까지 탕진하며 장례를 치르고 상복을 3년간 입어 몸이 크게 상하고 지팡이에 의지해야 걸을 수 있었기 때문에 세상의 군주는 효행이라고 보아 예우했다. 묵자의 검소함을 옳다 여기면 공자의 상례는 사치하여 그릇된 것이 되고, 공자의 효행을 옳다 여기면 묵자의 상례는 인정에 어긋나 잘못된 것이 된다.

『순자』 「정론(正論)」에도 이런 글이 있다.

세인이 말했다. "태곳적에는 박장(薄葬)하여 관의 두께가 세 치이고 수의와 의금은 세 벌이며 밭에 장사를 지내되 농사에 방해되지 않도록 아무런 표식도 없었으므로 도굴되지 않았다. 세상이 어지러운 지금에는 후장하여 관을 꾸미기 때문에 도굴되는 것이다." 이는 다스리는 도를 알지 못하고, 도굴하고 도굴하지 않는 이유를 제대로 살피지 못한 자들이 하는 말이다.

당시 수많은 제가가 '세 치 두께의 관과 세 벌의 수의와 금침'이라는 묵자의 상례 규정을 심지어 범죄자에 대한 징벌이라 여기고, '지극

히 치욕스러운 일'(『순자』「예론」禮論)이라고 생각했다. 『여씨춘추』「고
의(高義)」에 다음과 같은 일화가 보인다.

(···) 자낭(子囊)은 "달아난 것이 죄가 아니라면 후세에 군주를 위해서 군
사를 거느린 자가 모두 이롭지 않다는 명분으로 제가 달아난 일을 본받
을 것입니다. 이렇게 되면 초나라는 결국 천하의 제후들에게 꺾이고 맙
니다"라 말하고는 끝내 칼을 배에 깔고 죽었다. 그러자 군주가 "장군의
의로움을 이루어주겠소"라 말하고, 세 치 두께의 오동나무 관을 만들어
주고 그 위에 도끼와 도마를 얹어놓았다.

『좌씨전』「애공 2년」에는 "가을 8월에 (···) 조간자(趙簡子)가 맹서
했다. (···) 만일 내가 패전하여 죄를 짓는다면 나를 목 졸라 죽여서 몇
겹짜리 관도 필요 없이 세 치 두께의 오동나무 관에 넣어 소거(素車)
에 실어 박마(樸馬)가 끌게 하고 조상의 묘역에 들어가지 못하게 할
것이니, 이는 하경(下卿)에게 내리는 징벌이다"라고 기록되어 있다.
『순자』「예론」편에는 다음과 같은 내용이 보인다.

예란 태어남과 죽음을 엄격하게 다스리는 것이다. 태어남은 인생의 시
작이고, 죽음은 인생의 끝이다. 시작과 끝이 다 좋아야 사람의 도리를 다
한 것이다. 따라서 군자는 시작을 공경하고 끝을 삼간다. (···) 군자는 비
속한 것을 천시하고 척박한 것을 부끄럽게 여긴다. 그러므로 천자의 관
곽은 일곱 겹, 제후는 다섯 겹, 대부는 세 겹, 사는 두 겹으로 한다. 그런
뒤에 모두 수의와 금침의 많고 적음, 두터움과 얇음의 규칙이 있고, 관의
장식과 무늬에 등급이 있어 공경히 꾸며서 삶과 죽음, 처음과 마지막을
한결같게 하는데, 한결같음은 사람의 소원을 충분히 이뤄줄 수 있다. 이

것이 선왕의 도이고 충신과 효자의 지극함이다. 천자의 상은 온 세상을 움직이고 제후들이 모여 장사를 주관하게 하며, 제후의 상은 여러 나라를 움직이고 대부들이 모여 장사를 주관하게 하며, 대부의 상은 한 나라를 움직이고 사(士)들이 모여 장사를 주관하게 하며, 상사(上士)의 상은 한 고을을 움직이고 벗들이 모여 장사를 주관하게 하며, 서인의 상은 마을을 움직이고 친족들이 모여 장사를 주관하게 한다. 형기가 남은 죄인의 상은 친족들이 함께할 수 없고 오로지 그의 처자(妻子)만 모여 장사를 주관한다. 관곽의 두께는 세 치이고 수의와 금침은 세 벌이며, 관을 장식할 수 없고 낮에 장사 지낼 수 없어 해가 진 뒤 평복을 입은 채로 가서 매장한다. 돌아와서도 곡하는 예절이 없고 상복을 입지 못하며 친소에 따른 달 수의 등급도 없다. 각각 평소로 돌아오고 각각 처음으로 되돌아오니, 매장한 뒤에는 꼭 상을 치르지 않은 것과 같을 따름이다. 이를 일러 지극히 치욕스러운 일이라고 한다.

이렇게 볼 때 '세 치 두께의 관과 세 벌의 수의와 금침'은 묵자 스스로 죄수 신분임을 무의식적으로 내뱉은 게 아닐까 하는 의심마저 든다.

사실 묵자의 절장과 상례에 임하는 태도는 어른에 대한 효를 주장한 것이다. 부모상에 곡하는 것을 반대한 것이 아니라 다만 후장과 구상을 불필요하다고 여겼을 뿐이다. 묵자는 '심상(心喪)'을 제창하고 애도의 마음을 더욱 중시했다. 예의는 단지 형식일 뿐이고, 없어서는 안 된다고 하나 가장 중요한 것은 아니다. 상례에서 가장 근본적인 것은 애도의 마음이다.

묵자는 「수신」 편에서 "상례에 비록 예절이 있지만 슬픔을 근본으로 삼아야 한다"고 말했다. 그가 반대한 것은 '긴 상례 기간과 거짓된 슬픔으로 부모를 기만하는'(「비유하」) 일이다. 따라서 진정한 효심은 마음속에 있으며, 마음으로부터 우러나온 비통함이야말로 효의 근본이다. 형식만을 중시하는 것은 결코 효의 진정한 표현이 아니다. 『묵자』「절장하」에서는 요, 순, 우 세 성왕의 예를 들어 후장과 구상이 결코 성왕의 도가 아님을 설명하고 있다.

지금 후장과 구상을 주장하는 자들은 "후장과 구상이 가난함을 부유함으로, 적은 수를 많은 수로, 위험을 안정으로, 혼란을 치세로 바꿀 수는 없다. 그렇다 하더라도 이는 성왕의 도이다"라고 말한다. 묵자가 말했다. "그렇지 않다. 옛날 요가 북쪽으로 팔적(八狄)을 교화하다가 도중에 죽어서 공산(蛩山) 북쪽 기슭에 장사 지냈다. 수의와 금침 세 벌에 허술한 나무 관을 칡으로 묶어서 하관한 다음 곡했다. 구덩이를 채우고 봉분하지 않았으며 매장이 끝나고 소와 말이 그 위를 밟았다. 순이 서쪽으로 칠융(七戎)을 교화하다가 도중에 죽어서 남기(南己)의 시장 옆에 장사 지냈다. 수의와 금침 세 벌에 허술한 나무 관을 칡으로 묶어서 매장한 다음 시장 사람들이 평소처럼 그곳을 왕래했다. 우는 동쪽으로 구이(九夷)를 교화하다가 도중에 죽어서 회계산(會稽山)에 장사 지냈다. 수의와 금침 세 벌에 오동나무로 세 치 두께의 관을 짜 칡으로 묶었다. 관을 졸라맸지만 매듭 짓지 않았고 길을 내더라도 무덤길은 만들지 않았다. 땅을 파더라도 수맥에는 닿지 않았고 위로는 냄새가 새어나오지 않게 했다. 묻고 남은 흙을 그 위에 모았는데, 봉분은 세 사람이 나란히 밭을 갈 넓이에서 그쳤다. 이 성왕 세 분의 경우를 본다면 후장과 구상은 분명 성왕의 도가 아니다. 성왕 세 분은 모두 천자라는 존귀한 위치에 있고 부유하기로는 천하를 가졌는데, 어찌 재물이 부족할까 걱정해 매장의 원칙을 만들었겠는가?

장자도 절장을 주장했다. 『장자』「열어구」편에 따르면, 장자가 위독해지자 제자들이 후장을 하고자 했다. 이에 다음과 같은 대화가 보인다.

장 자 　나는 하늘과 땅을 관곽으로 삼고, 해와 달을 한 쌍의 옥으로 삼으며, 별자리를 구슬로 삼고, 만물을 부장품으로 삼는다. 나의 장례용품이 다 갖춰지지 않았느냐? 여기에 무엇을 더 보태겠는가?

제 자 　저희는 까마귀나 솔개가 선생님을 뜯어먹을까 두렵습니다.

장 자 　땅 위에서는 까마귀나 솔개에게 먹히고, 땅 밑에서는 개미나 땅강아지에게 먹히는 것이다. 그렇다면 저쪽의 것을 빼앗아 이쪽에 주는 격이니 어찌 치우친 것이 아니겠는가?

『장자』「지락(至樂)」편에는 장자의 아내가 죽자 혜시(惠施)가 조문하러 갔는데, 장자는 두 다리를 쭉 뻗고 앉아 항아리를 두드리며 노래하는 내용이 나온다.

혜 시 　자네는 저 사람과 살면서 자식을 낳고 늙었네. 그런 부인이 죽었는데 곡을 하지 않으면 그만이지, 항아리를 두드리며 노래하는 것은 너무 심하지 않은가?

장 자 　그렇지 않네. 아내가 죽고서 처음에는 나라고 어찌 슬프지 않았겠는가? 그러나 그가 태어나기 전을 생각해보니 본래 생명이 없었고, 생명이 없었을 뿐만 아니라 형체조차 없었으며, 비단 형체만이 아니라 기(氣)조차 없었네. 흐리멍덩한 사이에 섞여 있다가 그것이 변하여 기가 있게 되었고, 기가 변하여 형체가 있게 되었으며, 형체가 변하여 생명이 있게 된 것이네. 이제 다시 변하여 아내가 죽은 것이니, 이는 춘하추동 사계절의 운행과 같은 변화라네. 저 사람은 거대한 방 안에서 편안히 잠들고 있을 뿐인데, 내가 발을 구르며 곡을 한다면 스스로 운명에 달통하지 못한 짓이라 생각해 곡을 그친 것이네.

공수반도 절장에 있어서는 묵자와 같은 입장을 취했다. 『예기』 「단궁하」에 다음과 같은 일화가 실려 있다.

계강자(季康子)의 모친이 죽었는데 관 다루는 일을 맡은 공수약(公輸若)은 나이가 너무 어렸다. 그래서 관을 겉 널에 안치할 때 그 일을 감당하기 어려웠다. 이에 공수반이 자기가 만든 기구를 이용하자고 제안하여 공수약이 따르고자 했다. 그런데 공견가(公肩假)가 반대하고 나섰다. "그렇게 할 수 없소. 노나라에는 예로부터 지켜오던 방법이 있소. 공실(公室)에서는 풍비(豐碑)에 준하고, 삼가(三家)에서는 환영(桓楹)에 준하는 것이오."

환영은 일종의 장례 방법으로 나무를 깎아 비석처럼 만들어 무덤 안의 네 귀에 세우고 관을 내리는 것이다. 옛날에는 이 과정에 모두 사람의 힘을 사용했기 때문에 공수반은 인력과 재물을 지나치게 낭비한다고 여겨 도르래와 같은 기계 장치를 발명한 것으로 보인다.

묵자의 겸애를 일종의 '인생관'으로 간주한다면, 묵자의 절장은 '죽음관'으로 간주해도 무방하다.

제14장

음악에 대한 유묵의 입장 차이

춘추전국 시대에 예악이 붕괴하자 공자는 '주나라를 따르겠다'고 주장했다. 이는 예를 회복하고 악을 가르쳐서 주나라 초기의 예악 문화로 다시 돌아가겠다는 뜻이다. 하지만 묵자는 이미 만신창이가 된 주나라 문화를 공자가 수정 보완한다고 해서 완벽하게 되돌릴 수는 없다고 여겼다. 따라서 묵자가 '주나라를 버리고 하나라를 좇아' 우왕 치수의 신화 시절까지 거슬러 올라간 것은 더욱 복고적인 기치를 내걸고 유학과 맞서기 위함이었다.

『묵자』「비악」편의 주제는 음악 활동에 종사하는 일을 반대하는 것이다. 묵자로서는 모든 일은 마땅히 나라와 백성을 이롭게 하고, 백성과 국가는 생존을 위해 동분서주해야 하는데 악기 제조는 필연적으로 백성의 재물을 수탈하고 백성의 생산력을 황폐화시키며, 또 음악은 사람을 지나친 향락에 빠뜨린다고 생각했다. 따라서 음악을 반드시 금지시켜야 했다. 『묵자』「비악상」 첫머리에서 요지를 분명히 밝히고 있다.

어진 사람이 해야 할 일은 반드시 천하의 이로움을 일으키고 천하의 해
로움을 없애고자 힘쓰는 것이다. 이것을 천하의 법도로 삼아서 사람에게
이로우면 즉시 행하고 사람에게 이롭지 않으면 즉시 그만둔다. 또한 어
진 사람이 천하를 위해 헤아려야 할 것은 눈에 아름다운 것, 귀에 즐거운
것, 입에 단 것, 몸에 편안한 것이 아니다. 이런 것들은 백성이 먹고 입는
재물을 축내고 빼앗기 때문에 어진 사람은 하지 않는다. 그러므로 묵자
가 음악을 부정하는 이유는 큰 종과 북, 거문고와 비파, 생황의 소리가 즐
겁지 않다고 여겨서가 아니다. (…) 위로 생각하면 성왕의 일에 부합하지
않고, 아래로 헤아려보면 만민의 이익에 맞지 않기 때문이다. 따라서 묵
자는 "음악 활동에 종사하는 것은 잘못이다"라고 말했다.

량치차오는 「묵자의 실리주의 및 그 경제학설」에서 이렇게 설명
했다.

묵자의 '비악' 주장은 "백성의 쓰임새에 충분히 공급할 수 있는 선에서
그친다"(「절용중」)는 데로부터 파생되었다. 음악은 백성에게 비용만 증가
시키고 이로움을 주지 못하는 일이기 때문에 반대했다. 묵자는 항상 생
산력을 유용한 곳에 써야만 비로소 생산의 참된 의의에 부합한다고 여
겼다. 따라서 그는 "왕공대인이 즐겨 모으는 주옥, 새와 짐승, 견마를 버
리고 그것으로 의상, 가옥, 갑옷과 방패, 배와 수레의 수를 늘리는 데 보
탠다면 순식간에 몇 갑절 늘어날 수 있다"(「절용상」)고 말했다. 묵자는 이
런 생각을 더욱 확충해나가 유용함과 무용함을 응당 해야 할 일과 해서
는 안 될 일의 표준으로 삼았고, 어떤 사업이나 학문을 평가할 때에도 가

장 먼저 쓸모가 있는지를 따져보았다. 이는 묵학의 근본이 되는 도덕적 기준이었다. 만일 어디에 쓸모가 있는지 대답하지 못한다면 아무리 많은 사람이 좋은 일이라고 말하더라도 묵자는 배척했다.

묵자는 현실주의자이자 실용주의자에 가깝다. 묵자의 모든 견해는 현실에서 출발해 하나의 원칙을 견지했다. 바로 사람에게 이로우면 행하고 사람에게 이롭지 않으면 그만둔다는 것이다. 『묵자』「노문」편에서는 "나라가 음악과 술에 깊이 빠져 있으면 '비악'을 말한다"고 분명하게 말했다. 당시 왕공대인들이 음탕함에 빠져 스스로 공덕 찬양하기를 좋아하고 노래와 춤을 즐기는 무대 건설에 주력해 백성의 인력과 재물을 낭비했기 때문에 주린 자가 먹지 못하고 헐벗은 자가 입지 못하며 피곤한 자가 쉬지 못하는 상황을 초래했다. 묵자는 이런 현실을 겨냥해 '비악'을 제시한 것이다.

『묵자』「비악」은 본래 상중하 세 편이나 현재는 '비악상'만 전해지고 있다. 묵자는 「비악상」에서 과도한 '악(樂)'의 위해성을 세 가지 측면에서 지적하고 있다.

첫째, 악기 제조로 대량의 재화가 소모된다는 것이다.

지금 왕공대인은 국가사업을 위해 악기를 만든다고 하지만 이는 고여 있는 물을 긷거나 무너진 담의 흙을 긁어서 만드는 것이 아니다. 반드시 만민에게 무거운 세금을 거둬들여 큰 종과 북, 거문고와 비파, 생황 같은 악기를 만드는 것이다. 옛날 성왕들도 만민에게 많은 세금을 거둬들여 배와 수레를 만들었다. 그렇게 다 만든 뒤에 "우리가 이것을 어디에 쓸 것인가? 배는 물에서 쓰고 수레는 뭍에서 쓴다. 그러면 군자는 그의 발을 쉬게 할 수 있고, 백성은 그의 어깨와 등을 쉬게 할 수 있다"고 말했다.

그러므로 만민이 재물을 내더라도 굳이 걱정하거나 원망하지 않았으니, 그 이유가 무엇인가? 도리어 백성의 이익에 부합했기 때문이다. 따라서 악기가 도리어 백성의 이익에 부합한다면 내 감히 그르다고 하지 않을 것이다. (…) 그런데 큰 종을 치고 북을 울리며 거문고와 비파를 타고 생황을 불면서 방패와 도끼를 들고 춤을 춘다면 백성이 먹고 입는 재물을 어떻게 갖출 수 있겠는가? 나는 반드시 그렇지 못할 것이라고 생각한다. (…) 또한 큰 종을 치고 북을 울리며 거문고와 비파를 타고 생황을 불면서 방패와 도끼를 들고 춤을 추는 따위로 천하의 어지러움을 어떻게 다스릴 수 있겠는가? 나는 반드시 그렇지 못할 것이라고 생각한다. 따라서 묵자는 이렇게 말했다. "만민에게 많은 세금을 거둬들여 큰 종과 북, 거문고와 비파, 생황 같은 악기를 만드는 것은 천하의 이로움을 일으키고 천하의 해로움을 제거하는 데에 아무 도움도 되지 않는다. 따라서 음악 활동에 종사하는 것은 잘못된 일이다."

현재 출토된 문물 가운데 상당수가 「비악」의 논술을 증명하고 있다. 1978년 허베이(河北)성 쑤이(隨)현 레이구둔(擂鼓墩)에서 전국시대 초기 증(曾)나라 군주인 증후을(曾侯乙)의 묘가 발견되었다. 그 안에서 출토된 편종(編鐘) 64점의 종 틀이 3층 구조로 걸려 있었다. 편종 틀은 구리와 나무로 제조됐고, 기역 자 형태에 높이가 2미터이다. 흑칠 바탕에 적색과 황색 도안이 그려져 있고, 양끝에는 음각 혹은 양각된 봉황과 꽃무늬 청동 덮개를 부착하여 틀을 견고하게 지탱하고 있다. 1층과 2층 들보 양끝과 기역 자가 교차하는 부분에는 각각 칼을 찬 동인(銅人)이 머리와 양손으로 위를 떠받치고 있는데, 1층의 동인은 용을 새긴 둥근 구리 받침 위에 서 있다. 편종의 틀 구조가 상당히 아름답고 견고해 무게 5000여 근을 견딜 수 있어서 2000년이 넘도록 손상되지 않았다. 고대의 생산 조건 아래에서 이것을 만들 때 얼마나 많은 인력과 재화를 낭비했겠는가?

둘째, 악곡을 연주할 때 대량의 노동력이 소모된다는 것이다.

지금 왕공대인이 높은 누대와 높다란 정자 위에서 종을 내려다보면 마치 엎어둔 솥과 같을 것이다. 종을 치지 않으면 어디에 쓰겠는가? 따라서 반드시 쳐야 하는데 노인과 반응이 느린 사람은 시킬 수 없다. 노인과 반응이 느린 사람은 눈과 귀가 총명하지 못하고 팔다리가 민첩하지 못하며 음성이 조화롭지 못하고 어깨를 번갈아 움직이지 못한다. 반드시 한창 나이의 사람을 시켜야 할 것이다. 하지만 남자를 시킨다면 농사일을 폐하게 될 것이고, 여자를 시킨다면 길쌈하는 일을 폐하게 될 것이다. 지금의 왕공대인이 음악 활동을 즐겨 백성이 먹고 입는 재화를 약탈함이 바로 이와 같은 것이다. 따라서 묵자는 "음악 활동에 종사하는 것은 잘못된 일이다"라고 말했다.

『한비자』「내저설상(內儲說上)」에는 '남우충수(濫竽充數, 무능한 사람이 재주 있는 척 숫자만 채우고 있다는 뜻)'에 관한 고사가 실려 있다.

제 선왕이 피리를 불게 할 때에는 반드시 300명으로 악단을 구성했다. 성곽 남쪽에 살던 처사 하나가 왕을 위해 피리를 불겠다고 자원했다. 선왕이 기뻐하며 그에게 수백 명 분의 쌀을 하사했다. 선왕이 죽고 민왕(湣王)이 즉위하여 한 사람씩 피리 부는 것을 즐겨 듣자, 성곽 남쪽 처사가 달아나버렸다.

이를 통해 보면 연주자가 수백 명이니 식사를 준비하는 자도 수백 명일 테고, 게다가 듣는 사람까지 더하면 얼마나 가관이었겠는가?
『묵자』「비악」에는 이보다 더한 사례가 나온다.

옛날 제 강공(康公)은 '만무(萬舞)'라는 악곡을 좋아했다. 만무를 추는 사
람은 단갈(短褐, 거친 옷)을 입을 수 없고, 조강(糟糠, 하찮은 음식)을 먹을 수
없었다. 즉 좋지 않은 음식을 먹으면 얼굴빛이 좋게 보이지 않고, 허름한
옷을 입히면 동작이 좋게 보이지 않는다는 것이다. 그래서 반드시 쌀과
고기를 먹이고 무늬를 수놓은 의상을 입혔다.

이들은 먹고 입는 재물을 만드는 일에 종사하지 않으면서도 언제
나 남이 만든 것을 입고 먹었다. 제 강공이 '만무'를 일으켜 걸핏하
면 수많은 사람을 동원했으니 얼마나 많은 인력과 재물이 낭비되었
겠는가.

여기서 "제나라 강공이 '만무'라는 악곡을 좋아했다"는 내용상 보
충 설명이 필요하다. 『일주서(逸周書)』「세부(世俘)」에 다음과 같은 기
록이 있다.

갑인(甲寅)일에 목야에서 은나라 정벌한 일을 고하였다. 왕은 붉은색과
흰색 깃발을 들고 악공이 '무(武)'를 연주했다. 무왕이 태묘에 들어가자
그를 향해 '만'무를 추고 '명명(明明)' 악곡을 세 차례 올리면서 마쳤다.

이를 통해 볼 때 당시 연주한 악곡이 '무'이고, 춤이 '만'이며, 가사
가 '명명'이었다. 곡(曲), 무(舞), 사(詞)의 명칭이 하나가 아님을 알 수
있다. 주대에 무악(武樂)은 '무'와 '대무(大武)'를 포괄하는데, 두 가지
모두 무왕이 주왕을 정벌한 것을 소재로 만든 서주 초기의 음악 작품

으로 주대 내내 유행하여 예악의 주요 부분을 구성했다. 통상 '무'와 '대무'를 동일한 악무 작품으로 간주하지만 사실 이런 관점은 틀린 것이다.

음악의 각도에서 보면 '무'는 본래 악곡으로 춤과 가사를 포함하지 않으며, 훗날 악무, 시와 결합된 '대무'와 명확히 구별된다. 무악이 예제(禮制)나 「주송(周頌)」 및 무왕이 주왕을 정벌한 역사적 사건과 관련이 있기 때문에 고인들은 악을 말하고 예를 논하며 시를 주석하고 역사를 고증할 때 모두 이에 대해 논고한 바가 있다. 근대 왕궈웨이(王國維)가 지은 「주대무악장고(周大武樂章考)」가 바로 이런 문제를 변별하고 분석한 것이다. 묵자가 말한 '만무'란 아마도 '무'를 토대로 발전된 '대형 악무 서사시'로 그 규모가 웅장해 당시 사람들이 감탄을 금치 못했을 것이다.

여하튼 묵자가 인용한 제 강공 사례는 '음악이 지나치면 나라를 망친다'는 함의를 담고 있다.

셋째, 악곡을 감상하기 위해서는 각종 활동에 종사하는 사람들의 시간을 뺏는다는 것이다.

지금 큰 종과 북, 거문고와 비파, 생황 같은 악기를 갖춰놓고서 왕공대인 혼자만 연주를 듣는다면 무슨 흥취가 일어나겠는가? 그러므로 당연히 여러 서인이나 군자와 함께할 것이다. 군자와 함께 듣는다면 군자는 정사를 팽개치고, 서인과 함께 듣는다면 서인은 종사하는 일을 그만두게 된다. 지금 왕공대인이 음악을 즐겨 백성이 입고 먹는 재화를 빼앗고 대규모로 악기를 연주하기 때문에 묵자가 "음악 활동에 종사하는 것은 잘못된 일이다"라고 말했다.

군자가 나라를 다스리는 일에 애쓰지 않으면 형벌과 정령이 혼란해지고,

서인이 생산에 힘쓰지 않으면 재용이 부족해진다. 지금 천하의 사군자들은 내 말을 옳다고 여기지 않는다. 그렇다면 천하의 각기 맡은 본분을 통해 음악의 해로운 점을 살펴보기로 하자. 왕공대인은 아침 일찍 조정에 나가고 밤늦게 물러나오며 정사를 맡아보는 것이 그들의 소임이다. 사군자는 손발의 힘을 다하고 지혜를 다하여 안으로 관청 일을 처리하고 밖으로 관문, 시장, 산림, 소택에서 세금을 거두어 창고를 채우는 것이 그들의 소임이다. 농부는 아침 일찍 나가 해질녘에 돌아오면서 논밭을 갈고 씨 뿌리며 채소와 나무를 심어 곡식을 많이 거둬들이는 것이 그들의 소임이다. 아낙네는 새벽 일찍 일어나 밤늦게 잠들면서 삼베와 비단, 갈포, 모시실을 많이 짜 피륙을 만드는 것이 그들의 소임이다. 그런데 지금 왕공대인이 음악을 좋아해 이를 듣기만 한다면 필시 일찍 조정에 나가고 늦게 물러나오며 정사를 맡아볼 수 없어 나라가 어지럽고 사직이 위태로워진다. 사군자가 음악을 좋아해 이를 듣기만 한다면 필시 손발의 힘을 다하고 지혜를 다하여 안으로 관청 일을 처리하고 밖으로 관문, 시장, 산림, 소택에서 세금을 거둘 수 없어 창고가 채워지지 않는다. 농부가 음악을 좋아해 이를 듣기만 한다면 필시 아침 일찍 집을 나가 해질녘에 돌아오면서 논밭을 갈고 씨 뿌리며 채소나 나무를 심어 곡식을 많이 거둬들일 수 없어 곡식이 부족해진다. 아낙네가 음악을 좋아해 이를 듣기만 한다면 새벽 일찍 일어나 밤늦게 잠들면서 삼베와 비단, 갈포, 모시실을 많이 짜지 못해 피륙이 부족해진다. 무엇 때문에 대인이 정사를 폐하고 서민이 할 일을 그만두게 되었는가? 바로 음악 때문이다. 따라서 묵자는 "음악 활동에 종사하는 것은 잘못된 일이다"라고 말했다.

묵자가 경고한 음악으로 나라를 망친 사례는 중국 역사에서 숱하게 나타났다. 다만 여기서는 춘추전국의 난세와 유사했던 남북조 시대를 예로 들어보겠다. 남북조 시대에 새로운 악곡이 성행하여 통치자들이 가무를 탐닉하는 가운데 강산의 주인이 주마등처럼 바뀌어 한 왕조의 평균 수명이 채 50년이 되지 않았다.

『태평어람(太平御覽)』 권569에서는 양(梁)나라 배자야(裴子野)가 『송략(宋略)』의 기록을 인용해 "주나라의 도가 쇠미해지고 날로 그 질서를 잃게 되면서 어지러운 풍속 때문에 원망과 분노가 들끓고 나라가 망한 뒤에는 애통하게 생각했다. (…) 왕후장상은 노래하는 기생으로 집을 채우고, 거상들은 무희들로 무리를 이루었다. (…) 풍속을 해침이 이보다 더한 것이 없었다"고 말했다.

『남제서(南齊書)』 권33 「왕승건전(王僧虔傳)」에서는 "승건은 (…) 조정의 예악이 대부분 정전(正典)에 어긋나고 민간에서는 앞 다퉈 새로운 악곡을 만들어 (…) 정곡(正曲)을 배척하고 번쇄하고 음란함을 숭상한다고 생각했다"고 했다.

『남사(南史)』 권15 「서담지전(徐湛之傳)」에는 "(담지의) 음악 재능은 당시 최고였고 문하생이 1000여 명에 이르렀다. 모두 삼오(三吳)• 지역의 부잣집 자제들로 출입하고 몰려다닐 때마다 외모가 우아하고 의복이 화려한 자들이 길거리를 가득 메웠다"고 기록되어 있다.

『남사』 권63 「양간전(羊侃傳)」에서는 "양간의 성품이 호방하고 사치스러우며 음률에 능해 스스로 '도가(棹歌)' 두 곡을 지었는데 상당히 새로운 맛이 있었다. 시첩들이 양옆으로 줄을 서서 시중들 정도로 지극히 사치스러웠다"고 했다.

이상의 몇 가지 사례만으로도 당시 사회의 전모를 엿볼 수 있다. 당시 상류층의 심각한 부패가 적나라하게 드러나는데, 거상과 부자를

• 동진(東晉) 때 가장 발달한 지역으로 오(吳), 오흥(吳興), 회계(會稽) 3개 군을 가리킨다.

포함하여 모두 기생을 좋아하고 가무에 탐닉하지 않은 자가 없었다. 위에서 좋아하면 아래에서는 반드시 그보다 더 심한 법이다. 남북조 시대 마지막 망국의 군주 진(陳)나라 후주(後主)는 이전의 제왕들보다 사치함이 더욱 심했다. 『남사』 권12 「후비전하(後妃傳下)」에 다음과 같은 기록이 있다.

> 후주는 매번 빈객을 이끌고 귀비 등과 연회를 베풀었는데, 여러 귀인과 여학사(女學士)에게 친한 객과 더불어 새로운 시를 지어 서로 주고받게 하였다. 그중 특히 아름다운 것을 뽑아서 곡조를 만들고 새로운 노래를 부르게 했다. 궁녀 가운데 미색이 뛰어난 자를 선발해 노래를 부르게 하고, 조를 짜서 교대로 나아가며 춤을 추게 했다. 그 곡 가운데는 「옥주후정화(玉樹後庭花)」 「임춘악(臨春樂)」 등이 있다. 그 일부 내용은 "옥 같이 둥근 달은 밤마다 충만하고 신선 나무는 아침마다 새롭네!"이다. 대개 귀착점은 모두 장귀비(張貴妃)와 공귀비(孔貴妃)의 미색을 칭찬한 것이다.

"옥수가(玉樹歌)가 사그라지니 왕의 기운도 끝나네"● 라는 시구처럼 진 후주는 「옥수후정화」의 노래 소리와 춤 그림자 가운데에서 나라를 망쳤다.

묵자는 '옛날 삼대의 폭군인 걸왕, 주왕, 유왕, 려왕이 음악을 성대히 하고 백성을 보살피지 않아' 망국에 이른 교훈을 상기시키고 '음악 망국론'을 제기했다. 「비악」 편 끝부분에서는 율령과 주요 전적 가운데에 보이는 역사상 훌륭한 군주의 '비악' 관점을 총결하고 있다.

───────────

● 허혼(許渾)의 시 「금릉회고(金陵懷古)」: "玉樹歌殘王氣終."

선왕의 책, 탕왕의 「관형(官刑)」에서는 "항상 집 안에서 춤추는 것을 가리켜 잘못된 풍속이라 한다. 그 벌로 군자는 실 두 묶음을 내게 하고, 소인은 배로 하여 비단 두 묶음을 내게 한다"고 했다. 「황경(黃徑)」에는 "아아! 즐겁게 춤을 추고 악기 소리 맑게 울리네! 상제가 보우하지 않아 끝내 구주가 망하도다. 상제가 듣지 않고 온갖 재앙을 내리니 그 가문은 반드시 망하리라"고 기록되어 있다. 구주가 망한 까닭을 살펴보면 부질없이 음악만 설치했기 때문이다. 또 「무관(武觀)」에서는 "계(啓)가 방탕하고 음악에 빠져 들로 나가 마시고 먹어 피리 소리, 경쇠 소리 드높게 울려 퍼지네. 술에 흠뻑 취해 들에서 잔치를 벌이고 덩실덩실 '만' 춤을 추니 그 소리가 하늘까지 들렸다. 이에 하늘이 그르다 하여 벌주었다"고 했다. 그러므로 위로는 하늘과 귀신이 법식으로 삼지 않고, 아래로는 만민에게 이로움이 없는 것이다. 그래서 묵자가 말했다. "지금 천하의 사군자가 진정으로 천하의 이로움을 일으키고 천하의 해로움을 제거하고자 한다면 마땅히 음악이라는 것을 금지하지 않을 수 없다."

량치차오는 「묵자의 실리주의 및 그 경제학설」에서 묵자의 비악을 이렇게 평가했다.

이런 노동 본위의 경제학설 토대에서는 자연히 시간을 매우 귀중하게 여긴다. 묵자는 이에 다섯 가지 원칙을 고안해내고 "시간으로 재화를 생산하니, 재화가 부족하면 시간을 되돌아본다"(「칠환」)고 말했다. '시간은 돈이다'라는 격언을 묵자는 매우 진지하게 생각했다. 그가 음악에 반대한 것은 이런 이유 때문이다.

그는 "왕공대인이 날마다 음악을 들으면서 어떻게 일찍 출근하고 늦게 퇴근하며 정사를 다스릴 수 있겠는가? 농부가 날마다 음악을 들으면서 어떻게 아침 일찍 나가 늦게 들어오며 농사를 지어 곡식 수확을 늘릴 수 있겠는가? 아낙네가 날마다 음악을 들으면서 어떻게 아침 일찍 일어나고 늦게 잠들면서 길쌈을 할 수 있겠는가? 따라서 음악은 '국가의 일을 망치는 것'이라고 단언할 수 있다"(「비악상」)고 말했다.

유가인 정번(程繁)이란 자가 그의 '비악론'을 비판했다. "옛날 제후가 정사에 지치면 종과 북치는 음악을 들으며 쉬었습니다. (…) 농부가 봄에 밭 갈고 여름에 김매며 가을에 거둬들이고 겨울에 저장을 끝내면 항아리나 장군을 두드리며 쉬었습니다. 지금 선생이 '성왕은 음악을 즐기지 않았다'고 말하는 것은 비유하자면 말을 수레에 매놓기만 한 채 풀어주지 않고, 활줄을 당긴 채로 놓지 않는 것과 같으니 혈기를 가진 자로서 할 수 없는 일이 아니겠습니까?"(「삼변」三辯) 이에 대한 묵자의 반박은 아주 조리가 없고 자기 합리화에 그쳤다. 이것이 결국 묵학의 치명적 약점인 셈이다.

정곡을 찌른 듯한 량치차오의 이 지적은 사실 묵자의 본뜻을 왜곡한 것이다. 그는 묵자의 '비악'이 편파적이고 극단으로 치달았다고 여겼다. '묵자의 반박이 아주 조리가 없고 자기 합리화에 그쳤다'는 량치차오의 지적과 관련된 「삼변」 편의 전문은 다음과 같다.

> 정 번 선생은 성왕이 음악을 즐기지 않았다고 말했습니다. 그런데 옛날 제후가 정사에 지치면 종과 북 치는 음악을 들으며 쉬었습니다. 사대부들은 정무를 보다가 피곤하면 피리와 비파로 연주하는 음악을 들으며 쉬었습니다. 농부가 봄에 밭 갈고 여름에 김매며 가을에 거둬들이고 겨울에 저장을 끝내면 항아리나 장군을 두드리며 쉬었습니다. 지금 선생이 "성왕은 음악을 즐기지 않았다"고 말하는 것은

비유하자면 말을 수레에 매놓기만 한 채 풀어주지 않고, 활줄을 당긴 채로 놓지 않는 것과 같으니 혈기를 가진 자로서 할 수 없는 일이 아니겠습니까?

묵 자 옛날에 요순은 띠풀로 이은 집에 살면서도 예를 행하고 음악을 즐겼습니다. 탕왕은 걸왕을 바다로 몰아내고 천하를 통일하여 스스로 천자에 오른 뒤 왕업을 이루고 공을 세워 큰 후환이 없게 했습니다. 이에 선왕의 음악을 본받고 스스로 음악을 만들어 '호(濩)'라 일컫고, 우왕의 음악인 '구초(九招)'도 손질했습니다. 무왕은 은을 정벌해 주왕을 죽이고 천하를 통일해 스스로 천자에 오른 뒤 왕업을 이루고 공을 세워 큰 후환이 없게 했습니다. 이에 선왕의 음악을 본받고 스스로 음악을 만들어 '상(象)'이라 일컬었습니다. 주나라 성왕도 선왕의 음악을 본받고 스스로 음악을 만들어 '추우(騶虞)'라고 칭했습니다. 그런데 주나라 성왕이 천하를 다스림은 무왕만 못했고, 무왕이 천하를 다스림은 탕왕만 못했으며, 탕왕이 천하를 다스림은 요순만 못했습니다. 그러므로 음악이 번잡해질수록 치적이 더욱 적어졌습니다. 이것으로 본다면 음악은 천하를 다스리는 수단이 되지 못함을 알 수 있습니다.

정 번 선생은 성왕에게 음악이 없다고 말하지만 그것들 역시 음악입니다. 어떻게 성왕에게 음악이 없다고 말할 수 있습니까?

묵 자 성왕은 지나치게 많은 것을 줄이라고 가르쳤습니다. 음식이 사람에게 이로운 것이므로 배고픔을 알고서 먹는 것을 지혜라고 할 수 있습니다. 하지만 이를 지혜가 없다고 해도 상관없습니다. 지금 성왕에게 음악이 있긴 하지만 아주 적어서 없는 것과 마찬가지입니다.

이것이 바로 량치차오가 말한 '묵학의 치명적 약점'의 근거이다.

이와 관련해 『맹자』 「양혜왕하」 편에는 맹자와 제 선왕의 대화가 실려 있다.

맹　자 왕께서 일찍이 장자(莊子)●에게 음악을 좋아한다고 말씀하셨다던데, 그런 일이 있었습니까?

제 선왕 (안색이 바뀌면서) 과인은 선왕의 음악을 좋아하는 것이 아니라 세속의 음악을 좋아할 따름입니다.

맹　자 왕께서 음악을 심히 좋아하신다면 제나라는 거의 다스려질 것입니다. 지금의 음악이 옛날 음악과 같습니다.

제 선왕 자세히 설명해주시겠습니까?

맹　자 홀로 음악을 즐기는 것과 다른 사람과 함께 음악을 즐기는 것 중 어느 것이 더 즐겁습니까?

제 선왕 당연히 다른 사람과 함께하는 것이지요.

맹　자 소수와 음악을 즐기는 것과 다수와 음악을 즐기는 것 가운데 어느 것이 더 즐겁습니까?

제 선왕 그야 물론 많은 사람과 함께하는 것이지요.

맹　자 그렇다면 지금 왕께서 백성과 더불어 즐기신다면 왕도를 행할 수 있습니다.

이를 통해 음악에 대한 맹자와 묵자의 관점이 완전히 다름을 알 수 있다. 『예기』 「악기(樂記)」에서 공자의 제자 공손니(公孫尼)는 음악의 여러 측면에 대해 서술했는데, 그중 주요한 몇 가지를 살펴보기로 하자.

● 장포(莊暴), 제나라 신하.

첫째, 음악의 본질과 관련해 「악기」 편에서는 의심의 여지없이 음악이 감정 표현 예술이라고 여겼다. "무릇 음은 사람의 마음에서 생기는 것으로, 사람 마음이 움직이는 것은 사물이 그렇게 만드는 것이다.""무릇 음은 사람의 마음에서 생겨난다. 감정이 마음 안에서 동하기 때문에 소리로 드러나고, 소리가 형식을 이룬 것을 음이라고 이른다."

둘째, 음악과 정치의 관계에 관해서는 음악과 정치, 음악과 사회의 밀접한 관계를 강조했다. "따라서 치세의 음악은 편안하고 즐거우니 그 정치가 조화롭기 때문이고, 난세의 음악은 원망하고 노여워하니 그 정치가 어그러졌기 때문이며, 망국의 음악은 슬프고 걱정이 많으니 그 백성이 곤궁하기 때문이다. 음악의 도는 정치와 통하는 것이다."

셋째, 음악의 사회적 기능에 관해서는 음악을 정치 및 사회 기풍을 바로잡는 데에 활용하고, 나아가 예치 및 윤리교육 등과 매칭시키라고 강조했다. "음악이란 종묘 안에서 군신 상하가 함께 들으면 화합하고 공경하지 않음이 없고, 향리(鄕里) 안에서 노소가 함께 들으면 화합하고 따르지 않음이 없으며, 집 안에서 부자와 형제가 함께 들으면 화합하고 친하지 않음이 없다. 따라서 음악은 마음을 잘 살펴서 조화를 정하고 사물을 비교해서 절도를 꾸미며 절주(節奏)가 모여서 형식을 이루므로 부자와 군신을 화합하게 하고 만민을 보살피고 가깝게 하는 것이다. 이것이 선왕이 음악을 만든 목적이다.""예악형정(禮樂刑政)의 목표는 하나이다. 민심을 통일하여 다스림의 도를 내어놓는 것이다.""따라서 선왕이 예악을 제정한 것은 입과 배, 눈과 귀의 욕구를 채우기 위한 것이 아니라 백성에게 호오(好惡)를 바로 가리도록 가르쳐 올바른 사람의 도로 되돌아오게 하려는 것이다."

넷째, 음악의 미적 인식에 관해서는 음악이 사람들에게 즐거움을 주는 필수 불가결한 요소라고 강조했다. "무릇 음악이란 즐거운 것으로 사람의 감정에서 피할 수 없는 것이다."

「악기」 편은 선진 유학의 미학 사상을 집대성한 것으로 그 풍부한 미학 사상은 2000여 년 이래 고전음악의 발전에 깊은 영향을 주었고, 아울러 세계 음악사에서도 중요한 지위를 차지하고 있다.

「악기」가 유가의 경전 반열에 오르게 된 것은 누가 그것을 썼던 지 간에 음악에 대한 공자의 관점을 반영했기 때문이다. 공자는 음악을 알고 노래를 잘했으며 성악과 기악에 모두 정통하고 음악에 대해 수많은 독창적인 견해를 가지고 있었다. 사마천은 공자가 『시경』 305편을 모두 현악기로 연주하여 소무(韶武)와 아송(雅頌)의 음에 부합시켰다고 말했다. 『사기』 「공자세가」에서 관련 내용을 요약하면 다음과 같다.

노 정공(定公) 14년, 공자가 대사구(大司寇)에 올라 재상의 일을 맡게 되자 제나라 사람들이 이 소식을 듣고 두려워했다. 제 평공(平公)이 노 정공을 회유하기 위해 미녀 80명과 말 120필을 보내왔다. 공자가 극력 반대했지만 계환자(季桓子)는 기꺼이 이를 받아들였다. 군주와 신하들이 미녀들의 가무와 미색에 미혹되어 사흘 동안 정사를 돌보지 않았다. 이에 공자는 노나라를 떠나기로 결심하고 자신의 심경을 이렇게 노래했다. "저 여자들 노래 때문에 내가 떠나게 되었구나. 저 여자들 아첨 때문에 내가 죽게 되었구나. 유유자적하며 그렇게 세상을 마치리라."

이처럼 공자는 궁색한 경우에도 음악에 대한 열정을 잊지 않았다. 열국을 주유하다가 진나라와 채나라에서 식량이 떨어지자 제자들이 모두 괴로워했지만 공자만은 현가(弦歌)를 그치지 않았다. 사학자 주둥룬(朱東潤)은 『시삼백편 탐고(詩三百篇探故)』에서 "공자는 시와 음악으로 사람을 가르쳤고, 공자 또한 노래를 좋아했다"고 말했다. 리창즈(李長之)의 『공자 이야기(孔子的故事)』에서도 "노래는 이미 공자의 일상생활에서 뗄 수 없는 일부분이 되었다"고 했다.

『논어』 「술이」 편에 "공자가 제나라에 있을 때 '소(韶)'라는 음악을 듣고서 석 달 동안 고기 맛을 잊으며 말하기를 '음악이 이토록 훌륭한 경지에 이를 줄 전혀 생각지 못했다'고 했다"는 유명한 일화가 나온다. '소'는 순임금 때의 악곡 이름으로 당시 귀족들 사이에서 유행했다. 공자는 또 '소'와 '무(武)'를 대비시켜 "'소'는 아주 아름다우면서도 선하나 '무'는 아주 아름답지만 아주 선하지는 않다"고 했다.

공자는 예악 붕괴의 난세에 처하여 '정위지성(鄭衛之聲, 남녀 관계를 다룬 음탕한 노래)'이나 '상간복상지음(桑間濮上之音, 복수 강가의 뽕나무 숲 사이라는 뜻으로 음란한 음악이나 망국의 음악을 가리킴)'이 던진 충격파를 이미 감지하고 있었다. 유가 입장에서 이런 것은 모두 난세의 음악이자 망국의 음악이다. 『논어』 「양화」에서는 "나는 자주색이 붉은색을 망치는 것을 싫어하고, 정나라 음악이 아악을 어지럽히는 것을 싫어하며, 말재주 부리는 사람이 나라를 전복시키는 것을 싫어한다"고 말했다. 『논어』 「위령공」에서도 공자는 정나라 음악은 음탕하기 때문에 내쳐야 한다고 주장했다.

『예기』 「악기」 편에 위 문후가 자하에게 "나는 단정한 복장으로 옛날 음악을 들으면 오직 누울까 걱정되고, 정나라나 위나라 음악을 들으면 싫증나지 않습니다. 감히 묻건대 옛날 음악이 그러하고 새로운 음악이 이와 같은 것은 무슨 까닭입니까?"라고 묻는 장면이 나온다. 위 문후는 현명한 군주로 알려진 사람인데, 이런 사람조차 정나라와 위나라 음악에 흥미를 가졌다면 당시 음악에 탐닉하던 왕공대인이 어떤 음악을 좋아했을지 가히 짐작할 수 있다.

『예기』「명당위(明堂位)」에는 "주공(周公)이 예를 제정하고 악을 만들었다"고 기록되어 있다. 예는 '질서의 원칙'을 대표하고, 악은 '화해의 원칙'을 대표한다. 예와 악의 상호 합일은 질서와 화해의 통합을 중시하는 유가 문화의 가치 지향을 표현한 것이다.

그렇다면 어떻게 묵자의 '비악론'을 공정하게 평가할 수 있을까? 우선 당시의 역사적, 사회적 배경에서 벗어날 수 없었다는 점이다. 묵자는 아주 예리한 사상가인데, 예리함이 아쉽게도 한쪽 방향으로만 치우쳐 흘렀다. 그는 물질 생산과 정신 활동을 대립시킨 뒤 단지 음악이 생산을 방해하고 백성의 인력과 재물을 해친다는 측면만 보았을 뿐, 음악의 잠재적인 교화 작용과 인간의 감정 활동에 필요한 측면을 보지 못했다. 당시 왕공대인들이 지나치게 음일한 '정위지음'이나 '상간복상지음'에 빠져 있는 것에 대해 묵자는 극도로 증오하는 마음을 가져 이쪽만 보고 저쪽을 보지 못한 경향이 있다. 이것이 곧 묵자 비악론의 설득력을 약화시켰다. 「삼변」 편에서 묵자는 "주나라 성왕이 천하를 다스림은 무왕만 못했고, 무왕이 천하를 다스림은 탕왕만 못했으며, 탕왕이 천하를 다스림은 요순만 못했다. 그러므로 음악이 번잡해질수록 치적이 더욱 적어진다"고 말했다. 여기에서 바로 묵자의 편견이 드러난다.

묵자 본인은 생황을 잘 부는 고수였다. 『여씨춘추』「귀인(貴因)」에서는 "묵자가 초왕을 알현한 뒤 비단옷을 입고 생황을 분 것은 상황에 따른 행동이었다"라고 했다. 묵자가 비록 비악을 주장했지만 초혜왕의 송나라 공격을 저지하기 위해 초나라 방식에 따라 비단옷을 입고 생황을 불었다. 이는 자신의 입장을 견지하면서도 목적을 이루기 위해 재능을 감추지 않고 밖으로 드러낸 것이다.『예문유취(藝文類聚)』에서는『시자』의 말을 인용해 "묵자는 생황을 불었다. 묵자는 음악을 비판했지만 음악에 있어서 이와 같았다"고 했다. 이런 기록은 모두 묵자가 결코 '음맹(音盲)'이 아니며 음악에 대해 상당히 조예가 깊었음을 설명한다.

『묵자』와 관련된 자료를 통해서 보면, 묵자는 예악의 경전을 체계적으로 학습하고 연구했다. 왕퉁링(王桐齡)은『묵자』에 인용된 경전에 대해 자세히 연구하고 통계를 냈는데,『시경』이 11번(『논어』에서는 8번),『서경』이 27번(『논어』에서는 7번) 인용되었다. 여기서 묵자가 전통적인 예악 경전을 자유자재로 활용한 것은 물론 예악 전통을 깊이 이해하고 파악했음을 알 수 있다.

묵자의 비악론은 역사의 시공 가운데서 소멸돼 흩어진 천고(千古)의 '절창(絶唱)'이 되었다.

량치차오는『묵자학안』에서 이렇게 말했다.

> 묵자는 유자가 천귀(天鬼)를 말하지 않기 때문에 천지(天志)와 명귀(明鬼)
> 를 말했고, 유자가 후장과 구상을 중시했기 때문에 절장을 주장했다. 또
> 유자가 음악을 가장 중시했기에 비악을 말했고, 유자가 운명을 믿었기에
> 비명(非命)을 말했다. 이 네 가지는 모두 공자의 학문에 대한 반동이다.

남이 찬성하면 나는 반대하고, 남이 반대하면 나는 찬성하는 심리
로 묵가는 애증과 시비가 분명하게 유학에 맞섰다. 묵가는 유학이 제
시한 관점을 반박하고 상대를 비판하는 동시에 자신의 가치를 확실
히 드러냈다. 이것은 일종의 저항이자 반역 심리이다. 묵학은 바로 유
학과 대치하고 논쟁하는 과정 속에서 유학과 쌍벽을 이루는 '현학'으
로 우뚝 자리매김했다. 『묵자』「공맹」에는 량치차오 주장의 근거가

될 만한 내용이 실려 있다.

<u>묵 자</u> 유가의 도에는 천하를 망치는 네 가지 교의가 있습니다. 하늘이 밝지 않고 귀신이 신령하지 않다고 여겨 하늘과 귀신이 기뻐하지 않으니, 이로 인해 천하를 망칠 수 있습니다. 또 후장과 구상을 행해 관곽을 겹으로 만들고, 수의와 금침을 많이 지어 장례를 이사하는 것처럼 하며, 3년 동안 곡을 해 부축을 받아야 겨우 일어나고 지팡이를 짚어야 걸을 수 있으며, 귀가 잘 들리지 않고 눈이 잘 보이지 않으니, 이로 인해 천하를 망칠 수 있습니다. 또 거문고를 타며 노래하고 북소리에 맞춰 춤추는 것이 일상화되어 있으니, 이로 인해 천하를 망칠 수 있습니다. 또 운명이 있다고 여기고 빈부, 수명, 치란(治亂), 안위가 정해져 있어서 덜 수도 더할 수도 없다고 말합니다. 위에 있는 사람이 이를 따른다면 필시 정사를 돌보지 않을 것이요, 아래에 있는 사람이 이를 따른다면 일에 종사하지 않을 것이니, 이로 인해 천하를 망칠 수 있습니다.

<u>정 자</u> 심하군요! 선생이 유가를 폄훼함이여!

<u>묵 자</u> 유가에 진실로 이 네 가지 교의가 없는데 내가 이렇게 말한다면 폄훼가 되겠지만 지금 유가에 이 네 가지 교의가 있어서 내가 이렇게 말한다면 이는 폄훼가 아니라 알고 있는 바를 알려주는 것입니다.

이에 정자가 인사도 없이 나가버렸다. 이처럼 전체보다 특정 부분을 집중 공격하는 묵가의 변론 방법은 감정적 지배를 받기 쉽다. 비판의 칼날이 예리한 동시에 왕왕 한쪽으로 너무 치우친 경향을 드러낸다. 예컨대 공자가 주장한 후장과 구상 공격에서는 편파성을 면키 어렵다. 『논어』 「선진」 편에 이런 내용이 보인다.

안연이 죽자 문인들이 후히 장례를 치르고자 했다. 공자가 불가하다고 말했지만 문인들이 후히 장례를 치렀다. 공자는 "안연은 나를 아버지처럼 따랐는데 나는 그를 자식으로 대하지 못했다. 이는 나 때문이 아니라 너희들 때문이다"라고 말했다.

『여씨춘추』「안사(安死)」편에는 다음과 같은 기록이 있다.

계손씨가 상을 당하자 공자가 조문하러 갔다. 문에 들어가 왼쪽으로 객의 자리로 갔다. 주인이 군주가 차는 패옥으로 염을 하자, 공자가 뜰을 가로질러 동쪽 계단으로 급히 올라가 "보옥(寶玉)으로 염하는 것은 마치 해골을 들에다가 그대로 방치하는 것과 같습니다"라고 말했다. 서쪽 객의 자리에서 내려와 뜰을 가로질러 주인이 사용하는 동쪽 계단으로 올라가는 것은 객이 취할 예법이 아니다. 비록 그러하나 공자의 행위는 잘못을 바로잡기 위함이었다.

이상 두 가지 일화는 다른 측면에서 공자의 후장에 대한 태도를 엿보게 한다. 『공자가어』「곡례자공문」에도 두 가지 일화가 실려 있다.

백어(伯魚)가 모친상을 당해 기년(朞年, 1년 동안 상복을 입는 것)이 지났는데도 여전히 곡하고 있었다. 공자가 이 소리를 듣고 누가 우느냐고 물었다. 문인들이 "백어입니다"라고 대답했다. 공자가 말했다. "아! 지나치구나. 이것은 예가 아니다." 백어가 이 말을 듣고 마침내 상복을 벗었다.

자로가 누이의 상을 치르면서 상복을 벗을 때가 되었는데도 벗지 않았다. 공자가 "어찌 상복을 벗지 않느냐?"고 묻자 자로가 대답했다. "저는 형제가 적어서 차마 벗을 수 없습니다." 공자가 말했다. "길 가는 사람 누구라도 차마 하지 못하는 일이 있다. 선왕이 예법을 제정한 이유는 지나친 것은 구부려서 따르게 하고, 미치지 못하는 것은 뒤따라가 미칠 수 있도록 하기 위함이다." 자로가 이 말을 듣고 마침내 상복을 벗었다.

『공자가어』「곡례자공문」에서는 또 "무릇 상례에서는 슬픔이 부족하고 예가 남음이 있기보다는 차라리 예가 부족하더라도 슬픔에 남음이 있는 것이 낫고, 제사에서는 공경함이 부족하고 예가 남음이 있기보다는 차라리 예가 부족하더라도 공경함에 남음이 있는 편이 낫다"고 말했다. 부모상을 치르거나 제사를 드릴 때 예절보다 더욱 중요한 것은 돌아가신 분에 대한 진실한 마음과 공경이다. 이렇게 볼 때 공자의 후장과 구상은 묵가의 비판처럼 그렇게 고지식하지 않았다.

진춘평(金春峰)은 「묵가와 유가의 역사 만들기」에서 『묵자』에서 선성(先聖)을 지나치게 찬미하면서도 유가를 폄하한 것에 대해 이런 의문을 제기했다.

『묵자』에는 수많은 성인의 언행이 인용되어 있다. 그러나 그 가운데 일부는 결코 진실한 역사가 아니다. 예컨대 「절장」 편에서는 "천자가 죽으면 순장되는 사람이 많게는 수백 명 적어도 수십 명이 되고, 장군이나 대부가 죽으면 순장되는 사람이 많게는 수십 명 적어도 여러 사람이 된다"고 했다. 전국시대 고묘가 대량으로 출토되지 않았다면 묵자의 말이 진실한 역사라고 믿을 수도 있다. 그러나 은대 무덤에는 실제로 순장된 흔적이 있지만 주대 및 춘추전국 시기 대부분의 무덤에서는 순장된 흔적을 발견할 수 없다. 진공일호대묘(秦公一號大墓)®에는 순장된 사람이 수십 명이었는데, 이들이 대신과 총애하는 신하들이어서 당시 사람들이 시를 지어 안타까워하기도 했다.

왜 묵자가 이런 말들을 언급했는지 깊이 따져볼 필요가 있다. 적어도 묵자의 일부 말들은 불확실하고 근거가 없는 것으로, 단지 선전을 위한 것이었다. 묵자의 말을 하나 더 보자. "옛날 요가 북쪽으로 팔적을 교화하다가 도중에 죽어서 공산 북쪽 기슭에 장사 지냈다. 수의와 금침 세 벌에 허술한 나무 관을 칡으로 묶어서 하관한 다음 곡했다. 구덩이를 채우고 봉분하지 않았으며 매장이 끝나고 소와 말이 그 위를 밟았다. 순이 서쪽으로 칠융을 교화하다가 도중에 죽어서 남기의 시장 옆에 장사 지냈다. 수의와 금침 세 벌에 허술한 나무 관을 칡으로 묶어서 매장한 다음 시장 사람들이 평소처럼 그곳을 왕래했다. 우는 동쪽으로 구이를 교화하다가 도중에 죽어서 회계산에 장사 지냈다. 수의와 금침 세 벌에 오동나무로 세 치 두께의 관을 짜 칡으로 묶었다. 관을 졸라맸지만 매듭짓지 않았고 길을 내더라도 무덤길은 만들지 않았다. 땅을 파더라도 수맥에는 닿지 않았고 위로는 냄새가 새어나오지 않게 했다. 묻고 남은 흙을 그 위에 모았는데, 봉분은 세 사람이 나란히 밭을 갈 넓이에서 그쳤다. 이 성왕 세 분의 경우를 본다면 후장과 구상은 분명 성왕의 도가 아니다." 이것은 마치 진실한 역사처럼 보이며, 적어도 우왕을 회계산에 장사 지냈다는 건 이후에 진실한 역사가 되었다. 그러나 여기 등장한 박장은 요, 순, 우가 오랑캐의 영향을 받아서 그들의 장례법을 사용했기 때문이라고 생각된다. 그래서 아주 정연하게 요가 북으로 팔적을 교화하고, 순이 서쪽으로 칠융을 교화하며, 우가 동쪽으로 구이를 교화했다는 고사를 차례로 나열

● 진공일호대묘 : 1986년 산시(陝西)성 바오지(寶鷄)시에서 발견된 대규모 진 왕실 무덤. 3000여 점의 진귀한 문물이 출토되었다.

한 것이다. 먼저 북쪽, 다음이 서쪽, 마지막으로 동쪽이며, 먼저 팔적, 다음이 칠융, 마지막으로 구이이다. 이는 당연히 진실한 역사가 아니다. 그렇지만 선인과 묵자서를 주석한 학자들은 도리어 이를 널리 인용하고 방증하면서 묵자가 말한 것이 마치 진실한 역사인 것처럼 주해하고 설명했다. 요의 장지는 '공산의 북쪽'이라고 했는데, 이곳은 북방 오랑캐 지역이다. 그러나 "요를 적산(狄山)의 남쪽, 일명 숭산(崇山)에 장사 지냈다"(『산해경』), "요의 능은 복주(濮州) 뇌택(雷澤)현에서 서쪽으로 3리 지점에 있다"(『괄지지』) 등등의 기록이 있다. 순의 장지는 대부분 지금의 후난(湖南)성 이산(嶷山)이라고 알고 있으며, 링링(零陵)시 남쪽에 있다. 묵자가 말한 '남기의 시장'은 서쪽 오랑캐 부락에 있다. 장례법에서는 '오동나무로 세 치 두께의 관을 짰다(…)'라고 했는데, 없던 사실을 마치 있었던 것처럼 말할수록 전설에 근거해 꾸며낸 것임을 더욱 확신하게 된다.

우왕은 묵자가 본보기로 삼은 선왕이므로 우의 치수 사업에 대해 대대적으로 묘사하고 칭송했다. 그렇다면 반대하는 유가에 대해서는 어떠했을까? 「비유」 편을 보면 알 수 있다. 이 편에서 묵자는 이론적으로 유가의 친친(親親), 후장과 구상, 유명(有命), 숭악(崇樂)에 반대했을 뿐 아니라 공자와 관련된 수많은 역사와 언행을 열거하며 한층 더 유가를 격렬하게 반대했다.

진춘평은 「비유」 편 가운데 두 가지 증거를 들었다. 첫 번째는 제 경공(景公)과 안자(晏子), 즉 안영(晏嬰)의 문답이다.

제 경공 공자의 사람됨이 어떠한가?

안자가 대답하지 않았다. 경공이 다시 물어도 대답하지 않았다.

제 경공 공 아무개에 대해 과인에게 말하는 자가 많다. 모두들 현인이라고 한다. 지금 과인이 묻는데도 자네가 대답하지 않는 것은 어째서인가?

안 자 저는 어리석어 현인을 알아보지 못합니다. 비록 그렇지만 제가 듣기로 현인은 남의 나라에 들어가서는 반드시 그 군신을 가깝게 화합시키고 상하 간의 원한을 풀어주는 데 힘쓴다고 합니다. 그런데 공 아무개가 초나라에 가서는 백공승(白公勝)의 모반을 알면서도 석기(石乞)에게 그를 받들게 하여 초나라 군주가 하마터면 목숨을 잃을 뻔했고, 백공승은 스스로 목숨을 끊었습니다. 또 제가 듣건대 현인은 위의 신임을 배반하지 않고, 민심을 얻었다고 난을 일으키지 않는다고 했습니다. 언설이 군주에게 들리면 인민이 반드시 이롭고, 교화가 아래로 행해지면 위가 반드시 이롭다고 하니 이런 까닭에 말은 분명하여 이해하기 쉽고 행동도 분명하여 따르기 쉽습니다. 올바른 행위는 인민에게 잘 밝혀질 수 있고, 꾀한 사려는 군신간에 잘 통해질 수 있는 것입니다. 그런데 지금 공 아무개가 생각을 깊게 하고 꾀를 두루 짜내어 역적을 받들고, 애써 속 태우며 지모를 다하여 사악한 짓을 하고, 아래를 권하여 위를 어지럽히고, 신하를 교사하여 군주를 살해하게 하니 현인의 행동이 아닙니다. 남의 나라에 들어가 역적과 한패가 되었으니 인의의 무리가 아닙니다. 남의 불충을 알면서도 이를 재촉하여 난을 일으켰으니 인의가 아닙니다. 남의 눈을 벗어나 뒤로 꾀를 부리고 남의 면전을 피해 뒤로 말하니, 올바른 행위가 인민에게 잘 밝혀질 수 없고 꾀한 사려가 군신 사이에 통할 수 없습니다. 그래서 저는 공 아무개가 백공승과 다른 점이 있는지 모르겠습니다. 따라서 대답하지 않은 것입니다.

제 경공 아! 과인을 속인 자가 많았구려. 그대가 아니었다면 난 끝내 공 아무개와 백공승이 같은 부류임을 알지 못했을 것이네.

진춘평은 이 대화에 대해 이런 의문을 제기했다. "백공승의 반란은 노 애공 16년 가을의 일로 공자 사후 3개월 뒤이다. 안영은 경공보다 먼저 죽었다. 백공승의 반란은 경공 사후 12년 뒤 일이다." 이를 근거로 진춘평은 묵가가 유가를 공격하기 위해 안영의 말을 빌린 건 역사 날조라고 단언했다. 진춘평은 「비유」 편에서 또 한 가지 증거를 더 들었다.

공 아무개가 제나라로 가서 경공을 알현했다. 경공이 기뻐하며 그를 이계(尼谿) 땅에 봉하려고 안자에게 알렸다. 안자가 이렇게 말했다.
"안 됩니다. 무릇 유자는 오만하고 멋대로 행하는 자들이라 아랫사람을 가르치게 할 수 없습니다. 음악을 좋아하여 사람 마음을 음탕하게 하므로 가까이서 다스리게 할 수 없습니다. 또 운명을 내세워 일을 게을리하므로 직분을 다할 수 없습니다. 장례를 지나치게 중시하고 애도를 그칠 줄 모르므로 백성을 따뜻하게 보살필 수 없습니다. 기이한 옷을 입고 얼굴빛만 그럴듯하게 꾸미므로 대중을 이끌게 할 수 없습니다. 공 아무개는 용모를 거창하게 꾸미며 세상을 현혹시키고, 노래와 춤으로 무리를 모으며, 계단을 오르내리는 예를 번거롭게 하여 모범을 보이고, 진퇴의 예절에 힘써 대중에게 권하고 있습니다. 학문이 뛰어나나 세상일을 논의하게 할 수 없고, 노심초사하나 백성에게 도움이 되지 않습니다. 몇 대가 지나도 그들의 학문을 다 배울 수 없고, 한창 나이의 사람도 그들의 번잡한 예를 행할 수 없으며, 재물을 아무리 쌓아도 음악 비용을 댈 수 없습니다. 그들은 못된 재주를 번잡스럽게 꾸며서 세상의 군주를 어지럽히고, 음악을 대대적으로 설치하여 어리석은 백성을 속이고 있습니다. 그 도는 세상에 널리 알릴 수 없고, 그 학문은 대중을 바르게 이끌 수 없습니다. 지금 군왕이 그를 봉해 제나라의 풍속을 이롭게 하려 하지만 그것은 나라를 이끌고 민중을 인도하는 방법이 아닙니다."

경공이 좋다고 말하고는 공자를 후히 대우하면서도 봉지를 주지 않았고, 공손하게 접견하면서도 그 도를 묻지 않았다. 이에 공 아무개는 경공과 안자에게 분노하여 범려(范蠡)를 전상(田常)에게 추천하고 남곽혜자(南郭惠子)에게 이를 알린 뒤 노나라로 돌아갔다. 얼마 있다가 제나라가 노나라를 침공하려는 낌새를 채고 자공에게 말했다. "사(賜, 자공의 이름)야, 지금 큰일을 일으킬 때다." 이에 자공을 제나라로 보내 남곽혜자를 통해 전상을 만나 오나라를 치도록 권했다. 또한 고씨(高氏), 국씨(國氏), 포씨(鮑氏), 안씨(晏氏)의 가문에 전상의 난을 방해하지 말라 이르고, 월나라에게 오나라를 치라고 권했다. 3년 안에 제나라와 오나라가 멸망의 재앙을 당했다. 죽은 시체를 이루 다 셀 수 없었던 건 공 아무개의 탓이다.

진춘평은 이에 대해 "범려가 오나라를 망하게 한 일 등은 공자 사후 6년 뒤이며, 경공 사후 17년 뒤이다"라 지적하고 다음과 같이 말했다.

묵자가 안영의 입을 빌려 반유(反儒) 격문을 발표한 것은 『장자』에서 공자가 도척(盜跖)을 만난 일과 다르지 않다. 이 고사는 확실히 날조된 것이다. 안영의 입을 빌린 이유는 왜일까? 아마도 안영이 춘추 말기 유명한 정치가이자 이론가로, 제나라와 노나라의 관계가 밀접하고 지리적으로 가까워서 납득시키기 수월했기 때문일 것이다.

선진 제자 학설은 대체로 각기 일단을 고집했다. 각기 일단을 고집하면 부분으로 전체를 대체하거나 편견을 갖기 십상이다. 반고(班固)는 『한서』 「예문지」에서 제자 및 그 학설에 대해 이렇게 평했다.

제자 십가(十家) 중 볼만한 것은 구가(九家)뿐이다. 모두 왕도가 이미 쇠미해지고 제후가 힘써 정치하는 데서 일어났다. 때에 따라 군주들이 좋아하고 싫어하는 방책이 달랐기 때문에 구가의 학술이 벌떼처럼 일어나서 만들어졌다. 각기 한 쪽만 끌어내어 자신들이 능한 바를 숭상하고, 이것을 가지고 달려가 유세하면서 제후들에게 영합했다. 그들의 말이 비록 다르다고 하나 마치 물과 불의 관계처럼 서로 상극이면서 상생이 되기도 했다. 인(仁)과 의(義)의 관계, 경(敬)과 화(和)의 관계는 서로 반대되면서도 서로 이루어주는 것이다. 『역』에서는 "천하가 돌아가는 곳은 같지만 길은 다르며, 한 곳으로 도달하지만 생각은 100가지이다"라고 했다. 지금 서로 다른 학파가 각기 장점을 내세우고 지혜를 궁구하여 지향하는 바를 밝힌다면 비록 폐단이나 단점이 있더라도 그 요점과 귀착점이 합쳐질 것이니, 역시 육경(六經)의 지파(支派)나 말류(末流)일 것이다. (…) 육예(六藝)의 학문을 잘 닦고 구가의 학술을 잘 살펴서 단점을 버리고 장점을 취한다면 만방의 책략에 통할 수 있을 것이다.

반고의 견해는 심오하면서도 독특하다고 이를 만했다. 하지만 안타깝게도 한 무제 때의 '파출백가(罷黜百家)' 정책으로 인해 다원화된 문화가 정비될 수 있는 기회를 잃고 말았다.

뤼쓰몐은 『선진학술개론』에서 "전국시대에 비록 유묵이 서로 대립했지만 두 학파는 공통된 사상 연원과 토대를 갖고 있다. (…) 유묵은 공동의 문화 배경을 가지고 있다"고 지적했다. 이런 역사의 전제를 감안하고 볼 때, 당송팔대가(唐宋八大家)의 한 명인 한유는 「독묵자(讀墨子)」에서 정곡을 찌르듯 이렇게 지적했다.

내가 생각건대 변설은 말학(末學)에서 생긴 것으로 각각 자기 스승의 설을 판 것이지 두 스승의 도가 본래 그러하였던 것은 아니다. 공자는 반드시 묵자를 썼고, 묵자는 반드시 공자를 썼다. 서로 쓰지 않는다면 공자, 묵자가 될 수 없다.

이는 공묵 사이의 상호보완적인 변증 관계를 설명한 것이다. 세인들은 묵자가 유가를 비판한 것이지 공자를 비판한 것이 아니라고 한다. 즉 묵자는 일을 비판한 것이지 사람을 비판한 것이 아니며, 유가 학설을 반박하지만 결코 공자를 괴물로 만들지 않았고 그 개인을 객관적으로 평가했다는 말이다. 『묵자』「공맹」편에 다음과 같은 대화가 나온다.

정　자 줄곧 유가를 비판하면서 무슨 까닭에 공자를 칭송합니까?
묵　자 그건 그가 합당하여 바꿀 수 없기 때문입니다. 가령 새는 뜨거워질 것이라는 두려움을 느끼면 높이 날아오르고, 물고기는 뜨거워질 것이라는 두려움을 느끼면 물 아래로 잠깁니다. 이런 상황에 닥치면 비록 우왕이나 탕왕이 그것들을 위해서 꾀를 내더라도 절대 바꿀 수 없습니다. 새와 물고기는 어리석다고 할 수 있는데, 우왕과 탕왕이 오히려 따르는 경우가 있습니다. 지금 내가 도리어 공자를 칭찬하지 않을 수 있겠습니까?

묵자와 공자는 사상적 측면에서 상대에게 창과 활을 겨누었지만 감정적 측면에서는 서로의 재주를 아끼는 '본래 같은 뿌리'였다.

제16장

운명론을 거부하라

싱자오량은 『묵자평전』에서 묵자의 비명(非命) 사상이 탄생된 시대적 배경을 이렇게 설명했다.

춘추 이래 '올바른 도술(道術)이 천하 학자들에 의해 여러 갈래로 분열되고, 왕실의 문화가 서민에게까지 내려가며, 벼슬 없는 선비들이 국정을 멋대로 논한' 사회현상은 서주의 관학과 제자백가의 사상, 문화가 직접적으로 충돌했음을 의미한다. '모두 한 가지 도에 근원을 두고 있고 대종(大宗)으로부터 떨어지지 않은' 서주 관학은 천명을 근본으로 삼고 신덕(神德)을 바탕으로 삼았다. 축(祝), 종(宗), 복(卜), 사(史)●는 문화 활동의 주체이고, 설시(揲蓍, 산가지로 점을 치는 것) 방식으로 하늘에 열흘이 있는 것과 사람에게 10개 등급이 있는 것●●을 고정된 형식 틀에 연계시킨 것이

● 축(祝)은 제사를 전반적으로 책임지는 대표자이고, 종(宗)은 제사의 절차, 장소, 기물을 담당하는 관리이다. 복(卜)은 점을 치는 자이고, 사(史)는 점복의 결과를 문서로 기록했다.

그들 문화 활동의 기본 대상이었다. (…) 천명, 신덕, 예악을 핵심 내용으로 하고 팔괘(八卦)를 외재한 사유 형식으로 하는 서주 관학은 사회 비판의 대상이 되었다. 천명은 과연 존재할까? 변화막측한 자연현상 후면에 초자연적이고 신비한 힘이 존재할까? 인간의 본능적인 속성(식색食色)은 마땅히 존중받아야 하는가? 이런 문제들이 자연스럽게 서주 관학과 제자백가가 충돌한 기본 내용이 되었다. 말하자면 천명과 도론(道論), 신덕과 인성, 집단과 개체, 미신과 이성이 두 문화 충돌의 기본 출발점이다.

제자백가 사상과 서주 관학의 문화 충돌은 먼저 천명에 대한 인식에서 나타났다. 천은 사람과 사회 운명을 주재하는 비이성적이고 맹목적인 힘일까 아니면 자연 그대로의 하늘일까? 천인 관계에 대한 인식에서 사람은 천의(天意)의 노예인가 아니면 천인이 서로 분리되어 상대적으로 독립된 사상, 감정, 심리, 행위 능력을 갖춘 존재일까?

은주의 전통 사상에서 '천'은 우주와 인류 사회의 최고 주재자로서 보이지 않는 힘으로 이 사회를 지배하고, 사람 마음속의 상제로서 의심할 수 없는 절대 권위를 가지고 있다고 여겼다. 나라에 큰일이 있을 때마다 반드시 하늘에 묻고 점복을 행했다. 하나라가 유치씨(有扈氏)를 정벌할 때는 "나는 오로지 삼가 하늘의 벌을 행하는 것이다"(『사기』「하본기」)라 했고, 탕이 걸을 정벌할 때 "하나라에 죄가 많아 하늘이 명하여 치려는 것이다"(『상서』「탕서」), "나는 하늘로부터 그대들의 명을 받아 이어주려 한다"(『상서』「반경중(盤庚中)」)라 했으며, "하늘이 독하게 재앙을 내려 은나라를 황폐화시켰다"(『상서』「미자」)고 했다. 여기서 '천'은 초월적이고 의식을 가진 인격신이며 모든 인간의 사회

<hr>

●●『좌씨전』「소공 7년」: "天有十日, 人有十等."

활동을 직접 주재한다.

'명'은 『상서』에서 가장 먼저 보인다. 「고종융일(高宗肜日)」 편에서는 "(나라의) 연수(年數)를 내려줌에 길기도 하고 길지 않기도 한 것은 하늘이 백성을 요절시킨 것이 아니라 백성이 중간에 명을 끊었기 때문이다"라 했고, 「서백감려(西伯戡黎)」 편에서는 "하늘이 이미 우리 은나라의 명을 끊었다. (…) 왕이 '우리의 삶은 명이 하늘에 달려 있지 않은가?'라 말했다"고 했다. 『시경』에서도 여러 차례 명을 언급하고 있다. 「문왕」 편에서는 "주나라가 비록 오래된 나라이나 그 명은 새롭도다. 주나라가 드러나지 않을까 상제의 명이 때에 맞지 않을까"라 했고, 「탕」 편에서는 "사납고 포악한 상제는 그 명에 사악함이 많도다. 하늘이 뭇 백성을 내리셨지만 그 명에 믿음이 없음은"이라 했으며, 「유천지명(維天之命)」 편에서는 "하늘의 명이 아, 심원하여 그치지 않으니"라 했다. 하늘에 명이 있고, 백성과 나라에도 명이 있다. 요컨대 주나라 초의 '천명'은 성스러운 제단으로 흔들릴 수 없는 절대적 권위를 지녔다.

제자백가 사조는 바로 이런 사상적 배경 아래에서 사상 배후에 감춰진 사회 각 계층의 물질적 이익과 의식의 취향 및 정치적 욕망을 강렬하게 표현한 것이다. 『열자』 「역명(力命)」 편에 흥미로운 대화가 보인다.

능력 장수하거나 요절하는 것, 궁벽하거나 영달하는 것, 귀천과 빈부는 나의 노력으로 가능하다.

운명 팽조(彭祖)의 지혜는 요순보다 낫지 않았는데 800살을 살았고, 안연의 재능은 보통 사람보다 못하지 않았는데 서른두 살에 요절했으며, 공자의 덕은 제후보다 못하지 않았는데 진나라와 채나라에서

곤욕을 치렀다. 은나라 주왕의 행실은 삼인(三仁, 기자, 미자, 비간)보다 낮지 않았는데 군주의 지위에 있었다. 계찰(季札)은 오나라에서 벼슬하지 못했고 전항(田恒)은 제나라를 제멋대로 차지했으며, 백이와 숙제는 수양산에서 굶어 죽었고, 계씨(季氏)는 전금(展禽)보다 부자였다. 만일 그대의 힘으로 가능한 일이라면 어찌하여 그런 사람이 장수하고 이런 사람이 요절하며, 성인이 궁벽하고 역도(逆徒)가 영달하며, 현자가 천하고 어리석은 자가 귀하며, 선한 자가 가난하고 악한 자가 부유한 것인가?

능 력 그대의 말대로라면 나는 본래 그런 것들에 대해 공이 없는 것이군. 그것은 본래 이와 같은 것인가? 그것은 그대가 제어하는 것인가?

운 명 이미 운명이라고 말한다면 어찌 그것을 제어하는 것이 있겠는가? 나는 곧은 것은 그대로 밀고 나가고 굽은 것은 그대로 맡겨두네. 저절로 장수하고 저절로 요절하며, 저절로 궁벽하고 저절로 영달하며, 저절로 귀하고 저절로 천하며, 저절로 부유하고 저절로 가난한 것이네. 내가 어찌 그것을 알겠는가! 내가 어찌 그것을 알겠는가!

출신이 빈천하고 꿋꿋이 운명과 맞선 묵자로서는 자연히 천명을 인정할 수 없었다. 묵자는 「비명상」 편에서 이렇게 말하고 있다.

유명론(有命論)을 고집하는 자들이 민간에 많이 섞여 있다. 그들은 "부유할 운명이면 부유하고 가난할 운명이면 가난하며, 백성이 많아질 운명이면 많아지고 백성이 적어질 운명이면 적어지며, 안정될 운명이면 안정되고 혼란할 운명이면 혼란스러우며, 장수한 운명이면 장수하고 요절할 운명이면 요절한다. 아무리 노력한다 한들 무슨 보탬이 있겠는가?"라고 말한다. 이것으로 위로는 왕공대인을 설득하고 아래로는 백성들이 일에 종사하는 것을 저지한다. 그러므로 유명론을 고집하는 자들은 불인하며, 유명론을 고집하는 자들의 말은 명확히 분별하지 않을 수 없다.

'명'은 춘추전국 시기에 상당히 유행한 관념으로 유가, 묵가, 도가, 법가는 모두 명에 대해 서술하고 있다. 공자는 사람들에게 명을 알고, 명을 편안히 받아들이며, 명에 따르라고 권유했다. 『논어』 「안연」에서는 "내(자하)가 듣기에 죽고 사는 것은 명에 달려 있고, 부하고 귀한 것은 하늘에 달려 있다"고 말했다.

『논어』에는 '천' 개념이 총 19번 등장해 천에 대한 공자의 관념을 보여준다. 「팔일」에서 공자는 "하늘에 죄를 지으면 빌 곳이 없다"고 했고, 「술이」에서는 "하늘이 나에게 덕을 주었으니 환퇴(桓魋)가 나를 어찌하겠는가?"라 하여 자신이 하늘에게 명을 받았다고 말했다. 「자한」에는 다음과 같은 기록이 있다.

공자가 광(匡) 땅에서 위태로운 일을 당하고 말했다. "문왕이 이미 돌아가셨으니 문왕이 만든 문화가 여기에 있지 않은가? 하늘이 장차 이 문화를 없애려 한다면 후세의 내가 이 문화에 간여할 수 없다. 그러나 하늘이 아직 이 문화를 없애지 않는다면 광 땅 사람이 나를 어떻게 하랴!"

공자는 비록 천을 직접적으로 호령을 내리는 최고 주재자로 그리진 않았지만 천이 최고 의지로써 모든 것을 주재할 수 있는 권위를 가졌다고 보았다. 「양화」에서는 "하늘이 무슨 말을 하더냐? 사시(四時)는 운행되고 만물은 생장한다. 하늘이 무슨 말을 하더냐?"라 했고, 「옹야」에서는 "공자가 남자(南子)를 만나자 자로가 기뻐하지 않았다. 공자가 맹세하며 말했다. '내가 잘못했다면 하늘이 벌을 줄 것이다.

하늘이 벌을 줄 것이다'"라 했으며, 또 "안연이 죽자 공자가 말했다. '아! 하늘이 나를 망하게 하는구나! 하늘이 나를 망하게 하는구나!'" 라 했고, "하늘을 원망하지 않고 남을 탓하지 않으며 아래로부터 배워 위에 도달하니, 나를 알아주는 것은 하늘이로구나!"라 했다. 공자가 말하는 '천'에는 사람의 감정적 요소가 포함되어 있다.

'명'이라는 단어는 『논어』에 그다지 많이 보이지 않는다. 「자한」에서 "공자는 이(利)를 명(命)이나 인(仁)과 함께 말하는 경우는 드물었다"고 했다. 『논어』에서 공자와 제자들이 더 많이 언급한 것은 '인'이다. 시대의 한계와 인류의 인식 수준이 제한적이었기 때문에 공자로서는 '천'과 '명'을 분석할 수 없었고, 그렇다고 회피할 수도 없었다.

『논어』에서 '명'은 다양한 함의를 가지고 있다. 「옹야」에서는 "안회가 학문을 좋아했으나 (…) 불행히 명이 짧아 죽었다"고 했는데, 여기서 '명'은 수명의 뜻이다. 「향당(鄕黨)」에서는 "군주가 명을 내려 부르면 가마를 기다리지 않고 간다"고 했는데, 여기서 '명'은 명령의 뜻이다. 「헌문(憲問)」에서 "공자는 도가 장차 행해지는 것도 명이고, 도가 장차 없어지는 것도 명이다. 공백료(公伯寮)가 명을 어찌하겠는가?"라고 했는데, 여기서 '명'은 운명의 뜻이다. 「요왈(堯曰)」에서는 "명을 모르면 군자가 될 수 없다"고 했다. 공자는 본인이 해석할 수 없는 문제를 모두 명으로 귀결시켰다. 「계씨」에서 공자는 또 "군자는 세 가지를 두려워한다. 천명을 두려워하고 대인을 두려워하며 성인의 말을 두려워한다"고 말했다. 여기서 공자가 명을 믿었을 뿐 아니라 두려워했음을 알 수 있다.

발굴된 춘추 시대의 분묘에서 대량의 순장 사례가 발견되었다. 노예주가 종묘와 사당을 건설할 때, 터를 잡고 기초 공사를 하고 대문을 설치하고 완공하면서 행하는 의식에 매번 빼놓지 않는 일이 대량의 노예를 제물로 순장하는 것이다. 은허 소둔(小屯)에서 발굴된 은대 궁궐 유적지를 보면 중앙 집터 아래에 노예와 개가 매장돼 있고, 대문 안팎 좌우에는 창을 들고 개를 끄는 노예가 묻혀 있었다. 갑골문 기록에 따르면, 제물로 피살된 노예가 가장 많을 경우 한 번에 무려 1만 4,197명이었다! 마르크스주의에서는 이처럼 불행한 사람들의 운명을 이렇게 해석한다.

> 이것은 계급 사회에서의 계급 압박 현상에 불과하며, 역사의 필연이다. 이런저런 비극을 구성하는 우연성은 결국 역사 수레바퀴의 필연적 표현 형태에 불과하다. 그러나 우연히 비참한 운명에 빠진 사람이 어떻게 바로 자신이 역사의 필연적 희생양이 될 줄 알았겠는가?

"『춘추』에는 의로운 전쟁이 없다"는 말처럼 대규모 정벌 전쟁에서 '아침에 살아 있던 사람이 저녁에 귀신이 되는' 운명의 무상함을 빈번히 목도할 수 있다. 유명한 장평(長平) 전투에서 진나라 장군 백기(白起)는 조나라를 대파하고 포로 40만 명을 사로잡아 모두 구덩이에 파묻어 살해했다. 초패왕 항우는 진나라 장군 장감(章邯)을 패퇴시키고 포로 20여만 명을 포획해 모두 신안성(新安城) 남쪽 구덩이에 파묻어 살해했다. 모골이 송연한 이런 피비린내 나는 도살은 사가의 붓끝 아래 몇 마디 글자로 남아 있을 뿐이다.

자기만의 애환을 가진 평범한 이들이 왜 말로 설명하기 어려운 비참한 운명에 빠졌는지 누가 답해줄 수 있을까? 운명! 누가 변화무쌍한 운명을 예측할 수 있겠는가?

포이에르바하(Ludwig Feuerbach)는 일찍이 "어느 곳에서는 수학적 확정성의 종결을 선언하고, 어느 곳에서는 신학이 시작되었다"고 말했다. 사람들이 머릿속에 가진 운명의 불가해성으로 인해 운명은 영원히 신비하고 오묘하고 심오한 검은색 가사(袈裟)에 가리게 되었다. 극작가 차오위(曹禺)는 희곡 『뇌우(雷雨)』의 서문을 쓸 때 내심의 두려움을 숨기지 않고 토로했다. "어두움 가운데 흡사 알 수 없는 거대한 신령과 같은 '운명'이 있어서 대지를 굽어보고 세속에 군림하는 것 같다."

　　사람은 삶 속에서 지나치게 혹독한 시련과 악운을 만나면 자신의 의지와 상관없이 운명론의 늪에 빠지거나 혹은 미래의 정치적 변수와 경제의 불확실성에 부딪히면 운명론의 오류로 빠질 수 있다. 제아무리 똑똑한 시인 굴원도 아무 이유 없이 참소를 당해 추방된 뒤 170여 가지 「천문(天問)」을 쏟아내지 않았는가?

> 밝음과 어두움이 나뉘지 않은 혼돈을 누가 제대로 알겠는가? 천지가 아직 있지 않아 오직 형상뿐이니 어떻게 그것을 알겠는가? 밝음과 어두움, 이것은 어떻게 만들어졌을까? 음과 양, 천(天)이 화합하여 그 바탕은 어떠하고 그 변화는 어떠한가? 하늘은 아홉 겹의 깊은 곳으로 이뤄졌는데 누가 그것을 다스리는가? 이런 엄청난 힘을 가졌는데 누가 처음 이것을 만들었는가? (…)

　　사마천은 『사기』 「굴원열전」에서 굴원이 추방된 뒤의 감정 변화를 묘사하면서 이렇게 탄식했다.

> 무릇 하늘은 사람의 시작이고 부모는 사람의 근본이다. 사람이 궁하면 근본을 되돌아본다. 그래서 힘들고 괴로울 때 하늘을 찾지 않을 수 없고, 아프고 비참해질 때 부모를 찾지 않을 수 없다.

공자는 자신의 인생 경험을 피력하면서 "서른에 홀로 서고, 마흔에 미혹되지 않았고, 쉰에 천명을 알았고, 예순에 어떤 말을 들어도 귀에 거슬리지 않았다"는 유명한 말을 남겼다. 쉰에 천명을 알았다는 말처럼 유가에서는 명을 아주 중시했다. 량치차오는 『묵자학안』에서 다음과 같이 말했다.

'명'은 유가의 근본 관념 중 하나이며, 유가 학설을 논할 때 이보다 더 중요한 것은 없다. 중국의 수천 년 사회는 실로 이런 '명정주의(命定主義)'로 인해 무한한 진화가 저지되었다. 묵자가 이를 대대적으로 반박한 것은 참으로 사상계의 일대 서광이었다.

천쉐량은 『묵자답객문』에서 묵가와 유가를 각각 '강함'과 '부드러움'으로 개괄하고, 묵가의 강함을 일종의 정신 상태로 여겼다. 묵자는 바로 "살아서는 인걸이 되고 죽어서는 귀신의 영웅이 되는"● 강자였다. 묵자는 명을 자신의 손아귀에 꽉 쥐었다. 숙명론을 부정하여 사람들이 유명론을 믿지 않도록 인도하고 노동에 힘써 종사하라고 독려했다. 「비명상」편에서 묵자는 이렇게 말했다.

지금 유명론을 고집하는 자들은 "윗사람이 징벌하는 것은 명이 본래 징벌하게 되어 있기 때문이지 그들이 난폭해서 징벌하는 것이 아니다"라고 말한다. 이런 생각으로 군주가 되면 의롭지 못하고 신하가 되면 충성스럽지 못하며, 부모가 되면 자애롭지 못하고 자식이 되면 효성스럽지 못하며, 형이 되면 형답지 못하고 아우가 되면 아우답지 못하다. 그런데

● 이청조(李淸照)의 시 「하일절구(夏日絶句)」: "生當作人傑, 死亦爲鬼雄."

도 이를 억지로 고집하면 특히 흉한 말이 생겨나는 원인이 되고, 난폭한 사람의 도가 될 뿐이다.

운명이 난폭한 사람의 도임을 어찌 아는가? 옛날 세상의 궁민(窮民)은 음식을 탐내면서도 일하기 싫어했기 때문에 입고 먹는 재화가 부족하여 굶어 죽거나 얼어 죽는 우환을 당했다. 그런데도 자신이 게으르고 못나서 열심히 일하지 않았다고 말할 줄 모르고 내 명이 본래 가난한 것이라고 했다. 옛날 세상의 포악한 군주는 이목(耳目)의 음란함과 마음의 사벽함을 참지 못하고 친척의 뜻을 따르지 않아 마침내 나라를 잃고 사직을 뒤엎었다. 그런데도 자신이 게으르고 못나서 선한 정치를 베풀지 않았다고 말할 줄 모르고 내 명이 본래 잃게 되어 있었다고 했다. 「중훼지고(仲虺之告)」에서는 "내가 듣건대 하나라 사람이 천명을 꾸며서 아래에 시행하자 상제가 그 악을 주벌하고 그 군대를 궤멸시켰다"고 말했다. 이 말은 걸왕이 고집한 유명론을 탕왕이 비판한 것이다. 「태서(泰誓)」에서는 "주(紂)가 상제와 귀신 섬기기를 달가워하지 않고 조상의 사당을 헐고 제사를 지내지 않으면서도 '나에게 천명이 있다'며 방비에 힘쓰지 않았다. 이에 상제가 그를 버리고 보우하지 않았다"고 했다. 이 말은 주왕이 고집한 유명론을 무왕이 비판한 것이다.

지금 유명론을 고집하는 자의 말을 쓴다면 위에서는 다스림의 도를 들으려 하지 않고, 아래에서는 일에 종사하려 하지 않을 것이다. 위에서 다스림의 도를 듣지 않으면 법령이 혼란해지고, 아래에서 일에 종사하지 않으면 재용이 부족해진다. 또 위에서는 제물을 풍성히 준비해 상제와 귀신에게 제사를 올리지 못하고 아래에서는 천하의 현사를 편안하게 대할수 없으며, 밖으로 제후의 빈객을 응대할 수 없고 안으로 굶주린 자를 먹이고 헐벗은 자를 입히거나 노약자를 부양할 수 없다. 그러므로 명은 위로 하늘에 이롭지 못하고 가운데로 귀신에게 이롭지 못하며 아래로 사람에게 이롭지 못하다. 이를 억지로 고집하면 특히 흉한 말이 생겨나는 원인이 되고, 난폭한 사람의 도가 될 뿐이다.

이처럼 묵가에서는 유명론을 고집하는 것은 천하의 심각한 해가 된다고 날카롭게 지적했는데, 그 창끝은 분명 유가의 '죽고 사는 것은 명에 달려 있고, 부하고 귀한 것은 하늘에 달려 있다'는 주장을 향하고 있다. 「공맹」 편에는 묵자와 유생인 공맹자의 문답이 나온다.

> 공맹자 가난하고 부유한 것과 오래 살고 일찍 죽는 것은 확실히 하늘에 달려 있는 것이어서 덜거나 보탤 수 없습니다. 군자는 반드시 이를 배워야 합니다.
>
> 묵   자 사람들에게 배우라고 말하면서 유명론을 고집하는 것은 마치 사람들에게 머리를 싸매게 하면서 모자를 버리라고 하는 것과 같습니다.

묵자의 '비명'론은 공자의 천명론과 상반된다. 공자는 "군자는 명을 알고 소인은 명을 모른다"고 말했다. 반면 묵자는 '명을 만들어내는 것'은 통치 계급이고, '명을 따르는 것'은 피통치 계급이라고 여겼다. 만드는 자는 이롭지만 그것을 따르는 자는 모두 기만을 당할 뿐이다. 「비명하」에서는 통치자가 천명을 이용해 어떻게 백성을 기만하는지 폭로하고 있다.

지금 명이 있다고 하는 자들은 옛날 삼대의 포악한 걸왕, 주왕, 유왕, 려왕이다. 귀하기로는 천자이고 부유하기로는 천하를 소유했지만 이목의 욕망을 바로잡지 않고 마음의 사벽함을 제멋대로 행했다. 밖으로 말을 몰아 사냥하고 안으로 술과 노래에 빠져 나라와 백성의 정사를 돌보지 않고 쓸데없는 짓을 일삼아 백성을 학대하고 종묘를 무너뜨렸다. (…) 이 처럼 옛날 포악한 군주들은 '명'을 날조하여 백성을 미혹시키고 순박한 사람들을 우롱했다. 옛날 성왕은 이를 염려하여 죽백에 적고 금석에 새 기며 쟁반과 그릇에 조각하여 후세 자손에게 전했다. 그런 글이 어디에 있는가? 우왕의 「총덕(總德)」에서는 "성실히 하늘을 따르지 않으면 하늘 이 그를 보우하지 않는다. 나쁜 마음을 누르지 못한다면 하늘이 벌을 더 하리라. 그 덕을 삼가지 않았는데 하늘이 어찌 도와주겠는가?"라고 했다.

「비명하」에서는 "없는 것을 있다고 하는 것을 거짓말이라 한다" 고 했다. 천명은 통치 계급이 인민을 기만하는 도구로 통치자에게는 유리하지만 피통치자에게는 불리하다. 그래서 통치자는 기를 쓰고 천 명설을 민간에 유포시키려는 것이다. 이런 천명설은 민중에게는 '운 명으로 여기고 순종하라'는 사기이며, 통치자로서는 '죄책감을 회피 하려는' 자기기만이다.

묵자의 비명론과 천도관은 "관직이 항상 귀한 것이 아니고 백성 이 끝까지 천한 것은 아니다"(「상현상」)라는 사상의 반영이다. 묵자는 "천인(賤人)도 재화를 훔쳐서 죽간과 비단에 기록할 수 있다"(「노문」) 고 주장했다. 따라서 그의 비명론은 '명은 포악한 군주가 만들고 궁한 사람이 따르는 것'이라는 심오한 함의를 담고 있다.

천명에 반대하는 묵자의 논점은 고대 인도주의에 기반을 두고 있 다. 그러나 객관적으로 그의 논점은 고대의 등급 제도를 겨냥하고 있 다. 묵자는 위로 왕공대인에서 아래로 일반 백성과 농부에 이르기까 지 부귀와 빈천의 구별은 마땅히 '강(强, 노력)을 표준으로 삼아야 한 다고 여겼다. 사람들이 노력하지 않고 유명론만 믿다가 실패한 다음 자신이 게으르고 못나서 열심히 일하지 않았다고 반성할 줄 모르고 내 명이 본래 가난한 것이라고 말할 경우, 묵자는 '삼대의 거짓된 백성'이라며 배척했다. 「비명중」과 「비명하」에서 묵자는 '삼표법(三表法)'을 근거로 고대의 흥망성쇠에 명이 없었고, 인민이 추구하는 것에 명이 없었으며, 국가와 만민의 이로움에 명이 없었음을 증명했다.

「비명」 상중하 3편은 굴종하지 않는 하층 민중의 외침을 대표하고 있다. 이는 약세에 처한 강자가 발산하는 생명의 노래이다.

사마천이 말한 '하늘과 사람의 관계를 탐구하는 것'•은 철학의 영원한 명제이다. 상고시대에는 인간의 인식능력이 낮았던 관계로 인식할 수 없는 외계 사물에 대해 일률적으로 천으로 귀결시키고 천을 최고의 주재자로 삼았다. 하늘과 사람의 모순은 실제로 객체와 주체의 갈등을 반영하고 있다.

계급 분화에 따라 강력한 힘을 가진 통치 계급은 천명의 사상적 가치를 알아보고 상천(上天)에 대한 인간의 무지몽매와 기복 심리를 이용해 자신들의 통치를 더욱 공고히 했다. '하늘과 땅을 단절시키는 (絶地天通)' 종교개혁을 통해서 그들은 한 걸음 더 나아가 천을 신격화했다. '천'과 '인'의 모순은 실제로 사람과 사람 사이의 사회 모순이 반영된 것이지만 천명이라는 신비한 외투로 이런 모순을 감추었다. 이것이 곧 은주 시대 노예주 계급이 견지한 천명관의 본질이다.

후세에 추앙받는 주공 단은 통치 계급 가운데 '깨어 있는 사람'이었다. 그는 가장 먼저 '천은 믿을 수 없다'는 사상을 제기했다. 이는 현실 속 사람의 지위와 역할을 인정할 뿐 아니라 '인위적으로' 의지를 가진 천명을 부정한 것이다. "천도는 멀고 인도는 가까우니 미칠 수 없는 것이다"••라는 정나라 자산의 말처럼 허무맹랑한 천도보다

• 사마천의 「보임소경서(報任少卿書)」: "亦欲以究天人之際, 通古今之變, 成一家之言."
•• 『좌씨전』 「소공 18년」: "子産曰, 天道遠, 人道邇, 非所及也."

사람의 일에 더 관심을 가지라는 것이다.

'인간과 자연이 서로 분리돼 있다(天人相分)'는 순자의 주장도 당시의 사회 모순을 반영한 것이다. 공자는 주례의 회복을 평생의 염원으로 삼아서 주례를 계승하고 개혁하는 입장에 서 있었다. 따라서 그는 천명 문제에 있어서 이중성을 띠었다. 한편으로는 주례의 회복을 위해 천의 권위를 부정할 수 없었고, 다른 한편으로는 인정(仁政)을 시행하고 자신의 정치 이상을 실현하기 위해 천의 권위를 부정하지 않을 수 없었다. 공자의 현명한 지혜는 "아는 것을 안다고 하고 모르는 것을 모른다고 하는 것이 곧 아는 것이다"(『논어』「위정」)라는 데 드러나 있다. 「술이」 편에서는 "공자는 괴(怪), 력(力), 난(亂), 신(神)을 말하지 않았다"고 했다. 이에 대해 주희(朱熹)는 『논어집주(論語集註)』에서 보다 명확한 주석을 달았다.

괴이(怪異), 용력(勇力), 패란(悖亂)의 일은 바른 이치가 아니므로 성인이 본래 말하지 않았다. 귀신은 조화(造化)의 자취로 비록 바르지 않은 것은 아니지만 이치를 끝까지 궁구하지 않으면 쉽게 밝힐 수 없었다. 그래서 사람들에게 가벼이 말하지 않은 것이다.

리쩌허우는 『논어금독(論語今讀)』에서 "괴이와 귀신은 이해하기 어려워 말할 수 없는 것이므로 말하지 않은 것이다. 폭력과 전란은 정상적인 일이 아니어서 말하기에 부족하므로 말하지 않은 것이다"라고 해석했다. 공자는 자신의 감정을 표현할 때나 해석할 수 없는 문제에 답할 때에만 천을 언급했다. 천의 신비한 외투를 벗겨내면 그 사이에 함축된 사회윤리적 의의와 특수한 사회적 심리 요소를 발견할 수 있다.

『논어』「선진」편에서 자로가 귀신 섬기는 법과 죽음에 대해 물었을 때, 공자는 엄히 질책하면서 "아직 사람도 못 섬기는데 어찌 귀신을 섬기겠는가? (…) 아직 삶도 모르는데 어찌 죽음을 알겠는가?"라고 대답했다. 여기에는 천명에 대한 공자의 곤혹감이 드러나 있다. 공자의 곤혹감은 시대 전체의 곤혹감이다. 묵자는 같은 시대에 살면서 그 시대 사람의 사유 능력의 한계를 넘어설 수 없었다.

사실 묵자의 굴종하지 않는 함성 안에도 어쩔 수 없는 모순이 드러나 있다. 「비명상」에는 "천제(天帝)와 귀신이 부유하게 해준다"는 내용이 여러 차례 등장한다. 비록 묵자가 '천'을 '천제'와 '귀신'으로 바꾸었지만 형식만 변했을 뿐 내용이 변하지 않았음을 어렵지 않게 알 수 있다. 묵자는 한편으로 '우리 인생에서 명을 믿지 말자'고 외치면서도 다른 한편으로는 때때로 '천귀(天鬼)가 부유하게 해준다'고 표현하여 귀신의 가호로 부귀영화를 누릴 수 있다고 보았다. 묵자의 이런 잠재의식 속 모순 심리는 제25장에서 상세히 분석할 것이다.

제17장

등급 제도에 충격을 던지다

싱자오량은 『묵자평전』에서 상현(尚賢) 사상의 탄생 배경에 대해 이렇게 소개했다.

춘추전국 시대 사(士) 계층의 급부상, 특히 서민에서 사로의 상승은 서민 계층이 정치무대에 오르는 주요 사다리가 되었다. 따라서 상현(尚賢, 현자 숭상)과 거현(擧賢, 현자 등용)을 요구하는 것이야말로 그들이 정치적인 권리를 행사하는 구체적 표현이었다. 상현은 곧 혈통과 가문 세습의 '임인유친(任人唯親, 능력 여부에 관계없이 자신과 가까운 사람을 임용하는 것)' 관리 임용 제도를 반대하는 것이다. '임인유현(任人唯賢)'으로 '임인유친'을 반대한 것은 서주 관학이 와해되고 사학이 홍성하는 과정에서 일어난 정치투쟁의 산물이다. 국가 정권은 특정 계급의 물질적 이익을 대표하기 때문에 국가 정권 관리에 참여하는 것은 해당 계급의 이익과 직접적인 관련이 있다. '임인유친'의 관리 임용 제도는 사서(士庶) 계층의 정치적 발전에 장애가 되었고, 또 부패한 현실 정치제도는 '임인유현'의 정치적 요구를 강렬하게 자극했다. 공자의 현재(賢才) 천거와 묵자의 상현 주장은 바로 '임인유현'이라는 사회 조류의 두 가지 전형적 관점이었다.

'임인유현'과 '임인유친' 중 어느 것이 나은지는 굳이 말하지 않아도 알 수 있다. 가장 나쁜 제도의 틀은 임용 제도에서의 '근친 번식'으로, 용이 용을 낳고 봉황이 봉황을 낳듯 관리의 자식은 지름길을 갖는다. 혈연주의와 정실주의가 성행하면 후원자나 배경이 없는 하층 인재들의 벼슬길은 완전히 봉쇄된다.

『묵자』「상현」은 상중하 세 편으로 나뉜다. 춘추전국 시대의 관리 임용 제도에 대한 하층 민중의 불만과 함께 국가 관리에 참여하고자 하는 그들의 열망을 반영하고 있다. 묵자는 상현을 '정치의 근본'으로 제시하고, 통치자가 혈통의 한계를 타파해 각 계층 가운데에서 참된 인재를 선발하고 그들에게 지위와 권력을 주는 동시에 자리만 차지하고 놀고먹는 낡은 귀족들을 모두 파면하라고 주장했다. 이런 주장은 두말할 것 없이 기득권에게 일종의 도전이었다. 『묵자』「상현상」에서는 먼저 상현의 이유를 설명하고 있다.

묵자가 말했다. "지금 왕공대인이 나라에 정사를 펴면서 모두 나라가 부유해지고 백성이 많아지며 형벌과 법령이 바로서길 바란다. 그러나 도리어 나라가 부유하지 못하고 가난하며, 인구가 많아지지 않고 줄어들며, 형벌과 법령이 바로서지 않고 혼란스럽다. 본래 희망한 것과 정반대 결과가 나타나는 이유는 왜일까?" 묵자가 다시 말했다. "그것은 왕공대인이 나라에 정사를 펼 때 현명한 이를 존경하지 않고 능력 있는 이를 등용하지 않기 때문이다. 나라에 어질고 훌륭한 선비가 많으면 나라의 정치가 후해지고, 어질고 훌륭한 선비가 적으면 나라의 정치가 각박해진다. 따라서 왕공대인의 급선무는 현명한 이를 많이 늘리는 데 있을 따름이다."

『묵자』 「상현중」에서는 한 걸음 더 나아가 이렇게 강조했다.

귀하고 지혜로운 사람이 어리석고 천한 사람을 다스리면 나라가 안정되고, 어리석고 천한 사람이 귀하고 지혜로운 사람을 다스리면 나라가 혼란하다. 이로써 상현이 정치의 근본임을 알 수 있다.

『묵자』 「상현중」에서는 또 현인의 판단 기준을 제시했다.

성인은 현인의 말을 듣고 그의 행위를 살피며 그가 가진 능력을 관찰해 신중하게 관직을 주었으니, 이를 능력 있는 사람을 부리는 것이라고 한다. 그러므로 나라를 다스릴 만한 사람에게 나라를 다스리게 하고, 관직에 있을 만한 사람에게 관직을 주며, 고을을 다스릴 만한 사람에게 고을을 다스리게 했다. 나라, 관청, 고을을 다스린 사람들은 모두 나라의 현인이었다.
현인이 나라를 다스릴 때는 일찍 조정에 나아가고 늦게 물러나며 송사를 심리하고 정사를 처리한다. 그래서 나라가 다스려지고 형법이 바로잡히는 것이다. 현인이 관청의 우두머리일 때는 밤늦게 자고 아침 일찍 일어나 관문과 시장, 산림과 못이나 다리에서 얻어지는 이익을 거둬들여 관청의 창고를 가득 채운다. 그래서 관청이 충실해지고 재물이 흩어지지 않는 것이다. 현인이 고을을 다스릴 때는 아침 일찍 나와 늦게 들어가며 백성이 밭 갈고 씨 뿌리며 농사짓게 하여 곡식을 거두도록 한다. 그래서 곡식이 풍부해지고 백성들은 먹을 것이 넉넉해지는 것이다.

나라가 다스려지면 형법이 바로잡히고, 관청이 충실해지면 만백성이 부유해진다. 위로는 정결한 술과 제물을 마련해 하늘과 귀신에 제사 지내고, 밖으로는 공물을 마련해 사방 이웃의 제후들과 교류하며, 안으로는 굶주리는 사람들을 먹이고 고생하는 사람들을 쉬게 해줌으로써 만백성을 부양하고 천하의 현인들을 따르게 하는 것이다.

그렇기 때문에 위에서는 하늘과 귀신이 그를 부유하게 하고, 밖에서는 제후들이 그의 편을 들어주며, 안에서는 만백성이 그를 친애하고 현인들이 그에게 귀의하게 된다. 이것으로써 일을 도모하면 뜻대로 되고, 일을 벌이면 성공을 거두며, 안으로 자국을 지키면 견고해지고, 밖으로 정벌에 나서면 막강해진다.

한 나라를 다스리는 관건이 현인의 많고 적음에 달려 있다면 어떻게 현인의 수를 점차적으로 늘릴 수 있을까? 『묵자』「상현상」에서는 "비록 농부나 공인, 상인일지라도 유능하면 천거한다"고 했고, 『묵자』「상현중」에서는 "부형이라고 해서 감싸지 않고, 부귀한 자에게 치우치지 않으며, 아첨하는 빛을 띤 자를 총애하지 않는다"고 했다. 사리분별에 어둡고 어리석은 왕공대인을 위해 『묵자』「상현상」에서는 보다 구체적인 방법을 제시했다.

예를 들어 그 나라에 활을 잘 쏘고 수레를 잘 모는 사람이 많아지길 바란다면 반드시 그들을 부유하게 해주고 귀하게 해주며 공경해주고 칭찬해주어야 한다. 그런 후에야 나라에 활을 잘 쏘고 수레를 잘 모는 사람이 많아질 수 있다. 하물며 어질고 훌륭한 선비는 덕행이 돈후하고 언사에 조리가 있으며 법도에 해박하니 더할 나위가 없다. 이런 사람들은 진실로 나라의 보배요 사직의 보필자다. 따라서 반드시 그들을 부유하게 해주고 귀하게 해주며 공경해주고 칭찬해준 뒤에야 나라의 어질고 훌륭한 선비가 역시 많아질 수 있는 것이다.

이런 까닭에 옛날 성왕은 정치를 펼 때 다음과 같이 말했다. "의롭지 못한 자는 부유하게 해주지 말고, 의롭지 못한 자는 귀하게 해주지 말며, 의롭지 못한 자와 친하지 말고, 의롭지 못한 자를 가까이 하지 말라." 그래서 나라의 부귀한 사람들은 이 말을 듣고 모두 물러나서 의논한 뒤 "처음에 우리가 믿었던 바는 부귀였다. 지금 왕은 의로운 자를 들어 빈천한 자라도 꺼리지 않는다. 그렇다면 우리도 의로운 일을 행하지 않을 수 없다"고 말했다. 친척 되는 자들도 이를 듣고 역시 물러나서 의논한 뒤 "처음에 우리가 믿었던 바는 친척이었다. 지금 왕은 의로운 자를 들어 관계가 먼 자라도 꺼리지 않는다. 그렇다면 우리도 의로운 일을 행하지 않을 수 없다"고 말했다. 측근인 자들도 이를 듣고 역시 물러나서 의논한 뒤 "처음에 우리가 믿었던 바는 측근이었다. 지금 왕은 의로운 자를 들어 멀리 있는 자라도 꺼리지 않는다. 그렇다면 우리도 의로운 일을 행하지 않을 수 없다"고 말했다.

멀리 있는 자도 이를 듣고 역시 물러나서 의논한 뒤 "우리는 처음에 관계가 멀어 믿을 데가 없다고 생각했다. 지금 왕은 의로운 자를 들어 관계가 먼 것도 꺼리지 않는다. 그렇다면 우리도 의로운 일을 행하지 않을 수 없다"고 말했다. 변방 먼 지역의 신하들이나 도읍 안 자제 및 도성의 민중, 사방 먼 곳의 백성에 이르기까지 왕의 말을 듣고 모두 앞 다퉈 의로운 일을 하게 되었다. 임금이 신하를 부리는 방법은 한 가지 원칙일 뿐이며, 신하가 임금을 섬기는 방법도 한 가지 도리일 뿐이다. 상하가 합심하여 노력한다면 나라가 흥성하지 않을 수 있겠는가!

현인을 숭상하지 않는 것은 국가 발전이란 측면에서 매우 걱정스러운 일이다. 묵자가 보기에 이런 국면이 출현하는 까닭은 '모두 작은 것에는 밝으면서도 큰 것에는 밝지 못하기' 때문이라고 여겼다. 즉 군주들은 사소한 이익이 되는 작은 도리만 알고 상현이라는 큰 도리를 모르는 것이다.

정책이 확정된 뒤에는 간부가 결정적인 역할을 한다. 사자 한 마리가 이끄는 양떼는 양 한마리가 이끄는 사자 무리를 쉽게 물리칠 수 있다. 1000명의 군사는 얻기 쉬워도 한 명의 장수는 구하기 어려운 법이다.

팡서우추는 『묵학원류』에서 "묵자 사상의 특징이 어디에 있는가? 한마디로 압축하자면 평등일 뿐이다"라고 말했다. 잔젠펑(詹劍峰)은 『묵자의 철학과 과학』에서 묵자의 평등사상을 높게 평가하며, "귀족 계급인 천자, 제후, 공경, 대부이든 아니면 서민 계급인 서자, 기술자, 농민 및 농노, 공노, 상노를 막론하고 하늘 아래 예외 없이 평등하며 모두 하늘의 인민이다. 이런 관점은 민주의 의미를 갖고 있다"고 언급했다.

묵자가 제기한 '상현'은 완전한 평등의 토대 위에서 현능한 사람을 선발하는 것으로, 그 본질은 전체 인민에게 고루 기회가 돌아가는 제도의 건설이다. 평등, 민주, 경쟁은 묵자 상현론의 기본 원칙이다. 평등은 전민화(全民化)의 기초이고, 전민화는 민주화의 대전제이며, 전체 인민의 평등 경쟁은 공정한 사회정의의 근거이다. 평등이 없으면 진정한 전민화가 없고, 전민화가 없으면 진정한 민주가 불가능하며, 경쟁이 없으면 사회는 진정한 발전을 이룰 수 없다. 이 세 가지는 상호 보완 관계에 있으며 어느 것 하나라도 없어서는 안 된다.

『묵자』「상현상」과「상현중」에서는 경전에 나온 여러 사례를 열거해 고대 성왕이 어떻게 격식에 구애받지 않고 인재를 선발하고 중용

함은 물론 대업을 성취했는지 잘 설명하고 있다. 먼저 『묵자』「상현
상」을 살펴보자.

옛날 요가 복택(服澤)의 북쪽에서 순을 등용해 정사를 맡기니 천하가 태
평해졌다. 우가 음방(陰方) 지역에서 익(益)을 등용해 정사를 맡기니 구주
가 하나로 통일되었다. 탕이 부엌 안에서 이윤(伊尹)을 찾아내 등용하여
정사를 맡기니 계책이 실현되었다. 문왕이 고기잡이나 사냥꾼 가운데서
굉요(閎夭)와 태전(泰顛)을 찾아내 등용하여 정사를 맡기니 서쪽 지방이
복종했다. 그러므로 옛날에는 비록 후한 녹을 받고 존귀한 자리에 있는
신하일지라도 공경하고 두려워하며 경계하지 않는 이가 없었다. 비록 농
사짓고 공업과 상업에 종사하는 사람일지라도 서로 다투어 권면하고 덕
을 숭상하지 않는 자가 없었다.
그러므로 선비란 임금을 보좌하고 정치를 받들어 행하는 사람이다. 따라
서 선비를 얻으면 계책을 도모하기 어렵지 않고 몸이 지치지 않는다. 명
성이 오르고 공이 이루어지며 아름다움이 드러나고 악함이 생기지 않는
것은 선비를 얻었기 때문이다. 이런 까닭에 묵자는 "뜻을 얻었을 때에는
현명한 선비를 등용하지 않을 수 없고, 뜻을 얻지 못하더라도 현명한 선
비를 등용하지 않을 수 없는 것이다. 여전히 요, 순, 우, 탕의 도를 계승하
고자 한다면 현명한 자를 숭상하지 않을 수 없다"고 말했다. 무릇 상현은
정치의 근본이다.

요는 열여섯 살에 부락 연맹의 수령으로 추천되어 70년간 집정했
다. 최고 지도자가 노년이 되면 다음 후계자를 선정하는 문제에 직면
한다. 『사기』「오제본기(五帝本紀)」에 이런 기록이 있다.

요	누가 이 대업을 잘 계승할 수 있을까?
방제(放齊)	아드님 단주(丹朱)가 사리에 통달하고 명석합니다.
요	아! 그 녀석은 덕이 없고 싸움을 좋아해서 쓸 수 없네.

단주는 요의 아들로 사람됨이 난폭할 뿐 아니라 늘 본분에 힘쓰지 않았다. 당시 홍수가 범람해 백성이 우환에 빠졌는데 단주는 이에 관심을 가지기는커녕 도리어 물 위에 배를 띄워놓고 종일 배를 타며 산수를 감상했다. 우기가 지난 뒤에는 백성을 동원해 모래밭에서 배를 끌게 하고 이를 미화해 '땅 위를 달리는 배'라고 명명했다.

요는 아들의 성정을 바로잡기 위해 고심 끝에 바둑을 발명했다. 역사책에 "요가 바둑을 만들어 단주를 가르쳤다"는 기록이 있다. 현재 출토된 선사시대의 도자기에 바둑판 모양의 도형이 있고, 또 루저우(潞州) 경내에는 요가 단주를 가르쳤다는 기반령(棋盤嶺)이 있다. 요는 단주의 생모인 산의씨(散宜氏)에게 "바둑은 말로 형언할 수 없을 정도로 절묘하고, 그 안에는 나라와 백성을 다스리는 심오한 이치가 담겨 있다"고 말하기도 했다. 바둑을 통해 단주가 각성하고 후계자의 조건을 갖추길 바랐던 것이다.

"무쇠가 강철이 되지 못함을 한스럽게 여긴다" "자식은 가르칠 수 없다"는 말에서 아들 단주에 대한 요의 심리가 잘 드러나 있다. 이는 못난 아들을 둔 아버지의 고통스런 심경 표현이다. 그러나 요는 전설적인 일대 명군에 부끄럽지 않았다. 그는 이해득실을 저울질해본 뒤 부족의 미래를 위해 고통을 감내하면서 자식을 버렸다.

민간에는 요가 현자를 갈구하며 여러 차례 선양(禪讓)한 것과 관련된 수많은 고사가 전해진다. 먼저 제위를 허유(許由)에게 넘기려고 했는데 허유는 완강히 사양하고 기산(箕山) 아래 영수(潁水) 북쪽으로 도망쳐 농사짓고 살았다. 또한 『장자』「소요유(逍遙遊)」에는 요가 현자를 갈망하여 분수(汾水) 북쪽 가의 고야산(姑射山)으로 가 방회(方回), 선권(善卷), 피의(披衣) 등 당시의 명사를 방문하고 그들에게 거듭 자신의 제위를 이양하려 했으며, 또 일찍이 자주 지보(子州支父)를 예방했다는 기록이 있다.

그렇게 현자를 두루 찾아다닌 끝에 요는 마침내 순을 찾아냈다. 요가 순을 찾았을 때 순은 역산(歷山) 아래에서 직접 농사를 짓고 있었다. 이에 역산은 순경산(舜耕山)으로도 불린다. 요는 순을 후계자로 확정하며 "제위를 순에게 주면 천하는 이롭지만 단주가 손해를 보고, 제위를 단주에게 주면 천하는 손해를 보지만 단주는 이로울 것이다. 결국 천하가 손해를 보면서 한 사람을 이롭게 할 수는 없다"고 말했다. 요의 뜻은 천하의 대의를 무시하면서 사리를 챙길 수 없다는 것이다. 요가 현명하게 순을 등용함에 따라 1000년 동안 '요천순일(堯天舜日)'의 태평성대가 이어졌다.

또 우가 등용한 익은 요순 시대 동이족 수령 백익(伯益)을 가리킨다. 고문헌에서는 그를 백예(伯翳), 백번(伯繁), 백예(柏翳), 화익(化益) 혹은 익(益)이라고 칭했다. 『잠부론』「지씨성」에 따르면 백익의 부친은 고요(皐陶)이다. 고요는 아들 여섯(혹은 셋)을 낳았는데 맏아들인 대비(大費)가 곧 백익이다.

고요는 요, 순, 우와 더불어 상고사현(上古四賢)으로 불린다. 유향(劉向)의 『설원(說苑)』「군도(君道)」에 의하면 순임금 때의 인물이다. 고요는 대리(大理)가 되어 오형(五刑)을 만들고 형벌, 감옥, 법치를 담당했는데, 대리는 현재의 법무부장관에 해당한다. 전설에 따르면, 그의 외모는 청록색으로 껍질을 벗긴 오이 같았다고 한다. 그의 입술은 새 부리와 같았는데, 이는 진실함의 상징이며 인정을 통찰해 송사를 명확하게 처리한다는 의미이다. 또 『논형』 「시응(是應)」에는 판결에 의문이 들 때 해치(獬豸)에게 판결하게 했다는 기록이 있다. 전설 속의 해치는 양과 비슷한 외뿔 괴수로 시비곡직을 분별하고 범죄 여부를 확인할 수 있는 신비한 능력을 가졌다. 죄를 지었는지 불분명할 때 해치가 뿔을 접촉해 범죄 여부를 가렸다. 이 방법이 아주 효과적이어서 고서에서는 해치를 '옥사를 돕는 데 영험한 외뿔의 성스러운 짐승'이라고 칭했다. 역사서에서는 당시 천하에 가혹한 형벌이 없고 억울한 판결도 없었다 하여 고요를 '옥신(獄神)'으로 신격화했다. 익은 어려서부터 고요의 훌륭한 가르침을 받으며 자랐다.

『사기』 「오제본기」에는 "우가 마침내 익, 후직(后稷)과 함께 상제의 명을 받들었다"는 기록이 있다. 일찍이 우가 명을 받고 치수에 나섰을 때, 순은 익의 재주를 알아보고 우의 치수 사업을 돕게 하였다. 우는 치수에 성공한 뒤 순에게 말했다. "저 혼자서 이룰 수 있었던 것이 아니라 대비가 도와주었습니다."(『사기』 「진본기」)

『한서』 「지리지」에서는 "백익이 금수를 안다"고 했고, 『후한서』에서는 더 명확하게 "백익은 새소리를 모두 알아들었다"고 했다. 이는 『상서』의 "백익이 순을 도와 새와 짐승을 조련했는데, 새와 짐승 대부분이 길들여졌다"고 한 말과 같은 의미이다. 『국어』 「정어(鄭語)」에서도 백익이 온갖 초목과 새와 짐승들이 각기 삶을 잘 누리도록 하는 일로써 순임금을 보좌했다고 했다. 백익은 동이에서 온 소호조(少昊鳥) 씨족 출신이어서 금수의 말을 알아듣고 새와 소통할 수 있었다고 한다. 이런 신화적 색채를 띤 서술로부터 백익이 중국 상고시대의 언어학자이자 번역가였다는 정보를 얻을 수 있다.

백익은 소수민족 출신이기 때문에 여러 가지 소수민족 언어에 능통했다. 백익의 이런 장점으로 인해 우는 여러 소수민족 부락과 교류

할 수 있었다. 우의 치수 사업은 수십만 명이 동원된 대규모 작업이었다. 서로 다른 풍속 습관, 가치 성향, 사상 관념을 지닌 민족 및 부락에게 치수 사업에 협조해달라고 부탁하려면 얼마나 많은 설득 작업이 필요하고, 또 얼마나 많은 위험을 무릅쓰고 소통에 나서야 했겠는가? 이 모든 것은 백익의 도움이 없었더라면 분명 불가능했을 것이다. 우의 위대한 치수 사업 업적에서 백익의 공헌을 절대 빼놓을 수 없는 이유이다.

백익은 치수 사업뿐만 아니라 다른 방면에서도 큰 공을 세웠다. 『여씨춘추』「물궁(勿躬)」에는 "백익이 우물을 만들었다"는 기록이 있다. 백익은 장기간의 치수 사업 과정에서 비슷한 원리를 유추해 지하수의 비밀을 발견했다. 우물을 파는 기술의 발명은 아주 특별한 의미를 지니고 있다. 인류는 물과 떨어져 생존할 수 없기 때문에 우물 파는 기술을 습득하기 전에는 부득불 하천 부근에 정착할 수밖에 없어서 하수 범람의 위험을 감수해야만 했다. 백익이 우물 파는 기술을 발명한 뒤로 인류의 생존 공간이 대대적으로 확장되었다.

민족 간의 갈등을 처리하는 면에서도 백익은 탁월한 능력을 발휘했다. 『상서』「대우모」에는 우왕이 삼묘(三苗)를 정벌하려 하자 백익이 "오직 덕만이 하늘을 감동시킬 수 있어 아무리 먼 곳이라도 이르지 않는 곳이 없다"고 권고하는 내용이 실려 있다. 백익은 "마음을 공략할 수 있다면 배반은 저절로 사라지니 예로부터 병법을 아는 자는 전쟁을 좋아하지 않았다"• 혹은 "싸우지 않고 적을 굴복시키는 것이 최선이다"••라는 뜻을 깊이 이해하고 우에게 은혜와 위협, 회유와 무

• 제갈량의 사당에 걸려 있는 「공심련(攻心聯)」: "能攻心則反側自消, 從古知兵非好戰." 이 대련은 청말민국 초에 사천(四川)의 염차사(鹽茶使) 조번(趙藩)이 지은 것이다.
•• 『손자병법』「모공(謀攻)」: "不戰而屈人之兵, 善之善者也."

력을 겸용하라고 권했다. 우왕은 백익의 건의를 받아들여 군대를 철수시키고 교화와 덕치를 시행했다. 이로써 병기에 피를 묻히지 않고도 삼묘가 감화를 받아 마침내 우왕에게 귀순했다.

전한의 유흠(劉歆)은 『상산해경표(上山海經表)』에서 "우가 구주를 나누어 지역에 따라 공물을 거두었고, 백익이 사물의 좋고 나쁜 것을 등급으로 분류하여 『산해경』을 지었다. 모두 성현이 남긴 일로 고대 문화에서 아주 뛰어난 것이다"라 하여 백익이 『산해경』의 저자임을 실증했다.

우는 바로 격식에 구애받지 않고 소수민족 출신의 익을 등용했기 때문에 역사에 길이 빛나는 치수 사업의 위대한 업적을 이룰 수 있었다.

『사기집해』에서는 『제왕세기(帝王世紀)』의 기록을 인용해 "이윤의 이름은 지(摯)이고, 탕의 재상이었으며, 호는 아형(阿衡)이다"라 했다. 그는 하나라 말에 탕왕을 도와 걸왕을 정벌한 대신이다. 『묵자』 「상현 중」에 "이윤은 유신씨(有莘氏) 딸의 사복(師僕)이었다"는 글이 나온다. 사복은 귀족 자제의 가정교사를 가리킨다. 갑골문에는 대을(大乙, 탕왕)과 이윤이 함께 제사를 올렸다는 기록이 있다. 말하자면 이윤은 중국 최초로 갑골문에 기록된 교사인 셈이다. 『여씨춘추』 「본미(本味)」에는 이윤의 출생과 관련된 기록이 있다.

유신씨의 어떤 여자가 뽕잎을 따다가 속이 빈 뽕나무 안에서 갓난아기를 얻어 임금에게 바쳤다. 임금이 요리사에게 아기를 기르라고 명하고 아기가 버려진 이유를 알아보니 다음과 같았다. 아기의 어미는 이수(伊水) 가에 살았는데 잉태한 뒤 꿈에 신이 나타나 "절구에서 물이 나오면 동쪽으로 달아나되 돌아보지 말라"고 일렀다. 다음날 정말로 절구에서 물이 나오는 것을 보고 이웃에 알린 뒤 동쪽으로 10리를 달아나다가 마을을 돌아보니 온통 물바다였다. 신의 경고를 어기는 바람에 자신은 속이 빈 뽕나무로 변했다. 그래서 (아기는) 이윤이라는 이름을 얻게 되었다.

이윤은 어려서부터 지혜롭고 총명하며 부지런히 배움에 힘써 유신국의 들에서 농사지으면서도 요순의 도를 즐겼다. 또 요리 기술에 능통하고 치국의 도를 깊이 이해해 노예주 귀족의 요리사이자 귀족 자제의 '사복'이 되었다. 그가 삼황오제와 우왕 등 성왕의 치국 책략을 깊이 연구하면서 먼 곳까지 이름이 알려졌다. 이에 현자를 갈망하던 탕왕은 유신국에 여러 차례 예물을 보내 그를 초빙하려고 했다. 하지만 유신국의 왕이 탕왕의 요청에 응하지 않자 탕왕은 어쩔 수 없이 유신국 왕의 딸을 왕비로 맞아들였다. 그제야 이윤은 유신국 공주를 수행하는 노비의 신분으로 탕왕에게 갈 수 있었다.

『맹자』「공손추하」에서는 "탕이 이윤에게 배운 뒤에 그를 신하로 삼았기 때문에 어렵지 않게 왕도를 행할 수 있었다"고 말했다. 이를 통해 이윤이 중국 최초의 제왕의 스승이었음을 알 수 있다. 이윤은 탕에게 무엇을 가르쳤을까? 『맹자』「만장하(萬章下)」에서는 "이윤은 탕에게 요순의 도를 요구하고, 하나라를 정벌해 백성을 구제하라고 권유했다"고 했다. 『설원』「권모(權謀)」에 다음과 같은 내용이 보인다.

탕이 걸왕을 정벌하려고 하자 이윤은 잠시 공납을 중지하고서 하나라의 움직임을 살펴보자고 청했다. 걸왕이 격노하여 구이(九夷)의 군대를 일으키자 이윤은 "아직 때가 아닙니다. 저들에게 아직 구이의 군대를 일으킬 여력이 있으니, 이 죄는 저에게 있습니다"라고 했다. 이에 탕이 걸왕에게 사죄하고 공납을 올렸다. 다음해 다시 공납을 중지하자 걸왕이 구이의 군대를 일으키고자 했지만 구이의 군대가 응하지 않았다. 이윤이 "이제 가능합니다"라고 말하자 탕이 군대를 일으켰다.

이윤이 재차 공납을 중지한 것은 대략 기원전 1601년의 일이다. 걸왕이 정치와 군사 방면에서 완전히 고립무원의 곤경에 빠져 구이의 군대가 호응하지 않자, 이윤은 하나라 멸망의 시기가 도래했음을 간파하고 탕에게 즉각 하나라를 정벌하라고 권유했다. 걸왕이 패전해 남쪽으로 도망가자 탕은 하나라의 속국 세 개를 멸한 뒤 서쪽으로 진격하여 하나라 중심지인 이락(伊洛) 유역의 짐심(斟鄩)을 신속히 점령하고 아울러 서박(西亳)에 도읍을 정함으로써 하나라를 완전히 멸망시켰다. 은나라가 건립된 뒤 탕왕은 이지(伊摯)를 윤(尹, 재상)에 임명했다.

『사기』「은본기」황보밀(皇甫謐)의 주석에서는 "윤(尹)은 바로잡는다는 뜻이니 탕이 그에게 천하를 바로잡게 했다는 말이다"라고 했다. 『상서』「군석(君奭)」편에서는 주공의 말을 인용해 "이윤은 황천(皇天)에 이르렀다"고 했는데, 이는 하늘의 말과 일을 대신했다는 의미이다. 그의 말은 천의와 대등하므로 이윤은 최고의 스승이라고 할 수 있다. 그는 일찍이 "하늘이 이 백성을 내심에, 먼저 안 자에게 늦게 아는 이를 깨우치게 하고, 먼저 깨달은 이에게 늦게 깨닫는 이를 깨우치게 했다. 나는 하늘이 내린 백성 가운데서 먼저 깨달은 사람이다. 내 장차 이 도로써 이 백성을 깨우칠 것이니, 내가 깨우치지 않는다면 누가 하리오"(『맹자』「만장상」)라고 말했다. 당시 이윤이 최고 권위를 지닌 스승이었음을 알 수 있는 대목이다.

탕왕 사후 이윤은 외병(外丙), 중임(仲任)의 군주를 거쳐 탕왕의 장손인 태갑(太甲)의 사보(師保)가 되었다. 전하는 바에 따르면, 태갑이 탕의 시정 방침을 따르지 않았기 때문에 이윤은 태갑을 교육시키기 위해 특별한 교육 환경, 즉 탕왕의 묘가 안치된 동궁(桐宮)에 머물게 했다고 한다. 아울러 「이훈(伊訓)」 「사명(肆命)」 「조후(徂後)」 등의 훈화를 저술해 위정 방법 및 해야 할 일과 하지 말아야 할 일, 탕왕의 법도를 계승하는 문제 등에 대해 가르쳤다. 이윤의 이런 독특한 교육 환경 아래, 태갑은 3년 동안 동궁을 지키고 탕왕의 공적을 더듬으며 자신의 잘못을 깊이 뉘우치고 고침은 물론 인의를 실천하고 이윤의 가르침을 학습해 마침내 개과천선하는 데 성공했다. 그러자 이윤은 적당한 때에 직접 동궁으로 가 그를 영접하고 왕권을 되돌려주며 자신은 계속 태갑의 보좌를 담당했다.

인내심 있는 이윤의 교육으로 태갑은 복위한 뒤 정사에 힘쓰고 덕을 닦으며 탕왕의 정치를 계승해 은나라의 중흥을 촉진시켰다. 이에 『사기』에서는 "제후들이 모두 은나라에 귀순하고 백성들이 편안했다"고 칭했다. 이윤은 또 「태갑」 3편과 「함유일덕(咸有一德)」 1편을 지어 그를 칭송했다.

『사기』 「은본기」에 "옥정(沃丁) 제위 기간에 이윤이 사망했다. 이윤을 박(亳) 땅에 안장하고 고단(咎單)이 이윤의 업적으로 후대를 훈계하기 위해 「옥정」을 지었다"는 기록이 있다. 이윤은 100여 세까지 장수하다가 태갑의 아들 옥정이 재위할 때 세상을 떠났다. 박은 지금의 옌스(偃師)시 서쪽 10리 지점으로, 탕의 무덤과 7리 거리에 이윤의 묘가 있다. 이윤은 은나라 수대 제왕의 재상을 역임하면서 은나라 600여 년 역사의 견실한 정치적 기초를 닦았다.

이윤은 은나라 제왕의 스승으로서 한편으로는 군주에게 "천의를 따르지 않으면 하늘은 반드시 재앙을 내려 경고한다"고 가르쳤고, 다른 한편으로는 특히 제왕의 도덕 수양을 중시했다. 「태갑」 편에서 이윤은 태갑에게 "하늘이 내린 벌은 오히려 피할 수 있지만 스스로 만든 재앙은 피할 수 없다"고 경고했다. 이 구절에서 강조한 것은 자아 수양의 중요성이다. 이윤은 또 태갑에게 "하늘은 친한 사람이 없으니 오직 공경하는 자와 친하다"고 거듭 당부했다. 말하자면 스스로 지극히 공경하고 현명하고 성실해야만 신민의 충성과 친애를 얻을 수 있다는 것이다. 그는 또 "하늘이 믿기 어려운 것은 그 명이 일정치 않기 때문이니, 덕이 일정하면 그 지위를 보존하고 덕이 일정하지 않으면 군주가 멸망할 것이다"(『상서』 「함유일덕」)라고 말했다. 조상과 신령의 제사를 태만히 하거나 백성을 학대하면 하늘은 왕위를 보전해주지 않는다는 말이다.

묵자는 「상현상」에서 주나라 문왕이 고기잡이와 사냥꾼 가운데 굉요와 태전을 등용해 은나라를 멸망시키고 천하를 통일했으며, 은나라 무정(武丁)은 건축공인 부열(傅說)을 삼공(三公)으로 삼아서 천하를 잘 다스렸다는 등의 예시를 들었다. 이처럼 묵자는 상고시대 명군의 사례를 나열해 당시 왕공대인에게 귀감을 삼고자 했다.

춘추전국 시대에 각 제후국 간의 약육강식 투쟁이 매우 극렬해지면서 인재의 역할이 더욱 두드러졌고, 각 제후국 통치자는 인재를 등용하는 데 관심을 집중했다. 모든 생존 경쟁의 근본은 결국 인재의 선택과 등용으로 귀결되었다.

인재를 얻는 자가 천하를 얻는 법. 유묵 양가는 춘추전국 시기에 서로 대립하면서도 모두 '상현'의 중요성과 필요성을 강조했다. 공자는 현명한 인재를 등용해 천하를 다스리라고 분명하게 제시했다. 『맹자』 「고자하」에는 "순은 밭두둑에서 발탁되었고, 부열은 건축 현장에서 발탁됐으며, 교격(膠鬲)은 어물전에서 발탁되었고, 관이오(管夷吾, 관중)는 감옥에서 발탁됐으며, 손숙오(孫叔敖)는 바닷가에서 발탁되었고, 백리해(百里奚)는 시장에서 발탁되었다"는 유명한 구절이 나온다.

공자가 수없이 어진 이를 등용하라고 강조했지만 이런 사상은 위에서 아래로 이르는 '인재 발탁'이지, 아래에서 위로 이르는 '인재 선출'이 아니었다. 『논어』 「이인」에서는 "현명한 사람을 보면 그와 같아질 것을 생각하고, 현명하지 못한 사람을 보면 안으로 스스로 반성한다"고 했고, 『논어』 「공야장(公冶長)」에서는 "(안연이 말하기를) 자신이 잘하는 것을 자랑하지 않고 공로를 과시하지 않으려 합니다"라 했으며, 『논어』 「술이」에서 공자는 안연에게 "써주면 도를 행하고 버리면 은둔할 수 있는 사람은 오직 나와 너 둘뿐이다"라고 했다.

현자로 발탁되기 위해서는 먼저 자신을 잘 수양하고 예양(禮讓)의 태도로 자신을 절제하면서 위로부터 아래에 이르는 제도를 엄격히 지키고 자신의 현명함을 자랑해서는 안 되는 것이다. 공자가 참례(僭禮)를 통렬히 질책한 이유는 그들이 스스로의 능력을 과시하고 극기복례의 자기 절제를 지키지 않았기 때문이다. 공자는 주나라를 따르겠다는 계급 관념에 집착해 위로부터 아래에 이르는 귀족 정권의 개명된 현자 선발만을 인정했을 뿐이고, 현인이 자주독립적인 방식으로 아래에서 위로 향하는 국사 참여를 인정하지 않았다. 따라서 공자의 인재 등용관은 극기복례의 기초 위에서 당시 귀족 통치를 개량하는 수준에 그쳤다.

묵자 '상현' 사상의 핵심은 그가 현인과 충신을 구별했다는 데에 있다. 『묵자』 「노문」 편에 노양 문군과 묵자 사이의 이런 대화가 실려 있다.

론 룬 어떤 이가 내게 충신이라고 말한 사람이 있습니다. 고개를 숙이라고 명하면 숙이고 고개를 들라고 명하면 들며, 평소에는 조용히 있다가 불렀을 때 응한다면 충신이라고 할 수 있습니까?

묵 자 고개를 숙이라고 명하면 숙이고 고개를 들라고 명하면 드는 것은
그림자와 흡사하고, 평소에는 조용히 있다가 부르면 응하는 것은
메아리와 흡사합니다. 군주가 장차 그림자와 메아리에게 무엇을 얻
겠습니까? 제가 말하는 충신은 이렇습니다. 군주에게 허물이 있으
면 기회를 엿봐 간언하고, 자신에게 좋은 견해가 있으면 군주에게
만 진언하고 감히 다른 데 알리지 않습니다. 밖으로는 사악함을 바
로잡아 선한 데로 들어가게 하고, 윗사람과 함께하면서 아랫사람끼
리 무리 짓지 않습니다. 그래서 아름다움과 훌륭함은 군주에게 있
고 원망과 비방은 신하에게 있으며, 편안함과 즐거움은 군주에게
있고 근심과 걱정은 신하에게 있습니다. 이것이 바로 제가 말하는
충신입니다.

묵자가 생각하는 진정한 현인은 면전에서 기탄없이 직간하는 사
람이지, 바람에 따라 노를 젓듯 군왕에게 순종하는 사람이 아니다.

묵자 '상현' 사상의 또 한 가지 핵심은 상현으로 천자가 될 수 있
다고 명확히 제시한 점에 있다. 『묵자』「친사(親士)」에서는 다음과 같
이 밝히고 있다.

성인은 일을 맡기는 데 용감하고 타인의 의견을 기꺼이 수용하기 때문에
천하를 다스리는 그릇이 될 수 있다. 장강과 황하는 같은 수원에서 나온
물이 아니고, 천금의 가치가 나가는 갖옷은 여우 한 마리의 흰털로 만들
어진 것이 아니다. 그러니 어찌 자기와 같은 의견만 받아들이고 자기와
다른 의견이라고 받아들이지 않을 수 있겠는가? 이는 천하를 두루 다스
리는 군왕의 도가 아니다. 그래서 "천지는 밝기만 하지 않고, 큰물은 맑

기만 하지 않으며, 큰 불은 타기만 하지 않고, 임금의 덕이 높기만 하지 않다"고 하는 것이니, 이렇게 해야만 만민의 군왕이 될 수 있다.

묵자는 주나라를 따르겠다는 공자의 개량주의 몽상을 황제도 바꿀 수 있고, 현자도 충분히 그 자리에 오를 수 있다는 왕조 교체의 수준으로 끌어올렸다. 이것이 곧 묵자 사상이 후대 농민 기의의 사상적 무기가 될 수 있었던 까닭이다. 이 점에 대해서는 제29장 「묵가가 전파한 반역과 반항의 불씨」에서 별도로 다룰 것이다.

제18장
전란의 시대에 반전을 선언하다

먼저 천쒀량의 『묵자답객문』 '묵자연표'를 살펴보자.

기원전 455년(주 정정왕 14년) 묵자 14세

묵자가 처음으로 정나라에 유세하러 갔다가 마침 '정나라 사람들이 애공(哀公)을 시해한' 사건을 접하고 나중에 『묵자』 「노문」편에 기술했다.

기원전 454년(주 정정왕 15년) 묵자 15세

묵자가 정나라에서 서쪽으로 가 진(晉)나라에 이르렀다. 마침 진나라 내부에서 큰 혼란이 일어났다. 진나라 여섯 장군 가운데 비교적 강대한 지백(智伯)이 광대한 토지와 많은 민중을 무기로 중항씨(中行氏)와 범씨(范氏)를 공격하고 삼가(三家)를 하나로 합쳤다.

기원전 453년(주 정정왕 16년) 묵자 16세

진나라에 있었다. 지백이 제방을 허물어 진양(晉陽)을 물에 잠기게 하자 조씨(趙氏)의 신하 장맹(張孟)이 한씨(韓氏)와 위씨(魏氏)를 설득해 세 가문이 연합했다. 결국 제방을 허물어 지백의 군대를 수몰시키고 지백을 사로잡아 살해한 뒤 그 땅을 삼분했다. 한, 위, 조가 진나라를 삼분한 형세가 성립되었다. 그 뒤 묵자는『묵자』「비공」에 그 일을 상세히 기술하고 사람들에게 지백의 일을 귀감으로 삼으라고 요구했다.

소년 시절 묵자가 직접 보고 들은 경험은 가슴에 깊은 기억으로 남았다. 묵자의 '비공(非攻)' 주장은 바로 이런 역사적 배경에서 비롯되었다.

후한 조기(趙歧)의 「맹자제사(孟子題辭)」에서는 "주나라가 쇠미한 말기에 열국이 들고 일어나 무력으로 강함을 다투어 서로 침탈했다"고 했다. 춘추 시기에는 전쟁의 목적이 포로와 재화를 취하는 데 있었기 때문에 적을 굴복시키면 떠나는 것이 보통이었고, 토지를 빼앗아 점거하거나 적을 잔악하게 살상하는 경우가 드물었다. 그러나 전국 시대에 이르러 갑자기 걸핏하면 수만에서 수십만 명을 참수하거나 심지어 구덩이에 수십만을 묻어버리는 참상이 출현했다. 전국 시대 진나라와 조나라의 장평 전투에서 진나라 장군 백기가 조나라의 항졸 40만 명을 하룻밤에 모조리 죽여버렸다. 『동주열국지』에 당시 끔찍한 광경이 기록돼 있는데, "피가 콸콸 소리가 날 정도로 흘러 양곡(陽谷)의 물이 모두 붉은색으로 변했다. 그리하여 지금까지도 '단수(丹水)'라 불린다"고 했다. 성 안의 모든 것을 도살한다는 '도성(屠城)'이라는 단어도 이 시대에 나왔다.

『맹자』「이루상」에서는 춘추전국 시기의 참혹한 정황을 "땅을 뺏기 위해 전쟁을 벌여 죽인 사람이 들판에 가득했고, 성을 뺏기 위해 전쟁을 벌여 죽인 사람이 성 안에 가득했다"고 묘사했다. 이어 울분에 찬 목소리로 "전쟁을 잘하는 자는 극형으로 다스려야 한다"고 호소했다. 「양혜왕상」에서 맹자는 "지금 천하의 위정자 가운데 살인을 좋아하지 않는 자가 없다"고 비탄했다. 또 「공손추상」에서는 "(백이, 이윤, 공자는) 모두 한 가지 일이라도 불의를 행하거나 한 사람이라도 무고한 이를 죽여서 천하를 얻는 일은 하지 않을 것이다"라 했고, 「이루상」에서는 "백성을 심히 포악하게 대하면 자신은 시해되고 나라는 망한다"고 경고했다.

제후국 간의 겸병 전쟁이 끊이지 않으면서 대량의 인력, 물자, 재력의 낭비는 말할 것도 없거니와 수많은 민중이 살 곳을 잃고 이리저리 떠도는 신세가 되었다. 백성들의 고통은 말도 다 표현할 수 없어 "차라리 태평한 시대의 개가 될지언정 난세의 사람이 되지 말자"●는 탄식이 쏟아졌다. 이처럼 전쟁은 겸애주의를 실행하는 데 최대 장애가 되었다. 『묵자』 「천지하」에서는 차마 눈뜨고 볼 수 없는 당시의 지옥 현장을 다음과 같이 묘사했다.

지금 천하의 제후들이 서로 침범하고 겸병 전쟁을 하는 것은 무고한 한 사람을 죽이는 것보다 몇 천만 배 나쁜 짓이다. 이것은 남의 집 담장을 넘어가 남의 아이를 잡아들이는 것과 남의 곳간을 노려 금옥과 삼베와 비단을 훔치는 것보다 몇 천만 배 나쁜 짓이다. 또한 남의 외양간을 넘어 소나 말을 훔치는 것과 남의 밭에 들어가 복숭아나 오얏, 참외와 생강을 훔치는 것보다 몇 천만 배 나쁜 짓이다. 그런데도 스스로는 '의(義)'라고

● 진융(金庸)의 소설 『벽혈검(碧血劍)』: "寧爲太平犬, 不做亂世人."

말한다.

「비악」에서는 "백성에게 세 가지 우환이 있으니, 굶주린 자가 먹지 못하고 헐벗은 자가 입지 못하며 피곤한 자가 쉬지 못하는 것이다"라 했고, 『맹자』 「양혜왕상」에서는 "푸줏간에는 살진 고기가 있고 마구간에는 살진 말이 있는데, 백성은 굶주린 기색이 역력하고 들에는 굶어 죽은 시신이 널렸다"고 표현했다. 또 「비공하」에서는 "옛날 천자가 처음 제후를 봉했을 때는 만여 나라였지만 지금 여러 나라가 병합되어 만여 나라가 다 멸망하고 네 나라만이 독립했다"고 했다. 묵자의 '비공' 이념은 바로 이런 사회현상에 대해 피를 토하는 심정으로 전쟁을 그만두고 평화를 유지하자고 호소한 것이다.

전쟁과 '비공'은 춘추전국 시기에 가장 첨예하고도 가장 민감한 문제였다. 묵가뿐만 아니라 유가, 법가, 도가 모두 이 문제에 대해 상당한 관심을 가졌다. 사회 최하층이었던 묵자는 이런 민중의 목소리를 대변해 자신의 비전(非戰) 사상과 이론을 제시했다. 이런 이유 때문에 당시 전란의 현실 속에서 가장 강한 호소력을 지닐 수 있었다.

묵자의 「비공」은 상중하 세 편으로 이루어져 있다. 이는 당시 제후들의 겸병 전쟁을 겨냥해 자신의 반전 이론을 제시한 것이다. 묵자가 보기에 전쟁은 천하의 커다란 해악으로 전승국이든 패전국이든 모두 거대한 손해를 입을 뿐 아니라 성왕의 도는 물론 나라와 백성의 이익에도 부합하지 않았다. 묵자는 「비공」에서 각종 침략 전쟁을 옹호하는 언론에 대해 반박했다. 「비공상」에서는 반전 이론을 깊이 있으면서도 알기 쉽게 설명했다.

가령 남의 과수원에 들어가 복숭아나 오얏을 훔친다면, 많은 사람들이 이를 듣고 그르다 하고 관리가 그를 잡으면 처벌할 것이다. 그 이유가 무엇인가? 남에게 손해를 입히고 자신은 이득을 얻었기 때문이다. 남의 개나 돼지, 닭을 훔치는 경우는 그 불의함이 더욱 심하다. 그 이유가 무엇인가? 남에게 손해를 입힘이 더욱 크기 때문이다. 남에게 손해를 입힘이 더욱 크다면 그 불인함은 더욱 심하고 죄는 더욱 무거울 것이다. 남의 집우리에 들어가 말과 소를 훔치는 경우는 그 불의함이 더욱 심하다. 그 이유가 무엇인가? 남에게 손해를 입힘이 더욱 크기 때문이다. 남에게 손해를 입힘이 더욱 크다면 그 불인함은 더욱 심하고 죄는 더욱 무거울 것이다. 죄 없는 사람을 죽여 그의 옷을 빼앗고 창칼을 훔친 경우는 그 불의함이 더욱 심하다. 그 이유가 무엇인가? 남에게 손해를 입힘이 더욱 크기 때문이다. 남에게 손해를 입힘이 더욱 크다면 그 불인함은 더욱 심하고 죄는 더욱 무거울 것이다. 이에 대해 천하의 군자는 모두 알고서 비난하며 '불의'라고 말한다. 그런데 지금 크게 불의하여 남의 나라를 침략하는 것에 대해 비난할 줄 모르고 오히려 의로운 것이라고 칭찬한다. 이 어찌 의와 불의를 분별할 줄 안다고 말할 수 있겠는가?

한 사람을 죽이면 불의라 말하고 반드시 한 사람을 죽인 죄를 받게 된다. 이 말에 따라 유추할 경우, 열 사람을 죽이면 불의가 10배이고 반드시 열 사람을 죽인 죄를 받고, 백 사람을 죽이면 불의가 100배이고 반드시 백 사람을 죽인 죄를 받게 된다. 이에 대해 천하의 군자는 모두 알고서 비난하며 '불의'라고 말한다. 그런데 지금 크게 불의하여 남의 나라를 침략하는 것에 대해 비난할 줄 모르고 오히려 의로운 것이라고 칭찬한다. 그들은 참으로 그것이 불의인 줄 모르기 때문에 그 말을 적어서 후세에 남기려 한다. 만일 그것이 불의인 줄 안다면 무슨 이유로 그 불의한 일을 적어서 후세에 남기려 하겠는가?

가령 어떤 사람이 약간 검은 것을 보고는 검다고 하면서 아주 검은 것을 보고는 희다고 말한다면, 반드시 이 사람은 흑백을 분별할 줄 모른다고 할 것이다. 약간 쓴 것을 맛보고는 쓰다고 하면서 아주 쓴 것을 맛보고서 달다고 한다면, 반드시 이 사람은 쓴맛과 단맛을 분별할 줄 모른다고 할 것이다. 지금 사소한 잘못을 하면 곧 이를 알고 비난하면서 남의 나라를 침략하는 큰 잘못을 하면 잘못인 줄 모르고 오히려 의로운 일이라 칭찬한다. 이 어찌 의와 불의를 분별할 줄 안다고 말할 수 있겠는가? 이로써 천하의 군자들이 의와 불의를 가리는 데 혼란스러워함을 알 수 있다.

묵자 비공 이론의 출발점은 침략 행위가 남에게 손해를 입히고 자신이 이득을 취한다는 데 있다. 묵자는 점층적인 서술을 통해 이를 불의한 일이라고 강조했다. 묵자의 '의리관(義利觀)'에 근거하면 의는 리와 밀접한 관계에 있다. 결국 이로움을 모두 자기가 가지고 해로움을 모두 남에게 주는 이상, 어떻게 의라고 말할 수 있겠는가? 남의 나라에 대한 침략은 남에게 손해를 입히는 것이고, 침략이 심할수록 손해는 더욱 커진다. 기세 드높게 군대를 이끌고서 남의 나라를 침략하는 군왕에게 무슨 도의(道義)를 거론한단 말인가?

묵자의 '흑과 백' '쓴맛과 단맛'에 관한 변증적 서술은 "갈고리를 훔친 자는 처벌받지만 나라를 훔친 자는 왕후가 된다"(『장자』, 「거협[胠篋]」)는 의미를 띠고 있다. 「비공중」에서도 호전적인 군왕에 대해 이렇게 비판했다.

가령 군대가 출정하는데 겨울에 행군하면 추위가 두렵고 여름에 행군하면 더위가 두렵다. 따라서 겨울과 여름에는 군대를 일으키지 않는 것이다. 봄에 하자니 백성들의 농사일을 망치게 되고, 가을에 하자니 수확을 망치게 된다. 오직 한 철을 망치기만 해도 백성 가운데 굶주려 죽거나 얼어 죽는 자가 이루 다 셀 수 없을 것이다. 그럼 한 번 군대의 출정을 계산해보기로 하자. 출병에 필요한 화살과 깃대, 장막, 갑옷, 방패, 칼집이 부서지고 썩어서 다시 가지고 돌아올 수 없는 것이 이루 다 셀 수 없을 것이다. 또 창칼과 수레가 줄지어 나갔다가 부러지고 망가져 다시 가지고 돌아올 수 없는 것이 이루 다 셀 수 없을 것이다. 소나 말도 살쪄서 나갔다가 야위어 돌아오거나 죽어서 돌아오지 못하는 것이 이루 다 셀 수 없고, 길이 멀어 식량의 운반이 끊겨서 죽는 백성이 이루 다 셀 수 없으며, 거처가 불편하고 식사에 일정한 때가 없으며 굶주림과 배고픔이 조절되지 않아 도중에 병들어 죽는 백성이 이루 다 셀 수 없고, 군졸 가운데 사망자가 이루 다 셀 수 없게 되면 제사를 지낼 사람까지 잃은 귀신도 이루 다 셀 수 없을 것이다.

나라가 정령을 시행하여 백성의 재물을 빼앗고 백성의 이익을 없앰이 이와 같이 심한 것이다. 그런데도 무엇 때문에 그리하는가? 그들은 "나는 전쟁에서 승리한 명성과 이를 통해 얻는 이익을 탐내기 때문에 그렇게 한다"고 말한다. 묵자가 말했다. "자신의 승리를 헤아려보면 쓸 데가 없고, 얻은 것을 헤아려보면 오히려 잃은 것보다 많지 않다. 지금 3리 내성과 7리 외성을 공격할 경우, 정예병을 사용하지 않고 사람을 죽이지 않고는 얻을 수가 없다. 따라서 많게는 사람을 만 명 단위로 죽이고, 적게는 1000명 단위로 죽인 뒤에야 3리 내성과 7리 외성을 얻을 수 있다. 지금 만승(萬乘)의 나라에 비어 있는 성이 1000개가 넘는데 들어가 살 사람이 없고, 땅의 넓이가 1만 리를 넘어도 개척할 노동력이 없다. 그리하여 토지는 남아돌고 백성은 부족한 것이다. 지금 백성이 모두 죽는데도 토지를 걱정하여 빈 성을 차지하려 다툰다면, 이는 곧 부족한 것을 버리고 남아도는 것을 중시하는 것이다. 정치를 이와 같이 한다면 나라를 힘써 다스리는 것이 아니다.

전쟁이 사회와 백성에게 커다란 재앙을 가져오는데도 군왕들이 지칠 줄 모르고 이에 몰두하는 이유는 왜일까? 묵자는 그 원인을 규명한 뒤 전쟁을 통해 명성과 이익을 모두 얻고 '문치무공(文治武功)'을 선양해 청사에 이름을 남기고자 하는 데 불과하다고 여겼다. 「비공 중」에서는 호전적인 군왕에게 전쟁의 이해관계를 계산해주었다.

침략 전쟁을 옹호하는 자가 말했다. "남쪽으로 초나라와 오나라 왕이, 북쪽으로 제나라와 진나라 임금이 처음 천하에 봉해졌을 때 영토가 사방 수백 리에 지나지 않고, 백성 숫자가 수십만 명에 지나지 않았다. 침략 전쟁을 벌였기 때문에 땅이 사방 수천 리로 넓어지고, 백성 숫자가 수백만으로 늘어났다. 그러므로 침략 전쟁은 하지 않을 수 없는 것이다."

묵자가 말했다. "비록 너덧 나라가 이익을 얻었다 해도 그것은 정상적인 방법이라고 할 수 없다. 비유하자면 의원이 환자에게 약을 쓰는 경우와 같다. 가령 어떤 의원이 환자에게 극약을 처방했는데 만민도 이것을 복용한다면 어떻게 되겠는가? 비록 너덧 사람이 치료되더라도 그것을 정상적인 처방이라고 말하지 않는다. 그러므로 효자는 그것을 부모에게 먹이지 않고 충신은 그것을 군주에게 먹이지 않는다."

침략 전쟁을 옹호하는 자가 또 말했다. "저들은 자기 민중을 거두고 이용하지 못했기 때문에 망했다. 나는 우리 민중을 충분히 거두고 이용하여 천하에 침략 전쟁을 일으키는데 누가 감히 투항하고 굴복하지 않겠는가?"

묵자가 말했다. "비록 그대가 그대 민중을 충분히 거두고 이용하더라도 어찌 옛날 오왕 합려(闔閭)에 비할 수 있겠는가? 옛날 합려는 7년간 전쟁 훈련을 시켰는데, 갑옷을 입고 무기를 쥐고서 300리를 달린 뒤에야 쉬게 했다. 주림(注林)에 머물고 명애(冥隘)의 샛길로 나와 백거(柏擧)에서 한바탕 싸웠다. 초나라를 점령하고 송나라는 물론 먼 노나라까지 조현(朝見)을 받았다. 부차(夫差) 때에 이르러 북으로 제나라를 침공해 문수(汶水) 가에 진을 치고 애릉(艾陵)에서 싸워 제나라 군대를 대파하고 태산으로 몰아냈다. 동으로 월나라를 침공해 여러 강과 호수를 건너 회계산으로 몰아냈다. 구이(九夷)의 나라들도 귀복하지 않은 곳이 없었다. 전쟁을 끝내고 돌아와서는 사망한 병사의 유족을 돌보지 않고 민중에게 은전을 베풀지 않았다. 스스로 자기 힘을 믿고 공적을 자랑하며 자기 지혜를 자부해 군사훈련에 태만했다. 고소대(姑蘇臺)를 짓는 데 7년이 걸려서도 완성하지 못하자, 이에 오나라 사람들이 지쳐서 이반하는 마음을 먹게 되었다. 월왕 구천(句踐)은 오나라 상하가 서로 화합하지 않음을 보고 민중을 거두어들여 원수를 갚았다. 북쪽 외곽으로 쳐들어가 큰 배를 빼앗고 왕궁을 포위함으로써 오나라가 멸망했다. 옛날 진(晉)나라에 여섯 장군이 있었는데, 지백(智伯)의 힘이 가장 막강했다. 그는 너른 토지와 많은 민중을 무기로 제후들과 겨루고자 했는데, 이름을 날리기 위해서는 침략 전쟁이 가장 빠른 방법이라고 여겼다. 이에 정예 병사를 선발하고 배와 수레를 늘어세워 중항씨(中行氏)를 공격하고 그 땅을 점령했다. 그는 자기 지모에 크게 만족하여 다시 범씨(范氏)를 공격해 대패시키고 삼가를 하나로 합치고서도 멈추지 않았다. 또 조양자(趙襄子)를 진양(晉陽)에서 포위하는 사태에 이르자, 한씨(韓氏)와 위씨(魏氏)가 함께 모의하고 말했다. '옛말에 입술이 없으면 이가 시리다고 했다. 조씨가 아침에 멸망하면 우리도 저녁에 뒤따를 것이고, 조씨가 저녁에 멸망하면 우리도 아침에 뒤따를 것이다. 『시경』에서도 물고기가 날래지 못해 일단 뭍으로 나오면 돌아갈 수 없다고 했다.' 그리하여 세 가문의 주인이 한마음으로 힘을 합쳐 성문을 열고 길을 닦으며 갑옷을 입고 군사를 일으켜 한씨와 위씨는 밖에서, 조씨는 성 안에서 함께 지백을 공격해 대패시켰다."

그래서 묵자가 말했다. "옛말에 '군자는 물을 거울로 삼지 않고 사람을 거울로 삼는다. 물을 거울로 삼으면 얼굴을 보지만 사람을 거울로 삼으면 길흉을 안다'고 했다. 지금 침략 전쟁을 이롭다 여긴다면 어찌 지백의 일을 거울로 삼지 않는가? 이를 통해 그것이 불길하고 흉함을 알 수 있을 것이다."

「비공하」에서는 호전적인 군왕에게 전쟁의 득실을 따져주었다.

지금 군대라는 것은 서로에게 이롭지 않은 것이다. 장수가 용감하지 않고 병사가 분발하지 않으며, 무기가 예리하지 않고 훈련이 철저하지 않으며, 군사가 많지 않고 병졸이 화합하지 않으며, 적의 위협을 막아내지 못하고 포위를 당하면 오래 버티지 못하며, 공격이 빠르지 않고 강하지 않으며 의지가 굳지 않다면 동맹한 제후들 마음에 의심이 생긴다. 동맹한 제후들 마음에 의심이 생기면 적대하는 마음이 싹터 동맹 의지가 약화된다. 이렇게 불리한 조건들을 구비하고서 전쟁에 임한다면 나라는 통솔력을 잃고 백성은 생업을 바꾸게 될 것이다.

가령 침략 전쟁을 좋아하는 나라가 중간 규모로 군사를 일으킨다면 장수가 수백 명, 사관이 수천 명에 따르는 무리가 수십만에 이른 뒤에야 비로소 군대를 움직일 수 있다. 길게는 여러 해, 짧게는 수개월이 걸리니 임금은 정사를 돌볼 겨를이 없고, 관리는 관청 일을 처리할 겨를이 없으며, 농부는 농사일을 할 틈이 없고, 부녀자는 길쌈할 틈이 없게 된다. 바로 이것이 나라는 통솔력을 잃고 백성은 생업을 바꾸게 된다는 것이다. 게다가 수레와 말이 피폐해지고 장막과 차일, 삼군이 쓸 물자와 갑옷, 무기 같은 물자들은 5분의 1만 남게 되더라도 다행인 것이다. 또한 병사들은 길에서 흩어져 달아나고, 길이 너무 먼데 양식이 이어지지 않아 음식을 제때 먹지 못하게 되면 잡부들은 굶주리고 추위에 떨며 병까지 들어 도랑 안으로 굴러떨어져 죽는 경우가 이루 다 셀 수 없다. 이것이야말로 사람에게 이롭지 못하고 천하의 큰 해로움이 된다는 것이다. 그런데도 왕공대인이 이를 즐겨 행하니, 이는 천하 만민을 해치고 멸하기를 즐기는 것이다. 어찌 도리에 어긋나지 않겠는가?

지금 천하에서 전쟁을 좋아하는 나라로는 제, 진(晉), 초, 월이 있다. 비록 이 네 나라가 천하를 마음대로 할 수 있어 백성을 10배로 늘리더라도 그 땅을 다 갈아먹을 수가 없다. 사람은 부족한데 땅은 남아돌기 때문이다. 지금 땅을 쟁탈하기 위해 도리어 사람을 서로 해치는 것은 부족한 데를 덜어서 남아도는 데에 보태는 것이다.

묵자는 「비공중」에서 "자신의 승리를 헤아려보면 쓸 데가 없고, 얻은 것을 헤아려보면 오히려 잃은 것보다 많지 않다"고 했다. 분명히 해로운 일인 줄 알면서도 기어이 하려는 것은 눈앞의 이익에 급급해 장기적인 손해를 망각하는 것이다.

공성과 침략으로 패주(霸主)의 지위를 추구한 제후가 얻는 것은 이재민이 도처에 널린 황무지이고, 잃는 것은 가장 귀중한 노동력이다. 오늘 자기보다 약소한 국가를 멸망시키는 것은 마치 사마귀가 매미를 잡으려고 하면서 뒤에 있는 참새를 보지 못하는 것과 같다. 내일 자기보다 강대한 제후가 기회를 틈타 자신을 멸망시킬 수 있다. 겉으로 유리한 것처럼 보이지만 실상은 이로움보다 해로움이 크다.『묵자』「경주」 편에서 묵자는 노양 문군에게 아주 재미있는 비유를 들었다.

큰 나라가 작은 나라를 침략하는 것은 마치 아이들이 말 흉내를 내며 노는 것과 같습니다. 아이들이 말 흉내를 내며 놀다 보면 다리에 힘이 빠짐니다. 가령 큰 나라가 작은 나라를 침략하면, 침략당하는 쪽에서는 농부가 경작을 못하고 아낙네가 길쌈을 못하며 날마다 나라를 지키기에 바쁩니다. 침략하는 쪽 역시 농부가 경작을 못하고 아낙네가 길쌈을 못하며 공격에만 매진하게 됩니다. 따라서 큰 나라가 작은 나라를 공격하는 것은 아이들이 말 흉내를 내며 노는 것과 같다는 것입니다.

간단히 말해서 피차 손해가 된다는 것이다. 『묵자』 「비공」은 묵자 자신이 직접 전란을 겪으면서 느낀 비통한 심정을 적은 '반전 선언문'이다.

제19장
송나라 침공을 저지한 찬란한 업적

묵자의 출생일은 바로 좌구명(左丘明)이 『좌씨전』을 절필했을 때이다. 세상사가 어지러워 정상적인 역사마저 기록해 나가기 어려웠음을 알 수 있다. 묵자는 이런 난세에 임하여 일생 동안 유세와 중재에 분주했다고 말할 수 있다. 천쉐량의 『묵자답객문』 '묵자연표' 기록을 보자.

기원전 448년(주 정정왕 21년) 21세

묵자는 제자 공상과와 함께 월나라로 유세하러 가려고 했다. (…)

기원전 447년(주 정정왕 22년) 22세

묵자는 채나라에 들어가, 침략 전쟁 때문에 오나라와 월나라 사이에서 채나라가 망하는 것을 직접 보았다.

기원전 440년(주 고왕 원년) 29세

묵자는 초나라, 월나라, 송나라 등을 분주히 오갔다.

기원전 439년(주 고왕 2년) 30세

묵자는 노나라에서 초나라로 가서 자신이 지은 글을 초 혜왕에게 올렸다.

기원전 431년(주 고왕 10년) 38세

묵자는 산동의 작은 나라 거(莒)에 이르렀다. 거가 제나라에게 망하는 것을 직접 보고 침략 전쟁 때문에 나라를 잃은 것을 애도했다.

기원전 423년(주 위열왕威烈王 3년) 46세

초나라 노양 문군이 약소국 정나라를 침공하려 하자, 묵자는 급히 초나라로 가서 '비공'의 이념으로 문군을 권계(勸誡)해 침공을 중지시켰다.

기원전 412년(주 위열왕 14년) 57세

제나라가 출병해 노나라의 갈(葛)과 안릉(安陵)을 점거했다. 묵자는 자진해 제나라로 가 제왕 전화(田和)의 면전에서 약소국 침범을 비판하고, 아울러 정벌 전쟁을 많이 벌이면 반드시 상서롭지 않은 일을 겪게 된다고 경고했다.

기원전 411년(주 위열왕 15년) 58세

제나라가 또 다시 노나라를 침공해 도성을 탈취했다. 묵자는 다시 한 번 제나라로 가서 제나라가 대국으로서 소국을 업신여긴다고 비판했다.

기원전 409년(주 위열왕 17년) 60세

제나라의 전쟁 위협에 닥쳐 노나라 군주가 묵자를 불러 가르침을 구했다. "제나라가 우리나라를 침공할까 걱정되는데 도와줄 수 있는가?" 묵자는 노나라 군주를 위해서 세 가지 주의 사항을 제시했다. 첫째 '상제를 존중하고 귀신을 섬김으로써' 객관적 법칙을 따르고, 둘째 '사방의 제후를 두루 예우하여' 이웃 나라와 우호 관계를 맺으며, 셋째 백성을 사랑하고 이롭게 하는 것이다. 이렇게 해야 비로소 전국의 역량을 동원하여 제나라의 침략을 물리칠 수 있다고 했다.

기원전 408년(주 위열왕 18년) 61세

제나라가 또 다시 노나라를 침공했다.

기원전 406년(주 위열왕 20년) 63세

위 문후가 중산국(中山國)을 멸하자 묵자는 위나라의 침략을 비판했다.

기원전 404년(주 위열왕 22년) 65세

묵자가 송나라에 유세했는데, 송나라는 자한(子罕)의 계책을 믿고서 묵자를 구금했다. 자한은 송나라 대신으로 묵자가 선전하는 비공, 겸애 사상에 반대해 묵자를 구금한 것이다.

기원전 403년(주 위열왕 23년) 66세

공수반이 초나라를 위해 운제(雲梯)를 만들어 송나라를 침공하려고 했다. 묵자가 이 소식을 듣고 노나라에서 열흘 밤낮을 달려 초나라 수도 영(郢)에 이르렀다. 공수반이 아홉 차례 성을 공격하는 기관을 설치하고 묵자가 이를 아홉 번 모두 물리쳤다. 마침내 공수반과 초왕이 침공을 그만두었다.

기원전 394년(주 안왕 8편) 75세

제 강공이 노나라를 침공하여 최(最, 지금의 취푸[曲阜] 동남쪽)를 점거하자, 묵자는 한나라에 유세해 노나라를 구원했다.

기원전 386년(주 안왕 16년) 83세

주나라 천자가 제 태공(太公), 즉 전화(田和)를 제후로 승인하자, 묵자는 제나라로 가서 태공에게 비공의 이치를 설명했다.

기원전 385년(주 안왕 17년) 84세

제나라가 또 다시 노나라를 침공하자, 묵자가 제 태왕(太王, 태공)을 이치로 깨우쳤지만 따르지 않았다.

열다섯 꽃다운 나이에 진(晉)나라로 가면서부터 노령의 여든넷에 제나라를 설득할 때까지 묵자는 '겸애'와 '비공'을 실현하기 위해 일생을 바쳤다. 평생의 족적이 미친 곳으로는 일찍이 북쪽으로 제나라에 갔고, 서쪽으로 위나라에 사신으로 갔으며, 또한 여러 차례 초나라에 유세하여 초기에는 영에 이르렀고 뒤에는 노양의 식객이 되었으며, 다시 월나라에 가고자 했으나 뜻을 이루지 못했다.

그야말로 일정한 식사 장소가 없음은 물론 한 끼를 때우면 다음 끼니가 언젠지 잊었고, 잠자리가 따스할 겨를이 없음은 물론 심지어 엉덩이가 따스해지기도 전에 다시 길을 재촉해야 했다. 몸에는 띠로 만든 줄을 묶고 나막신과 짚신을 신고서 정수리가 닳아서 발꿈치에 이르더라도 절대 포기하지 않는 정신으로 천하의 이로움을 위해서라면 어떤 일도 마다하지 않았다. 『전국책』「송책(宋策)」과 『시자』「지초사(止楚師)」에는 "묵자가 소식을 듣고서 백사중견(百舍重繭)하며 가서 공수반을 만났다"는 기록이 있다. 여기서 '백사중견'은 3000리를 급히 가느라 발이 부르터서 누에고치 모양으로 된다는 뜻으로 고생을 참으며 먼 길을 갈 때 쓰는 성어이다.

『묵자』「경주」 편에는 묵자가 초나라의 노양 문군에게 침략 전쟁을 그만두도록 권고하는 문답이 실려 있다.

> **묵자** 가령 어떤 사람에게 소와 양 같은 가축이 많아 주방장이 매일 맛있게 요리해 아무리 먹어도 다 못 먹을 정도입니다. 그런데도 남이 떡 만드는 것을 보면 재빨리 그것을 훔치면서 "나도 먹게 해주시오"라고 말합니다. 잘 모르겠지만 그에게 맛있는 요리가 부족해서입니까 아니면 도벽이 있어서입니까?
>
> **문군** 도벽이 있는 것이겠지요.
>
> **묵자** 초나라 사방의 들판은 너무 넓고 황무지가 많아서 이루 다 개척할 수 없을 정도이고, 수천 곳의 빈 곳은 이루 다 쓸 수 없을 정도입니다. 그런데 송나라나 정나라의 빈 고을을 보면서 재빨리 그것을 빼앗으려 하니, 이는 앞서 말한 것과 뭐가 다르겠습니까?
>
> **문군** 다를 바가 없습니다. 틀림없이 도벽이 있는 것이겠군요.

노양 문군은 초 평왕(平王)의 손자이자 사마자기(司馬子期)의 아들이다. 초 혜왕이 노양(지금의 허난성 루산魯山현)에 봉읍을 내렸다. 노양 문군은 비교적 큰 봉지를 받았고 지위가 아주 높았다. 당시 송나라와 정나라 사이에 아직 개간하지 않은 땅이 많아 초나라가 그곳을 점령하려고 군침을 삼키고 있었다. 문군의 봉읍이 마침 송나라와 정나라

인근인 관계로 이 땅들이 외부 확장의 목표가 되었다. 『묵자』「노문」
에는 이 고사의 후반부 대화가 실려 있다.

묵 자 가령 노양의 사방 경계 안에서 큰 도시가 작은 도시를 공격하고, 큰
　　　 가문이 작은 가문을 공격하여 인민을 죽이고 그들의 소, 말, 개, 돼
　　　 지와 무명, 비단, 쌀, 조 및 재물을 빼앗는다면 어떻게 하겠습니까?

문 군 노양의 사방 경계 안에 있는 사람은 모두 과인의 신하요. 가령 큰
　　　 도시가 작은 도시를 공격하고, 큰 가문이 작은 가문을 공격하여 재
　　　 화를 탈취한다면 과인은 반드시 그들을 엄하게 벌할 것이오.

묵 자 무릇 상제가 천하를 두루 소유함 또한 그대가 사방 경계 안을 소유
　　　 함과 같습니다. 만일 군대를 일으켜 정나라를 공격한다면 상제의
　　　 벌이 이르지 않겠습니까?

문 군 선생은 어찌하여 내가 정나라 공격하는 것을 말리는 겁니까? 내가
　　　 정나라를 공격하는 것은 하늘의 뜻에 따르는 것입니다. 정나라 사
　　　 람은 삼대에 걸쳐 그들의 군주를 시해했습니다. 하늘이 그들에게
　　　 벌을 내려 3년 동안 농사가 제대로 되지 않았습니다. 나는 하늘의
　　　 벌을 도우려는 것입니다.

묵 자 정나라 사람이 삼대에 걸쳐 그들의 군주를 시해했기에 하늘이 그
　　　 들에게 벌을 내려 3년 동안 농사가 제대로 되지 않았다면, 하늘의
　　　 벌이 충분한 것입니다. 지금 군사를 일으켜 정나라를 공격하면서
　　　 "내가 정나라를 공격하는 것은 하늘의 뜻에 따르는 것이다"라고 말
　　　 씀하십니다. 이는 비유하자면 어떤 사람이 자기 아들이 포악하고
　　　 재주가 없다고 해서 아버지로서 회초리를 들었는데, 그 이웃집 부
　　　 모가 몽둥이를 들고 와서 때리며 "내가 때리는 것은 그 부모의 뜻
　　　 에 따르는 것이다"라고 말하는 것과 같습니다. 어찌 잘못된 일이

아니겠습니까?

묵자는 이처럼 생동감 넘치는 비유를 통해서 알기 쉽게 노양 문군을 설득했다. 문군은 어쩔 수 없이 잠시 정나라 공격을 포기할 수밖에 없었다.

「노문」 편에는 또 제 태공을 설득해 노나라 침공을 저지하는 대화가 실려 있다. 제나라는 지금의 산둥성 북부와 허베이성 동북부 지역이고, 노나라는 제나라 남쪽에 위치했다. 노나라는 항상 강대국 제나라의 약탈에 시달렸다. 이 때문에 묵자가 제 태공인 전화를 설득하기 위해 나섰다.

> 묵 자 가령 여기에 칼이 있는데 시험 삼아 사람의 머리를 잘라보니 댕강 잘렸습니다. 그렇다면 예리하다고 말할 수 있겠습니까?
>
> 전 화 예리합니다.
>
> 묵 자 칼이 예리합니다만 누가 장차 재앙을 받을까요?
>
> 전 화 칼은 예리하다고 인정받았으니 그것을 시험한 자가 재앙을 받겠지요.
>
> 묵 자 남의 나라를 병합하고 군대를 전멸시키며 백성을 해치거나 죽인다면 누가 장차 그 재앙을 받겠습니까?
>
> (제 태공이 고개를 끄덕이면서 생각하다가 대답했다.)
>
> 전 화 내가 그 재앙을 받겠지요.

묵자의 인생에서 '비공'의 찬란한 획을 그은 사건은 당연히 초나라의 송나라 공격을 그만두게 한 일이다. 이는 춘추전국 역사에서 손에 꼽는 사건 중 하나이다. 이 고사는 『여씨춘추』 『전국책』 『시자』

「지초사」『사기집해』「맹자순경열전」『후한서』「장형전」의 주석 등에 기록되어 있다. 이를 통해 이 고사가 근거 없이 지어낸 것이 아니라 역사적으로 확실히 일어난 일임을 알 수 있다.

『묵자』「공수」의 내용을 정리하면 다음과 같다. 공수반이 초나라를 위해 운제라는 무기를 완성한 뒤, 그것으로 송나라를 공격하고자 했다. 묵자가 그 소식을 듣고 제나라에서 출발해 열흘 밤낮을 달려 초나라 수도 영에 도착해 공수반을 만났다.

공수반 선생은 무슨 일로 여기까지 오셨습니까?

묵　자 북쪽에 나를 업신여기는 자가 있는데 그대의 힘을 빌려 죽이고 싶습니다.

(공수반이 언짢아했다.)

묵　자 사례로 천금을 드리겠습니다.

공수반 저는 의를 받들기 때문에 본래 사람을 죽이지 않습니다.

(묵자가 일어나 두 번 절하고 말했다.)

묵　자 몇 말씀만 드릴까 합니다. 내 북쪽에서 그대가 운제를 만들어 송나라를 공격한다는 말을 들었습니다. 송나라에 무슨 죄가 있습니까? 초나라는 땅이 남아도는 반면 백성이 부족한데, 부족한 것을 죽이고 남아도는 것을 다툰다면 지혜롭다고 할 수 없습니다. 송나라는 죄가 없는데 공격한다면 인(仁)이라 할 수 없고, 알면서도 간쟁하지 않는다면 충(忠)이라 할 수 없으며, 간쟁해서 뜻을 이루지 못하면 강(强)이라 할 수 없습니다. 의로움에 따라 소수를 죽이지 않으면서 다수를 죽인다면 현명한 무리라고 할 수 없습니다.

공수반 그렇군요.

묵　자 그렇다면 어찌 그만두지 않습니까?

공수반 안 됩니다. 내 이미 왕에게 말했습니다.

묵　자 어찌 날 왕과 만나게 해주지 않습니까?

공수반 그렇게 하겠습니다.

(묵자가 초나라 왕을 만났다.)

묵　자 가령 여기에 어떤 사람이 호화로운 수레를 버려두고 이웃에 있는 낡은 수레를 훔치려 하고, 자신의 화려한 비단옷을 버려두고 이웃에 있는 거친 베옷을 훔치려 하며, 자신의 맛있는 요리를 버려두고 이웃에 있는 술지게미를 훔치려 한다면, 이것은 어떤 사람이겠습니까?

혜　왕 반드시 도벽이 있는 사람이겠지요.

묵　자 초나라 땅은 사방 5000리인데 송나라 땅은 사방 500리이니, 이는 마치 호화로운 수레와 낡은 수레의 관계와 같습니다. 초나라의 운몽(雲夢)이란 못에는 물소와 외뿔소, 고라니, 사슴이 가득하고 강수(江水)와 한수(漢水)의 물고기나 자라, 악어로 천하의 부유함을 이루는데 송나라에는 이른바 꿩과 토끼, 여우조차 없으니, 이는 마치 맛있는 요리와 술지게미의 관계와 같습니다. 초나라에는 장송(長松)과 재수(梓樹), 편남(楩楠), 예장(豫章) 등의 귀한 재목들이 있는데 송나라에는 큰 나무조차 없으니, 이는 마치 화려한 비단옷과 거친 베옷의 관계와 같습니다. 제가 생각건대 왕께서 송나라를 공격하려는 것은 이와 마찬가지입니다. 제가 보기에 왕께서는 반드시 의로움만 해치고 얻는 것이 없을 것입니다.

혜　왕 좋은 말입니다! 비록 그러하나 공수반이 나를 위해 운제를 만들었으니 반드시 송나라를 취해야겠소.

이에 공수반을 불렀다. 묵자는 허리띠를 풀어 성을 만들고 나뭇조각으로 기계를 삼았다. 공수반이 아홉 차례 성을 공격하는 기계의 변화를 부렸지만 묵자는 아홉 차례 모두 그것을 막아냈다. 공수반은 공격용 기계를 다 사용했으나 묵자의 방어에는 여유가 있었다. 공수반이 굴복하고 말했다.

공수반 나는 선생을 물리칠 방법을 알지만 말하지 않겠습니다.

묵　자 나도 그대가 나를 물리치려는 방법을 알고 있지만 말하지 않겠습니다.

혜　왕 그것이 무엇이오?

묵　자 공수반의 뜻은 저를 죽이려는 데 불과합니다. 저를 죽이면 송나라는 지킬 수 없게 돼 공격할 수 있으니까요. 그러나 저의 제자 금골리 등 300명이 이미 저의 방어 기계를 가지고 송나라 성 위에서 초나라의 침략을 기다리고 있습니다. 비록 저를 죽인다 해도 그들을 다 없앨 수는 없을 것입니다.

혜　왕 좋소이다! 내 송나라를 공격하지 않겠소.

남쪽의 초나라는 일찍이 춘추오패의 하나였다. 초 혜왕은 국풍(國風)을 진작시켜 초나라의 패업을 중흥시키고자 했다. 『사기』 「초세가(楚世家)」에는 "혜왕은 재위 42년에 채나라를 멸하고, 44년에 기(杞)나라를 멸했으며, 동쪽으로 침공해 땅을 사수(泗水) 가까지 넓혔다"고 기록되어 있다.

영토 확장의 달콤함을 맛본 혜왕은 군대를 더욱 확충해 송나라 침공을 준비했다. 혜왕의 자신감은 당시 가장 재주가 뛰어난 기술자 공수반을 얻은 데 있었다. 그는 후세에 목공 기술의 시조로 추앙받는다. 『유양잡조(酉陽雜俎)』에서는 공수반의 재주가 조물주에 버금간다고 했고, 『한서』「서전상(敍傳上)」에서는 "공수반은 도끼로 나무 기구를 만드는 데 가장 뛰어났다"고 분명히 밝혔다. 그래서 자신의 능력을 고려하지 않고 전문가 앞에서 재주를 부린다는 뜻의 '반문농부(班門弄斧, 공수반 문하에서 도끼를 휘두른다)'라는 성어가 생겨났다.

공수반은 초나라 왕을 위해 신형 공성 무기인 운제를 제작했다. 고대의 공성 무기에는 구원(鉤援), 임충(臨衝), 누거(樓車), 소차(巢車) 등 여러 가지가 있었다. 사서에 보이는 가장 오래된 공성과 수성에 관한 기록은 기원전 11세기 주 문왕이 숭후호(崇侯虎)를 토벌한 전쟁으로, 유사 이래 최초의 진지전(陣地戰)이라고 할 수 있다.

당시 은 주왕은 무도했고, 숭후호가 주왕의 포학함을 조장했다. 『사기』「주본기」에 "숭후호가 주왕에게 서백(문왕)을 참소했다. '서백은 선과 덕을 쌓아서 제후들이 모두 그를 바라보고 있으니 장차 제왕에게 불리합니다.' 이에 주왕이 서백을 유리(羑里)에 가두었다"고 기록되어 있다. 주 문왕은 꾀를 내어 탈출한 뒤 주왕 토벌에 나섰다. 숭후호는 성을 지키며 수비에 치중하고, 주나라 군대는 성 아래에서 30여 일 주둔하면서 한 번도 작전을 전개하지 않다가 나중에 문왕이 '구원(갈고리가 달린 높은 사다리로 원시적 형태의 운제임)'과 '임충(성을 부술 때 쓰는 수레)'을 이용해 일거에 성을 격파하고 숭후호를 죽였다.

고대 전쟁에서 운제는 중요한 역할을 했다. 춘추전국 시기에 축성 기술이 끊임없이 발전함에 따라 각국 모두 성을 높이 쌓고 참호를 깊이 파서 수비는 쉽지만 공격은 어려워졌다. 기존의 공성 무기인 임충이나 누거 등은 이미 낙후돼 갈수록 힘을 발휘하지 못했다. 이때 공수반이 구원과 임충 등을 토대로 신형 공성 무기인 운제를 발명했다. 공수반이 설계한 운제는 과거 공성 무기의 단점을 보완해 성 내부 상황을 조망할 수 있을 정도로 높은 데다 사다리를 타고 성벽을 기어오를 수 있었다. 당시로서는 가장 선진적인 공성 군사 장비인 셈이었다.

공수반의 운제 설계도가 전해지지 않기 때문에 그 형태를 알 방법은 없다. 다만 전국시대 청동기 도안 장식에서 당시의 운제 일부를 엿볼 수 있는데, 그것은 세 부분으로 구성되었다. 밑바닥에는 바퀴가 달려서 이동이 가능하고, 몸체는 상하로 펼쳐져 공성 시에 성벽에 걸치고 기어오를 수 있으며, 꼭대기 부분에는 갈고리 형태의 물체가 달려 성벽 위 돌출된 곳에 걸리게 하여 수비군이 밀어내지 못하도록 막았다.

공수반이 발명한 신형 공격 무기는 초 혜왕의 패업을 이루고자 하는 웅심에 불을 당겼다. 혜왕은 공수반을 독려해 운제를 대량으로 제조하는 동시에 송나라 침공을 준비했다. 초나라의 운제 제조 소식이 사방으로 퍼져나가자 열국의 제후들은 두려운 마음을 갖게 되었다. 특히 송나라는 초나라가 공격해온다는 소식을 듣고서 큰 위기감을 느꼈다. 묵자 역시 이 이야기를 듣고 자신의 비공 이념을 실천하기 위해 혜왕에게 전쟁을 포기하도록 권하기로 결심했다. 이리하여 묵자가 초나라의 송나라 침공을 중지시켰다는 미담이 생기게 되었다.

이때 묵자는 이미 66세의 고령이었다. 당시에는 교통이 아주 불편해 그가 자기 소재지에서 초나라 도성인 영에 도달하기까지 꼬박 열흘이라는 시간이 걸렸다. 어떤 사람은 묵자의 '정수리가 벗겨졌다(摩頂)'는 말을 고증하면서 이렇게 설명했다. 그때 묵자의 고향인 주루국 사람들은 길을 갈 때 휴대한 식량 등을 머리에 이길 좋아했고, 묵자가 전쟁을 중지시키기 위해 사방으로 숨 돌릴 새도 없이 유세를 다녀, 시간이 오래 지나면서 자연스럽게 정수리 부분이 벗겨졌다는 것이다. 묵자 정신이 사람들에게 얼마나 존중받았는지 알 수 있는 대목이다.

묵자는 자신의 말재주와 변론술을 충분히 발휘하고 귀류법(歸謬

法)과 유비 추리(類比推理)를 활용해 초나라 왕과 공수반을 설득했다. 그러나 설득이 성공을 거둘 즈음에 위험의 그림자가 가까이 다가왔다. 논리로 굴복당한 공수반이 자신의 강력한 맞수를 제거하려든 것이다. 미리 대비하고 있었던 덕에 위기를 모면할 수 있었지만 호전적인 상대에게 유세를 펼친다는 것이 얼마나 위험한 일인지 잘 설명해 준다.

지속된 위기 속에서도 묵자의 전쟁 중지 노력은 그치지 않았다. 『사기』「노중련추양열전(魯仲連鄒陽列傳)」에 "송나라는 자한의 계책을 믿고서 묵적을 구금했다"는 기록이 있다. 첸무는 「묵자행년고(墨子行年考)」에서 이렇게 설명했다.

송 소공(昭公) 47년(기원전 422년), 묵자는 송나라에서 벼슬했다. 묵자는 50세 전후에 일찍이 송나라 대부가 되었고, 나중에 송나라 권신 자한의 모함으로 옥에 갇혔다. 묵자가 구금된 것은 자한이 군주를 시해하고 전횡한 일과 관련됐을 것으로 보인다. 이후 오래지 않아 석방되었다.

『한비자』「내저설하(內儲說下)」에는 "대환(戴驩)이 송나라 태재(太宰)였는데, 황희(皇喜)가 군주에게 신임이 두터웠다. 두 사람은 일을 다투고 서로 해쳤다. 황희가 마침내 군주를 시해하고 정권을 찬탈했다"고 비교적 자세히 서술돼 있다. 또 『한비자』「외저설우하(外儲說右下)」에서는 "사성자한(司城子罕)이 송나라 군주를 시해하고 정권을 찬탈했다"고 했다. 사성자한은 마땅히 황희이다. 『한비자』에서는 자한이 시해한 군주가 누구인지 밝히지 않았지만 『여씨춘추』「소류(召類)」 주석에서 "자한이 소공을 시해했다"고 했다. 송나라에는 소공(昭公)이 두 명 있었다. 하나는 노 문공 때로 묵자 시대와 시간상 차이가 멀고,

또 하나는 노 도공(悼公) 때로 묵자 시대에 해당한다. 자한이 시해한 군주는 당연히 뒤의 소공이다.

현재 묵자가 구금된 시기를 정확히 알긴 어렵다. 천쉐량의 『묵자 답객문』 '묵자연표'에 따르면, 기원전 404년(주 위열왕 22년) 묵자 65세 때의 일이다. "묵자가 송나라에 유세하러 갔는데 송나라에서 자한의 계책을 믿고서 묵적을 구금했다. 자한은 송나라 대신으로 묵자가 선전하는 비공과 겸애 사상에 반대해 묵적을 계획적으로 구금한 것이다"라고 했다.

여러 설이 분분하지만 묵자가 자한에 의해 송나라에서 구금된 일은 의심의 여지없는 사실이다.

제20장

침략 비판, 방어 옹호의 군사사상

차이위안페이(蔡元培)는 『중국윤리학사』에서 묵자의 비공에 대해 한 마디로 "묵자는 침략을 비판하지만 방어를 비판하지 않았다"고 정의 내렸다.

후스는 량치차오의 『묵경교석』 서문에서 이렇게 말했다.

량치차오는 예리하고도 너른 역사적 시야로 비록 묵자 학설이 2000년 동안 유행하지 않았지만 일부 근본이념은 이미 중화민족의 특성 가운데 하나로 융합되었다고 고찰했다. "내 일찍이 찬찬히 살펴보고 사유해본 결과, 묵학 정신은 사람 마음에 깊이 침투해 지금까지도 면면히 이어져 우리 민족의 특성 중 하나로 자리매김한 것으로 보인다"라고 그는 말했다. 예컨대 전쟁 문제에 있어서 중국 문화의 가치 성향은 영토 확장을 위해 함부로 무력을 사용하는 것에 반대하는 태도를 견지하고, 영토를 지키고 재난을 방비하는 면을 가장 숭상한다. 이런 민족 특성은 사실 묵자의 '비공' 및 '방어 최우선' 학설과 서로 일치한다. 량치차오는 현재 국제 사회에서 묵자의 이런 학설이 여전히 강력한 생명력을 지니고 있다고 여기며, "이러한 의로움은 향후 전 세계 국제 관계를 개조하는 중추가 될 것이다"라고 역설했다. 량치차오의 묵자 관련 전문 저술들은 모두 새로운 시대의 안목으로 묵자 문화를 살핀 것이며, 서양 학설과 비교해 풍부한 독창성을 갖춰 묵학 연구자에게 없어서는 안 될 훌륭한 작품이다.

사마천은 『사기』에서 묵자에 관해 단 24글자밖에 남기지 않았는데, 그 가운데에서 특별히 묵자가 '방어에 능했다(善守禦)'고 서술했다. 묵자의 전체 사상 체계에서 군사 사상은 중요한 지위를 차지하고 있다. 『묵자』의 군사 사상은 철저히 약자 입장에 선 자위(自衛) 학설이다. 두 가지 주요 내용 중 하나는 침략과 약탈의 불의한 전쟁에 반대하는 비공이고, 다른 하나는 정벌 방어의 정의로운 전쟁을 지지하는 '구수(救守)'이다.

중국 고대의 군사학 저서는 대개 공격자 관점에서 연구를 진행했다. 『손자(孫子)』 『오자(吳子)』 『울료자(尉繚子)』 등의 병서가 대부분 이 입장을 취하고 있다. 따라서 묵자가 제시한 비공 사상은 고대 군사학 저서 가운데 아주 보기 드문 독창적인 것이라고 할 수 있다.

오늘날 가장 유명한 『손자병법』은 춘추 시대 손무(孫武)의 저술이다. 『사기』 「손자오기열전(孫子吳起列傳)」에는 "손무가 병법으로 오왕 합려를 뵈니, 합려가 '그대의 13편을 내 모두 보았다'고 대답했다"는 기록이 있다. 『손자』 13편은 총 36가지 계책으로 이루어졌고, 대부분 공격 작전의 책략을 말하고 있다. 그는 합려를 보좌해 오나라의 패업을 이룩함으로써 중국 군사학사에서 대단히 중요한 지위를 차지하고 있다. 반면 묵자는 약소국의 적극적 방어 입장에 서서 수성 전투의 군대 편제, 무기 및 장비, 건축 공사, 방어 요령에 대해 연구하여 중국 고대 방어 전략전술의 권위자로 칭해진다. '묵수(墨守)'와 '손자병법', 하나는 수비, 하나는 공격으로 중국 고대 군사학의 쌍벽을 이루고 있다.

선진 시대에는 공격을 주도한 쪽이 대개 국세가 강성한 대국이었기 때문에 방어와 수비는 늘 인구가 적고 땅이 협소한 소국 몫이었다. 이렇게 현격한 힘의 차이가 나다 보니 강적의 맹렬한 공격을 막아내기가 얼마나 어려웠을지 가히 짐작할 수 있다. 이에 묵자와 그의 제자들은 전쟁을 일으킨 제후들이 아무것도 얻지 못하도록 수성 방법 연구에 심혈을 기울였다. 묵자는 대국의 군주가 전쟁을 포기할 리 없다는 사실을 잘 알고 있었기 때문에 적극적인 방어로 대국의 소국 침략 전쟁을 제지해야 한다고 주장했다.

인류의 전쟁사를 살펴보면, 신식 공격 무기가 나올 때마다 필연적으로 이런 공격 무기의 상극이 되는 방어 무기가 출현했다. 가장 대표적인 창과 방패를 필두로 탱크와 바주카포, 잠수정과 구잠정, 전투기와 고사포 등이 있다. 전쟁은 바로 공격 무기와 방어 무기의 끊임없는 갱신과 교체를 통해 점점 진화하고 발전해왔다.

당나라 두우(杜佑)의 『통전(通典)』 권160 「병십삼(兵十三)」에는 화병(火兵), 화수(火獸), 화금(火禽), 화도(火盜), 화노(火弩) 및 수평(水平), 수전구(水戰具) 등 공성 무기들이 상세하게 나열돼 있다. 명나라 장대(張岱)의 『야항선(夜航船)』 권10 「병형부(兵刑部) 군려(軍旅)」에서는 중국 전쟁사에 등장한 공격과 방어 무기 및 그 발명자에 대해 자세히 기록했다.

황제(黃帝)가 치우(蚩尤)를 공격하면서 처음으로 전쟁이 시작됐고, 전욱(顓頊)이 공공(共工)을 토벌할 때 처음으로 진을 쳤으며, 풍후(風后)가 처음으로 기이한 진법을 펼쳤고, 역목(力牧)이 처음으로 군영과 보루를 만들었다. 황제가 탁록(涿鹿) 전투에 처음으로 병사를 징집했고, 우(禹)가 유묘(有苗)를 정벌하면서 처음으로 전령을 두었으며, 주(紂)가 주(周)나라 군대를 막기 위해 처음으로 국경 수비대를 설치했다. 황제가 기리고거(記里鼓車)를 만들어 처음으로 정찰에 활용했고, 연무장(演武場)을 만들었으며, 수레를 군대 양 날개에 배치했고, 기병(騎兵)을 만들어 호위로 삼았다. 치우가 처음으로 화공(火攻)을 펼쳤다. 황제가 처음으로 대포와 쇠뇌를 제작했고, 처음으로 수산(首山)의 구리를 캐 도(刀)와 부(斧)를 만들었다. 치우가 처음으로 곤오산(昆吾山)의 철을 취해 검, 갑옷, 모(矛), 극(戟), 맥도(陌刀)를 만들었고, 처음으로 가죽으로 갑옷을 제작했다. 황제가 독(纛)과 오색 무늬의 아당(牙幢)을 만들었다. 복희(伏羲)가 방패와 과(戈)를 만들었고, 휘(揮)가 활을 만들었으며, 모이(牟夷)가 화살을 만들었다. 황제가 처음으로 창을 만들었고, 운제(雲梯)를 만들었는데 옛날 이름은 구원(鉤援)이다. 모이가 애패(挨牌, 방패의 일종)를 만들었는데 옛날 이름은 방배(傍排)이다. 순(舜)이 활집과 전통(箭筒), 비수를 만들었다. 우가 함갑(函甲)과 유(斿, 깃발에 달린 술)를 만들었고, 현거(懸車) 위의 표시로 삼았다. 은나라 반경(盤庚)이 봉수(烽燧)를 만들어 위급한 신호를 알렸다. 여망(呂望, 강태공)이 처음으로 총과 전함을 만들었다. 범려(范蠡)가 투석기를 만들었다. 주공(周公)이 원문(轅門)을 만들고, 등급을 구별하는 아홉 가지 깃발을 설치했다. 손무(孫武)가 철질려(鐵蒺藜)를 만들었고, 유복(劉馥)이 현점(懸苫)을 만들었으니 지금의 현렴(懸簾, 적의 화살을 막을 때 성 위에 발처럼 늘어뜨리는 수성 도구)이다. 무왕(武王)이 맹진(孟津)에서 회합할 때 창시(倉兕)에게 배와 노를 만들라 명했다. 공수반이 수전에 사용하는 구거(鉤拒, 배를 잡아당기거나 밀어내는 기구)를 만들었고, 오자서(伍子胥)가 누선(樓船)과 탄선(灘船)을 제작했으며, 지백(智伯)이 분수(汾水)의 둑을 무너뜨려 처음으로 수전을 펼쳤다. 손자(孫子)가 화인(火人), 화적(火積), 화치(火輜), 화고(火庫), 화대(火隊)의 다섯 가지 화공법을 개발했고, 위나라 마균(馬鈞)이 폭죽을 만들었다. 조 무령왕(武靈王)이 조두(刁斗, 낮에는 밥그릇, 밤에는 징으로 사용한 군용 도구)를 만들어 전했다. 위나라에서 닭털로 만든 깃발로 위급함을 알리고, 노포(露布)와 칠간(漆竿)을 만들어 승전을 전했다.

춘추전국 시기에 생산력이 발전함에 따라 전쟁 무기도 상당히 개선되었다. 이전의 청동 병기는 점점 철제와 강철 병기로 대체되었고, 순수하게 전차를 이용한 전투는 평원에만 적합하고 험한 산지에 적합하지 않을뿐더러 이동 또한 더뎠기 때문에 기병과 보병이 더욱 늘어났다. 또 운제가 출현한 뒤로 공성은 더 이상 전처럼 어렵지 않았고, 평원의 전차전은 기병과 보병을 이용한 격돌로 대체되었으며, 선상 전투에 구거 같은 무기가 출현한 뒤로는 대규모 전쟁 형태가 육지에서 대해나 강과 호수로 확대되었다. 초나라 왕은 바로 공수반이 발명한 신식 공격형 무기인 구거와 운제 등을 이용해 송나라를 침공하려고 안달했던 것이다.

초나라의 송나라 침공을 중지시킨 이야기 중에서, 묵자는 공수반의 아홉 차례 공격을 모두 완벽하게 막아냈다. 묵자와 공수반이 진행한 '모의 전쟁'을 통해 춘추전국 시기에 다채로운 공방전이 존재했음을 알 수 있다. 하지만 안타까운 점은 묵자가 어떤 방법으로 아홉 차례 공격을 막아냈는지 고사에서 자세히 밝히지 않아 『묵자』에 소개된 방어술을 통해 묵자와 공수반의 공방전을 상상할 수밖에 없다는 것이다.

『한서』「예문지」에 "『묵자』는 15권 71편이고, 그 가운데 수성과 방어를 소개한 것은 20편이다"라고 기록돼 있는데, 현재는 11편만 전해진다. 「비성문(備城門)」「비고림(備高臨)」「비제(備梯)」「비수(備水)」
「비돌(備突)」「비혈(備穴)」「비아부(備蛾傅)」「영적사(迎敵祠)」「기치(旗
幟)」「호령(號令)」「잡수(雜守)」가 그것이다. 이는 성지 수비를 핵심으
로 하는 방어 이론 체계로 냉병기 시대의 모든 수성 전술을 포괄한다.
바로 이런 진귀한 기록들 덕분에 묵자의 다양한 방어 무기 및 시대를
앞선 그것들의 구조 원리를 이해할 수 있게 되었다.

묵자의 수비 이론을 서술한 11편은 대부분 묵자와 그의 수제자인
금골리의 대화 형식으로 전개된다. 「비성문」 첫머리에 나오는 사제
간의 대화를 보자.

> **금골리** 성인의 말씀에 따르면, 봉황새가 나타나지 않아 제후들이 은주 같
> 은 천자의 나라를 배반하고 전쟁이 바야흐로 천하에서 일어나 큰
> 나라가 작은 나라를 공격하고 강자가 약자를 협박했다고 합니다.
> 제가 작은 나라를 지키고자 한다면 어떻게 해야 합니까?
>
> **묵 자** 어떤 공격에 대해 지키겠다는 것이냐?
>
> **금골리** 지금 세상에서 자주 쓰이는 공격 방법으로는 흙을 높이 쌓아 공격
> 하는 임(臨), 갈고리를 걸고 성을 기어오르는 구(鉤), 쇠를 단 수레로
> 부딪치며 성을 부수는 충(衝), 사다리를 이용하는 제(梯), 해자를 메
> 우는 인(堙), 둑을 무너뜨려 성을 잠기게 하는 수(水), 땅굴을 파는
> 혈(穴), 성벽을 뚫고 공격하는 돌(突), 성벽에 구멍을 내는 공동(空
> 洞), 일제히 군사들이 성벽에 달라붙어 기어오르는 의부(蛾傅), 소가
> 죽으로 씌운 수레에 군사를 감춰 공격하는 분온(轒轀), 망루가 달린
> 수레로 성 내부를 관찰하는 헌거(軒車)가 있습니다. 이 12가지 공격
> 을 막으려면 어떻게 해야 합니까?

금골리가 제기한 12가지 문제에 대해 묵자는 14가지 수성 방법을
제시했다.

　무릇 성을 지키는 방법은 다음과 같다. 성벽을 두텁고 높게 쌓고, 해자를
깊고 넓게 파며, 망루를 잘 수리하고, 수비 도구를 사용하기 편하도록 보
수하며, 땔나무와 식량은 석 달 이상 지탱할 정도로 풍족하고, 장정을 최
대한 많이 선발하며, 관리와 백성이 화목하고, 대신 가운데 군주에게 공
로 있는 사람이 많으며, 군주가 믿음직하고 의로우면 만민이 즐거워하며
기꺼이 죽을 각오로 끝까지 싸운다. 그렇지 않으면 부모의 무덤이 거기
에 있다든가, 혹은 풍요로운 산림과 천택을 가지고 있다든가, 혹은 지형
이 공격하기 어렵고 지키기 쉽다든가, 혹은 적에게 원한이 깊어서 군주
에게 큰 공을 세우길 원하든가, 혹은 시상이 명확해 믿을 만하고 형벌이
엄중해 두려움을 줄 수 있어야 한다. 이 14가지가 갖추어져 있으면 백성
또한 군주를 굳게 믿을 것이다. 그런 뒤에야 성을 지킬 수 있다. 14가지
가운데 하나라도 없으면 아무리 훌륭한 자라도 지킬 수 없다.

　묵자는 전혀 싫증내지 않고 금골리에게 구체적인 방법을 상세히
설명했다. 「비제」에는 다음과 같은 문답이 있다.

금골리 감히 묻습니다. 병력도 많고 용맹한 적이 우리 해자를 메우고 한꺼
　　　번에 진격하며, 운제를 설치하고 공격 무기를 총동원해 앞 다퉈 성
　　　벽을 오른다면 어떻게 해야 합니까?
묵　자 운제를 막는 방법을 묻는 것이냐? 운제는 무거운 기구여서 운반하
　　　기 매우 어렵다. 수비하는 쪽은 임시 성과 누대를 적당한 간격을 두
　　　고 성 안에 빙 둘러 만드는데, 이때 중간에 방호용 차단막을 설치해

야 하므로 양자의 거리가 너무 멀어서는 안 된다. 임시 성을 설치하는 방법은 이렇다. 본성보다 20척 높아야 하고, 그 위쪽에 또 성가퀴를 두르는데 넓이는 10척으로 한다. 좌우로 걸치는 커다란 가로목은 20척으로 한다. 누대의 높이와 넓이는 임시 성과 같다. 임시 성가퀴 아래에는 작혈(爵穴), 휘서(輝鼠)라 부르는 작은 구멍을 뚫고 밖을 물건으로 가린다. 투척기, 충거(衝車), 징검다리, 임시 성 등의 넓이는 적의 대열과 같게 하고, 그 사이사이에 송곳과 칼을 든 병사를 배치한다. 충거를 다루는 10명과 칼을 든 5명은 모두 힘센 자로 선발한다. 시력이 좋은 자에게 적을 관찰하게 하고. 북소리로 명령을 내려 양쪽에서 화살을 쏘거나 한곳에 집중사격을 가할 수 있다. 또는 기계의 도움을 받아 성 위에서 화살, 돌, 모래, 재를 비 오듯 퍼붓고, 장작불과 끓는 물을 쏟아 부을 수도 있다. 상벌을 엄정히 시행하고 일을 침착하게 처리하다가도 상황이 급할 때는 주저없이 결단해야 한다. 그래야 변고가 생기지 않는다. 이렇게 한다면 운제 공격은 실패로 돌아갈 것이다.

「비고림」에도 수성 방법에 대한 문답이 나온다.

금골리 감히 묻겠습니다. 적이 흙을 높이 쌓아 우리 성을 내려다보는 형세에 임했습니다. 이어 나무와 흙을 그 위에 더하여 양검(羊黔)이라 불리는 토산을 만들고 큰 방패로 앞을 가리며 전진해 마침내 우리 성과 근접해 무기와 쇠뇌로 한꺼번에 공격한다면 어떻게 해야 합니까?

묵자 지금 양검에 대한 방어책을 묻는 것이냐? 양검은 장수가 사용하기에 졸렬한 방법이다. 자기 병사를 지치게 할 뿐 수성하는 쪽에 위협이 될 수 없다. 수성하는 쪽도 대성(臺城)을 쌓으면 양검을 내려다보며 공격할 수 있다. 좌우로 큰 나무로 짠 틀을 각각 20척씩 연결하고, 임시 성은 30척이다. 위쪽에서 강력한 쇠뇌로 적을 쏘고 각종 기계의 힘을 빌려 공격한다면 양검 공격은 실패할 것이다.

이번에는 「비아부」를 보자.

금골리 용맹한 적이 마침내 성벽에 달라붙어서 뒤처지는 자의 목을 베는 것으로 군법을 삼고, 성 밑에 참호를 파서 토산을 쌓거나 땅굴을 판 다음 앞에서는 쉴 새 없이 기어오르고 뒤에서는 화살을 쏘며 엄호한다면 어떻게 해야 합니까?

묵 자 지금 개미처럼 성벽을 기어오르며 공격하는 아부(蛾傅)에 대한 방어책을 묻는 것이냐? 아부는 성이 좀처럼 함락되지 않아 장수가 분노했을 때 쓰는 방법이다. 지키는 쪽에서는 높은 위치에서 화살을 쏘고 기계를 던져 공격하면 된다. 성벽을 기어오를 때 쓰는 무기를 떨어뜨리기 위해 불과 끓는 물을 퍼붓고 마름쇠를 달구어 덮어씌우며 모래와 돌을 비 오듯 던진다. 그리하면 아부의 공격은 실패하고 말 것이다.

「비혈」에도 이런 대화가 실려 있다.

금골리 감히 묻겠습니다. 옛날 공격에 능했던 자가 땅굴을 파고 들어와 기둥에 장작을 묶고 불을 질러 우리 성을 파괴한다면 성이 무너질 것입니다. 그때 성 안에 있는 사람은 어찌해야 합니까?

묵 자 땅굴 공격에 대한 방어책을 묻는 것이냐? 땅굴 공격에 대비하려면 성 안에 높은 누대를 만들어 적의 움직임을 잘 살펴야 한다. 적진에 변화가 생겨 평소와 달리 담을 쌓고 흙을 모으거나 탁한 물이 흐르면, 이는 땅굴을 파고 있다는 징후이다. 급히 성 안에서도 적진 방향으로 구덩이를 파고 땅굴을 뚫어 맞서야 한다. 적의 땅굴 방향을 판단키 어려울 때는 성 안에 5보마다 우물 하나를 파는데 성벽 근처까지 이르도록 한다. 지세가 높은 곳은 1장 5척까지 파고, 낮은 곳은 물이 나오는 곳에서 3척 정도 더 판다. 도공에게 큰 항아리를 만들도록 하는데 용량은 40두 이상이어야 한다. 그 항아리를 얇은 가죽으로 단단히 싼 뒤 우물 안에 넣어두고 귀가 밝은 자에게 항아리에 들어가 소리를 듣게 하면 적이 파는 땅굴의 위치를 정확히 알 수 있다. 그때 이쪽에서 반대편으로 땅굴을 파 들어간다.

도공에게 질그릇 독을 만들게 할 때는 길이 2척 5촌, 크기 6위(圍)로 하고, (밑바닥을 제거하고) 가운데를 반으로 가른 뒤 다시 합쳐 땅굴 안에 설치한다. 하나는 깔고 하나는 덮어 원기둥 모양으로 만든다. 원기둥 밖은 진흙을 잘 발라 틈을 메우고 불이 붙지 않게 한다. 땅굴 양쪽에 이런 독을 설치하는데, 땅굴을 따라갈 때 지면에 바짝 달라붙어야 한다. 독 안에 겨와 숯가루를 채우되 꽉 채우지는 않는다. 겨와 숯은 땅굴에 길게 깔며, 땅굴 좌우 모두 이렇게 한다. 땅굴 안쪽 입구에는 아궁이를 만드는데, 질그릇 굽는 가마 형태로 하고 쑥 7~8다발이 들어가도록 한다. 좌우의 땅굴도 이같이 한다. 아궁이에는 풀무 4개를 준비한다. 땅굴이 서로 만나게 되면 큰 공이로 바닥을 내리쳐, 급히 풀무질을 해 적에게 연기를 피운다. 반드시 풀무질을 잘하는 자에게 이를 책임지게 하고, 아궁이 곁을 벗어나지 않도록 한다.

나무판을 합쳐 만든 연판(連版)은 땅굴의 높이와 넓이를 꼼꼼히 따져서 만든다. 땅굴 안에서 병사들이 이를 들고 전진한다. 연판에 긴 창이 들어갈 수 있을 만큼 구멍을 뚫되, 그 밀도는 적이 독을 파괴 하는 걸 막을 정도면 된다. 적과 마주치면 연판으로 막고 창으로 독 을 보호한다. 이때 굴이 막히지 않도록 주의한다. 굴이 막히면 연판 을 가지고 물러난다. 일단 와두가 막히면 와두를 뚫어서 연기를 통 하게 하고, 연기가 통하면 급히 풀무질을 해서 연기를 내야 한다. 굴 안에 있을 때 굴의 좌우에서 소리가 들리면 급히 전진을 멈추고 나아가지 않도록 한다. 만일 아군이 적의 굴에 모여 있다면 나무와 흙으로 막아서 나무판을 태우지 못하도록 해야 한다. 그렇게 하면 땅굴로 공격하는 것은 실패할 것이다.

『묵자』「비성문」 등 11편에서 묵자는 금골리가 제기한 12가지 공 격법에 대해 해답을 제시했다. 일의 중요도에 관계없이 답변이 너무 세세해 번쇄한 느낌이 들 정도이다. 하지만 묵자의 심모원려(深謀遠 慮) 또한 엿볼 수 있다. 수성 기술은 성내 모든 백성의 안위와 직결되 는 일이므로 사소한 것에도 주의하지 않을 수 없다.

마오쩌둥은 "농민과 수공업 장인이야말로 부와 문화 창조의 기본 이 되는 계급이다"라고 말했다. 또 "비천한 사람이 가장 총명하다"고 말하기도 했다. 묵자의 방어 전술은 '진정한 지식은 실천에서 나온다' 는 말의 본보기라고 할 수 있다. 수공업 집안 출신인 그는 농업, 목축 업, 수공업에 사용되는 도구를 적을 베고 찌르고 살해하는 방어 무기 로 개조하는 데 주목했다.

묵자가 발명한 여러 무기 가운데 '연노거(連弩車)'라는 신식 무기 가 있다. 최신판『중국대백과전서』「군사권(軍事卷)」에 따르면,『한서』 「이릉전(李陵傳)」의 "선우(單于)에게 연노를 발사했다"는 것이 '연노'

에 대한 최초의 기록이라고 한다. 또 삼국시대 제갈량(諸葛亮)이 연노를 개량해 한 번에 화살 10개를 발사했다는 기록으로 보아, 연노는 한대에 비로소 사용되기 시작한 것으로 보인다. 하지만 사실『묵자』「비고림」에 이미 이런 기록이 있다.

적이 흙을 높이 쌓고 성을 공격하는 임(臨)에는 여러 쇠뇌를 장착한 수레로 대응한다. 수레의 목재 크기는 사방 1척이며, 길이는 성벽의 두께에 따라 다르다. 두 개의 굴대에 바퀴 네 개가 달려 있다. 바퀴는 대나무로 엮은 상자 안에 있고, 상자는 위아래로 구성돼 있다. 좌우 양쪽으로 두 개의 기둥이 있고, 가로목 두 개가 걸쳐 있다. 가로목 좌우에는 모두 둥근 빗장이 끼워져 있는데, 직경이 4촌이다. 좌우 기둥에는 쇠뇌가 매어져 있고, 활줄이 서로 이빨처럼 맞물려 큰 활줄에 연결돼 있다.

쇠뇌의 활채는 앞뒤로 수레 상자와 가지런하게 놓는다. 상자의 높이는 8척이고, 쇠뇌의 굴대는 아래쪽 수레 상자로부터 3척 5촌 떨어져 있다. 연노의 주요 부분은 구리로 만들고, 무게는 150근이다. 줄을 당길 때는 도르래로 조인다. 수레 상자의 둘레는 3위 반이다. 좌우에 쇠뇌의 줄걸이가 있고, 사방 3촌이다. 바퀴의 두께는 1척 2촌이다. 쇠뇌 줄걸이는 넓이가 1척 4촌이고, 두께는 7촌, 길이는 6척이다.

가로목은 수레 상자 테두리와 나란하고, 끝의 1척 5촌 되는 곳에 가로로 된 손잡이가 달려 있다. 넓이는 6촌, 두께는 3촌이며, 길이는 수레 상자와 같다. 가늠자가 있고 출입할 때 상하로 높이를 조정할 수 있다. 쇠뇌 판의 무게는 120근이고, 1위 5촌의 목재로 만든다. 화살의 길이는 10척이고, 화살 끝에 줄을 매어 사용하기 때문에 공중에 나는 새를 쏘는 주살과 닮았다.

화살은 도르래로 감아서 회수한다. 화살은 가로목보다 3척 높다. 화살 사용 횟수는 고정돼 있지 않고, 적어도 60매씩 나눠준다. 작은 화살은 회수할 필요가 없다. 10명이 수레 하나를 맡는다.

이렇게 꼼꼼하고 빈틈없는 묘사로 볼 때, 당시 묵가가 이미 거대한 '연노거' 제조 기술을 확보하고 아울러 전쟁에도 사용했음을 확신할 수 있다. 조지프 니덤(Joseph Needham)은 『중국의 과학과 문명』에서 묵자가 발명한 연노거는 중국 최초일 뿐만 아니라 세계 최초라고 명확하게 밝혔다.

「비성문」편에 묵자가 발명한 '자거(藉車, 일명 척거[擲車])'라는 신식 무기가 나오는데, 후대인들은 이를 군사과학사에서 가장 오래된 포차(炮車)로 칭한다. 이 포차는 화약이 아니라 돌을 투척하는 데 사용했기 때문에 고대의 포(炮, 砲)는 일종의 투석기이다. 「비성문」에서는 자거에 대해 이렇게 기록했다.

각종 자거는 모두 쇠로 겉을 감싼다. 기둥 길이는 1장 7척이고, 땅에 묻힌 부분은 4척이다. 받침대의 길이는 3장에서 3장 5척이고, 양쪽으로 나와 있는 마협(馬頰)의 길이는 2척 8촌이다. 자거는 미리 힘을 측정한 뒤틀 제작에 들어간다. 받침대의 길이는 3장이고, 받침대의 4분의 3은 지면위로 나와 있다.

마협은 지면 위로 올라온 부분의 중앙에 있다. 마협의 길이는 2척 8촌이고, 받침대는 길이 24척 이하의 것을 쓰지 않는다. 자거의 틀은 큰 수레바퀴로 만든다. 자거의 세로나무 기둥은 길이가 1장 2척 반이다. 각종 자거는 모두 쇠로 겉을 감싸고, 뒤에 있는 수레가 그 기능을 돕는다.

「비성문」에는 또 묵자가 발명한 '전사기(轉射機)'가 등장한다.

전사기의 길이는 6척인데 1척은 땅에 묻어둔다. 두 개의 목재를 결합해 온(轀)을 만든다. 온의 길이는 2척이며, 받침대 중간에 구멍을 뚫어 쇠뇌 자루를 끼워 넣는다. 쇠뇌 자루의 길이는 세로 기둥까지 닿아야 한다. 20보마다 전사기 1대를 놓고 활을 잘 쏘는 자가 관할하며 보조자 한 사람을 두는데, 늘 자리를 뜨지 못하도록 한다.

이런 군사 무기의 발명 기록은 『묵자』에서 드물지 않게 보인다. 예컨대 「비혈」에서는 길고(桔槹, 도르래 형식의 두레박)의 군사 용도에 대해, "굴을 파서 적을 만나면 길고를 이용한다. 반드시 단단한 나무로 받침대를 만들고 날카로운 도끼를 장착한다. 힘센 자 세 명에게 명해 길고로 돌격하게 하고, (…) 길고 양쪽 가운데 한쪽에 세워진 기둥은 땅에 묻고, 양쪽 끝에 갈고리 몇 개를 달아놓는다"고 했다. 이 기록으로부터 묵가가 이미 도르래를 개조해 예리한 도끼 혹은 갈고리를 장착하고 땅굴 속에서 적을 살상하는 무기로 활용했음을 알 수 있다.

「비혈」에는 또 항아리를 통해 소리를 듣는 방법이 기록되어 있다. 성 밖에서 땅굴을 파면 항아리 안에서 이 소리를 듣고 적의 땅굴 위치를 정확히 판단해내는 것이다. 이는 확실히 음향학의 원리를 이용했다고 볼 수 있다.

「비아부」에는 성벽 위에 도르래를 설치하고 긴 창을 든 병사가 숨은 나무 상자를 매달아 올렸다 내렸다 하면서 성벽을 기어오르는 적을 방어하는 방법이 기록돼 있는데, "대개 20보마다 하나를 두고, 적이 밀집된 곳에는 6보마다 하나를 둔다"고 했다. 또 「비고림」에서는 "활줄이 서로 이어져 큰 활줄에 연결돼 있고, (…) 화살의 길이는 10척이고, 밧줄로 화살의 끝을 매어 주살처럼 쏘는데 발사한 화살은 도르래로 감아서 회수한다"고 했다. 이상에서 묵가가 도르래를 군사 무기로 능숙하게 활용했음을 알 수 있다.

「비성문」에 "나무판을 이용해 참호 위에 다리를 걸치는데 성 바깥쪽을 향해 기울게 놓는다. 길이가 바닥에 닿지 않으면 다시 나무판을 덧댄다. 다리의 경사는 성벽의 형세와 부합해야 한다"고 기록되어 있다. 다리 설치에 빗면의 원리를 응용했음을 알 수 있다.

「비아부」에서는 "정(梃)의 길이는 2척, 굵기는 6촌이며, 매달린 줄의 길이는 2척이다. (…) 적이 개미처럼 성벽을 기어오르면 차단막에 불을 붙여 덮어씌우고, 연정(連梃)과 모래, 재로 진공을 막는다"고 했다. '연정'은 원래 농가에서 곡식을 타작할 때 쓰는 도리깨로, 끝을 두 갈래로 나누고 빙빙 돌릴 수 있어서 힘을 적게 들이면서도 강한 타격을 줄 수 있는 도구이다. 묵자는 이것을 수성 무기로 개조해 밀집 대형을 이루고 성벽을 기어오르는 적을 공격하는 데 사용했다. 낫도 원래 농기구이고, 투창은 수렵 도구이며, 도끼와 망치는 수공업 도구이다. 묵자는 이런 도구를 개조해 전쟁 무기로 활용했다. 묵가 학파는 과학기술을 민생 문제 해결에 적용했을 뿐 아니라 자발적으로 민간 과학기술을 개량해 상당히 위력적인 방어 무기로 만들었다.

2006년에 개봉한 영화 〈묵공〉은 사학계에서 이미 정론이 된 묵수(墨守)를 따르지 않고 오히려 정반대인 '묵공'이라고 제목을 명명했다. 왜 이런 제목을 붙였는지 이유를 모르겠지만 아마도 흥행을 고려한 듯하다. 영화에서는 또 가공으로 묵자와 노양(魯陽) 공주의 러브스토리를 설정했다. 비록 보는 재미를 더하긴 했으나 묵자가 평생 가정을 꾸리지 않았던 역사적 사실과는 거리가 멀다.●

〈묵공〉의 내용은 지극히 평범하고, 묵자의 특징적인 주요 정신을

───────────

● 〈묵공〉은 일본의 원작 만화 『묵공』을 영화화한 작품이다. 또한 주인공은 묵자가 아니라 묵가에서 군사 고문으로 파견된 '커리(革離)'다. 저자의 오류를 바로잡는다.

제대로 반영하지 못했다. 그러나 스크린을 통해 재현한 선진 시기의 웅장한 전쟁 장면은 높이 살 만하다. 관객들은 당시 묵자가 방어를 위해 설치한 해자, 현문(懸門, 아래위로 여닫는 문, 조교[吊橋]의 형태), 전사기, 분온거(轒轀車), 연노거, 자거 등에서 깊은 인상을 받았을 것이다.

묵자는 방어 문제에 있어서 기술적인 면과 정신적인 면 두 가지를 제시했다. 묵자는 기술적인 면을 중시함은 물론 정신적인 면을 더욱 더 강조했다. 「비제」 편에서 묵자는 수성의 비법에 대해 질문한 금골리에게 이렇게 대답했다.

> 그만두세! 그만두세! 옛날에 그 기술을 터득한 사람이 있었네. 그러나 안으로 백성을 다독이지 못하고 밖으로 정치를 잘하지 못했으며, 병력이 적은데도 병력이 많은 나라를 멀리하고 힘이 약하면서도 강한 나라를 업신여겼네. 결국 자신은 목숨을 잃고 나라가 망해 천하의 웃음거리가 되었지. 자네도 이 점을 신중히 생각해야 하네. 수성 방법을 터득한 것이 자칫 해가 될까 두렵네.

어떤 사람은 방어의 기술적인 면을 무엇보다 중시하지만 이는 오히려 근본을 버리고 말단을 좇는 꼴이어서 핵심적인 것을 망각하게 된다. 어떻게 축성하고 운제 공격에 대비하며, 수공이나 땅굴 공격, 기습에 대비하는 것 등은 모두 기술적인 면에 힘을 쏟는 일이다. 그러나 '안으로 백성을 다독이지 못하고 밖으로 정치를 잘하지 못하다간' 결국 목숨을 잃고 나라가 망하는 화를 면키 어렵다. 여기에는 묵자의 '인본 사상'과 '민본 사상'이 잘 드러나 있다. 사람이야말로 가장 중요한 요소이며, 민심을 얻기만 하면 공격과 수비 모두 오래 유지할 수 있다. 묵자의 방어 전술에서는 특히 '전체 국민의 참전'이 두드러진다. 「비성문」에는 다음과 같은 기록이 있다.

적이 땅굴로 공격해온다고 하자. 10만 대군이라도 기껏해야 4개 굴을 넘지 않는다. 땅굴의 넓이가 가장 넓은 곳은 500보이고, 중간은 300보, 좁은 곳은 50보이다. 150보가 되지 않는 땅굴은 수비하는 쪽이 유리하고 적은 불리하다. 넓이 500보 땅굴은 장부 1000명, 정녀 2000명, 노인과 아이 1000명 등 총 4000명으로 충분히 대응할 수 있다. 이것이 땅굴 공격 대비에 필요한 사람의 숫자이다. 노인과 아이를 동원하지 않는 것은 성을 지키는 올바른 방법이 아니다.

여기서는 '전체 국민의 방어'의 그림을 매우 생생하게 그려내고 있다. 묵자는 성 전체의 백성을 세 부류로 나누었다. 첫째는 장부(丈夫)로, 즉 장년 남자이다. 이들은 전체 수성 부대의 중추가 된다. 인원 수가 많지 않지만 돌격대나 결사대, 기술 부대 등 주요 임무에 배치한다. 둘째는 정녀(丁女)로, 즉 성인 여자이다. 여자의 진지 방어 투입은 묵자의 평등 관념이 반영된 것이다. 방어에 동원된 인원으로 따지자면 정녀의 숫자가 장부보다 더 많다. 「비혈」에서는 "굴을 파는 데 동원된 자는 50명인데 남녀가 각각 반반이다"라고 했다. 부부가 쌍쌍으로 방어에 투입되면 서로 돌봐주고 협력하는 마음이 강해 시너지 효과가 나지 않았을까 생각된다. 셋째는 노약자로, 즉 60세 이상과 15세 이하이다. 노약자는 수비에 동원하는 것 외에 많은 사람을 "오가는 사람을 검문하는"(『묵자』 「호령」) 데 활용했다. 이처럼 '나이 들어 활을 들지 못하거나 어려서 말을 타지 못하는' 노약자도 자신이 가진 능력을 발휘해 긴급하지 않은 곳 수비에서 임무를 수행했다.

'전 국민의 병사화' 개념은 나이를 따지지 않고 동원하는 것뿐만 아니라 각 직업군의 사람들까지 전투에 참여하는 것을 포함한다. 「영적사」에서는 다음과 같이 말했다.

현명한 대부 및 뛰어난 기예 지닌 자를 소집하여 등급에 따라 임용한다. 백정과 술 빚는 자도 주방에 배치하고 등급에 따라 임용한다. 성을 지키는 방법이란 (…) 대소 관원이 재원을 제공하고, 각종 기술자들은 맡은 임무를 충실히 수행하며, 병사들은 직책에 따라 성을 방어하는 것이다.

묵자는 또 인심의 향배가 방어 전쟁의 승패를 좌우하는 중요한 관건이라고 강조했다. 후방 지원, 성 방어, 군비, 외교, 내정 등 물질적이고 정신적인 면에서 모두 충분한 준비가 갖춰져야만 비로소 방어전에서 유리한 조건과 주도적 위치를 차지해 최후의 승리를 거둘 수 있다. 묵자는 「비성문」에서 이렇게 말했다.

우리 성지를 잘 수리하고, 수성 기구를 완비하고, 땔감과 식량을 충분히 준비하고, 상하가 서로 친하게 지내고, 사방 이웃 제후들의 도움을 얻을 수 있어야 한다. 이것이 성을 굳게 지키는 요건이다. 그러나 수성하는 자가 아무리 능력이 뛰어나도 군주가 그를 쓰지 않는다면 지키지 않는 것과 같다. 군주가 사람을 쓸 때는 반드시 수성에 능한 자를 택해야 한다. 능력도 없는데 군자가 그를 쓴다면 역시 지키지 않는 것과 같다. 수성하는 자는 반드시 능력이 뛰어나야 하고, 군주 역시 그를 신뢰해야 비로소 성을 지킬 수 있다.

묵자는 오합지졸인 민중을 기율이 엄격한 부대로 조직하는 데도 능했다. 「영적사」에서는 "성 위에는 1보마다 갑옷을 입은 병사가 창을 들고 지키고, 세 사람이 그를 돕는다. 5보마다 오장(伍長), 10보마다 십장(什長), 100보마다 백장(伯長)을 둔다"고 했다. 이상은 말단 지휘관을 설명한 것이다.

위(尉)는 부대의 중급 지휘관이다. 「비성문」에서는 "100보마다 정(亭) 한 곳을 설치한다. 정의 높이는 1장 4척이고, 두께는 4척이다. 쪽문 2개를 설치하고 각각 따로 여닫게 한다. 정마다 위관(尉官) 1명을 두는데, 반드시 믿음직하고 충성스러우며 능력 있는 자 가운데 선발한다. (…) 성 위 네 모퉁이에는 중층으로 된 누대가 있다. 높이는 5척이고, 위관 4명이 머문다"고 했다. 또 「기치」에서는 "정위(亭尉)는 각각 깃발을 가지고 있다. 깃대의 길이는 2장 5척이고, 깃발의 길이는 1장 5척이며, 넓이는 반폭으로 총 6개를 사용한다"고 했다.

장수는 부대의 고급 군관이다. 「영적사」에서는 "사방에 장수를 두고 중앙에 대장을 둔다"고 했으며, 「호령」에서는 "수비 대장은 300명 이상의 병력을 보유해야 한다. 사방의 성문을 지키는 장수는 반드시 공로가 있는 신하나 열사의 후손 가운데 골라야 하고, 각각 병사 100명이 따른다"고 했다.

묵자는 군대 편제의 구분과 정확하고 신속한 명령 전달을 위해 각급 군관은 서로 다른 복장과 휘장을 착용해야 한다고 주장했다. 「기치」에는 다음과 같은 기록이 있다.

성 안의 관리와 군졸 및 남녀는 모두 옷과 휘장을 달리해 서로 식별할 수 있어야 한다. (…) 성 위의 관리는 휘장을 등에 붙이고 병사는 머리에 단다. 성 아래 관리와 병사는 똑같이 어깨에 다는데, 좌군은 왼쪽 어깨, 우군은 오른쪽 어깨에 단다. 중군은 가슴에 단다.

이런 복장과 표식이 번잡해 보이지만 단번에 그 사람의 신분과 소속부대를 알 수 있다는 장점이 있다. 이처럼 엄밀한 조직법과 엄격한 규율 덕분에 묵자는 오합지졸을 전투력이 막강한 대오로 변신시킬 수 있었다. 고대 그리스의 과학자 아르키메데스가 과학기술을 이용해 효과적으로 성을 방어하고 강적을 물리친 것처럼, 묵가도 시대를 뛰어넘는 신식 무기에 힘입어 군사사에서 기적을 창조했다.

춘추전국 시기에 묵가는 이미 방어에 능하기로 정평이 나 있었다. 『전국책』「제책(齊策)」의 기록을 잠시 살펴보자.

연나라가 제나라를 공격해 요성(聊城)을 점령했는데, 연나라 장수 악의(樂毅)는 모함을 받아 처벌받을 것이 두려워 연나라로 돌아가지 못하고 요성에 머물렀다. 이에 제나라의 유명한 유세객 노중련(魯仲連)이 "그대는 지금 요성의 피폐한 백성을 방패막이로 이용해 제나라에 대항하며 한 해가 넘도록 그들을 풀어주지 않고 있습니다. 이는 '묵적의 지킴(墨翟之守)'에 견줄 만합니다"라는 편지를 써서 화살에 매달아 성 안의 악의에게 전달했다.

'묵적지수'는 훗날 언어 변천 과정에서 '묵수'로 간략화되었다. 여기서 강조한 것은 선수(善守), 즉 '뛰어난 방어술'이다. 후한의 경학자 하휴(何休)는 『춘추공양전』의 학문을 너무 좋아해 책 한 권을 쓰고 '공양묵수(公羊墨守)'라 이름 붙였다. 그 의미는 『춘추공양전』의 이치가 반박할 수 없을 정도로 심원해, 마치 묵자가 성을 지키는 것처럼 견고해 깰 수 없다는 것이다.(『후한서』「정현전」鄭玄傳)

묵자의 방어 기술은 언어의 끊임없는 변화 속에서 '묵수성규(墨守成規, 묵자처럼 기존의 규범을 확고히 지킴)'라는 성어를 만들어냈다. 하지만 시간이 흐르면서 이 말은 본래의 뜻과 달리 낡은 틀이나 규정에 매달리고 아주 고지식하다는 의미로 바뀌게 되었다.

제21장

묵자와 공수반의 관계를 재정립하다

묵자가 초나라의 송나라 침공을 저지한 고사에서 또 다른 성어 동교
상승(同巧相勝, 같은 재주로 서로 이기려 함)이 나왔다. 이 성어는『황석공
소서(黃石公素書)』에서 가장 먼저 보인다. 동교상승은 본래 묵자와 공
수반이 같은 기술과 지혜를 가졌음을 가리킨다.『여씨춘추』「신대람
(愼大覽)」에서는 "묵자가 공격을 막아내자 공수반이 굴복했다"고 했
다. 후한의 고유(高誘)가 이를 주석하면서 "공수반이 아홉 번 공격하
고 묵자가 아홉 번 물리쳤다. 또 공수반이 수비할 때 묵자가 아홉 번
굴복시켰다"고 말했다. 교대로 공격과 수비를 전환했을 때 모두 묵자
가 우위를 점했다는 말이다.

　『묵자』「노문」의 기록을 살펴보기로 하자.

　옛날 초나라와 월나라는 장강에서 수전을 벌였다. 초나라 군사는 장강의
흐름에 따라 나아가고 흐름을 거슬러 후퇴해, 유리할 때는 진격이 용이

했지만 불리할 때는 후퇴가 어려웠다. 월나라 군사는 장강의 흐름을 거슬러 나아가고 흐름에 따라 후퇴해, 유리할 때는 진격이 더뎠지만 불리할 때는 후퇴가 신속했다. 월나라는 이런 형세를 이용해 여러 차례 초나라를 격파했다. 공수자(公輸子), 즉 공수반이 노나라에서 남쪽 초나라로 갔다가 처음으로 수전에 쓰이는 무기를 만들었다. 그가 만든 무기는 구(鉤)와 양(鑲)으로 적선이 후퇴할 때는 구로 갈고리를 걸어 당기고, 적선이 진격할 때는 양으로 밀어내 막았다. 구와 양의 길이를 헤아려 강력한 무기를 만들었다. 초나라 무기에는 적용하고 월나라 무기에는 적용하지 않아, 초나라 군사는 이런 우위를 이용해 여러 차례 월나라 군사를 격파했다. 공수자가 자신의 기교를 뽐내면서 묵자에게 말했다.

공수자 나에게는 수전을 할 때 적선을 끌어당기거나 밀어내는 무기가 있는데, 선생의 의로움에도 이러한 것이 있는지요?

묵 자 내 의로움의 구와 양은 그대가 수전에서 사용하는 구와 양보다 더 낫습니다. 나는 끌어당기고 밀어낼 때, 사람을 사랑으로 끌어당기고 공경으로 밀어냅니다. 사랑으로 끌어당기지 않으면 친해지지 않고, 공경으로 밀어내지 않으면 거만하게 비쳐집니다. 거만하거나 친하지 않으면 금방 떠나가 버립니다. 따라서 서로서로 사랑하고 서로서로 공경해야만 서로 이롭게 해줄 수 있습니다. 지금 그대가 구로써 남을 멈추게 하면 남도 구로써 당신을 멈추게 할 것이고, 양으로써 남을 밀어내면 남도 양으로써 그대를 밀어낼 것입니다. 서로서로 끌어당기고 서로서로 밀어내는 것은 서로를 해치는 짓입니다. 따라서 내 의로움의 구와 양은 그대가 수전에서 사용하는 구와 양보다 더 낫습니다.

옛날에 월나라는 유리하면 공격하고 불리하면 신속히 도망치는 전술을 구사했다. 하지만 공수반이 초나라를 위해 '구거'를 만들어 바친 뒤로 전세가 역전돼 초나라가 수전에서 일거에 우세를 확립했다. 이것이 아마도 공수반이 초나라 왕의 눈에 들어 중용된 원인일 것이다. 그런데 묵자는 겸애와 비공의 갈고리로 공수반의 발명품을 무력화시켰다.

「노문」 편에는 또 묵자와 공수반 간의 이런 문답이 보인다.

> **공수반** 내가 선생을 만나기 전까지는 송나라를 손에 넣고자 했습니다. 그러나 선생을 만난 뒤로는 나에게 송나라를 주더라도 의롭지 않다면 받지 않겠다고 생각하게 됐습니다.
>
> **묵 자** 내가 그대를 만나기 전까지 그대는 송나라를 손에 넣고자 했습니다. 그러나 내가 그대를 만난 뒤로는 그대에게 송나라를 주더라도 의롭지 않다면 받지 않겠다고 했습니다. 그렇다면 내가 그대에게 송나라를 주겠습니다. 그대가 의로움을 행하는 데 힘쓴다면 내 천하라도 내주겠소이다.

이처럼 둘은 '동교상승' 관계였으며 묵자가 확실히 우위에 있었던 것으로 보인다.

묵자와 공수반은 모두 당시 중국에서 과학기술이 가장 발달한 노나라 삼주(三邾)에서 태어나고 자랐다. 묵자를 연구할 때는 공수반을 언급하지 않을 수 없다. 『사고전서(四庫全書)』와 『사부총간(四部叢刊)』 등 대형 총서에서는 공수반과 묵자의 사적을 같이 소개하고 있다.

『후한서』 「장형전」에 "장형이 자신의 재주를 자랑해 '세 개의 수레바퀴가 스스로 구를 수 있게 하고, 나무 모양의 연이 저절로 날게 할 수 있다'고 말했다"는 기록이 있다. '수학과 천문학은 천지에 통하고, 기물 제작은 조물주를 닮았다'고 평가되는 대과학자 장형은 자신이 발명한 혼천의(渾天儀, 천문 관측기)와 지동의(地動儀, 지진계)가 묵자와 공수반의 삼륜(三輪)과 목조(木雕)에서 영감을 받았다고 스스로 인정했다. 장형은 또 "『춘추원명포(春秋元命苞)』 안에 공수반과 묵적이 있다"고 언급했다. 이로부터 한대와 위진 시대에 사람들이 기교를 말할 때 항상 묵자와 공수반을 같이 거론했음을 볼 수 있다.

현존하는『묵자』53편 가운데에서 공수반은 묵자의 주요 토론 및 변론의 대상이었다. 또한 양자의 변론은 상당히 광범위해 정치, 전쟁 분야는 물론 사회발전과 생산, 생활 분야까지 두루 걸쳐 있다. 이는 「소염」「법의」「비공」「비악」「노문」「공수」및 「비성문」등에서 확인이 가능하다.「경상」「경하」「경설상」「경설하(經說下)」의 과학기술 원리에서도 공수반의 실천 경험이 묵가의 기예(技藝)에 얼마나 큰 영향을 미쳤는지 어렵지 않게 볼 수 있다.『묵경』에서 언급한 기하학 원리, 예컨대 단(端), 중(中), 원(圓), 체(體) 등은 모두 목공 공수반이 사용한 먹줄, 삼각자, 끌 등의 도구 및 그의 실천 경험이 이론으로 승화한 것이다. 이처럼 묵자와 공수반은 바늘 가는 데 실 가듯 아주 긴밀한 관계였다. 공수반과 묵자는 동년배이자 기본적으로 동업자였기 때문에 서로 원수 보듯 대립하면서도 경쟁 과정에서 상호 도움을 주고 영감을 불어넣어주었다.

공수반의 목공 기술은 아주 교묘하고 뛰어났다. 그의 수많은 발명품이 역사책에 수록됐고, 심지어 신화와 전설이 되기도 했다. 그 예로 톱날의 발명이나 조주교(趙州橋) 건설 등이 있다. 산시(山西)성의 북악(北岳) 헝산(恒山)에는 미국『타임』지가 선정한 '세계에서 가장 진귀한 10대 건축물' 중 하나인 쉬안쿵쓰(懸空寺)가 있다. 전설에 따르면 공수반이 지은 것이다. 쉬안쿵쓰로 통하는 가장 오래된 석굴 위쪽에는 어마어마한 크기의 '공수천교(公輸天巧)' 네 글자가 새겨져 있다.

공수반의 발명 가운데 가장 기이한 것은 인류 최초의 비행기라 부를 만한 목연(木鳶)이다. 목연은 동력으로 지탱되지는 않지만 기계적 조작에 의해 하늘을 날 수 있었다. 『유양잡조』에서는 『조야첨재(朝野僉載)』를 인용해 이렇게 기록했다.

노반(魯般)은 숙주(肅州) 돈황(敦煌) 사람으로 연대는 자세하지 않지만 재주가 신기에 가까웠다. 양주(涼州)에서 사리탑을 세울 때 목연을 만들어 기관(機關)을 세 번 두드려 날게 한 다음 그것을 타고 집으로 돌아왔다. 얼마 뒤 그의 아내가 임신함에 부모가 이상하게 여겨 캐묻자 아내가 모든 사실을 털어놓았다. 훗날 부친이 몰래 목연을 엿보다가 기관을 10여 번 두드려 타고서 오나라 회계산에 이르렀는데, 오나라 사람들이 그를 요괴라고 여겨 살해했다. 공수반이 그 소식을 듣고 다시 목연을 만들어 타고 오나라로 가서 부친의 시신을 수습했다. 공수반은 오나라 사람이 자신의 부친을 살해한 것에 원한을 품고 숙주의 성 남쪽에 나무 신선을 만들어 손가락으로 동남쪽 오나라 땅을 가리키게 했다. 이에 오나라에 3년 동안 큰 가뭄이 들었다. 오나라의 점쟁이가 점을 치고서 "오나라의 가뭄은 공수반이 일으킨 것이다"라고 말하자 오나라 사람들이 예물을 갖추고 공수반을 찾아가 사죄했다. 공수반이 신선의 손가락을 자르니 그 달에 오나라에 큰비가 내렸다.

양주에서 산동까지 수만 리 길을 공수반이 목연을 타고 귀가했다는 것은 믿기 어려운 일로, 당연히 신화, 전설의 색채를 띠고 있다. 그러나 공수반이 제작한 목연은 사서 곳곳에 기록이 남아 있다. 『홍서

(鴻書)』에서는 "공수반이 목연을 만들어 송나라 성을 엿보았다"고 했다. 이로부터 공수반이 목연을 만들어 송나라 성내 정황을 살피는 '정찰기'로 삼았음을 알 수 있다.

한편 왕충은 『논형』「유증(儒增)」에서 공수반이 목연을 만들어 사흘간 떨어지지 않았다는 것은 공수반이 정교한 솜씨 때문에 어머니를 잃었다는 일화처럼 믿을 수 없다고 지적했다.

> 공수반은 뛰어난 솜씨로 어머니를 위해 목제 마차와 마부를 만들었다. 마차가 완성되자 자신의 어머니를 태웠는데 한 번 달리기 시작한 마차가 되돌아오지 않아서 결국 모친을 잃었다고 한다. 만일 목연이 목제 마차와 같다면 날아올라 떨어지지 않았을 수도 있다. 그러나 어떤 기계든지 잠시 작동할 수는 있어도 사흘간이나 멀리 날 수는 없다. 목제 마차는 사흘이 지났다면 당연히 길에서 멈추었을 것이고, 어머니를 잃어버리는 일도 없었을 것이다. 이 두 가지는 분명 사실이 아니다.

제갈량이 만들었다는 목우(木牛)와 유마(流馬)가 여기서 힌트를 얻은 것으로 보이며, 또한 고대 그리스 신화에 나오는 유명한 트로이 목마가 연상되기도 한다. 전설은 한 사회의 여론 경향을 대표하는데, 아마도 인류의 잠재의식 속에 과학기술이 축적되면서 느끼는 놀라움이 반영되었을 것이다.

같은 고향 출신인 묵자와 공수반은 발명품의 기능과 효과에 대해 상반된 견해를 가지고 있었다. 「노문」에서 공수반이 대나무를 깎아 까치 모양의 기계를 만들어 날렸는데 사흘 동안 떨어지지 않았다. 공수반이 스스로 대단한 기술이라고 여기자 묵자가 이렇게 말했다.

그대가 만든 까치는 기술자가 수레 빗장을 만드는 것보다 못합니다. 그는 순식간에 세 치의 나무를 깎아서 50석 무게를 감당하는 빗장을 만듭니다. 일한 바의 효과가 사람에게 이로우면 훌륭하다고 이르고, 사람에게 이롭지 않으면 졸렬하다고 이르는 것입니다.

『한비자』「외저설좌상」에도 이와 유사한 일화가 실려 있다.

묵자가 3년이나 걸려 목연을 만들었는데 하루 날고는 망가져버렸다. 이에 제자들이 "선생님의 기예가 훌륭해 목연을 날게 하는 경지에 이르렀습니다"라며 감탄해 마지않았다. 그러나 묵자는 이렇게 말했다. "나는 수레의 마구리를 만드는 자보다 못하다. 그들은 작은 나무를 이용해 한나절 만에 3000여 석의 물건을 실어 나를 수 있는 수레바퀴를 만들어낸다. 지금 나는 목연을 만드는 데 3년 걸리고도 하루를 날리고 망가지지 않았느냐."

이처럼 묵자는 실제로 효용성이 있는 발명이라야 비로소 가치가 있다고 여겼다.

묵자가 초나라의 송나라 침공을 중지시킨 고사에는 한 가지 풀리지 않는 의문점이 남아서 2000여 년 동안 의론이 분분했다. 리취안싱(李權興)은 「공수반 : 장기간 오독된 역사 인물」이라는 글에서 이런 관점을 제시했다.

우리가 주목할 점은 다음과 같다. 『묵자』「공수」에서는 묵자를 '자묵자(子墨子)'라고 칭하고 있다. 이는 후에 제자가 서술하고 기록했다는 방증이며, 그 과정에서 일부 내용이 첨가되지 않을 수 없다. 특히 공수반이 묵자를 살해해 승리를 취하려고 한 부분은 『여씨춘추』 『전국책』 『시자』 등에서 이 일화를 기록할 때 전혀 언급되지 않았다.

『묵자』 「공수」에서 공수반은 오독된 것이다.

공수반은 스스로 운제를 만들어 초나라의 송나라 침공을 도울 수 있다고 여겼는데, 묵자에게 아홉 번이나 공격이 막혀버린 뒤 문득 묵자를 살해해 기어이 승리를 취하려는 마음을 먹었다. 이는 공수반을 목적 달성을 위해 수단과 방법을 가리지 않는 추악한 '소인'으로 묘사한 것이다. 이로써 창조적 발명가인 공수반은 도리어 시비를 분별하지 못하고 음모에 능한 사람이 돼버렸다.

『묵자』 「공수」 편에 대해서는 이런 평가를 내릴 수 있다. 당시 이미 예순이 넘은 공수반은 관료 사대부도 아니고 또 상인이나 거부도 아니며, 다만 자기 손재주와 노동에 의지해 호구지책을 삼는 평범한 기술자였다. 사방을 떠돌고 손님을 끌어모으며 누구든지 대가를 지불하면 그를 위해 일했다. 손재주가 뛰어났기 때문에 초나라 왕에게 초빙되어 운제를 연구 개발했는데, 설사 운제가 송나라 침공에 쓰인다는 것을 알았다 하더라도 제후들이 혼전을 벌이는 시대에 누가 옳고 그른지 또 무엇이 맞고 틀린지 전혀 분별할 수 없었다. 그는 단지 사람을 죽여 승리를 취하려 한다는 이유만으로 멸시를 당했다.

루쉰의 「비공」에서도 공수반은 오독되었다.

1934년 8월 루쉰은 「비공」을 완성했는데, 『고사신편』에 수록하기 전까지 신문에 발표하지 않았다. 주로 『묵자』 「노문」 편과 「공수」 편의 관련 부분에 근거하고, 『전국책』 『여씨춘추』 등의 관련 내용을 참조해 개작한 것이다. 묵자와 공수반이란 인물을 생동감 있게 묘사하기 위해서 특별히 「절용」 「경주」 「사과」 「귀의」의 일부 내용을 첨가하기도 했다.

루쉰의 붓끝에서 공수반은 추악하게 그려졌다.

첫머리에서 묵자가 경주자(耕柱子)에게 말했다. "우리와 동향인 공수반은 항상 잔꾀를 부려 풍랑을 일으키려고 한다. 구(鉤)와 거(拒)를 만들어 초나라 왕에게 월나라를 공격하게 한 것도 모자랐는지 이번에는 또 무슨 운제를 생각해내 초나라 왕에게 송나라를 침공하라고 부추기고 있다. 작은 송나라가 어떻게 이 공격을 막아낼 수 있겠는가? 내가 가서 그를 말려야겠다."

처음부터 다짜고짜 항상 잔꾀를 부려 풍랑을 일으키려 하고, 구와 거를 만들어 초나라 왕에게 월나라를 공격하게 하고, 또 무슨 운제를 생각해내 초나라 왕에게 송나라를 침공하라고 부추겼다는 말이 쭉 이어진다. 공수반은 아직 등장하기도 전에 이미 호전적이고 속물적인 소인배로 그려졌다. 묵자가 가서 그를 말려야겠다고 한 말은 당연히 가르치고 타이른다는 의미이다.

이어서 공수반의 교만함을 이야기할 때는 그의 문지기조차 방문객에게 눈을 부라리는 속물로 그렸다. "묵자가 순동으로 된 문고리를 땅땅 두드리자 뜻하지 않게 문지기가 눈을 부릅뜨고 문을 열었다. 그는 묵자를 보자마자 큰소리로 외쳤다. '선생님은 손님을 만나지 않는다. 너희들처럼 같은 고향이라고 와서 도움을 청하는 자들이 너무 많다!' 묵자가 그를 힐끔 쳐다보는 사이 그는 이미 문을 닫았다. 다시 두드려보았지만 아무런 반응도 없었다."

그런데 이때 "공수반은 곱자를 만지작거리면서 운제의 모형을 헤아려보고 있었다".

묵자와 공수반은 정원에서 만나 의(義)와 불의(不義)에 관해 논쟁을 벌였다. 이 논쟁을 쓰고 난 뒤, 루쉰은 특별히 묵자에게 옷을 갈아입으라고 청하는 장면을 삽입해 공수반이 그곳 풍속에 따라 호사스런 복장을 중시한다고 묘사했다. "공수반은 고집을 꺾기 어려움을 알고 당장 왕을 만나게 해달라는 묵자의 요구에 응했다. 이어 자기 방으로 들어가 옷과 신발 한 조를 가지고 나오더니 간곡히 말했다. '하지만 먼저 이것으로 갈아입으십시오. 이곳은 우리 고향과 달라서 무엇이든 화려합니다. 갈아입는 게 예의에 맞고(…).'"

『묵자』「공수」에서는 묵자가 수비만 하고 공격하지 않았다. 그런데 루쉰은 『여씨춘추』「신대람」의 고유의 주석, "공수반이 아홉 번 공격하고 묵자가 아홉 번 물리쳤다. 또 공수반이 수비할 때 묵자가 아홉 번 굴복시켰다"는 내용을 채택해 묵자와 공수반이 서로 공수를 교대한 것으로 썼다. "묵자가 자신의 가죽 허리띠를 풀어 공수반을 향해 호형으로 만든 것은 성인 셈이다. 나뭇조각 수십 개를 둘로 나누어 한 편은 남겨두고 한 편은 공수반에게 주니, 이는 공격과 수비의 도구이다. 이어 그들은 각자 나뭇조각을 가지고 장기를 두는 것처럼 전투를 개시했다. 공격 쪽 나뭇조각이 한 번 나아가면 수비 쪽이 한 번 막고, 이쪽이 한 번 물러나면 저쪽이 다가왔다. 하지만 초나라 왕과 시신(侍臣)들은 전혀 이해하지 못했다. 단지 이런 일진일퇴가 총 아홉 번 이어져 대략 공수가 아홉 가지 형태로 바뀌었음을 알 뿐이었다. 잠시 뒤 공수반이 손을 들었다. 묵자는 가죽 허리띠의 호형을 자기 쪽으로 향하게 해 마치 이번에는 그가 공격하는 것으로 보였다. 다시 일진일퇴의 공방을 벌였는데 세 번째에 이르러 묵자의 나뭇조각이 허리띠 호형 안으로 들어갔다. 공수반이 먼저 나뭇조각을 내려놓고 실망스러운 표정을 지었다. 자신이 공수 양면에서 모두 패했음을 알았기 때문이다."

공수반이 패했다고 하나 진심으로 굴복한 것은 아니었다. 사실 그에게는 승리를 취할 다른 방법이 있었다. 바로 자신을 이길 수 있는 상대 묵자를 살해하는 것이었다. 결국에 묵자는 초나라의 송나라 침공을 저지하려는 목적을 달성했고, 동시에 공수반의 추악한 모습을 밝히는 데 성공했다.

그는 속물적이고 의리를 중시하지 않으며 권모술수에 능한 소인이라는 것이다.

2007년 5월, 중국 짜오좡(棗莊) 유금희(柳琴戲)* 공연에서 묵자와 공수반의 고향인 텅저우시의 유금극단(柳琴劇團)은 대형 신편 역사극 〈묵자와 공수반〉을 무대에 올렸다. 신화왕(新華網) 산둥 채널 5월 22일 자 보도 내용이다.

이 연극의 줄거리는 춘추전국 시대 묵가의 시조 묵적과 그의 사형 공수 반이 염산(梁山)에서 함께 단을 쌓고 포교하자, 묵가를 흠모하는 등나라 등양(滕陽) 공주의 마음이 염산을 향하는데 (⋯) 이때 멀리 1000리 밖의 초나라가 영토를 확충하고 천하를 제패하기 위해 왕궁을 짓는다는 명분으로 공수반을 초빙해 운제를 만들려고 했다. 성격이 순박하고 오로지 기예 연마에만 매진하던 공수반은 초나라 왕에게 이용당해 운제를 만들어 전쟁이 불가피해졌다. 묵적이 이 소식을 듣고 밤낮으로 달려 초나라에 이르렀다. 초나라 왕에게 전쟁을 그만두라고 권유했지만 초나라 왕은 듣지 않고 오히려 꾀를 내 공수반에게 묵적과 바둑을 두게 하고 묵적을 살해하고자 했다. 스승을 구하기 위해 등양 공주가 목숨을 바쳐 의를 지키자, 공수반은 대오각성하고 스스로 운제를 망가뜨렸다. 연극 전반에 걸쳐 '천고의 의형제'의 애증과 인연 및 '겸애'와 '비공'이라는 춘추대의가 완벽하게 드러나 있다.

확실히 이 연극에는 두 성인에 대한 텅저우 주민의 따뜻한 호감이

---

* 중국 지방 전통극의 일종으로, 곡조가 호탕하면서 드세고 꾸밈이 없으며 유금(柳琴)으로 반주함. 장쑤, 산둥, 안후이(安徽), 허난 4개 성의 인접 지역에서 유행함.

담겨 있다. 텅저우다종왕(滕州大衆網)은 「사람에겐 사랑으로, 일은 창조적으로 : 신편 역사극 〈묵자와 공수반〉을 관람한 뒤」에서 이 연극을 이렇게 평했다.

〈묵자와 공수반〉이라는 대형 연극의 두드러진 특징 중 하나는 묵자와 공수반, 두 위대한 역사 인물을 제대로 그렸다는 점이다. '사람에겐 사랑으로'라는 묵자 정신을 뼈대로 삼아, '천하를 위해 이로움을 일으키고 해로움을 제거한' 평민 성인을 생동감 넘치게 묘사했다. 제1막에서는 묵자의 도덕적 품격과 풍부한 학문적 소양, 제2막과 3막에서는 그의 강직한 기품과 두려움을 모르는 담력, 제4막과 5막에서는 그의 위대한 진실과 사랑 및 지혜와 용기, 결말 '소리 없이 내리는 눈'에서는 그의 고고한 인격과 유유(悠悠)한 흉금을 그렸다. 또한 초나라의 송나라 침공을 중지시킨 역사적 사실을 중심으로 큰 위험 앞에서도 지조를 잃지 않는 도덕적 절개와 정수리가 닳아서 발꿈치에 이르더라도 절대 물러서지 않는 희생정신을 생생하게 묘사했다. 한편 공수반에 대해서는, '일은 창조적으로'라는 구호를 골자로 세상에서 보기 드문 특별한 재능을 가진 '장인의 신'을 박진감 있게 표현했다. 극중 '도끼를 날려 사다리를 깎다'에서는 그의 출중한 지혜와 숙련된 기술을 묘사했고, '바둑으로 전쟁을 중지시키다'에서는 그의 고상하고도 순수하며 온순한 성격을 그려냈다. 극중에서 두 위인을 묘사할 때 때로는 같은 듯하면서도 때로는 다르게 그려냈고, 또 두 사람의 성격과 행동을 처리할 때는 '나무는 같지만 가지를 달리하고, 가지는 같지만 잎을 달리하는' 필법을 채택해 최종적으로 '잎은 같지만 꽃은 달리하고, 꽃은 같지만 열매를 달리하는' 표현 효과를 거두었다.

묵자와 공수반은 텅저우의 자랑이자 긍지이다. 열 손가락 깨물어

안 아픈 손가락은 없다. 신편 역사극 〈묵자와 공수반〉은 고향 사람들의 돈독한 정에서 출발해 묵자와 공수반의 관계를 새롭게 정립하는 데까지 이르렀다. 연극 평론은 계속해서 이어진다.

기예 및 기물 제작이 사회적으로 얼마나 유용한지에 대한 공수반의 시야는 묵자만큼 광범위하지 못했다. 지나치게 제조물 자체의 실용성에 주목하고, 기물의 미적 기교를 강조했기 때문에 역사에서는 공수반을 '천하의 교왕(巧王)'이라고 칭한다. (…) 묵자는 서민의 생산 활동과 밀접한 관계가 있는 '뛰어난 재주꾼'이다. 따라서 그들의 공예 기술 및 그 사회적 역할을 대하는 관점은 서로 달랐다. 묵자는 기술 개발의 목적을 자신의 학설, 즉 '겸상애, 교상리' '비공' 등의 주장을 실천하는 데 주안점을 두었다. 따라서 그는 '이로움을 일으키고 해로움을 제거하라'고 강조했다. 반면 공수반은 제조물 자체의 실용성에 관심을 두었다. 공예 기술 및 그 사회적 역할에 대한 양자의 관점 차이는 한 걸음 더 나아가 지자(智者)와 교자(巧者)의 차이라고도 설명할 수 있다. 그러므로 묵자와 공수반의 차이는 제조물에 대한 '지'와 '교'의 차별 관계를 반영하는 것이지, 이기고 지는 대립 관계가 아니다.

한대 환관(桓寬)의 『염철론(鹽鐵論)』 「빈부(貧富)」에서는 "공수반은 군주의 재목(材木)을 이용해 궁실과 건물을 지을 수 있었지만 스스로 단칸방이나 초가집을 지을 재목이 없었다"라고 했다. 천하에 명성이 자자한 숙련공이 군왕의 신임까지 깊이 받았으니 부귀영화를 얻는 것쯤이야 손바닥 뒤집듯 쉬웠을 것이다. 그러나 『염철론』의 '재산 공시'에 근거하면, 공수반은 호화 궁실은커녕 자신의 집 한 칸도 갖지 못했다. 〈묵자와 공수반〉이라는 연극은 두 고향 사람에 대한 텅저우

주민의 '겸애'를 반영한 것이지, 어느 한쪽을 선양하고 어느 한쪽을 폄하하려는 것이 아니다.

공수반이 하층 기술자 출신인지는 역사서를 통해 명확히 알기 어렵다. 대대로 내려오는 전설과 견강부회가 너무 많아서 알맹이와 찌꺼기가 마구 섞인 탓이다. 귀중한『노반경(魯班經)』과 알맹이와 찌꺼기가 뒤섞인『노반서(魯班書)』가 병존하는 것처럼.『노반경』의 전신은 송대 초기 유호(喩皓)가 지은『목경(木經)』이지만 이미 실전되고 단편만이 심괄(沈括)의『몽계필담(夢溪筆談)』안에 '노반영조정식(魯班營造正式)'이란 이름으로 남아 있다. 닝보(寧波)의 톈이거(天一閣)에 소장된 명대 성화(成化)에서 홍치(弘治) 연간(1465~1505)의『노반영조정식』은 나라에서 책임 편찬한 목공 관련 경전이다. 명대의 목공 및 석공, 건축 기술을 집대성한 책으로, 공수반의 이름으로 명명되었다.

역사극〈묵자와 공수반〉은 역사적 사실을 환원해 당시 묵자와 공수반이 서로에게 느꼈던 감정을 드러내고자 시도했다. 연극이 클라이맥스에 도달하면서 묵자와 공수반의 대화식 곡조는 점점 더 의미심장해진다.

사형!
훌륭한 기술자, 손 안에 자귀, 끌, 톱을 들고 있네요.
마음속으로 좀 더 사소한 차이를 명심하세요.
사형은 심혈을 기울여 운제를 만들지만
그러나 아십니까? 운제 아래 엎어지는 것은 백성임을!
남들은 운제를 사다리로 보지만
내가 보기에 운제는 지옥문과 같네요!
운제가 전장으로 보내진다면

그것은 도살에 쓰이는 칼과 무슨 구분이 있겠어요?

이때 공수반의 생각은 지극히 단순하다.

내가 이미 확실히 하겠다고 말했는데 어떻게 약속을 어기겠느냐?
누가 모르겠느냐, 도끼는 나무를 깎는 것이지 백성을 해치는 것이 아님을.
그가 식칼을 흉기로 여겨 사용하는데
설마 하니 철인(鐵人)을 만드는 것도 원망할 것이냐?

공수반과 묵자가 함께 초나라 왕을 만났다. 양편의 군대가 진을 치고 실전 연습을 하는데 운제 아래 피가 흘러 강을 이루는 것을 보게 되었을 때, 공수반은 비로소 꿈에서 깨어난 듯 탄식을 금치 못했다.

무고한 사람을 해쳐 시신이 대지를 덮었으니
운제가 모든 것을 휩쓸듯 사람을 죽였구나.
병기 제조는 그저 한 가지 재주일 뿐인데,
나쁜 자의 앞잡이가 되어 형제를 해칠 줄 몰랐네.
악몽에서 이제야 깨어났구나,
피가 두 눈에 흘러들어 눈을 감을 수 없네.
생전 사후의 명성을 포기하리니,
내 어찌 이해득실을 따져 내 한 몸만 돌보겠는가?
아, 아, 아!
내가 맨 방울 내가 풀듯이
내가 만든 운제 내가 부수리라!

공수반이 마침내 대오각성하고 손으로 기관을 조정하자 운제가 핑음을 내면서 무너졌다. '천고의 의형제'는 함께 초나라의 송나라 침공을 중지시키는 춘추대의를 완성한 뒤, 손을 잡고 어깨를 나란히 하며 세상 사람들에게 '겸애'와 '비공'을 호소한다.

언제 나라와 나라가 전쟁하지 않고,

가문과 가문이 부딪치지 않으며,

사람과 사람이 싸우지 않고,

백성과 백성이 해치지 않으며,

위아래와 귀천 없이 서로 나란히 않고,

강자와 약자, 무리와 소수가 서로 도와,

저 천하 대동의 요, 순, 우, 탕을 재현할 것인가!

〈묵자와 공수반〉은 그 둘이 손잡고 '겸애'와 '비공'을 합창하는 역사극이다.

제3부

묵자가 이룬 성취와 과업의 의미

2000년이 지난 후에야 복원된
천재 사상가

"물을 자신을 비추는 거울로 삼지 말고 사람에 비추어 자신을 보라."

제22장
루쉰의 묵자 존숭에 담긴 깊은 뜻

루쉰의 묵자 사랑은 아주 특별하고 남달랐다고 할 수 있다. 전체『고사신편』8편 중 세 편이 묵자와 관련이 있다.「이수(理水)」편에서는 우왕의 치수 사업을 묘사하면서 묵자에 대한 찬탄을 담았다.「주검(鑄劍)」편은 묵자의 의협심을 칭송한 것이다. 루쉰은「비공」편에서 묵자의 이미지를 더욱 긍정적으로 묘사했다.

경주자가 옥수수떡을 찜통에 넣는 걸 보고서 묵자는 곧장 자기 방으로 돌아왔다. 벽장에서 소금에 절인 명아주 말랭이와 낡은 구리칼 한 자루를 꺼내고 따로 낡은 보따리를 준비했다. 경주자가 익힌 옥수수떡을 가져오기를 기다려 함께 보따리에 쌌다. 여벌의 옷을 준비하지 않고 얼굴 닦는 수건도 휴대하지 않은 채 다만 가죽 허리띠를 단단히 동여맸다. 마당으로 나가 짚신을 신고 등에 보따리를 지고서 고개도 돌리지 않고 떠났다. 보따리 속에서는 한동안 뜨거운 김이 모락모락 피어나왔다.

묵자가 송나라 국경에 이르렀을 때 짚신은 이미 서너 군데나 갈라졌다. 발바닥에 열이 나는 것을 느끼고 잠시 멈춰 서서 보니 신발 바닥이 닳아서 큰 구멍이 났다. 발에는 굳은살이 박이고 물집이 생겼지만 그는 조금도 개의치 않고 계속 가던 길을 갔다.

서둘러 남쪽 관문을 나가 꿋꿋이 자기 길을 갔다. 또 하루 밤낮을 걷다가 농가 처마 아래에서 새벽녘까지 자고 일어나 다시 길을 재촉했다. 짚신은 이미 너덜너덜해져 신을 수 없었다. 보따리 안에는 아직 옥수수떡이 남아 있어서 쓸 수 없었기에 어쩔 수 없이 삼베 바지를 조금 찢어 발을 감쌌다. 하지만 삼베가 얇아 울퉁불퉁한 시골길을 가는 데 도움이 되지 못했고, 걸음을 옮기기 너무 힘들었다. 오후가 되어 그는 낮은 홰나무 아래에 앉아 보따리를 끄르고 점심을 먹었다. 그 사이 다리를 쉬게 하면서.

초나라의 영성(郢城)은 송나라에 비할 바가 아니었다. 길이 넓고 집도 가지런하며 큰 상점에는 수많은 물건들이 진열돼 있었다. 설백색 모시, 붉디붉은 고추, 알록달록한 녹피(鹿皮), 토실토실한 연밥 등등. 오가는 사람들의 체구는 북방 사람에 비해 왜소하지만 다들 활기차고 다부지며 옷도 아주 단정했다. 이에 반해 묵자는 낡은 옷과 찢어진 바지에 삼베로 두 발을 감싼지라 영락없이 거지꼴이었다.

초나라 왕은 묵적이 북방의 성현임을 일찌감치 알았다. 그래서 공수반이 소개하자마자 접견을 허락해 굳이 만남을 청하려 애쓸 필요가 없었다. 묵자의 바지가 너무 짧아서 꼭 다리가 긴 백로 같은 모습으로 공수반을 따라 편전으로 들어갔다. (⋯)

"선생이 의로움을 행하면 그야말로 내 밥그릇을 부수는 것과 같습니다!"

"하지만 송나라의 모든 밥그릇을 부수는 것보다는 낫습니다."

"그러나 난 그 뒤로 장난감이나 만들고 있겠지요."

루쉰의 묘사로부터 우리는 만민을 위해 이로움을 일으키고 해로움을 제거하며, 불의한 침략 전쟁을 저지하기 위해 정수리가 닳아서 발꿈치에 이를 때까지 용감하게 세상의 폐단을 구제하려 한 의협의 모습, 곧 백성을 근본으로 삼는 사상가의 모습을 볼 수 있다.

그렇다면 루쉰의 「비공」편은 묵자의 아름다운 모습을 그리기 위해 공수반을 조연으로 써서 한쪽만 부각시키려 한 것일까? 이는 루쉰의 깊은 뜻을 제대로 이해하지 못한 것이다. 루쉰은 줄곧 소재 선택은 엄밀해야 하고, 내면세계는 깊이 파고들어야 한다고 제창했다. 이런 대문호라면 말 속에 뼈가 있고 말 밖에 숨겨진 뜻이 있으며, 말은 여기에서 나왔으나 의미는 저기로 귀결되고, 말은 다함이 있지만 뜻은 다함이 없는 것이다.

루쉰은 「비공」편의 첫머리에서 이렇게 묵자를 묘사했다.

자하(子夏)의 제자 공손고(公孫高)가 여러 차례 묵자를 찾아왔으나 항상 부재중이라 만나지 못했다. 대략 너덧 번쯤 실패하고서야 마침 문 앞에서 만나게 되었다. 공손고가 막 도착했을 때 묵자도 때마침 귀가한 덕분이었다. 그들은 함께 집 안으로 들어갔다.

공손고가 한동안 사양한 뒤 방석에 구멍이 난 것을 보면서 온화하게 물었다.

공손고 선생님은 전쟁을 반대하십니까?

묵 자 맞습니다.

공손고 그렇다면 군자는 싸우지 않습니까?

묵 자 그렇습니다.

공손고 돼지나 개도 오히려 싸우려고 하는데 하물며 사람이…….

이봐요. 당신들 유자는 걸핏하면 요순을 칭하면서 일할 때는 도리어 돼지나 개에게 배우려 하니 불쌍합니다. 불쌍하구려!

묵자는 곧 일어나 총총걸음으로 주방으로 가면서 "당신은 내 말뜻을 이해하지 못할 거요⋯⋯"라고 말했다.

이 단락은 확실히 『묵자』 「경주」 편에서 내용을 따왔다.

<u>자하의 제자</u> 군자에게도 싸움이 있습니까?

<u>묵 자</u> 군자에게는 싸움이 없소.

<u>자하의 제자</u> 개나 돼지에게도 싸움이 있는데 어찌 선비라고 해서 싸움이 없겠습니까?

<u>묵 자</u> 아, 마음이 아프구나! 입으로는 탕왕이나 문왕을 칭송하면서 행동은 개나 돼지에게 비기다니! 마음이 아프구나!

루쉰은 왜 「비공」 편의 첫머리에서 "개나 돼지에게도 싸움이 있는데 어찌 선비라고 해서 싸움이 없겠습니까?"라는 대화를 인용했을까? 무슨 이유로 묵자와 유가 간의 그 많은 대화와 유가 비판 가운데 굳이 이 구절을 선택했을까? 모두 작자의 무지라고 말할 수도 있지만 누가 그 안에 담긴 뜻을 이해하겠는가? 루쉰이 묵자의 입을 빌려 '당신은 내 말뜻을 이해하지 못할 것'이라고 한 말은 의미심장하고 깊이 생각해볼 가치가 있다.

귀모뤄는 『청동시대』 「묵자의 사상」에서 묵자의 이 말에 대해 "비공(침략 전쟁 비판)은 점점 무투(無鬪, 싸움이 없는 것)로 발전했다. 이는 피침략자의 무기를 박탈하는 것과 같다"고 해석했다. 귀모뤄는 묵자의 비공을 아주 탐탁지 않게 여겼다. 그는 계속해서 다음과 같은 묵자의 말을 인용한다.

침략 전쟁을 좋아하는 군주가 자신의 주장을 옹호하며 묵자를 비판했다. "침략을 불의라고 여기는 것은 침략이 이롭지 않은 일이라고 말하려는 속셈 아니오? 옛날 우는 유묘를 정벌했고 탕은 걸을 쳤으며 무왕은 주왕을 쳤는데, 이들이 모두 성왕이 된 것은 무슨 이유요?" 묵자가 대답했다. "왕은 아직 내 말을 잘 살피지 못하고 그 뜻을 제대로 파악하지 못하고 있군요. 그것은 침략이 아니라 주벌(誅伐)입니다."

귀모뤄가 인용한 묵자의 말은 『묵자』「비공하」에 보인다.

옛날 삼묘(三苗)가 세상을 크게 어지럽혀 하늘이 우에게 그들을 치라고 명했다. 태양이 괴이하게 저녁에 뜨고, 사흘 동안 혈우(血雨)가 내리고, 용이 조상의 사당에 출현하고, 개가 시장에서 울부짖고, 여름에 물이 얼고, 땅이 갈라져 샘물까지 이르고, 오곡이 익지 않자 백성이 크게 놀랐다. 이에 고양씨(高陽氏) 전욱(顓頊)이 현궁(玄宮)에서 우에게 명을 내리자, 우가 친히 하늘이 내린 옥부(玉符)를 가지고 유묘를 토벌했다. 이때 천둥과 번개가 치면서 사람 얼굴에 새의 몸을 가진 신이 공손하게 시립했다. 화살로 유묘의 장수를 쏘아 죽이자 저들의 군대가 크게 혼란스러워져 머지않아 쇠미해졌다. 우가 삼묘와 싸워 이긴 뒤 산천의 구획을 나누고 사물의 상하를 구분하며 사방을 정리하자 신과 백성이 서로 화목하고 천하가 안정되었다. 이것이 바로 우가 유묘를 정벌한 일이다.

하나라 걸에 이르러서도 하늘이 엄명을 내렸다. 해와 달이 제때 뜨지 않고, 추위와 더위가 절기에 맞지 않고, 오곡이 말라죽고, 나라 안에 귀신 소리가 들리고, 학이 십여 일 밤 동안 울어댔다. 하늘이 표궁(鑣宮)에서 탕에게 명했다. "하나라의 천명을 대신하러 가라. 하나라의 덕이 크게 어지러워져 내가 이미 그의 명을 끊기로 했다. 네가 그를 주벌하러 가면 반드시 그를 평정토록 하겠노라." 탕이 명을 받들어 부대를 이끌고 하나라 국경으로 진군했다. 하늘이 은밀히 신을 파견해 하나라의 성을 무너뜨렸다. 얼마 뒤 신이 와서 탕에게 전했다. "하나라의 덕이 크게 어지러워졌으니 그를 치러 가면 내가 반드시 철저히 평정하도록 그대를 돕겠노라. 나는 이미 하늘의 명을 받았고, 하늘도 불의 신 축융(祝融)에게 명해 하나라 도읍 서북쪽에 불을 질렀다." 탕이 하나라 백성을 받아들여 하나라와 싸워 이겼다. 박(薄) 땅에서 제후들과 회합해 천명을 알리고 사방에 통고하도록 하자 천하 제후들 중 감히 귀순하지 않는 자가 없었다. 이것은 바로 탕이 걸을 주벌한 일이다.

은나라 주왕 때에 이르러 하늘이 그의 덕을 누리길 바라지 않고 제사가 때에 맞지 않았다. 밤에 10개의 태양이 뜨고, 박 땅에 흙비가 내리고, 구정(九鼎)의 위치가 바뀌고, 여자 귀신이 밤늦게 출현하고, 밤에 귀신 우는 소리가 나고, 여자가 남자로 변하고, 하늘에서 사람의 살점이 섞인 고기 비가 내리고, 도성의 큰 길에 가시덤불이 자라는데도 주왕은 더욱 방종했다. 적조(赤鳥)가 입에 규(圭)를 물고 주나라 기산(岐山)의 사당에 떨어뜨렸다. 규에 쓰여 있기를, "하늘이 주나라 문왕에게 천명을 주노니 은나라를 토벌하라"고 했다. 현명한 신하 태전(泰顚)이 돌아와 돕고, 황하에서 도록(圖錄)이 떠오르고, 지하에서 누런 신마(神馬)가 튀어나왔다. 무왕이 즉위하자 꿈에 신인(神人) 세 명이 나타나 "내가 이미 은나라 주왕을 술과 음악에 빠뜨렸으니 그를 토벌하러 가라. 내가 반드시 그를 철저히 평정토록 돕겠노라"라고 말했다. 이에 무왕이 미치광이 주를 치러 가서 은나라를 멸하고 주나라를 일으켰다. 하늘이 무왕에게 황조(黃鳥)의 깃발을 내렸다. 무왕은 은나라와 싸워 이기고 하늘의 은택을 받았다. 제후들에게 명해 여러 신을 나누어 제사를 올리게 하고, 주왕의 조상에게 제사를 드리며, 정교(政敎)를 사방에 베푸니 천하에 귀순하지 않는 자가 없었다. 이에 탕의 공적을 계승했다. 이것이 바로 무왕이 주왕을 주벌한 일이다. 이들 세 성왕으로부터 본다면 이는 결코 '침략'이 아니라 '주벌'인 것이다.

『묵자』「비공」 편에서는 대국의 소국 침략과 무도한 나라 주벌을 구별했다. 이는 오늘날 '정의로운 전쟁'과 '정의롭지 못한 전쟁'을 구분하는 것과 같은 논리로 볼 수 있다. 묵자는 우, 탕, 무왕의 주벌에 설득력이 부족하다고 느꼈는지 천명을 받든다는 내용을 추가했다.

묵자는 비공을 널리 알려 제후 간의 침략 전쟁을 만류하면서도 한편으로 주벌에 찬성해 "군자는 싸움에 이겨도 도망치는 적을 쫓지 않고, 곤경에 빠진 적에게 화살을 쏘지 않으며, 달아나는 적의 전차가 진창에 빠졌을 때는 미는 것을 도와준다"는 유가의 주장에 반대하며 '물에 빠진 개는 때려잡아야 한다'● 고 역설했다. 『묵자』「비유하」에서는 위와 같은 유가의 주장에 대해 이렇게 반박했다.

만일 모두 어진 사람이라면 서로 적대할 이유가 없다. 어진 사람은 취사와 시비의 이치를 서로 알려주어 도리에 어긋나면 도리에 부합한 자를 따르고, 무지하면 지혜로운 자를 따른다. 또 근거가 부족하면 반드시 승복하고 선을 보면 반드시 옮겨가니, 서로 적대할 이유가 있겠는가? 만일 양쪽이 포악해 서로 싸울 때 이긴 쪽이 도망치는 쪽을 쫓지 않고, 곤경에 빠진 쪽을 화살로 쏘지 않으며, 달아나는 적의 전차가 진창에 빠졌을 경우 미는 것을 도와줄 정도로 모든 노력을 기울었다 해도 결코 군자라고

● 루쉰의 『잡문집(雜文集)』「분(墳)」: "痛打落水狗." 뭍에 올라오면 사람을 다시 물기 때문이다.

할 수 없고 여전히 포악한 나라인 것이다. 성왕이 세상을 위해 해로움을 제거하고 군사를 일으켜 주벌에 나서 승리했을 때, 유가의 방법에 따라 사졸에게 "도망치는 자를 쫓지 말고, 곤경에 빠진 자를 화살로 쏘지 말며, 달아나는 적의 전차가 진창에 빠졌을 때 미는 것을 도와주라"고 명령한다면 포악하고 난을 일삼는 자가 살아남게 되고 천하의 해로움이 제거되지 않는다. 이는 떼 지어 부모를 괴롭히고 세상을 심각하게 해치는 짓이다. 불의가 이보다 더 클 수는 없다.

묵자의 비공 주장은 자신의 말을 합리화하기 어려운 '제논의 역설'에 빠져버렸다. 『묵자』「노문」에서 노나라 군주가 "제나라가 우리를 공격할까 두려운데 벗어날 수 있겠습니까?"라고 묻자 묵자는 이렇게 대답했다.

가능합니다. 옛날 삼대의 성왕인 우왕, 탕왕, 문왕, 무왕은 사방 100리밖에 안 되는 영지를 가진 제후였지만 충신을 좋아하고 의를 행하여 천하를 얻었습니다. 삼대의 폭군인 걸왕, 주왕, 유왕, 려왕은 충신을 원수로 여기고 포악함을 일삼아 천하를 잃었습니다. 군주께 바라건대, 위로 상제를 높이고 귀신을 섬기며 아래로 백성을 사랑하고 이롭게 해주며, 후한 예물과 겸손한 언사로 신속히 사방의 제후와 우호관계를 맺고서 나라 전체를 이끌고 제나라에 대항하십시오. 그렇게 하면 환란에서 벗어날 수 있습니다. 이것 외에 다른 방법은 없습니다.

「비공중」에서는 한 걸음 더 나아가 거나라, 진(陳)나라, 채나라 등의 멸망 원인을 이렇게 설명했다.

옛날 천하에 나라를 봉했을 때 오래된 일은 귀로 듣고, 가까운 일은 눈으로 보는 바이지만 침략 전쟁 때문에 망한 나라를 이루 다 셀 수 없다. 어떻게 이를 알 수 있는가? 동방에 거나라가 있었다. 이 나라는 아주 작고 대국 사이에 끼어 있었는데 대국을 정중히 섬기지 않았고, 대국 역시 아끼거나 이롭게 해주지 않았다. 이 때문에 동쪽으로 월나라가 그 영토를 깎아먹고, 서쪽으로 제나라가 영토를 겸병하고 점유했다. 거나라가 제나라와 월나라 사이에서 망한 이유를 헤아려보면 바로 침략 전쟁 때문이다. 남쪽의 진나라와 채나라가 오나라와 월나라 사이에서 멸망한 원인 또한 침략 전쟁 때문이다. 북쪽으로 사(柤)와 부도하(不屠何) 같은 나라가 연나라, 대(代)나라, 호(胡), 맥(貊) 사이에 끼어서 멸망한 원인도 침략 전쟁 때문이다. 따라서 묵자는 말했다. "지금 왕공대인이 정말로 이익을 바라고 손해를 싫어하며, 안정을 바라고 위험을 싫어한다면 침략 전쟁을 비판하지 않을 수 없다."

위에서 언급한 두 편의 글 가운데 '후한 예물과 겸손한 언사로 신속히 사방의 제후와 우호관계를 맺고서 나라 전체를 이끌고 제나라에 대항하라'는 것과 '대국을 정중히 섬기지 않고 대국도 아끼거나 이롭게 해주지 않았다'는 말은 당시 및 후대에 상당한 공격과 질타를 받았다.

묵자의 비공 주장은 전국 시대 군웅할거와 천하쟁패의 역사적 흐름에 결코 부합하지 않았다. 생산력이 급속히 발전하고 생산 관계가 빠르게 변화하는 대변혁기에는 여러 가지 경제적, 정치적 원인으로 초래된 현실적 모순이 날로 격화되고 겸병 전쟁이 불가피해진다. 수많은 사학자들은 이를 약육강식이라는 밀림의 법칙으로 묘사했다.

『사기』「태사공자서」에서는 "군주를 시해한 나라가 36개요, 망한

나라가 52개이며, 제후가 망명해 사직을 보존하지 못한 경우는 이루 다 헤아릴 수 없다"고 했다.

『국어』「진어」에서는 "팔극(八郤)의 오대부(五大夫)와 삼경(三卿)이 하루아침에 멸망했다"고 했다. '팔극'은 극씨 일가의 대부 다섯과 경 세 명을 가리킨다. 세력이 이처럼 강대했지만 결국 진 려공(厲公)에게 주살되었다. 구귀족의 머리가 차례차례 땅에 떨어진 것이다.

『좌씨전』「소공 3년」에는 "란(欒), 극(郤), 서(胥), 원(原), 호(狐), 속(續), 경(慶), 백(伯)이 강등되어 노예가 되었고, 나의 11개 종족 가운데 오직 양설씨(羊舌氏)만이 남았다"라고 기록되어 있다. 진나라에서 귀족으로 분봉된 세가가 모두 몰락해 11개 가문 중 하나만 남았다.

『국어』「진어」에서는 또 "저 범씨(范氏)와 중항씨(中行氏)는 백성들의 어려움을 보살피지 않고 진나라를 제멋대로 했는데, 지금 그들의 자손은 제나라에서 농사짓고 종묘의 제사에 쓰이는 소로 논밭을 갈고 있다"고 했다.

『좌씨전』「양공 10년」에서는 "가시 삽짝에 벽을 뚫어 자그마하게 문을 내고 살던 사람이 지금은 모두 윗사람을 능멸하니 윗사람 노릇하기가 어렵다"고 했다.

춘추 시대는 '패권 다툼'의 시대이고, 전국 시대는 '침략과 병탄의 전쟁' 시대였다. 앞서 춘추오패가 있었고, 뒤에 전국칠웅이 출현했다. 춘추오패와 전국칠웅의 형성은 대부분 이들 국가가 수많은 소국을 침략해 병탄했기 때문이다. 당시의 역사적 상황 아래서는 침략 전쟁을 통해 보다 넓은 토지를 점유하고 보다 많은 민중을 통치하며 나아가 생산력을 발전시켜야 국가안전을 보장할 수 있을 뿐 아니라 국력을 더욱 증강시킬 수 있었다. 이는 해당 국가의 근본 이익에 부합하는 것이다. 약육강식의 현실에 직면해 어떻게 하면 더 강대해지고 부국강병을 이루며 상대를 집어삼킬 수 있을지 고민하는 것은 당연한 일이다.

각종 정치적 역량의 분화와 조합은 '합쳐진 지 오래되면 반드시 나뉘고, 나뉜 지 오래되면 반드시 합쳐지듯'• 끊임없는 변화에 당면한다. 이런 혼란의 시대에 필요한 것은 상앙(商鞅) 등 법가의 구체적인 부국강병 조치였다. 묵자의 비공은 강국의 약육강식 태도를 바꿀 수 없었을 뿐 아니라 약소국이 강대국에게 짓밟히는 참상을 구제할 수도 없었다. 『관자』「입정구패해(立政九敗解)」에서는 묵자의 겸애와 비공을 "군대를 줄이자는 설이 이기면 험지를 지킬 수 없고, 겸애의 설이 이기면 사졸이 싸우지 않을 것이다. 험지를 지키지 못하고 사졸이 싸우지 않으면 나라가 망하는 데 하루도 걸리지 않는다"라고 비판했다. 묵자가 제창한 겸애와 비공은 의욕적인 신기루일 뿐이다. 무정한 역사가 이미 증명했다. 묵자의 실천이 실패했음을. 귀모뤄는 『중국 고대사회 연구』에서 묵자의 정치적 이상은 일종의 유토피아로 당시에는 실현 불가능했다고 말했다.

묵자가 침략 전쟁을 중지시킨 사례는 종종 등장한다. 그러나 그의 예리하고 당당한 변론 속에 은폐된 진상 역시 어렵지 않게 간파할 수 있다.

「노문」편에서 묵자는 제 태공에게 유세했다. 막강한 실력으로 제나라 실권을 장악한 제 태공 입장에서 보면 묵자의 유세는 순전히 호랑이에게 가죽을 달라고 하는 말이나 소귀에 경 읽기였다. 묵자의 권고가 당시에는 노나라 침략을 늦춘 것처럼 보이지만 실상 효과는 극히 미미했다. 제나라가 결국 노나라를 멸망시키지 않았는가.

• 나관중(羅貫中)의 『삼국연의(三國演義)』: "合久必分, 分久必合"

노양 문군을 설득한 일은 더욱 이해하기 어려웠다. "『춘추』에 의로운 전쟁은 없다"는 상황에서 묵자의 비공과 전쟁 중지 노력은 군왕의 정벌이 정의로운 '주벌'이 아니라 정의롭지 못한 '침략'이라고 질책하는 것과 같았다. 이는 스스로 하늘을 대신해 도를 행한다고 생각하는 군왕 입장에서 도저히 용납할 수 없는 일이었다.

　　『한비자』「외저설좌상」에서 초왕이 "묵자는 이름난 학자이다. 행실은 괜찮지만 말이 많으면서도 달변이 아닌 이유는 무엇이오?"라고 묻자, 묵자의 제자인 전구(田鳩)는 이렇게 대답했다.

　　옛날 진백(秦伯)이 딸을 진(晉) 공자에게 시집보낼 때, 진에서 신부를 아름답게 꾸밀 수 있도록 화려한 옷을 입힌 시녀 70명을 딸려 보냈습니다. 진에 이르자 진 공자는 시녀들만 아끼고 시집간 딸을 천대했습니다. 이는 첩들을 잘 시집보낸 것이지 여식을 잘 시집보냈다고 말할 수 없습니다. 또 초나라 사람이 정나라에 진주를 팔려고 했습니다. 목란(木蘭)으로 상자를 만들어 육계(肉桂)와 천초(川椒)로 향기를 쐬고 옥구슬을 아로새기며 붉은 보석으로 장식하고 비취로 상자를 둘렀습니다. 정나라 사람은 그 상자만 사고 진주를 돌려주었습니다. 이는 상자를 잘 판 것이지 진주를 잘 팔았다고 말할 수 없습니다. 지금 세상의 담론은 모두 교묘하게 꾸민 말뿐이어서 군주는 미사여구에 홀려 실질을 잃고 있습니다. 묵자의 주장은 선왕의 도를 전하고 성인의 말씀을 논하여 사람들에게 널리 알리려는 것입니다. 만일 말을 꾸미게 되면 사람들이 꾸민 말에만 현혹되고 실질을 잊을까 두렵습니다. 이것이 곧 꾸밈으로 실질을 해치는 것입니다. 초나라 사람이 진주를 팔고 진백이 딸을 시집보낸 것도 이와 같습니다. 그래서 묵자는 말이 많으면서도 달변이 아닌 것입니다.

전구가 인용한 사례들이 적합한지는 모르겠으나 이상주의가 잔혹한 현실에 부딪힌 것만은 분명하다. 묵자의 말은 군왕의 귀에 확실히 거슬렀다.

다시 루쉰의 『고사신편』 「비공」의 말미로 돌아가보자.

묵자는 돌아오는 길에 비교적 천천히 걸었다. 먼저 온몸이 피곤했고, 둘째로 다리가 아팠으며, 셋째로 식량이 다 떨어져 배가 너무 고팠고, 넷째로 일이 완전히 해결돼 갈 때처럼 바쁠 필요가 없었기 때문이다. 그러나 갈 때보다 재수가 더 사나웠다. 송나라 국경에 이르러 두 차례 검문을 당했고, 도성에 가까워졌을 때 성금 모금 행렬을 만나 강제로 보따리를 기부했으며, 남쪽 관문에 이르러서는 폭우를 만나 성문 아래에서 비를 피하려다가 창을 든 두 순라병에게 쫓겨나 비를 흠뻑 맞았다. 이 때문에 10여 일간 코가 막혔다.

초나라의 송나라 침공을 저지한 평화의 사자이자 송나라 백성을 위해 불세출의 공을 세운 구세주가 은혜를 베푼 나라에서 도리어 이런 황당한 냉대를 당했다.

「비공」 첫머리에서 묵자가 '군자는 싸우지 않는다'는 말로 시작해 유가에게 '돼지와 개도 싸우지 않느냐'는 질문을 받은 것과 전쟁을 중지시킨 뒤 은혜를 원수로 갚는 일을 당한 결말 부분은 수미쌍관의 화룡점정을 찍은 것으로 이 고사의 창작 의도를 은유적으로 드러내고 있다.

투쟁철학을 중시하고 '눈에는 눈, 이에는 이'나 '물에 빠진 개는 때려잡아야 한다'는 현실주의 신봉자 루쉰 입장에서는 묵자의 겸애와 비공 이론에서 근거가 박약함을 간파했을 것이다. '비판의 무기'가

'무기의 비판'을 대신할 수는 없다. 전쟁을 없애면 천하가 태평할 것이라는 묵자의 천진한 발상은 이상주의적 유토피아의 환상일 뿐이다. 따라서 루쉰이 묵자의 일생을 눈부시게 묘사한 것은 '안 되는 줄 알면서도 행한' 정신을 높이 삼과 동시에 냉정한 조롱을 보내는 것이기도 하다.

나는 묵자가 초나라의 송나라 침공을 저지한 뒤 송나라로 돌아온 장면을 읽을 때마다 그때 묵자의 심정이 과연 어떠했을지, 나도 모르게 상상해보곤 한다. 그는 '형천(刑天)이 간척(干戚)을 들고 춤추듯'● 되돌릴 힘이 없음을 탄식했을까 아니면 절로 '꿈속에서 나그네 신세인지조차 몰랐다'●●거나 자고 나니 모든 것이 꿈이라는 비애에 젖었을까?

● 형천 : 중국 고대 신화 전설에 나오는 신의 하나. 『산해경』 「해외서경(海外西經)」에 따르면, "형천은 황제와 신의 자리를 다투다 패해 목이 잘리고 상양산(常羊山) 자락에 묻혔다. 하지만 그는 젖꼭지로 눈을 삼고, 배꼽으로 입을 삼아 방패와 큰 도끼를 들고 춤을 추며 황제와 다시 싸웠다."
●● 당대 이욱(李煜)의 「낭도사(浪淘沙)」: "夢裏不知身是客."

제23장
독보적인 과학기술 업적

기원전 404년(주 위열왕 22년) 묵자는 65세 때 송나라에 유세하러 갔다가 자한의 모함에 빠져 구금을 당했다. 사람은 곤란한 일을 겪을 때 생각의 일대 전환을 이루기도 한다. 사마천은 「보임안서(報任安書)」에서 "서백(문왕)은 구금돼 『주역』을 서술하고, 공자는 액운을 당해 『춘추』를 지었으며, 굴원은 추방당해 『이소』를 지었고, 좌구명은 실명하고서 『국어』를 지었으며, 손빈(孫臏)은 다리가 잘려 『병법』을 정리했다"고 말했다. 인생지사 새옹지마라고 사람은 어려움 속에서 종종 큰 깨달음을 얻어 사상적 돌파구를 찾는다.

　이미 노년기에 접어든 사상가의 사고는 모진 풍파를 견뎌낸 지자(智者)의 특징을 가지고 있다. 지자는 늘 보는 자연현상과 일상적 인생살이에 통달한 경험을 바탕으로 추상적인 철학을 이해하고 이성적으로 승화하는 능력을 가졌다. 초월적인 사유 방식으로 혼돈 속에서 요점을 명확하게 파악할 수 있는 것이다.

『회남자』「숙진훈(俶眞訓)」에서는 "주 왕실이 쇠미해지고 왕도가 사라지면서 유가와 묵가가 도를 늘어놓고 의론하기 시작했다"고 했다. 유묵 두 학파는 각자 명확한 학설과 주장을 가지고 있다. 유가의 사학(私學)은 육경을 교본으로 삼았다. 공자는 직접『시』『서』『역』『예』『악』『춘추』를 편집해 교재로 삼았고, 공자의 교학(敎學)은 책으로 시작해 책으로 끝난다. 유가 사학은 상층 사회의 언론을 대표하며 본질적으로 귀족 사회를 위한 것이다. 반면 묵가 사학의 시선은 시종 수많은 하층 천민을 향하고 있다. 유가 사학의 핵심 내용은 '인'이고, 묵가 사학의 핵심 내용은 '겸애'이다. 묵가 사학도 때로는 육경을 인용하지만 실제를 더욱 중시하고, 실제를 위한 교재를 편찬했다. 묵가 사학은 처음부터 실천을 중시했다. 우니는『중국 고대 사학 발전의 여러 문제 연구』에서 이렇게 서술했다.

묵자와 그의 제자들의 교학은 생산 활동에서 완전히 벗어나지 않았다. 그들은 비교적 광범위하고 직접적인 생산 실천 과정에서 부딪치는 각종 문제의 해결을 통해 경험을 축적하고 새로운 것을 발명하며 끊임없이 과학적 가치를 지닌 지식을 제기했다. 공문(孔門)의 사학이 '형이하학'의 학습에 주목하지 않음으로써 묵가 사학은 중국 문화 전통이 수립되는 초기의 공백을 메웠다고 할 수 있다.

『묵학원류』에 따르면 묵가는 '과목을 나누어 개성을 발전시키는 것'을 매우 중시했다.『구세재자 묵자』에서는 "묵자는 과목을 나누어 가르침을 베푼 진정한 시조이다"라고 말했다. 공문의 유가가 단지 문사(文史) 계열의 학과라고 한다면, 묵가 학설 안에는 문사뿐만 아니라 이공 계열의 학과까지 있었다. 일종의 종합대학인 셈이다.

『묵자』「경주」에서 제자인 치도오(治徒娛)와 현자석(縣子碩)이 의를 행하는 데 무엇이 중요한지 묻자 묵자는 다음과 같이 대답했다.

> 비유하자면 담을 쌓는 것과 같네. 쌓는 일을 잘하는 사람은 쌓고, 다지기를 잘하는 사람은 다지며, 측량을 잘하는 사람은 측량한 뒤에야 담장이 완성된다네. 의를 행하는 것도 이와 같다네. 변론에 능한 사람은 변론하고, 책 해설에 능한 사람은 책을 해설하며, 일에 능한 사람은 일한 뒤에야 의로운 일들이 이루어지는 것이네.

위의 대화를 통해 묵자가 만년에 제자를 모아 강학하면서 과목을 나누어 가르쳤음을 알 수 있다. 구체적으로 보면 담변(談辯), 설서(說書), 종사(從事) 세 과목으로 나뉜다. '담변'은 논리학 지식을 익히는 것으로 변학(辯學), 즉 논리학을 가리킨다. 언설과 변론의 기교를 훈련시켜 당시 사회에 필요한 유세객을 배양하는 것이다. '설서'는 정치, 역사, 경제, 윤리 등의 지식을 학습하는 것으로, 학자, 교사, 관리를 배양해 이들에게 묵가 사상 전파의 역할을 맡겼다. '종사'는 농업, 공업, 상업, 군사학 등 실질적인 기술을 익히는 것으로, 수공업 노동과 군사 공학 기술에 종사하는 것을 포괄한다.

묵자는 만년에 송나라에 구금되었다가 고향으로 돌아와 모든 장인의 기술을 연구하는 데 몰두해 과학기술 발전에 독보적인 업적을 이룩했다.

춘추전국 시대는 중국 과학기술사의 요람의 시대이다. 이 시기에 틔운 여러 싹들은 '과실이 주렁주렁 달린 황금가을'의 가능성을 똑똑히 보여주었다. 당시 나온 기발한 아이디어들은 수천 년 후 서양의 현대 과학기술과 텔레파시가 통하듯 교묘하게 일치했다. 근현대 서양의 수많은 과학자들은 중국의 고대 전적에서 '신대륙'을 발견하고 깜짝 놀랐다. 예컨대 중국의 『주역』이 서양의 현대물리학 이론과 상통한다고 하여, 팔괘의 수많은 개념을 현대물리학 이론에 접목시키기도 했다.

『주역』에 함축된 과학기술 사상은 '관상제기(觀象制器)'로 개괄할 수 있다. 『주역』「계사하전(繫辭下傳)」에는 이런 말이 나온다.

옛날 복희씨가 천하에 왕도를 행할 때 위로는 천문을 관찰하고 아래로는 지리를 살피며 새와 짐승의 무늬 및 천지의 마땅함을 관찰해, 가까이는 자신에게서 취하고 멀리는 사물에서 취하여 비로소 팔괘를 지음으로써 신명의 덕에 통하고 만물의 실제를 분류했다.

고대인은 자연현상에 대한 감성적 직관과 이성적 사유를 통해 자연 만물의 수많은 형상으로부터 아이디어를 얻어서 상응하는 기술 도구와 기물을 제조해냈다. 예컨대 그물을 제조할 때는 이괘(離卦)의 괘상에, 쟁기를 만들 때는 익괘(益卦)의 괘상, 시장을 건설할 때는 서합괘(噬嗑卦)의 괘상, 의상을 지을 때는 건괘(乾卦)와 곤괘(坤卦)의 괘상에 근거했다. 사람의 상상력이 아무리 풍부하고 기발하다 해도 근거 없이 억지로 만들어낼 수는 없고, 인류의 지혜가 고도로 발달된 근현대일지라도 위대한 대자연의 선물에서 벗어날 수는 없다. 박쥐의 비행이 없었다면 레이더가 발명될 수 없었고, 고래의 체형이 아니었다면 잠수정의 설계도가 나오기 어려웠으며, 하늘을 나는 새가 없었다면 비행에 대한 동경도 없었을 것이다.

중국 민족의 지혜는 백가쟁명의 시대에 크게 빛을 발했다. 묵자의 고향 텅저우시의 묵자기념관 비랑(碑廊)에는 대형 '니덤과 중국 고대 문명 도전(圖典)'이 전시돼 있다. 영국에서 중국 고대 과학기술을 연구한 과학자 니덤은 세계가 공인한 한학자이다. 그의 저서 『중국의 과학과 문명』은 글로벌한 시야와 역사적 안목으로 사람들에게 깊은 인상을 주었다. 니덤은 묵가가 고대 과학기술사에서 이룩한 위대한 업적에 경탄하면서도 한편으로는 여러 세기를 앞선 묵가의 과학기술 사상이 왜 서양처럼 혁명적인 발전을 이루지 못했는지 아쉬움을 토로했다. 이것이 유명한 '니덤의 수수께끼'이다.

한학자라고 꼭 '중국통'인 것은 아니다.

유가에서는 독서인(讀書人)이라면 천리를 궁구하고 인륜을 밝히며 성인의 말을 전하고 세상일에 통달하는 것이 임무라고 여겼다. 이를 위해 백발이 되도록 경전을 파고들며 일생의 정력과 지력을 쏟아 붓는다. '군자는 그릇이 아니다(君子不器)'라는 말은 유가의 엄격한 규율이다. 기예를 물질에 탐닉해 뜻을 잃는 것이라 폄하하고, 나랏일에 도움이 되지 않고 선비가 상대하지 않는 하층민의 일로 보았다. 『예기』「왕제」에서는 "무릇 기능을 갖고 윗사람을 섬기는 자는 (…) 고향을 떠나서는 사(士)와 교유하지 않고", "음란한 음악, 이상한 복장, 기이한 재주, 진기한 기물을 만들어서 사람들의 마음을 혼란스럽게 만든 자는 죽인다"고 했다. 『예기』「악기」의 "덕성이 이루어지면 윗자리로 가고, 기예가 이루어지면 아랫자리로 간다"는 것이 전체 사회의 주류 의식이었다.

도가에서는 과학기술이 아직 발달하지 않았던 고대에 도를 이용해 과학기술이 인류와 자연환경에 가져올 수 있는 위해(危害)를 차단하려고 시도했다. 또 과학기술 자체의 한계성에 극단적인 관심을 보이며 심지어 '절성기지(絶聖棄智, 성인을 끊고 지혜를 버림)'라 하여 과학기술을 포기하고 훼멸하려고까지 했다. 노자는 과학기술이 인류에게 가져오거나 혹은 가져올 가능성이 있는 부정적 영향에 대해 비판했다. 이는 배가 아직 뒤집히지 않았는데 스스로 먼저 물속으로 뛰어든 격이다. 장자는 간단한 농기구를 사용하는 것조차 반대했다. 『장자』 「천지」에서 "기계를 갖고 있으면 반드시 기계를 쓸 일이 생기고, 기계 쓸 일이 생기면 반드시 기계에 사로잡히는 마음이 생긴다. 기계에 사로잡힌 마음이 흉중에 남아 있으면 (…) 도를 실을 곳이 없다"고 하여 과학기술의 근본적인 한계성으로 인해 완벽하지 않다고 보았다.

인류의 이익과 자연환경 및 기타 생물의 이익 간의 충돌은 인류의 과학기술로 해결할 방법이 없다. 인류가 자신의 기술을 자연 사물에 강화하면 필연적으로 자연 사물의 손해를 초래한다. 이를 극복하는 방법은 자연법칙에 따르고 인위적인 간섭을 버리는 것이다. 오리 다리가 짧다고 늘여주면 고통스러워하고 학의 다리가 길다고 자르면 슬퍼한다. 그러므로 자연적인 것 자체가 가장 좋다는 것이 도가의 주장이다.

유가의 '모든 것은 하품(下品)이고 오직 독서만이 최고'라는 과학 멸시와 도가의 '절성기지' 혹은 외물에 초연한 과학 단절, 이 두 가지 극단적인 사상이 중국 고대 과학기술의 정상적인 발전을 저해했다. 오직 묵가의 과학기술만이 "100길 높이 벼랑에 얼음이 얼었건만 오히려 꽃가지는 예쁘게 피었네"•라는 시처럼 돋보였다.

묵가의 과학기술은 바로 '진정한 지식은 실천에서 나온다'는 사상의 산물이다. 과학기술은 감성적 경험에서 나오고, 과학기술 이론은 사물 간의 인과관계를 탐구하는 논리적 추리에서 형성된다는 것이 묵가의 생각이다. 묵가는 인류의 지식을 과학기술 지식의 범위 안에

• 마오쩌둥의 시 「풍우송춘귀(風雨送春歸)」: "已是懸崖百丈冰, 猶有花枝俏."

포괄하고 감성적 경험주의 입장을 견지했다.

묵가의 과학기술 사상은 '교묘한 기술은 전수의 방식으로 그 이치를 찾는다'(「경상」)로 개괄할 수 있으며, 새로운 실증주의 사상 전통을 개척했다. 이런 사상은 실제 '삼표법(三表法)'에 집중적으로 구현되었다. "반드시 '세 가지 기준'을 말하는 이유이다. (…) 근본(有本), 근거(有原), 효용(有用)이 그것이다."(「비명하」) '근본'은 옛 성인의 경험이다. '근거'는 사람의 실제 경험이다. 이 두 가지는 실제 사실에 근거해야 한다는 입장을 나타낸 것이다. '효용'은 인식 결과를 실제로 운용해 그 효과를 관찰하는 것이다. 이는 실험의 발단이며, '효용'을 확충하고 조건을 엄격히 하며 규범을 더해야 과학기술 인식 안의 실험으로 발전할 수 있다.

후스는 일찍이 "묵가의 학자는 수많은 실제 실험을 경험할 수 있었다"고 말했다. 영국의 철학자이자 과학자인 칼 포퍼(Karl Popper)의 반증 이론에 근거하면, 인류 과학의 하늘을 찌를 듯한 거대한 나무는 바로 끊임없는 '반증'의 과정을 거쳐 점차 가지와 잎이 무성한 데로 발전했다고 할 수 있다. 과학의 실증 정신이야말로 서양의 과학기술이 현대화로 나아가게 된 첩경이었다.

량치차오는 『묵경교석』 「자서」에서 "중국 고전 가운데 지금 세상에서 말하는 과학 정신과 결부되는 것을 찾으려면 『묵경』일 뿐이구나, 『묵경』일 뿐이야!"라고 말했다.

왕훙성(王鴻生)은 『중국 역사의 기술과 과학』에서 "묵가 학파는 과학의 기본 개념과 가장 단순한 자연현상을 연구할 때 이미 수리 과학의 입구로 들어섰다"고 생각했다. 첸싼창(錢三强)은 『과학기술 발전의 개요』에서 "중국 고대의 과학기술은 장장 1000여 년 동안 세계에서 선두 위치에 있었다"고 말했고, 우니는 『중국 고대 사학 발전의 여러 문제 연구』에서 "중국 고대뿐만 아니라 당시 세계적으로도 그들의 과학기술 지식 이론은 월등히 앞서 있었다"고 지적했다. 조지프 니덤 역시 "중국은 서기 15세기 이전까지 서양이 도저히 따라잡을 수 없는 과학 지식 수준을 유지했다"며 혀를 내둘렀다.

서주의 『고공기』로부터 명말 송응성(宋應星)의 『천공개물(天工開物)』까지, 장장 2000여 년의 중국 역사에서 과학기술 관련 저술은 예상 외로 아주 적었다. 이런 상황에서 『묵경』이 나왔다는 것은 의심의 여지없는 중국 과학기술사의 기적이다. 『묵경』의 출간 연대는 고대 그리스 유클리드의 『기하학원론』보다 약간 빠르지만 그 내용은 훨씬 더 풍부하다.

『묵경』은 「경상」 「경하」 「경설상」 「경설하」 네 편으로 이루어졌다. 「경상」의 각 조목은 대부분 원리와 정의이고, 「경하」는 논제를 세워 논증한 것이며, 「경설」 상하는 「경」에 대한 상세한 해석과 논술이다. 위진 시대의 노승이 『묵자』를 주석하고 처음으로 「경」 상하와 「경설」 상하 네 편을 따로 묶어, 묵자의 과학적 성과를 망라하고 묵자의 과학 사상, 과학 이론, 과학 방법, 기술 실천을 하나의 과학 체계로 구성했다.

노승은 과학에 조예가 깊은 학자였다. 『진서』 「은일전」에 따르면, 그는 일찍이 천문을 관찰해 동지로부터 해시계를 세우고 그림자의 길이를 재서 해, 달, 별의 궤도를 정확히 측정했고, 또 『정천론(正天論)』을 지었다. 그의 저술은 전란으로 모두 유실되고 오직 『묵변주(墨辯注)』(묵변은 묵경의 별칭임) 서문만 남아 있다. 노승의 전기를 통해 『묵경』에 대한 그의 남다른 애정을 엿볼 수 있다.

『묵경』 네 편이 온전히 전해지지 않지만 지금 남아 있는 기록만으로도 천문학, 수학(기하학), 물리학(역학, 광학, 음향학) 등 수많은 분야에서 묵자가 이룬 찬란한 업적을 볼 수 있다.

1. 천문학

(1) 우주의 공간과 시간 개념

춘추 시대에 시교(尸佼)는 우주를 "상하사방을 우(宇)라 하고, 고금왕래를 주(宙)라 한다"고 정의했다. 묵자는 우주가 하나의 연속된 정체(整體)이고, 개체 혹은 부분은 이런 통일된 정체에서 분화돼 나오며 통일된 정체의 구성 요소라고 생각했다. 바꿔 말해, 정체는 개체를 포함하고 있고 또 개체로 구성되었으며, 정체와 개체 사이에는 필연적으로 유기적 관계를 이루고 있다. 묵자는 이런 연속된 우주관으로부터 출발해 시공에 관한 이론까지 수립했다. 그는 시간을 '구(久)'로, 공간을 '우(宇)'로 명명하고 '구'와 '우'에 대해 이렇게 정의했다. '구'는 옛날과 지금, 아침과 저녁의 모든 시간을 포괄하고, '우'는 동서남북의 모든 공간을 포괄하며, 시간과 공간은 연속적이어서 끊김이 없다.

묵자는 시공 이론의 기초 위에 자신만의 운동 이론을 수립했다. 그는 시간과 공간을 물체의 운동과 하나로 묶어 연계시켰다. 그는 연속적이고 통일적인 우주에서 물체의 운동은 시간상의 선후 차이와 공간상의 위치 이동으로 나타난다고 여겼다. 시간의 선후와 원근의 변화가 없다면 이른바 운동은 없고, 시공을 떠나 단독으로 운동하는 것은 존재하지 않는다.

양샹쿠이(楊向奎)는 묵가의 시공 이론을 '원시 상대성이론'이라 칭하고, 세계 최초로 과학적 시공 이론을 정립했다고 주장했다. 2000여 년 뒤 나온 아인슈타인의 상대성이론은 이런 직관적이고 소박한 시공관에 완벽한 주석을 첨가한 것이다. 묵가의 시공관은 1687년 뉴턴이 제기한 절대시간과 절대공간 개념보다 2000년 가까이 빨랐다. 뉴턴은 『자연철학의 수학적 원리』에서 유클리드의 기하학 서술 방식에 따라 광대한 우주에 대해 체계적으로 추론하고자 시도했으나 시공의 관계를 명확히 인식하지 못했다. 그의 저서에서 공간은 그저 공간일 뿐이어서 어떤 외부 물체 및 운동과 무관하며, 그것은 영원히 동일하고 고정불변한 것이었다.

(2) 파동과 입자의 '우주기원론'

중국의 우주론은 모두 '파동' 개념의 영향을 받아 고대 그리스 데모크리토스의 원자론과는 전혀 다르다. 인류는 시종일관 세계를 구성하는 최소 물질 단위를 발견하기 위해 혼신의 노력을 기울여 분자, 원자, 입자, 소립자 등을 발견했다. 그러나 "한 자짜리 몽둥이를 날마다 반씩 자른다 해도 영원히 다 자를 수 없다"(『장자』「천하」)는 말처럼 과연 최소한의 단위를 얻을 수 있을까?

묵가는 정의에 관한 논리가 매우 엄격하다. 묵자는 점, 선, 면, 입체를 '단(端)' '척(尺)' '구(區)' '체(體)'로 칭하고, 그것들에 대해 각각 정의를 내렸다.• '단'을 예로 들면, 「경설상」에서 "부분은 마치 둘에서의 하나, 선에서의 점과 같다"고 했고, 「경상」에서 "점은 부분에서 더 이상 나눌 수 없으면서 가장 기본적인 것이다"라 했으며, 「경설상」에서 "점에는 틈이 없다"고 했다. 묵가에서는 점을 공간을 점유하지 않고 물체에서 더 이상 나눌 수 없는 최소 단위로 여겼다. 이는 데모크리토스의 원자론과 유사하다. 또 시간과 관련해 「경상」에서 "시작

• 저자는 『묵경』의 원문을 『백화 묵자』(악록서사, 1991)에 근거했지만, 역서에서는 이에 대한 최근까지의 연구 성과를 반영해 내용을 다소 수정 보완하였다.

은 일정한 때이다"라 했고, 「경설상」에서는 "시간은 선후가 있거나 혹은 선후가 없다. 시작은 선후가 없는 것에 해당한다"고 했다. 이로부터 묵자의 '단'에 대한 인식에 '우주기원론'의 의식이 담겨 있음을 알 수 있다.

(3) 해와 달의 항성 위치에 대한 역행 운동

왕충의 『논형』에는 해와 달의 항성 위치에 대한 역행 운동과 관련된 내용이 보인다(갈홍의 『포박자[抱朴子]』에도 인용되어 있다).

『묵경』에는 이 주제와 관련된 명제가 있다. 예컨대 위치 이동을 말할 때, 「경하」에서는 "공간의 진행에는 원근이 없다. 근거는 걸어가는 데 있다", 「경설하」에서는 "구역의 한쪽만을 거론할 수 없는 것이 공간이다. 진행자가 먼저 가는 곳이 가까운 곳이고, 나중에 가는 곳이 먼 곳이다"라고 했다.

이동 시간에 대해서는, 「경하」에서 "가는 길의 길이는 시간에 따른다. 근거는 길고 짧음에 있다"고 했고, 「경설하」에서는 "길을 가는 자는 반드시 먼저 가까운 데로부터 먼 데에 이른다. 원근은 길이이며, 선후는 시간이다. 사람들이 길을 갈 때는 반드시 시간에 따른다. 시간은 유한하기도 하고 무한하기도 하다"라고 했다.

운동에 대해서는, 「경상」에서 "운동은 위치의 이동이다"라 했고, 「경설상」에서는 "양변으로의 이동은 지도리가 열고 닫히는 것과 같다"고 했다.

중국 고대인들은 천체가 우주의 거대한 바람 속에서 운행하면 지구도 따라서 운행한다고 추론했다. 그들이 상상한 바는 회전하는 것이 아니라 요동치면서 나아가거나 물러나는 것이었다. 이는 중국 고대 '사유설(四游說, 대지와 별자리가 1년 사계절에 따라 동서남북으로 이동한다는 관념)'의 흔적이다.

2. 수학(기하학)

『묵경』에는 수학 개념과 관련된 수많은 정의와 해설이 있고, 치밀하고 논리적인 추론과 소박한 수리적 사유가 포함되어 있다. 또한 수학의 배수, 자릿수, 점, 선, 면, 입체 등을 언급하고 있는 것은 서양 유클리드의 『기하학 원론』과 지극히 유사하다.

1) **배수 개념** 「경상」에서 "배(倍)는 둘이 된다"고 했고, 「경설상」에서는 "2척과 1척은 다만 하나의 차이다"라고 했다.

2) **직선 개념** 묵자는 세 점이 동일 선상에 놓이면 직선이 된다고 했다. 이 정의는 후대에 물체의 고도와 거리를 측정하는 데 광범위하게 응용되었다.

3) **십진법의 자릿수 개념** 「경하」에서 "1은 2보다 적지만 5보다 많을 수 있다. 근거는 자릿수에 있다"고 했고, 「경설하」에서는 "1의 자리에서는 5가 1을 포함하지만 10의 자리에서는 1이 5를 포함할 수도 있다. 10은 5 두 개를 합한 것이다"라고 했다. 묵자는 자릿수가 달라지면 수의 가치도 달라진다고 명확하게 지적했다. 수학에서의 변수와 자릿수 개념은 데카르트보다 1800년 이상 앞선 것이다.

4) **0의 발견** 이는 수학 역사의 일대 사건이다. 「경상」에서 "자릿수의 숫

자는 바뀐다"고 했고, 「경설상」에서는 "자릿수의 숫자가 지도리의 구멍처럼 O이 되는 경우도 있다"고 했다.

5) 대칭과 중심의 개념 「경상」에서 "물체의 대칭 중심은 물체 표면의 거리와 같은 길이에 있다"고 했고, 또 "두 물체의 길이를 비교해 정확히 대응하고 완전히 같은 것을 '동장(同長)'이라고 한다"고 했다. 「경설상」에서는 "대칭의 중심은 각 지점까지의 거리가 모두 같은 곳을 이른다"고 했다.

6) 원의 개념 「경상」에서 "원은 하나의 중심에서 같은 길이에 있는 것이다"라 했고, 「경설상」에서는 "원은 그림쇠를 돌려서 그린다"고 했다. 묵자는 직접 그림쇠(컴퍼스)로 원을 그려보고서 이를 검증해냈다. 묵자 이전에도 그림쇠가 널리 이용되었지만 원을 이렇게 정확히 정의한 것은 묵자의 공헌이다. 이는 유클리드 기하학에서의 원의 정의와 완벽히 일치한다.

7) 정사각형의 개념 「경상」에서 "네모는 변과 각이 똑같이 네 개이다"라 했고, 「경설상」에서는 "네모는 직각인 곱자를 교차시킨 것이다"라고 했다. 이는 유클리드 기하학에서의 정사각형 정의와 완벽히 일치한다.

8) 평면 혹은 평행선의 개념 「경상」에서 "수평(平)은 같은 높이다"라고 했다. 이는 유클리드 기하학의 정리인 '평행선 사이의 수직선은 서로 같다'는 의미와 일치한다.

9) 형체 공간의 개념 「경상」에서 "두께는 커질 소지가 있다"라고 했고, 「경설상」에서는 "두께는 더할 바 없이 큰 것이다"라고 했다. 두께가 없으면 입체를 형성할 수 없다는 말이다.

이 밖에도 묵자는 중국 고대에 기하학 개념을 최초로 제기했다. 이에 관해 『묵경』에서 두 가지 명제를 제시했다. 「경하」에서는 "서로 다른 종류는 비교할 수 없다. 근거는 헤아리는 것(표준)에 있다"라고 했고, 또 "오행에서 항상 이기는 것은 없다. 근거는 우연성에 있다"고 했다. 「경설하」에서는 이를 다음과 같이 설명했다.

금, 목, 수, 화, 토는 분리되어 있다. 화가 금을 녹이는 것은 화가 많기 때문이다. 금(金)이 탄(炭)을 멸할 수 있는 것은 금이 많기 때문이다. 금이 수를 모아 제어하고, 화가 나무에 붙어 불길이 세지는 것은 사슴이 산에 있고 물고기가 물에 있는 것과 마찬가지로 조건이 유리하기 때문이다.

춘추전국 시대에 사람들은 두 가지 고착화된 사유 방식을 갖고 있었다. 하나는 『주역』의 음양 사상이다. 음(--)과 양(─) 두 가지 직관적 부호로 64개의 괘상을 구성한다. 일원(一元)에서 양극이 나오고, 양극에서 사상(四象)이 나오며, 사상에서 팔괘가 나와 총 64괘가 변화무쌍한 세상 만물을 생성한다. 다른 하나는 『상서』 「홍범(洪範)」 편에 보이는 오행 사상이다. 금, 목, 수, 화, 토 다섯 가지 기본 물질이 상생, 상극의 관계를 형성하며 유기적으로 연결돼 있다.

천인합일(天人合一)의 사회 및 정치사상은 자연현상을 사회 및 인간관계와 서로 연계시킬 것을 요구하고, 자연현상의 변화를 사회 및 인간관계의 변화와 결부시켜 논증했다. 여기서 과학은 정치의 시녀가 된 셈이다. 묵자의 과학 사상은 자연과 사회를 분리하고, 자연물과 자연현상을 과학적 인식 활동의 독립적 대상으로 삼았다. 또한 과학적 실천을 기초로 하는 이성 분석을 강조해 음양론의 경직화된 방식뿐 아니라 오행 상극의 선험적 관념에 반대했다. 묵가는 바로 음양과 오행의 경직된 사유 방식을 벗어던짐으로써 비로소 두각을 나타낼 수 있었다.

3. 물리학

묵자의 물리학 연구 분야에는 역학, 광학, 음향학 등이 포함돼 있다. 적지 않은 물리학 개념의 정의를 제시하고 많은 중대한 발견을 이뤄 몇 가지 중요한 물리학 이론을 확립했다.

(1) 역학 분야

『묵경』에는 힘의 정의, 무게중심, 지렛대 원리, 도르래 원리 등 역학 관련 기록이 다양하고, 자체적으로 체계성을 띠고 있다.

묵자는 힘의 정의를 내렸다. 「경상」에서 "힘은 물체가 운동을 일으키는 원인이다"라고 했다. 무거운 물건을 아래에서 위로 들어 올릴 수 있는 것은 바로 힘의 작용 때문이다. 이와 함께 물체가 힘을 받을 때는 반동력이 발생한다고 지적했다. 질량이 같은 물체가 충돌한 뒤에 두 물체는 서로 반대 방향으로 운동한다. 질량 차이가 상당한 두 물체가 충돌한 뒤 질량이 큰 물체는 움직이지 않을 수 있지만 반동력은 여전히 존재한다.

운동과 정지에 관련해, 묵자는 운동은 힘이 전파되기 때문에 생기고, 정지는 물체가 일정한 시간 뒤에 운동 상태가 끝나는 것이라고 생각했다. 비록 운동 상태가 끝나는 것은 저지하는 힘이 존재하기 때문이라고 명확히 밝히지는 못했지만 이미 외력이 소실된 뒤에는 물체의 운동 상태가 영원히 존재할 수 없음을 인식했다. 그의 이런 추론은 약 2000년 후 갈릴레이와 뉴턴의 이론에 상당히 접근한 것이다. '힘'에 관한 『묵경』의 서술을 살펴보자.

① 「경상」 "힘은 물체가 운동을 일으키는 원인이다."
「경설상」 "힘은 중량에 따른다. 아래로 내려가기도 하고, 위로 들어 올릴 수도 있다."

② 「경하」 "짊어지고도 기울어지지 않는다. 무게를 감당할 수 있기 때문이다."
「경설하」 "가로목 위에 무게를 더해도 기울어지지 않는 것은 받침점에서 무게를 감당하기 때문이다. 받침점을 오른쪽으로 옮겨 (무게를 실은) 줄과 접하게 되면 무게를 더하지 않아도 기울어진다. 받침점에서 무게를 감당하지 못하기 때문이다. 한쪽에 무게를 더하면 반드시 아래로 늘어진다. 저울추와 물건의 중량이 같기 때문이다. 저울대가 평형일 때는 본(本, 받침점에서 저항점까지의 거리)이 짧고 표(標, 받침점에서 힘점까지의 거리)는 길다. 만일 저울추에 똑같은 중량을 가하면 표는 반드시 아래로 늘어진다. 저울추의 위치가 부적당하기 때문이다."

여기서는 지렛대 원리를 설명하고 있다. 저울 한쪽에 중량을 더하면 그쪽은 반드시 아래로 늘어지게 돼 있다. 저울추와 재는 물체의 중량이 비례하기 때문이다. 묵자가 발명한 길고는 기중기에 견줄 수 있다. 길고로 물체를 들 때는 마치 깃털을 들 듯 가벼워 힘이 전혀 들지 않지만 물건을 내릴 때는 오히려 무거워 꼭 바위를 내려놓는 것과 같다. 이는 길고를 조종하는 사람에게 초능력이 있기 때문이 아니라 지렛대 원리를 이용했기 때문이다. 고대 그리스의 아르키메데스는 "나에게 받침대를 주면 지구를 들어 올릴 수 있다"는 명언을 남겼다. 하지만 묵자는 아르키메데스보다 200년 앞서 지렛대 원리를 발견했다.

　③「경하」"끌어당기는 힘과 밀어내는 힘은 서로 반대된다. 힘이 맞서기 때문이다."

「경설하」"끌어올리는 데는 힘이 필요하지만 내리는 데는 힘이 필요하지 않다. 균형이 맞지 않는 것은 제대로 끌어당기지 못했기 때문이다. 줄을 이용해 물건을 끌어올리는 것은 송곳으로 구멍을 뚫는 것과 같다. 끌어올릴 때 길고 무거운 쪽은 내려가고 짧고 가벼운 쪽은 올라간다. 올리는 힘을 늘릴수록 내려가는 힘이 줄어든다. 줄이 수직 상태이고 무게가 같으면 평형이 된다. 내릴 때는 위에서 힘을 잃으며 아래가 무게를 얻는다. 위쪽에 무게를 더해 균형이 맞으면 일이 끝난다."

　여기서는 도르래 원리를 설명하고 있다. 물체를 위로 끌어올릴 때는 사람 힘으로 도르래 줄을 잡아당긴다. 무거운 물체가 도르래 줄에 매달려 아래로 내려가면 사람이 힘을 쓸 필요 없이 줄을 끌어당기는 방법으로 물체를 들어 올릴 수 있다. 올라가는 물체와 내려오는 물체는 운동 방향이 서로 반대이다. 관건은 줄 끝에 도르래를 다는 것이다. 물체가 자연히 하강할 때 다른 쪽 물체는 자연히 상승한다.

(2) 광학 분야

묵자는 최초로 광학 실험을 진행하고 아울러 광학을 체계적으로 연구한 과학자이다. 중국 광학의 기초를 닦았다고 말할 수 있다. 조지프 니덤은 『중국의 과학과 문명』「물리권」에서 "묵자의 광학 연구는 우리가 알고 있는 그리스의 그것보다 빠르고, 인도 역시 여기에 비할 수 없다"고 말했다.

『묵경』에서 자연 관찰에 관한 기록 가운데 가장 조리 있는 것은 광학 지식과 관련된 8개이다. 이중에는 바늘구멍을 통해 생기는 상에 관한 것 1개, 그림자를 통해 생기는 상에 관한 것 4개, 거울 실험에 관한 것 3개가 있다.

① 「경하」 "그림자는 움직이지 않는다. 근거는 바뀌는 데 있다."
「경설하」 : "빛이 도달하면 그림자는 없어진다. 만일 빛이 있으면 (그림자는) 영원히 생길 수 없다."

② 「경하」 "그림자에는 본그림자와 반그림자가 있다. 중첩된 빛 때문이다."
「경설하」 "두 개의 광선이 하나의 물체를 끼고 있으면 그 물체에는 중첩된 그림자가 나타난다. 광선 하나는 그림자 하나만 만든다."

③ 「경하」 "그림자가 거꾸로 나타나는 것은 빛이 한 점에서 교차되고 그림자가 길어지기 때문이다. 근거는 점에 있다."
「경설하」 "빛이 사람을 비추는 것은 화살을 쏘는 것처럼 곧게 나아간다. 아래에서 비추면 위로 반사되고, 위에서 비추면 아래로 반사된다. 발이 아래의 빛을 가리기 때문에 반사되어 위에 그림자가 생기고, 머리가 위의 빛을 가리기 때문에 반사되어 아래에 그림자가 생긴다. 사물의 먼 곳이나 가까운 곳에 작은 점이 있고, 빛이 직선으로 작은 점을 뚫기 때문에 그림자가 벽에 거꾸로 나타난다."

④ 「경하」 "그림자가 해를 마주보는 것은 빛이 반사되어 비추기 때문이

다.”

「경설하」 “햇빛이 거울을 비춰 사람에게 반사되면 빛의 방향은 사람에게 반대로 비친다. 이때 그림자는 해와 사람 사이에 놓이게 된다.”

⑤「경하」 “그림자는 때로는 크고 때로는 작다. 물체가 기울거나 바른지, 빛이 멀거나 가까운지에 따라 다르다.”

「경설하」 “나무가 기울어져 있으면 그림자는 짧고 크다. 나무가 바로 서 있으면 그림자는 길고 작다. 빛(광체)이 나무보다 작으면 그림자는 나무보다 커진다. 빛의 크기뿐만 아니라 빛의 원근에 따라서도 그림자의 크기가 달라진다.”

⑥「경하」 “두 사람이 거울을 마주보고 서 있을 때, 오목거울 앞에 서면 상이 거꾸로 나타나고, 볼록거울 앞에 서면 상이 실물보다 작아진다. 이는 거울 표면의 나오고 들어감에 달려 있다.”

「경설하」 “거울 앞에 섰을 때 상의 크기와 모양, 명암, 원근감, 기울기 등은 빛과 거울의 조건에 따라 달라진다. 거울 속의 상은 물체가 가까워지고 멀어지는 만큼 상도 똑같이 가까워지고 멀어진다. 서로 상반된 방향으로 움직이기 때문이다. 거울은 어떤 물체도 비추지 않는 것이 없다.”

⑦「경하」 “오목거울 앞에 서면 상 하나는 작으면서 뒤집어져 보이고, 또 하나는 크면서 바르게 보인다. 물체 중 하나는 거울 중심 바깥에 있고, 하나는 거울 중심 안에 있기 때문이다.”

「경설하」 “(물체가) 거울 중심 안에 있을 때, 물체가 중심과 가까울수록 크게 비춰지고 상 또한 크다. 반대로 중심과 멀어지면 작게 비춰지고 상 또한 작다. 어떤 경우든 상은 똑바른 형태로 나타난다. 빛이 똑바로 나아가 거울에 반사된 뒤 상응하는 상을 만들어내기 때문이다. 거울 중심 밖에 있을 때, 물체가 중심과 가까울수록 크게 비춰지고 상 또한 크다. 반대로 중심과 멀어지면 작게 비춰지고 상 또한 작다. 그러나 어느 경우든 상은 뒤집어져 나타난다. 빛이 거울 중심에서 모이기 위해 길게 늘어지기 때문이다."

⑧「경하」 "볼록거울 앞에 서면 상이 하나만 나타난다."
「경설하」 "물체가 가깝게 있으면 크게 비춰지고 상도 크다. 물체가 멀리 있으면 작게 비춰지고 상도 작다. 그러나 상은 반드시 바르게 나타난다. 사물이 그대로 바르게 비치기 때문이다."

이전에는 '빛의 직진 운동'의 발견을 당연하게 유클리드의 공으로 돌렸다. 그러나 유클리드의 광선 직진에 관한 기록은 단지 주관적 서술일 뿐 실험하고 관측한 결과가 아니다. 반면『묵경』의 기록은 외부 사물을 관찰하고 아울러 객관적 분석을 거쳐 얻어낸 것이다. 그리고 묵자의 발견이 유클리드보다 100년 더 빨랐다.

묵가는 광학 분야에서 찬란한 업적을 이룩했다. 평면거울, 오목거울, 볼록거울에 대한 이론 가운데 가장 탁월한 것은 작은 구멍을 통해 상이 맺힌다는 발견이다. 현대의 카메라와 캠코더 모두 이러한 원리에 근거했다. 그래서 니덤은 묵자를 '세계 촬영 광학의 아버지'라 불렀다.

(3) 음향학 분야

앵청(罌聽)은 묵자가 개발한 기발한 수성 무기 중 하나다. 안이 빈 기구로 공진기(共振器)를 만들어 적이 성을 공격할 때 땅굴을 파거나 폭약을 매립한 위치 및 방향을 탐측해낸다. 『묵자』 「비혈」에 앵청에 관한 상세한 기록이 있다.

적진에 변화가 생겨 평소와 달리 담을 쌓고 흙을 모으거나 탁한 물이 흐르면, 이는 땅굴을 파고 있다는 징후이다. 급히 성 안에서도 적진 방향으로 구덩이를 파고 땅굴을 뚫어 맞서야 한다. 적의 땅굴 방향을 판단키 어려울 때는 성 안에 5보마다 우물 하나를 파는데 성벽 근처까지 이르도록 한다. 지세가 높은 곳은 1장 5척까지 파고, 낮은 곳은 물이 나오는 곳에서 3척 정도 더 판다. 도공에게 큰 항아리를 만들도록 하는데 용량은 40두 이상이어야 한다. 그 항아리를 얇은 가죽으로 단단히 싼 뒤 우물 안에 넣어두고 귀가 밝은 자에게 항아리에 들어가 소리를 듣게 하면 적이 파는 땅굴의 위치를 정확히 알 수 있다. 그때 이쪽에서 반대편으로 땅굴을 파 들어간다.

이는 제20장에서 자세히 언급했으므로 여기서는 별도로 다루지 않는다.

묵자가 2000여 년 전 이룩한 과학기술 수준과 업적에 감탄이 절로 나오면서도 불가사의한 면이 없지 않다. 그래서인지 〈고대의 미스터리〉라는 TV 프로그램에서는 이런 주장을 폈다.

당시 묵자의 첨단과학 사상은 어디서 온 것일까? 설마 외계인? 사실 『묵자』 안에서 해답을 찾을 수 있다. 『묵자』 「비공하」 편의 "태산 꼭대기에 손님이 찾아오고, 하수(河水)에서 녹도(綠圖)가 나오며, 땅속에서 승황(乘黃)이 나왔다"는 기록으로 볼 때, 묵자는 태산에서 외계인을 만난 것이다. 녹도는 하도(河圖)를 가리킨다. 복희씨가 하수에서 도판을 얻어 팔괘를 만들었다는 얘기로부터 하도가 일종의 외계 과학기술의 산물임을 알 수 있다. 컴퓨터와 마찬가지로 대량의 선진 과학기술을 저장해 놓았던 것이다. 『산해경』에 따르면, 승황은 신령스러운 짐승으로 말처럼 탈 수 있었다고 했다.

묵가의 과학적 성취가 얼마나 위대했으면 이런 황당무계한 억측까지 나왔겠는가? 묵가의 과학기술 업적에 대해 중국사회과학원 양상쿠이 교수는 "『묵경』은 자연과학 어느 분야를 막론하고 그리스를 넘어섰으며, 적어도 그리스와 대등하다고 보아야 한다"고 감탄한 바 있다. 쑹젠(宋健)은 묵자를 '유물론의 조사이자 과학의 성인'이라고 극찬했다.

묵가의 과학기술 탐구는 두 가지 측면에서 후세 과학자에게 아주 중요한 시사점을 던져주었다. 첫째로 내면적 환상이나 직관적 추론을 기초로 자연과학을 연구한 것이 아니라 실험을 대단히 중시하고 실천 속에서 이론을 깊이 탐구했다는 점이다. 그들의 실천 범위는 어떤 철학 유파나 과학 기구보다 광범위하여, 천문학과 수학으로부터 물리학, 공학 등에 이르기까지 미치지 않는 분야가 없었다. 묵자의 자연과학 성과는 이처럼 수많은 실험과 실천을 통해 얻어진 것이다. 실천으로부터 이론에 이르고, 다시 이론으로부터 실천에 이르며, 반증을 통해서 진리를 추구한 것은 매우 과학적인 방법이었다. 둘째로 그들의 분석적 논리 방법은 후세 과학자에게 이론상의 귀감을 제공할 수 있다. 묵가는 보편적 물질 현상으로부터 본질적 정의를 추출하는 방법으로 그들의 학설을 '형이하학'을 넘어 '형이상학'의 높은 경지로 끌어올렸다.

묵자의 과학기술 성과는 중국의 후대 과학자에게 지대한 영향을 미쳤다.

후한의 과학자 장형은 「도참의 근절을 청하는 상소(請禁絶圖讖流)」에서 묵가의 성취를 인용한 바 있다. 또 그의 과학 명저『영헌(靈憲)』에서는『묵경』의 '우주 시공관'을 한층 더 발전시키기도 했다. 그는 지구 밖에 또 다른 공간이 있다고 생각하고, "공간의 면은 끝이 없고, 시간의 점은 무한하다"고 했다. 이는『묵경』의 '공간은 서로 다른 장소를 포괄한다'는 표현과 동일한 사상이다. 그가 발명한 지동의와 사용한 지렛대의 원리 역시『묵경』의 '전사기'와 '아기(牙機)'에서 힌트를 얻은 것이다.

후한의 수학자 유휘(劉徽)는『구장산술(九章算術)』 주석에서 보다 직접적으로『묵자』「호령」을 인용해 관련 주석을 달았다. 또『구장산술』「균수(均輸)」에서 구체적 문제 해결로부터 고도의 이론으로 확산되는 그의 과학적 사유 방식은 명백하게『묵경』의 영향을 받았다. 저명한 수학자 메이룽자오(梅榮照)는 "유휘는『구장산술』의 전통과 달리 (…) 정의로부터 출발해 판단과 추리를 진행한 방법은 상당히 치밀했다. 그의 사유 방식은『묵경』의 명제 판단과 일맥상통한다"고 날카롭게 지적했다.

송대의 과학자 심괄은『묵자』를 깊이 연구했을 뿐 아니라 그의 저서『몽계필담』에서 묵자의 말을 직접 인용해 증명했다. 과학 연구에서도 그는 묵가의 과학 사상을 계승했다. 일찍이 이학자인 소옹(邵雍)의 "수(數)는 마음으로부터 나온다"는 관점을 강하게 비판하고, 송유(宋儒)의 '궁리진성(窮理盡性)'의 자기성찰식 학문 방법에 반대했다.

그는 과학 연구에서 분석적 연구와 통계 수집을 극히 중시했다. 예컨대 북극성의 운행 도수를 관측하기 위해 석 달여 동안 매일 밤 대롱을 이용해 관측하고 200여 폭의 그림을 그리고서야 비로소 결론을 얻어냈다. 또한 사계절과 밤낮 변화의 규칙을 알아내기 위해 10년 이상 관찰하고 측량한 뒤에야 필요한 통계치를 얻어냈다. 심괄은 직접 실험 일선에서 뛰었기 때문에 당시 사대부들이 업신여기는 노동의 가치를 매우 소중하게 생각했다. 이에 그는 "기술 및 크고 작은 기계들이 어찌 다 성인에게서 나올 수 있겠는가. 백공(百工)과 여러 유사(有司), 장사꾼, 농부들이 관여하지 않은 바 없었다"라고 말했다.

후대 과학자들의 모습으로부터 묵자 정신이 그들에게 얼마나 큰 감화와 영향을 미쳤는지 분명히 느낄 수 있다. 바로 이런 의미에서 "천하에 남이란 없다. 묵자의 말씀은 오직 이것뿐이다"(「대취」)가 구현된 것인지도 모른다.

정신은 육체를 초월하여 영원히 존재할 수 있다!

제24장
세계 삼대 논리학의 선구자

엥겔스는 "한 민족이 과학의 최고봉에 서기 위해서는 한시도 이론적 사유를 멈출 수 없다"고 말했다. 이론적 사유의 본질과 핵심은 변증법과 변증 논리이다. 논리는 비록 철학적 사유의 부산물이지만 그것은 도리어 철학적 사유의 알맹이이다. 어떤 의미에서 보자면, 논리학은 일종의 사유 법칙으로 철학적 사유 활동의 최고 성과이다. 묵가의 과학적 성취는 바로 그 시대를 선도한 '변증 논리'가 지탱하고 있다.

독일의 철학자 헤겔(Georg Wilhelm Friedrich Hegel)은 『역사철학강의』에서 일찍이 이런 말들을 남겼다. "중국은 철학적 사유를 위한 어떤 범주도 창조할 능력이 없는 왕국이다." "중국의 언어는 그야말로 사유 규율 자체에 대해 전문적이고 독특한 어휘 단계에 도달하지 못했거나 혹은 아주 조금 도달했다." "중국어 문장에서의 규정은 무규정 속에 머물러 있다." 서양 학술계에 잔재한 '동아시아에는 논리학이 없다'는 관점은 오리엔탈리즘의 반영이다.

청말에 묵학이 다시 부흥했을 때, 손이양(孫詒讓)은 『묵자』를 10년 간 연구하고 교감(校勘)하고서야 대략 요지를 깨달았다며 후세 묵학 연구에 결정적 영향을 미친 『묵자간고(墨子閒詁)』를 편찬했다. 손이양 은 서양의 형식논리학과 인도의 인명학(因明學)을 이해한 뒤에 묵자 의 변학(辯學)이 그것들과 상통함을 깨닫고 변학 자체에 체계가 있다 고 생각했다.

『묵경』은 정밀한 이치를 파고들 때 마치 활시위를 당기기만 하고 놓지 않는 것 같아서 일찍이 명가(名家)의 말쯤으로 여기는 경우가 많았다. 함 축된 말 속에 심오한 의미가 담겨 있지 않을까 의심이 들어 살펴보니, 아 리스토텔레스의 연역법 및 베이컨의 귀납법, 인도의 인명학과 같은 것이 었다.

선유딩(沈有鼎)은 중국 고문자학과 훈고학 방면의 전문가이자 일 찍이 미국, 독일, 영국 등지에서 다년간 유학해 서양과 현대 논리학에 정통했다. 그는 자신의 경험을 바탕으로 이렇게 밝혔다.

묵가는 중국 고대 논리학의 찬란한 성과를 대표하며, 중국 고대 논리학 사상의 발전은 『묵경』에 이르러 절정에 올랐다. 『묵경』은 고대뿐만 아니 라 지금까지도 여전히 논리학의 보고이다. 『묵경』의 저자는 고대 중국의 과학을 집대성했고, 이 과학에서 사용한 일부 방법을 상당한 수준으로 끌어올려 과학 발전 촉진에 기여했다.

선유딩은 서양의 논리 기호와 언어로 『묵경』 속 '지(止)'의 추론 방 식과 비교 대조해본 뒤 중국과 서양의 논리가 일치한다고 밝혔다. 또 인도의 논리 언어로 『묵경』의 "'주도자가 잘못이 없다'는 것은 그 실제 결과가 없었기 때문이며, 그것은 마치 돌피처럼 논에서 아무 작용도 하지 않는다"와 비교 대조한 뒤 여기서의 추론 순서는 인도의 불교 인명학과 완전히 같다고 지적했다. 이로부터 중국, 인도, 서양의 논리학이 어떤 면에서는 놀랄 만큼 유사하다는 점을 분명히 밝혔다. 동시에 인류는 공동의 사유 패턴과 형식을 가지고 있으며, 중국 고대 언어의 독특한 표현 방식으로 인해 중국 고대의 논리학은 일정 정도 민족적 형식을 띠고 있다고 지적했다.

량치차오는 묵가 논리학이 세계 논리학사에서 중요한 지위와 과학적 가치를 지니고 있다고 단언했다. 그는 묵가 논리학이 고대 그리스의 아리스토텔레스나 영국의 베이컨과 밀, 인도의 학설과 유사하다고 여겼다. 그는 '이명거실(以名擧實)' '이사서의(以辭抒意)' '이설출고(以說出故)'를 각각 서양 논리학의 개념, 판단, 추론의 세 가지 사유 방식으로 해석했다. 또 『묵경』의 추론 방식은 인도의 인명학과 놀라울 정도로 흡사하고, 인명학의 삼지(三支)와 매우 닮았다고 말했다. 그 안에서 가장 중요한 것은 인(因)으로 '인'은 '이설출고'의 '고'에 해당한다. 『묵경』의 연역 논증 방식은 대부분 인명학의 삼지나 아리스토텔레스의 삼단 논법을 줄인 형식이다.

후스는 "묵가의 명학(名學)은 세계 논리학사에서 중요한 지위를 차지해야 마땅하다"고 말할 정도로 묵가 논리학의 세계적 가치를 확신했다. 그는 묵가 논리학의 장점을 크게 두 가지로 꼽았다. 첫째로 학문의 이론적인 뒷받침이 있어서 '고(故)' '법(法)' '류(類)' '변(辯)' 같은 추론의 모든 근본 개념을 명확하고도 치밀하게 설명할 수 있었다는 점이고, 둘째로 귀납을 연역과 똑같이 중시해 귀납법의 용처를 깊이 이해하고 있었다는 점이다.

세계에서 유서 깊은 3대 민족(그리스, 인도, 중국)은 거의 같은 시기 (대략 기원전 5세기~기원전 3세기)에 각각 자신들만의 논리학을 창립했다. 왕뎬지(汪奠基)는 『중국논리사상사』에서 이렇게 말했다.

기원전 4세기에 아리스토텔레스는 이미 사유 형식 및 그 규칙을 체계적으로 연구해 판단의 각종 유형을 구분하고 연역 추리의 형식을 제정했다. 그리고 비슷한 시기에 중국의 위인 묵자 역시 동일한 영역에서 똑같이 위대한 성과를 이룩했다. 중국의 묵변에서 논한 '사이고생(辭以故生)' '이리장(以理長)' '이류행(以類行)'의 '삼물필구(三物必具)'의 설과 묵자의 '언유삼표(言有三表)'의 논리 사상을 아리스토텔레스의 논리 사상과 비교해보면, 인류의 논리 사상이 서로 다른 민족의 과학 역사에서 서로 다른 형식으로 발현됐음을 확인할 수 있다.

손이양, 량치차오, 후스, 선유딩 등의 연구 성과에 근거해, 20세기 이래로 점점 더 많은 전문가와 학자들이 묵가 논리학을 대표로 하는 중국 고대 논리학을 아리스토텔레스의 삼단논법을 핵심으로 하는 고대 그리스의 논리학 및 고대 인도의 인명학과 더불어 세계 논리학의 삼대 원류라고 놓는 데 인식을 같이했다. 묵자의 논리학은 개념을 중시하고, 아리스토텔레스는 명제에 치중하며, 고대 인도의 인명학은 추리를 강조한다. 세 학파가 제시한 추리 형식은 대체로 흡사하고 일정한 대응 관계를 가지고 있다.

천멍린(陳孟麟)은 『묵변 논리학』에서 "'묵변'은 중국 논리학사의 찬란한 한 장을 쓴 것이자 중국 논리학사의 시대적 획을 그은 문헌이다"라고 말했다. 양궈룽도 『중국고대사상사』에서 "묵가는 '명(名)' '사(辭)' '설(說)' 등 모든 관념적인 것들을 순수한 관념에 불과한 것이 아니라 응당 구체적인 내용을 가지고 있는 객관 사물의 진실한 반영이자 아울러 객관 사물을 본질적으로 반영한 것이라고 여겼다. 이것이야말로 묵자가 변학, 즉 논리학을 창립한 취지이다"라고 역설했다.

묵가 논리학은 『묵경』 네 편에 「대취(大取)」와 「소취(小取)」를 더한 것으로, 합쳐서 '묵변'이라고 칭한다.● 『묵변』 여섯 편에서는 각각 사유 형식(개념, 판단, 추리), 사유 규칙(동일률, 모순율, 배중률, 충족이유율)과 사유 방법(귀납, 연역, 유비)에 관해 서술하고 있다. 「경상」과 「경설상」에서는 주로 일련의 개념과 정의를 제시하고 아울러 그것들에 대해 해설을 달았다. 「경하」와 「경설하」에서는 명제와 정리(定理) 및 일부 사유 규칙을 언급했다. 「대취」에서는 논리적 추리와 판단의 기본 조직 형식을 중점적으로 다루었고, 「소취」에서는 묵변 논리를 종합하고 논리의 효용, 형식, 방법의 의의를 설명했다. 『묵변』 여섯 편은 묵자 논리학의 전문 저술이다.

『묵자』 전권은 논쟁의 화약 냄새로 가득 차 있다. 「겸애」에서는 '겸'을 천하에서 행하기 어렵다거나 세상 물정에 어두운 것이라 여기는 군자, 즉 겸애를 비판하는 선비와 논변했다. 「비공」에서는 '의'와 '불의'를 분별할 줄 모르는 천하의 군자, 즉 침략 전쟁을 미화하거나 침략을 좋아하는 군주와 논변했다. 「절용」에서는 백성을 고달프게 하고 무거운 세금을 거두는 위정자 및 군사를 일으켜 이웃 나라를 침략하는 왕공대인과 논변했다. 「절장」에서는 '후장구상'을 성왕의 도라고 여기는 군자 및 장례로 인해 백성의 인력과 재물을 낭비하는 왕공대인과 논변했다. 「비악」에서는 음악에 탐닉한 왕공대인과 논변했다. 「비유」에서는 친친(親親)과 존현(尊賢)에도 등급이 있고, 부모의 삼년

● 학자에 따라서는 '묵경'과 '묵변'을 혼용하기도 한다.

상을 주장하고, 옛날의 말과 복장을 고집하는 유자들과 논변했다. 「비명」에서는 운명론자와 논변했다. 「상현」에서는 일없이 부귀하고 사치스러운 씨족 귀족들과 논변했다. 이외에 「상동」 「천지」 「명귀」에서도 논변의 환경은 마찬가지이다. 「소취」에서는 추호도 숨김없이 묵변 논리의 6대 임무를 제시했다.

> 무릇 변설은 시비(是非)의 구분을 밝히고, 치란(治亂)의 요점을 잘 살피고, 동이(同異)의 소재를 명확히 하고, 명실(名實)의 이치를 관찰하고, 이해(利害)에 대처하고, 혐의(嫌疑)를 해결하기 위한 것이다.

『묵변』 논리학은 춘추전국 시기의 수많은 달변가들과 격렬하게 논쟁을 벌이는 과정에서 보완 발전하고 성숙한 틀을 갖추었다. 그 가운데 유명한 것으로는 혜시(惠施)와의 '합동이(合同異)' 논쟁, 공손룡(公孫龍)과의 '백마비마(白馬非馬)' 및 '이견백(離堅白)' 논쟁, 장자와의 '변무승(辯無勝)' 논쟁 등이 있다.

1. 묵가와 혜시의 '합동이' 논쟁

『장자』 「천하」에는 "혜시는 다방면에 재주가 있었고, 그의 저서는 다섯 수레나 되었다"라고 기록되어 있다. 그러나 수당 이후 사람들은 고대 전적에 산재된 기록이나 평론 글에서 당시 혜시의 웅변술을 엿볼 수 있을 뿐이다. 『장자』 「천하」에는 또 인구에 회자되는 혜시와 장자의 호량지변(濠梁之辯)이 실려 있다. 어느 날 장자와 혜시가 호수 다리 위를 거닐고 있었다.

_{장 자} 물고기가 자유롭게 노닐고 있구나! 저것이 물고기의 즐거움이지.

_{혜 시} 자네가 물고기가 아닌데 어찌 물고기의 즐거움을 아는가?

_{장 자} 자네는 내가 아닌데 어찌 내가 물고기의 즐거움을 모른다고 생각하는가?

_{혜 시} 나는 자네가 아니니 물론 자네를 모르네. 마찬가지로 자네도 물고기가 아니니 물고기의 즐거움을 모르는 것이 당연하네.

장자야말로 거침없고 호방하며 기세에서 누구도 따라올 수 없는 인물 아니던가. 그런데 혜시는 이런 장자의 꼬투리를 잡고 늘어졌다. 그의 변론술이 얼마나 대단한지 알 수 있는 대목이다.

혜시는 전국시대 정치가이자 철학자이며 저명한 변론가였다. 혜시는 합종책(合縱策)으로 진(秦)나라에 대항하는 정책을 주도하고 조직한 인물이다. 그는 위, 제, 초가 연합해 진나라에 대항하라고 주장했다. 위 혜왕(惠王) 때 혜시는 장의(張儀)와의 불화로 위나라에서 추방되었다. 그는 먼저 초나라에 갔다가 나중에 고향인 송나라로 돌아왔는데, 거기서 장자와 친구가 되었다. 혜시는 박학다식하여 위왕은 항상 그의 강학을 들었다. 1년 뒤 위나라 재상이 죽자 위왕이 급히 혜시를 소환한 일이 있었다.

혜시는 이 명령을 받고 재상의 직무를 대신하고자 밤낮으로 길을 재촉해 위나라 수도인 대량(大梁)으로 달려갔다. 그런데 도중에 큰 강을 만나 길이 막히자 다급한 나머지 배를 기다리지 않고 맨몸으로 강물에 뛰어들었다. 물에 익숙지 않은 혜시가 발버둥을 치다가 강바닥으로 가라앉을 즈음에 다행히 배가 다가와 목숨을 건질 수 있었다.

선　주 헤엄도 칠 줄 모르면서 왜 배를 기다리지 않았소?

혜　시 시간이 긴박해 기다릴 수 없었소.

선　주 목숨을 걸 정도로 긴박한 일이 뭐요?

혜　시 나는 위나라의 재상이 되려고 가는 중이었소.

선주는 혜시의 말을 듣고 가소롭다는 듯 물에 빠진 생쥐 꼴을 한 혜시를 바라보았다. 이어 그가 조롱 가득한 어조로 말했다.

"그대는 방금 전 물에 빠져 살려달라고 허우적거렸소. 만일 내가 제때 배를 저어 오지 않았다면 그대는 목숨을 잃었을 거요. 제 몸 하나 건사하지 못하면서 무슨 재상이 된다고 하시오? 정말 가소로운 일이구려!"

혜시는 선주의 말을 듣고 서운한 마음을 감추면서 대답했다.

"노를 젓거나 헤엄치는 일은 내가 당연히 당신에 비할 수 없소. 하지만 나라를 다스리고 사회를 안정시키는 일로 논하자면 당신은 내게 비할 바가 못 되며 마치 눈조차 뜨지 못한 새끼 강아지나 다름없소. 헤엄치는 일과 나라를 다스리는 일을 같이 두고 논할 수 있겠소?"

선주는 말문이 막혀 아무 대답도 하지 못했다.

'합동이'는 혜시의 주요 사상이다. 『장자』 「천하」 편을 근거로 혜시의 주장을 살펴보기로 하자. "크게는 같으면서 작게는 다른 것을 '소동이(小同異)'라 한다. 만물은 모두 같다고도 할 수 있고 모두 다르다고도 할 수 있다. 이를 '대동이(大同異)'라고 이른다." 요약하자면 다르던 같던 근본적으로는 모두 제일(齊一)이다. 이 '제일'이 곧 합이자 '합동이'다. 물론 혜시의 '합동이'는 '대동을 추구하면서 작은 차이를 남겨두는(求大同存小異)' 개념은 아니다.

혜시의 학설은 묵가의 반박을 받았다. 『묵경』에서는 '동이'의 개념을 네 가지로 구분하고 있다. 우선 「경상」에서 "같음(同)에는 중(重), 체(體), 합(合), 류(類)가 있다"라 하고, 「경설상」에서 "이름은 둘인데 실제가 하나이면 중동(重同)이고, 전체를 벗어나지 않는 것(전체는 동일한데 부분은 다른 것)이 체동(體同)이며, 소재하는 공간이 같은 것이 합동(合同)이고, 동일한 부류의 것이 유동(類同)이다"라고 해석했다.

사물의 '같음'이 각양각색이고 정황도 각각 다르기 때문에 구체적인 상황에 따라 구체적으로 분석해야 하며, 하나로 뭉뚱그려 논할 수 없다는 뜻이다. 「대취」에서는 한 걸음 더 나아가 '같음'을 중동(重同), 구동(其同), 연동(連同), 동류지동(同類之同), 동명지동(同名之同), 구동(丘同), 부동(鮒同), 시지동(是之同), 연지동(然之同), 동근지동(同根之同) 등 10가지로 세분했다.

다음으로 「경상」에서 "다름(異)에는 이(二), 불체(不體), 불합(不合), 불류(不類)가 있다"라 하고, 「경설상」에서 "두 개의 사물이 완전히 다른 것이 이이고, 동일한 사물의 구성 부분에 속하지 않은 것이 불체이며, 같은 장소에 있지 않은 것이 불합이고, 같은 속성을 지니지 않은 것이 불류이다"라고 설명했다.

'합동이'는 같음과 다름, 두 가지 개념의 확정성을 부인한 것이다. 만물이 모두 같다고도 할 수 있고 모두 다르다고도 할 수 있다는 말은 이상하게 들리지만 실상은 아주 단순하다. 만물은 서로 어떤 단계나 어떤 부분에서는 같으면서도 또 다른 점이 많기도 하다. 다른 점을 취한다면 만물 가운데는 서로 같은 것이 없다. 심지어 동일한 사물도 서로 다른 두 가지 상태가 될 수 있다. 어떻게 부정하거나 어떻게 뒤섞을 수 있겠는가? 묵가는 혜시의 상대주의적 궤변을 반박한 것이다. 이는 라이프니츠의 "세상에는 똑같은 나뭇잎이 존재하지 않는다"는 말이나 헤라클레이토스의 "사람은 같은 물줄기에 두 번 발을 담글 수 없다"는 말처럼 변증 철학의 의미를 담고 있다.

2. 묵가와 공손룡의 '백마비마' 논쟁

공손룡은 전국 시대 조나라 사람으로 평원군(平原君)의 식객을 지냈으며 명가의 대표적 인물이다. 주요 저작으로는 『공손룡자(公孫龍子)』가 있는데, 전한 때 14편이 있었지만 현재 우리가 볼 수 있는 것은 6편뿐이다. 이 가운데 가장 중요한 두 편은 「백마론(白馬論)」과 「견백론(堅白論)」이다. 공손룡은 백마비마론으로 당시 유명세를 탔다.

공손룡의 백마비마론에 관해 이런 고사가 전해진다.

당시 조나라 일대 말들에게 발열성 전염병이 유행하여 전마들이 많이 죽어나갔다. 이에 진(秦)나라에서는 전염병 유입을 막기 위해 함곡관 입구에서 조나라 말의 출입을 통제했다. 공손룡이 이때 백마를 타고 함곡관 앞에 이르렀다.

문지기 당신은 관문 안으로 들어와도 되지만 말은 들어올 수 없습니다.

공손룡 백마는 말이 아닌데 어째서 지나갈 수 없다는 것이오?

문지기 백마도 말입니다.

공손룡 내 이름이 공손룡(龍)인데 내가 용이란 말이오?

문지기 흰 말, 검은 말을 막론하고 조나라 말은 모두 출입금지입니다.

공손룡 '마'는 명칭을 가리켜 말하는 것이고, '백'은 색깔을 가리켜 말하는 것이오. 명칭과 색깔은 하나의 개념이 아니오. '백마'는 '백'과 '마', 혹은 '마'와 '백'으로 나뉘며, 이는 서로 다른 두 가지 개념이오. 예컨대 '마'를 칭할 때는 황마나 흑마 모두 가능하지만 '백마'라고 할 때는 다른 것은 안 되는 법이오. 이것이 바로 '백마'와 '마'가 같지 않음을 증명하는 것이오. 따라서 백마는 말이 아니오."

문지기는 얘기를 들을수록 머리가 멍해져 뭐라고 대답해야 좋을지 몰랐다. 그 사이 공손룡은 자기 백마를 타고 의기양양하게 관문을 통과해버렸다.

이처럼 공손룡은 청산유수 같은 달변으로 이름이 높았다. 『공손룡자』「적부(跡府)」에는 공손룡과 공자의 손자인 공천(孔穿)이 평원군 앞에서 백마비마에 관해 주고받은 문답이 실려 있다.

공_천 만나 뵙게 되어 영광입니다. 선생의 지혜가 심오함을 잘 알기에 간절히 스승으로 모시고 싶습니다. 다만 선생의 백마비마론은 약간 이해가 되지 않습니다. 만일 백마비마론을 얘기하지 않는다면 지금 이 자리에서 선생의 제자가 되겠습니다.

공손룡 그대의 말은 잘못됐소. 나 공손룡의 학문은 오직 백마비마론으로 가치가 있는 것이오. 나더러 그것을 버리라고 한다면 무엇으로 가르친단 말이오? 스승으로 모신다고 하면서 스승의 알맹이를 버리라고 한다면 그대에게 안목이 있다 하겠소 없다 하겠소? 아직 배우기도 전에 도리어 먼저 스승의 잘못을 지적한다면 그대는 제자요 스승이요? 나는 그런 제자를 받아들일 만한 인내심도 없고 배포도 없소이다.

공자의 손자는 변론도 하지 못하고 망신을 당해버렸다. 공손룡의 변설이 얼마나 예리한지 알 수 있는 대목이다.

당시 공손룡과 관련된 유명한 일화가 또 있다. 어떤 사람이 송나라 왕에게 연환(連環, 잇달아 꿴 고리) 두 개를 올리면서 가장 총명한 사람만이 이 연환을 풀 수 있다고 말했다. 그 말속에는 송나라 사람의 지능을 무시하는 뜻이 담겨 있었다. 이에 송나라 왕은 전국의 지낭(智囊)을 불러 모았으나 연환을 푸는 데 실패했다. 송나라 왕이 매우 난처해하고 있을 때, 이리저리 떠돌던 변사(辯士)가 궁정에 나타나 가볍게 그중 하나를 푼 뒤 "모두 풀었습니다"라고 말했다. 송나라 왕이 이상하게 생각하고 "아직 하나가 남지 않았는가?"라고 물었다. 그러자 변사가 "또 다른 연환은 본래 풀 수 없는 것입니다. 풀 수 없다는 것이 곧 이 연환을 푸는 방법입니다"라고 설명했다. 이 변사가 곧 공손룡이다. 어쩌면 공손룡은 자신의 백마비마론을 누구도 풀 수 없는 연환과 같다고 여겼을지도 모른다.

묵가는 공손룡의 도전을 환영했다. 이와 관련해 「소취」에서는 네 가지 추론을 열거했다.

1) 시이연(是而然) : 전제가 긍정이고 결론도 긍정임

2) 시이불연(是而不然) : 전제는 긍정이지만 결론은 부정임

3) 불연이연(不然而然) : 전제가 부정이지만 결론은 긍정임

4) 일시이일비(一是而一非) : 어느 한쪽은 옳지만 어느 한쪽은 그른 경우

이어 이와 관련된 각각의 예시를 들었다.

1) 백마는 말이다. 백마를 타는 것은 말을 타는 것이다. 검은 말도 말이다. 검은 말을 타는 것도 말을 타는 것이다.

2) 수레는 나무이다. 그러나 수레를 타는 것은 나무를 타는 것이 아니다. 배도 나무이다. 그러나 배 안으로 들어가는 것은 나무로 들어가는 것이 아니다.

3) 장차 책을 읽으려는 것은 책을 좋아하는 것이 아니다. 책 읽기를 좋아하는 것이 책을 좋아하는 것이다.

4) 복숭아나무의 열매는 복숭아이다. 가시나무의 열매는 가시가 아니다.

그렇다면 모든 말을 말이라고 명명할 경우 백마, 흑마, 황마 등의 명칭에는 무슨 차이가 있는가? 이에 대해 「경하」에서 "부분의 제거로 본질을 감소시킬 수 없다. 근거가 사물의 본질에 있기 때문이다"라 말하고, 「경설하」에서 "부분을 제거해도 하나로 갖추어져 변하지 않는다"고 설명했다. 개념은 여전히 사물의 본질을 반영하고 있으므로 비본질적인 것을 반영하지 않는다고 해서 손상될 수 없다는 뜻이다.

이상의 철학적 논술은 단지 말만 가리켜 말한 것이 아니라 그것을 포괄하여 논한 것이다. 말이라는 개념이 모든 말의 속성을 완벽하게 반영하기란 불가능하며, 또 그렇게 할 필요도 없다. 일부 비본질적인 것, 예컨대 말의 색깔이 달라진다고 해서 말이라는 본질적 속성이 달라지지는 않는다. 말은 여전히 말인 것이다. 이로써 '백마는 말이다'라는 명제가 확고히 성립한다.

3. 묵가와 공손룡의 '이견백' 논쟁

『회남자』「제속훈(齊俗訓)」에서는 공손룡 학설의 특징을 "동이(同異)를 구별하고 견백(堅白)을 분리한다"고 설명했다. 공손룡의 '이견백'은 혜시의 '합동이'와 완전히 상반된다.『공손룡자』「견백론」에서는 "눈으로 볼 때는 굳은 것을 알 수 없고 흰 것만을 알 뿐이니 굳은 것은 없는 것이고, 손으로 만질 때는 흰 것을 알 수 없고 굳은 것만 알 뿐이니 흰 것은 없는 것이다"라고 말했다. 또한 "흰 것을 보거나 굳은 것을 만질 때는 봄과 보지 않음이 분리된다. 돌과 굳음, 흼은 서로 포함하지 않기 때문에 분리되는 것이다. 분리된다는 것은 또 감춰진다는 뜻이다"라고 했다. 그는 또 "천하에 굳은 것이 없다면 굳음은 감춰진다" "흰 것이 반드시 희다면 흰 돌이 없어도 흰 것이다" "돌이 없다면 굳은 것과 흰 것을 어디에서 취하겠는가?"라고 말했다.

공손룡의 말은 흡사 잰말놀이처럼 말을 빙빙 돌려서 듣는 사람을 헷갈리게 한다. 공손룡에 의하면, 굳은 돌과 독립된 굳음(추상적 의미)은 천하에 없다. 이것이 곧 굳음이 감춰진다는 말이다. 만약 흰색 자체가 흰색으로 정해져 있다면 굳이 물체를 통해서 흰색을 드러내지 않아도 흰 것이다. 그는 흰색 자체를 일종의 추상적인 흰색으로 간주한다. 그것은 보이지 않으므로 감춰진 것이다. 만일 돌에 독립적으로 돌이 될 수 있는 능력이 없다면 어떻게 굳으면서도 흰 돌을 이룰 수 있겠는가? 따라서 그의 결론은 흼과 굳음은 결코 돌 안에서 하나로 결합된 것이 아니라 돌과 분리되어 독립적으로 존재한다는 것이다. 이것이 '이견백'의 주요 논점이다.

이런 주장은 사물의 각종 속성을 물질의 실체와 분리하고, 또 다른 한편으로는 그것들을 하나하나 고립시켜서 통일성을 부인하는 것이다. 이렇게 되면 철학적 측면에서 일반(보편)은 개별 가운데 존재하는 것이 아니라 개별과 분리되어 독립적으로 존재할 수 있다. 공손룡의 '이견백' 학설은 후세에 궤변론으로 불린다.

『묵경』에서는 공손룡의 '이견백'에 대해 반박했다. '견'과 '백'은 결코 분리되는 것이 아니므로 공손룡의 논증은 틀렸다고 주장했다.

「경상」에서 "견과 백은 서로 분리될 수 없다"고 말하고, 「경설상」에서 "견과 백이 분리되면 서로 채울 수 없다. 다른 곳에 있어서 서로 포함되지 않고 배척한다면 이것은 서로 분리된 것이다"라고 설명했다. 또한 「경상」에서 "접촉은 서로 수용하는 것이다"라 말하고, 「경설상」에서 "선과 선은 모두 수용하진 않지만 점과 점은 모두 수용한다. 선과 점은 수용할 수도 있고 수용하지 않을 수도 있다. 견과 백이 접촉하면 서로 수용하지만 형체끼리 접촉하면 서로 수용할 수 없다"고 설명했다.

묵가와 공손룡의 견백 문제에 관한 논쟁에서 공손룡의 원래 의도는 아마도 '성질'의 독립성을 설명하려는 듯하고, 묵가의 반박은 단지 존재 문제를 논한 것이다. 이 둘은 각기 자기주장을 고집하는 것이라고 볼 수 있다. 이에 '논쟁으로는 승부를 가릴 수 없다'는 장자의 '변무승' 주장이 나오게 되었다. 『장자』 「제물론(齊物論)」에 이런 내용이 보인다.

가령 나와 네가 논쟁을 벌인다고 하자. 만일 네가 나를 이기고 내가 네게 진다면 과연 네가 옳고 나는 그른 것인가? 또 내가 너를 이기고 네가 나를 이기지 못한다면 과연 내가 옳고 너는 그른 것인가? 어느 쪽이 옳고 어느 쪽이 그른 것인가? 양쪽 모두 옳은 것인가 양쪽 모두 그른 것인가? 나와 네가 모두 알 수 없다면 남은 더욱 모를 것이다. 내가 누구에게 결정을 내리게 할 것인가? 너와 생각이 같은 사람이 결정한다면 이미 너와 같은데 어찌 옳을 수 있겠으며, 나와 생각이 같은 사람이 결정한다면 이미 나와 같은데 어찌 옳을 수 있겠는가? 우리와 전혀 관련 없는 제삼자가 결정한다면 이미 우리와 다른데 어찌 옳을 수 있겠는가? 우리와 생각이 같은 이가 결정을 한다면 이미 우리와 같은데 어찌 옳을 수 있겠는가?

장자는 '진정한 변설은 말하지 않는 것'이라고 여겼다. 변론으로는 아무것도 결정될 수 없다. 비록 어떤 사람이 승리하더라도 승자가 반드시 옳은 것은 아니며 패자가 반드시 그른 것도 아니다. 따라서 장자는 '변무승'을 주장했다. 사물의 변화는 정해져 있지 않기 때문에 변론 쌍방과 제삼자 누구도 알 수 없다. 따라서 변론은 시비도 없고 승부도 말할 수 없다는 것이다. 『장자』「제물론」에는 또 이런 글이 있다.

무릇 말은 소리와 다르며 말에는 내용이 있다. 그러나 말한 것은 특별히 정해진 것이 아니므로 과연 말한 내용이 있는 것일까 아니면 없는 것일까? 그것은 갓 태어난 새의 울음소리와 다르지만 정말 다른 것일까 아니면 다르지 않은 것일까?

현명한 자나 어리석은 자나 모두 말하는 바가 있지만 말하는 대상은 항상 바뀌어 일정하지 않다. 일정하지 않은 말을 과연 말이라고 할 수 있을까 아니면 아직 말하지 않은 것인가? 그것들이 새 울음소리와 다르다고 할 수 있는 것인가?

장자는 한 걸음 더 나아가 말은 모두 잘못된 것이라고 여겼다. 만물을 자기 방법과 관점에서 보면 항상 정확하다. 그러나 입장을 바꿔 상대방이 자기의 방법과 관점으로 본다면 과연 정확하다고 생각할까? 누가 분명하게 말할 수 있을까? "큰 지혜는 여유롭지만 작은 지혜는 세세하게 따지며, 큰 말은 담담하지만 작은 말은 수다스럽다"(『장자』「제물론」)고 했다. 장자의 관점에는 '말하지 않는 쪽이 말하는 쪽을 이긴다'는 의미가 담겨 있다.

묵가는 이런 장자의 '변무승'을 반박했다. 「경하」에서 "논쟁으로 승부를 가릴 수 없다고 말하는 것은 결코 타당하지 않다. 논쟁 내용을 따져봐야 한다"라 말하고, 「경설하」에서 "이른바 같지 않으면 다르다고 한다. 같다는 것은 개를 두고 어떤 이는 구(狗)라 하고, 어떤 이는 견(犬)이라고 하는 경우이다. 다르다는 것은 같은 사물을 두고 어떤 이는 소라 하고, 어떤 이는 말이라고 하는 경우이다. 누구도 이기지 못했다고 하는 것은 논쟁하지 않은 것이다. 논쟁이란 어떤 이는 옳다고 하고 어떤 이는 그르다고 하여 사실에 부합하는 쪽이 승리하는 것이다"라고 설명했다.

묵자는 또 장자의 '말은 모두 잘못된 것이다'라는 주장을 반박했다. 「경하」에서 "말이 모두 잘못됐다고 여기는 것이 잘못이다. 말의 내용을 따져야 한다"라 하고, 「경설하」에서 "잘못은 옳지 않은 것이다. 그 사람의 말이 옳다면 그것은 잘못된 것이 아니고 옳은 것이다. 그 사람의 말이 옳지 않다면 살펴서 반드시 옳지 않다고 해야 한다"고 설명했다.

후기 묵가에서 볼 때, 장자가 말한 것이 곧 '말'이며, 그 자체가 남을 비판한 것이다. 만일 "말이 모두 잘못된 것이다"라고 한다면, 장자의 이 말이 잘못된 것이 아닐까? 모든 비판이 질책을 받는다면 장자의 비판은 당연히 가장 먼저 잘못된 것이다.

묵가는 또한 장자의 언론에 관해 비판했다. 「경하」에서 "아는 것과 모르는 것을 같다고 말하는 것은 잘못이다. 기댈 곳이 없다는 데 있다"라 하고, 「경설하」에서 "아는 바가 있어야 논할 수 있다. 아는 바가 없으면 논할 도리가 없다"고 설명했다. 또 「경하」에서 "비판을 비난하는 것은 잘못이다. 비판이 그른지 따져봐야 한다"라 말하고, 「경설하」에서 "비판을 비난하는 것은 자신의 비판을 비난하는 것이다.

비판할 만한 것을 비난하는 것은 잘못이 아니며, 비판할 만한 것을 비난하지 않는 것은 비판을 비난하는 것이 아니다"라고 설명했다.

『묵변』 가운데 수많은 사유는 한 시대에서 따라가기 어려운 심오한 경지에 도달했다.

고대 그리스의 제논은 두 가지 역설을 제기한 바 있다. 첫째는 아킬레스가 거북이를 절대 따라잡을 수 없다는 것이다. 아킬레스는 호메로스의 시 가운데 달리기를 잘하는 영웅이다. 이런 아킬레스도 영원히 자기 앞에서 천천히 기어가는 거북이를 앞지를 수 없다. 그 이유는 그가 거북이의 출발점에 도달할 때 거북이 역시 반드시 일정 거리를 전진하기 때문이다.

묵자는 이 난제를 쉽게 해결했다. 직선 AB를 설정하고 A에서 B까지 전진할 때 중간 지점 C에 도달하면 남은 CB는 전체 길이의 절반이다. 다시 똑같은 방식으로 C와 B의 중간 지점을 D로 설정하면 DB는 전체 길이의 4분의 1이다. 이것이 바로 수학에서 말하는 무한등비급수이다. 제논의 역설은 초기 인류 지혜의 한계라고 말할 수 있다. 당시 사람들은 아직 극한 개념을 이해하지 못했다. 1655년 영국인 존 월리스의 『무한 소수론(Arithmetica Infinitorum)』이 출간되고 나서야 극한 개념의 정확한 해석이 가능했다. 묵가의 수학에 대한 깊이는 시대를 뛰어넘는 경지를 보여주었다.

제논의 또 다른 역설은 날아가는 화살은 움직이지 않는다는 것이다. 매 순간 화살은 일정한 공간에 정지해 있고, 시간은 무수한 순간으로 이루어졌기 때문에 무수한 정지된 순간이 더해지면 정지된다는 것이다. 만일 화살이 그 자체와 같은 길이의 공간 속에 있다면 그것은 정지된 것이다. 그런데 움직이는 화살은 매 순간 이런 공간을 점유하므로 날아가는 화살은 움직이지 않는 것이다.

묵자는 물론 제논을 알지 못했고, 상호 교류 역시 불가능했다. 하지만 『묵변』에는 흡사 텔레파시가 통하는 것처럼 제논의 역설에 답하고 있다. 「경하」에서 "그림자는 움직이지 않는다. 근거는 바뀌는 데 있다"고 했다. 나는 새의 그림자는 어떤 순간에는 움직이지 않는다. 그런데 왜 나는 새를 보면 움직이고 있을까? 그 원인은 다음과 같다. 새가 나는 과정에서 앞뒤 순간의 그림자는 계속 새로 생기고 또 차례로 위치가 바뀌면서 우리의 시각에 착각을 일으키기 때문이다. 여기서 그림자의 움직임과 움직이지 않음의 변증 관계가 해석된다. 어느 순간에 보면 그림자는 움직이지 않는다. 광선이 직선으로 새의 몸을 비춰, 새의 몸체에 가려져 그림자가 생기기 때문이다. 그러다가 어느 순간에는 그림자가 움직인다. 새가 날아가는 과정에서 연속적으로 새롭게 그림자가 생기기 때문이다. 묵자의 광학 이론은 제논의 역설에 답하기 위한 과학적 근거를 제공한 셈이다.

또한 『묵변』에는 변증법적 지혜가 가득하다. 「경상」에서 "같음과 다름이 의존하는 것은 유와 무라는 관점에서이다"라 하고, 「경설상」에서 다음과 같이 예를 들어 설명했다.

부자에게 양지(良知)가 있을 수도 있고 없을 수도 있다.

비교할 때 많을 수도 있고 적을 수도 있다.

뱀이나 지렁이가 몸을 구부릴 때 물러날 수도 있고 나아갈 수도 있다.

새가 둥지를 지으려고 꺾은 오동나무 가지가 단단할 수도 있고 부드러울 수도 있다.

칼과 갑옷은 사람을 죽일 수도 있고 살릴 수도 있다.

어머니와 자식은 (다른 사람과 비교할 때) 나이가 많을 수도 있고 적을 수도 있다.

두 가지 색을 비교하면 흴(옅을) 수도 있고 검을(짙을) 수도 있다.

여러 사람이 길을 갈 때 가운데 있을 수도 있고 좌우에 설 수도 있다.

행위와 학문의 실제를 따져보면 옳을 수도 있고 틀릴 수도 있다.

닭이 낳은 달걀은 성숙할 수도 있고 미숙할 수도 있다.

형제는 혈연일 수도 있고 아닐 수도 있다.

몸과 마음이 같은 데 있을 수도 있고 다른 데 있을 수도 있다.

곽(霍)은 곽씨 성의 사람일 수도 있고 학(鶴)일 수도 있다.

물건의 가격은 비쌀 수도 있고 쌀 수도 있다.

길고 짧음, 앞과 뒤, 가벼움과 무거움은 모두 이런 관계에 있다.

묵자는 만년에 송나라에 구금되었다가 고향으로 돌아와 풍부한 인생 경험을 바탕으로 삶의 진리를 따져보고, 과거의 논변 기교와 논리 능력을 연구 대상으로 삼아서 전국 시대 초기와 중기의 명변(名辯) 사조를 주도적으로 이끌었다.

제25장

상동: '제논의 역설' 딜레마

묵자의 상현은 의심할 나위 없이 역사에서 진보적 의의를 지니고 있지만 진리가 한 걸음 더 나아가면서 오류가 발생했다. 묵자는 상동에 이르렀을 때 스스로 '피터의 법칙'*의 덫에 걸리고 말았다.

『묵자』「노문」에서 묵자는 제자의 질문에 대해 "무릇 나라에 들어가서는 반드시 급한 일부터 골라 처리해야 한다. 나라가 혼란하면 먼저 상현과 상동을 말해야 한다"고 대답했다. 묵가는 현자와 유능한 이를 존숭하고 반드시 현자를 택해서 군주의 보좌로 삼으라고 제창했는데, 이는 천하를 태평하게 다스리기 위함이었다. 군주의 보좌라는 것은 군왕의 도구가 되어 피라미드식 권력 일체화를 이루는 데 협조하는 것이다. 이것이 곧 상동이다. 상동은 상현의 필연적 발전이며,

---

● 미국의 교육학자 로런스 피터(Laurence J. Peter)가 주장한 것으로, 조직 내 구성원은 자신의 무능력이 드러날 때까지 승진하려는 경향이 있다는 법칙. 결과적으로 직원들은 자신이 성과를 낼 수 없는 직위까지 승진해 결국 조직은 무능한 사람들로 채워진다는 것이다.

상현은 상동의 필요조건이다. 그렇다면 왜 '상동'해야 하는지에 대해 『묵자』「상동상」 첫머리에서 그 이유를 설명하고 있다.

> 옛날에 사람이 처음 태어나 아직 형벌과 정치가 없던 시기에는 언어로 전달한 뜻이 사람마다 달랐다. 한 사람이면 하나의 뜻이 있고, 두 사람이면 두 가지 뜻이 있으며, 열 사람이면 열 가지 뜻이 있었다. 사람 수가 많아질수록 그 뜻은 더욱 많아졌다. 사람은 자신의 뜻만 옳다고 여기고 남의 뜻을 그르다고 하며 서로 상대를 비난했다. 이 때문에 안으로는 부자와 형제가 원망하고 미워하며 사방으로 흩어져 화합할 수 없었다. 천하의 백성은 모두 물과 불, 독약으로 서로를 해쳤다. 여력이 있을지라도 남을 도와주지 않고, 재물이 썩어나도 서로 나누지 않으며, 좋은 방법이 있어도 감추고 가르쳐주지 않았다. 이에 천하가 혼란스러워져 금수 무리와 다를 바 없었다.
>
> 천하가 혼란스러워진 까닭을 밝힌다면 우두머리가 없는 데서 비롯한 것이다. 따라서 천하의 현능한 이를 선택해 천자로 세웠다. 천자가 서더라도 그의 힘만으로는 부족하기 때문에 다시 천하의 현능한 이를 선택해 삼공(三公)으로 삼았다. 천자와 삼공이 서더라도 천하가 넓고 커서, 멀리 떨어진 나라와 풍토가 다른 백성은 물론 시비와 이해의 분별을 자세히 알 수 없었다. 그러므로 천하를 여러 나라로 나누어 제후와 군주를 세웠다. 제후와 군주가 이미 세워졌지만 그들의 힘만으로는 아직 부족하기 때문에 그 지역 안의 현능한 이를 선택해 관장(官長)으로 삼았다.

묵자의 서술은 사실 '국가의 기원'이란 주제와 연관되어 있다. 엥겔스는 이렇게 말했다.

국가는 사회가 일정 단계까지 발전했을 때 생겨난다. 국가의 탄생은 사회가 해결할 수 없는 자아 모순에 빠지고, 조화를 이룰 수 없는 대립면으로 분열해 이런 대립면에서 벗어날 힘이 없음을 인정한 것이다. 그리고 이런 대립면, 즉 경제 이익이 상호 충돌하는 계급이 무의미한 투쟁 중에 스스로 사회에서 소멸되지 않기 위해서는 표면적으로 사회를 능가하는 힘이 필요하다. 이러한 힘은 마땅히 충돌을 완화시키고, 충돌을 '질서'의 범위 안에서 유지할 수 있어야 한다. 이처럼 사회에서 발생했지만 스스로 사회 위에 군림하며 날로 사회와 상이한 힘을 증대시킨 것이 곧 국가이다.

량치차오는 『묵자학안』 제5장 「묵자의 새로운 사회 조직법」에서 상동에 대해 다음과 같이 논평했다.

이 이론은 유럽 초기의 민약론(民約論)과 상당히 유사하다. 민약론은 프랑스인 루소에 의해 집대성되었지만 실은 영국의 홉스와 로크로부터 기원했다. 그들에 따르면, 인류는 나라를 세우기 이전에 아무 제한 없는 야만적 자유를 누렸고, 그로 인해 어쩔 수 없이 모여서 수장을 세우기로 의논한 뒤에 국가가 출현했다. 묵자의 견해는 바로 그들과 일치한다. 그는 "천하가 혼란스러워진 까닭을 밝힌다면 우두머리가 없는 데서 비롯한 것이다. 따라서 천하의 현능한 이를 선택해 천자로 세웠다"고 말했다. 누가 밝히는가? 당연히 인민이 밝히는 것이다. 누가 선택하는가? 당연히 인민이 선택하는 것이다. 누가 세우고 누가 부리는가? 당연히 인민이 세우고 인민이 부리는 것이다. 이런 견해는 하늘이 백성을 낳고 군주를 세웠다는 '왕권신수설'이나 나라의 근본은 가족에 있다는 '가족기원설'과 완전히 다르다. 국가란 인민의 동의로 이루어진다는 묵가의 주장은 민약론과 같은 기반 위에 서 있다. 「경상」에서 "군주는 신하와 백성이 함께 약속해서 세운 것이다"라는 말이 바로 이런 원리이다.

국가 기구가 확립된 다음에는 수많은 사람들의 다양한 견해를 어떻게 통일하여 상동을 이루느냐는 문제가 뒤따른다. 『묵자』 「상동상」에서는 그 방법에 대해 설명했다.

행정 장관이 모두 설치되면 천자는 천하의 백성에게 정령을 반포하며 이같이 말한다. "선하거나 선하지 않은 것을 들으면 모두 위에 고하라. 위에서 옳다고 여기면 반드시 모두 옳다고 하고, 위에서 그르다고 여기면 반드시 모두 그르다고 하라. 위에 허물이 있으면 바로잡도록 간하고, 아래에 선함이 있으면 널리 추천하도록 하라. 위로 동조하면서도 아래와 결탁하지 않는 자라면 위에서 상을 내리고 아래에서 기리는 바이다. 반대로 선하거나 선하지 않은 것을 듣고도 위에 고하지 않고, 위에서 옳다고 여기는 것을 옳다고 하지 않으며, 위에서 그르다고 여기는 것을 그르다고 하지 않고, 위에 허물이 있어도 바로잡도록 간하지 않으며, 아래에 선함이 있어도 널리 추천하지 않고, 아래와 결탁하면서 위로 동조하지 않는 자라면 위에서 벌을 내리고 아래에서 비난하는 바이다."

『묵자』 「겸애상」에서는 "천하의 혼란이 어디에서 비롯하는가? 서로 사랑하지 않는 데서 비롯된다"고 했다. 또 「상동상」에서는 "천하가 혼란스러워진 까닭을 밝힌다면 우두머리가 없는 데서 비롯한 것이다"라고 했다. 묵자는 천하 대란의 원인을 두 가지로 보았다. 하나는 서로 사랑하지 않기 때문이고, 다른 하나는 사회에 지도자가 없기 때문이다.

지도자가 없어서 '여러 용들이 머리를 내밀지 않는'● 상황이 되면 사회는 혼란에 빠져 무정부상태에 처한다. 이것이 곧 상고 시대의 정황이다. 서로 사랑하지 않으면 사회는 서로가 서로를 해치는 전쟁 상태에 처한다. 이것이 곧 당시의 정황이다. 그래서 묵자는 서로 사랑하는 것에 대해서는 '겸애'를, 지도자가 없는 것에 대해서는 '상동'이라는 처방전을 제시했다.

2000여 년 이래로 묵자의 상동은 가장 큰 논쟁을 불러일으켰고, 비판 역시 가장 매서웠다.

이중톈(易中天)은 「묵가 사상 : 인민이 경제로부터 해방되려면 반드시 사상적 권리를 주어야 한다」는 글에서 이렇게 밝혔다.

묵자의 이른바 '우두머리가 없다'는 것은 훌륭한 지도자가 없다기보다 차라리 의견이 통일되지 않았다고 말하는 편이 낫다. 다스리는 법은 당연히 증상에 따라 투약해 인민의 사상, 관념, 의지를 통일시키는 것이다. 그렇다면 누가 통일해야 할까? 백성에게 의지하는 것은 옳지 않다. 백성은 제각기 의견이 다르고 관점이 다양한데 어떻게 통일되겠는가? 따라서 집정자만이 이를 통일할 수 있다. 그리고 이는 아래로부터 위로의 통일이다. 이것이 곧 '상동'이며, 의견이 상급자와 같은 것이다.

그러나 여기에도 문제는 있다. 백성이야 본래 의견이 많다고 하나 집정자까지 의견이 분분할 경우에는 어떠한가? 여기서 알아야 할 점은 집정자가 결코 한 개인이 아니라는 것이다. 묵자는 이 문제를 해결할 방법도 가지고 있었다. 그의 방법은 '단계에 따라 상동'하는 것이다. 「상동중」의 견해에 따르면, 먼저 이장(里長)이 촌민의 의견을 통일한 뒤에 촌민을 인

● 『주역』 「건괘」 : "用九, 見羣龍无首, 吉."

솔하여 '향장(鄕長)에게 상동'한다. 향장은 향민의 의견을 통일한 뒤에 향민을 인솔하여 '나라의 군주에게 상동'한다. 나라의 군주는 국민의 의견을 통일한 뒤에 국민을 인솔하여 '천자에게 상동'한다(「상동하」에도 유사한 내용이 나온다). 촌민의 다양한 의견을 이장이 통일하지 못하면 향장이 결정권을 갖는다(향장이 옳다고 하는 것이면 반드시 옳다고 하고, 향장이 그르다고 하는 것이면 반드시 그르다고 한다). 향민의 다양한 의견을 향장이 통일하지 못하면 나라의 군주가 결정권을 갖는다(나라의 군주가 옳다고 하는 것이면 반드시 옳다고 하고, 나라의 군주가 그르다고 하는 것이면 반드시 그르다고 한다). 국민의 다양한 의견을 나라의 군주가 통일하지 못하면 천자가 결정권을 갖는다(천자가 옳다고 하는 것이면 반드시 옳다고 하고, 천자가 그르다고 하는 것이면 반드시 그르다고 한다). 이렇게 하면 의견이 많을까 걱정할 필요가 없다. 왜냐하면 상급의 위에 또 상급이 있기 때문이다. 이장들의 의견이 통일되지 않을 때는 향장이 있다. 향장들의 의견이 통일되지 않을 때는 나라의 군주가 있다. 각국 군주들의 의견이 통일되지 않을 때는 천자가 있다. 이리하여 결국에는 통일이 가능한 것이다.

통일이 되면 어떠할까? 겸애를 실현할 수 있다. 온 천하가 단계에 따라 상동하기 때문이다. 천자가 겸애하기만 하면 나라의 군주가 겸애할 수 있고, 나라의 군주가 겸애하면 향장이 겸애할 수 있으며, 향장이 겸애하면 이장이 겸애할 수 있고, 이장이 겸애하면 촌민이 겸애할 수 있다. 그럼 결과는 무엇인가? 온 천하의 사람이 모두 겸애하는 것이다. 이것이 곧 겸애를 실현하는 세 번째 방법, 즉 권력의 집중이다.

이 방식이 훌륭하긴 하나 안타깝게도 위험이 있다. 만일 천자가 겸애하지 않는다면 어쩔 것인가? 천자가 겸애하지 않으면 나라의 군주가 겸애하지 않고, 나라의 군주가 겸애하지 않으면 향장이 겸애하지 않으며, 향장이 겸애하지 않으면 이장이 겸애하지 않고, 이장이 겸애하지 않으면 촌민이 겸애하지 않을 것이다. 그럼 결과는 어떠할까? 온 천하의 사람이 모두 겸애하지 않을 것이다.

다행히 묵자는 이 문제를 일찌감치 깨닫고 전혀 걱정할 필요가 없다고 말했다. 그 이유는 천자가 분명 겸애할 것이기 때문이고, 그 근거는 천자는 가장 현명한 사람이기 때문이다. 더욱이 그가 다음으로 현명한 이를 선택해 나라의 의견을 하나로 모으도록 군주의 임무를 맡기지 않았는가? 나라의 군주 역시 나라 안에서 다음으로 현명한 이를 선택해 향장과 이장을 맡기고 자신을 돕도록 하지 않았는가? 이런 사람들은 모두 현명하기 때문에 마음을 놓아도 된다는 것이다. 그렇다면 천자가 가장 현명하다는 근거는 무엇일까? 바로 천하의 의견을 하나로 모으기 위해 천하에서 현명하고 지혜롭고 분별력 있는 이를 선택하여 천자로 세웠기(「상동중」) 때문이다. 천자가 가장 현명한 사람이 아니라면 어떻게 선택될 수 있겠는가?

물론 일리 있는 말이다. 그러나 유감스럽게도 첫째, 우리는 가장 현명하다는 천자가 어떻게 선출되었는지 전혀 모른다. 백성의 손으로? 관리의 합의로? 아니면 하늘이 골라서? 또한 당시 상황에서 세습 천자가 어떻게 대대손손 가장 현명할 수 있는지, 세습된 나라의 군주가 어떻게 대대손손 천자에 버금갈 정도로 현명할 수 있는지 알 길이 없다. 이런 문제에 대해 묵자가 언급한 적이 없어서 우리도 함부로 추측할 수 없고, 다만 속으로 짐작할 뿐이다.

둘째, 천자가 가장 현명하고 나라의 군주가 다음으로 현명하며 향장과 이장이 그 다음으로 현명하다고 치더라도, 그들이 신이 아닌 이상 영원히 잘못을 범하지 않을 수 있겠는가? 묵자도 이 점에 대해 생각했다. 그의 방법은 상급자는 반드시 하급자와 군중의 의견을 들어야 하고, 하급자와 군중도 반드시 상급자에게 의견을 전달해야 한다고 규정한 것이다. 그는 심지어 상급자에게 과실이 있는데 간하지 않고, 군중에게 좋은 일이 있는데 보고하지 않으면 징벌해야 한다고 규정했다(「상동상」과 「상동중」에서 모두 이 점을 언급했다). 왜일까? "위에서 정치할 때 아래의 실정을 얻으면 다스려지고, 아래의 실정을 얻지 못하면 혼란스러워지기 때문이다."(「상동하」) 따라서 하급자는 반드시 말해야 하고, 상급자는 반드시 들어야 한다. 그렇다면 의견이 반영돼 가면서 상급자의 관점과 일치하지 않을 때는 어떻게 해야 할까? 상급자의 말을 따라야 한다. 촌민과 이장의 의견이 통일되지 않으면 향장을 따르고, 향민과 향장의 의견이 통일되지 않으면 나라의 군주를 따르며, 국민과 각국 군주의 의견이 통일되지 않으면 천자를 따르는 것이다. 천자는 진리의 대변인이자 최고의 중재자이니까.

이는 무엇을 뜻할까? 표면적으로는 민주집권이지만 실제로는 군주독재인 것이다. 적어도 군주집권이며, 심지어 군주전제이다. 군주는 최고의 사상권, 발언권, 정책결정권과 쟁론에 대한 재판권을 소유하고 있다. 이것이 군권 지상이 아니고 무엇인가? 이런 제도 아래에서 "국가의 성격은 필연적으로 전체주의적인 것이고, 군주의 권력은 절대화된다."(펑유란, 『중국철학사』) 인민 군중은 통치자에게 절대복종할 뿐이다. 만일 의견이 불일치할 경우, 자신의 관점을 포기하거나 징벌을 받아야 하니 어찌 권리를 말할 수 있겠는가? 심지어 그들이 제시하는 의견조차도 의무이지 권리가 아니다. 백성을 사랑하는 묵자가 의외로 민권을 완전히 무시했다는 점이 정말 흥미롭다.

그래서 이중톈은 "겸애가 묵가 학설 가운데 최대의 장점이라고 한다면, 상동은 최대의 단점이다"라고 결론 내렸다.

량치차오는 『묵자학안』 「묵자의 새로운 사회 조직법」에서 이렇게 말했다.

『묵자』편명 가운데 하나인 「상동」의 상(尙)은 곧 상(上)이며, '위로 천자와 같게 한다'는 뜻이다. 노골적으로 말하자면 인민 모두에게 황제를 따르라는 것이다. 이런 견해는 2000년 후 홉스의 말과 약속이나 한 듯 합치한다. 홉스는 민약론을 창안했지만 국민이 서로 약속해 나라를 수립한 뒤에는 각자 자기의 자유권을 포기하고 모두 군주의 지휘를 따라야 한다고 주장했다. 이후 루소의 새로운 민약론에서는 이런 점의 오류를 극력 비판했다. 불행히도 묵자의 학설은 홉스와 같은 단계에 이르렀을 뿐, 루소의 단계까지는 이르지 못했다.

영국의 사상가 토머스 홉스(Thomas Hobbes)는 세계 사상사에서 중요한 인물이다. 그의 대표작은 널리 알려진『리바이어던』이다. 리바이어던은『성경』에 묘사된 무시무시한 괴물 이름이다. 홉스가 이를 책이름으로 정한 의도는 군주전제주의의 강력한 국가 건립을 비유하기 위해서였다.

홉스는 일단 사람들이 자기의 권리를 어떤 개인이나 집단에 부여하면 반드시 엄격히 복종해야 한다고 여겼다. "군주의 신민은 군주 허락 없이 군주 정치체제를 포기하고 혼란 상태로 되돌아갈 수 없으며, 또 그들 자신의 인격을 책임자로부터 다른 개인이나 집단에게 옮길 수 없다."(『리바이어던』 제18장) 홉스는 더욱이 주권자가 수중의 권리를 잘 유지해야 한다고 극력 주장했다. "왜냐하면 주권의 기본 권리가 상실되면 국가는 이로 인해 해체되고, 각 개인과 개인이 서로 투쟁하는 상황으로 되돌아가 재난을 겪기 때문이다. 이는 현재 발생 가능한 최대의 폐해이다. 따라서 주권자는 이런 권리를 완벽하게 유지할 책임이 있다. 만일 그 가운데 어떤 것이라도 다른 사람에게 양도하거나 포기한다면 그의 의무를 저버리는 것이다."(『리바이어던』 제30장)

량치차오가 묵자를 평론할 때 여러 차례 홉스를 언급함으로써 상동 사상을 더욱 깊이 있게 해석할 수 있었다. 2000여 년 후의 홉스가 이런 인식 수준을 지녔다면 묵자의 시대적 한계성을 지나치게 질책할 필요는 없다.

장 자크 루소(Jean-Jacques Rousseau)에 관해서는 굳이 설명이 필요 없으며, 루소의 사상은 프랑스대혁명에 지대한 영향을 끼쳤다. 홉스로부터 루소에 이르기까지는 개량으로부터 혁명에 이르는 변천기라고 할 수 있다. 묵자 사상 역시 그 자신은 예상하지 못했겠지만 봉건 왕조 시대에 농민 기의의 사상적 무기가 되었다. 이에 대해서는 26장에서 자세히 서술하겠다.

귀모뤄는 묵가의 주장 가운데 상동을 '전제주의적 노예도덕'이라고 정의했다. 류쩌화(劉澤華)는 "이처럼 단계를 따라 올라가는 상동 사상의 체계는 전제주의 체계라고 말할 수 있을 뿐이다. 전제주의가 윗사람에 대한 간언을 절대적으로 배척하진 않았지만 이런 간언은 전제주의에 어떤 위협도 되지 못했다"라고 말했다.

말이 나온 김에 한마디 더 하자면, 사람을 곤혹스럽게 만드는 것이 또 있다. 묵자와 맹자는 대립적인 입장으로 묵자는 평민의 입장에 서서 인민을 대변하려 했지만 결과적으로 '군권이 민권보다 높은' 곳으로 향하는 꼴이 되었고, 맹자는 몰락 귀족의 입장에 서서 군왕을 위하려 했다가 도리어 '민권이 군권보다 높다'는 점을 고양하게 되었다. 이것이 바로 역사의 아이러니가 아닐까 하는 생각이 든다.

『맹자』「이루하」에서 맹자가 제 선왕에게 이렇게 말했다. "군주가 신하를 수족처럼 여기면 신하도 군주를 복심(腹心)처럼 생각하고, 군주가 신하를 견마처럼 보면 신하도 군주를 남처럼 보며, 군주가 신하를 흙이나 지푸라기처럼 보면 신하는 군주를 원수처럼 본다." 맹자는 군신 관계를 상호 인과 작용을 하는 평등한 관계로 보았다. 군주가 신하를 존중해야만 신하가 비로소 군주에게 충성하고, 그렇지 않으면 신하는 군주를 보좌하지 않을뿐더러 길 가는 사람이나 원수처럼 여긴다고 강조했다.

『맹자』「진심하」에서는 한 걸음 더 나아가 결론을 제시했다. "백성이 가장 귀하고, 사직이 그 다음이며, 군주는 가벼운 존재다. 따라서 백성에게 신임을 얻어야 천자가 될 수 있다." 말하자면 민권이 최우선이고, 정권이 두 번째, 군권이 세 번째이다. 나라는 백성을 근본으로 하고, 백성은 천하를 기반으로 한다. 민심을 얻는 자가 천하를 얻고, 황제는 하늘이 아니라 백성이 내리는 것이다. 『맹자』「양혜왕상」에는 이런 문답이 실려 있다.

맹 자 사람을 죽일 때 몽둥이와 칼날을 사용하는 것에 차이가 있습니까?

양 혜왕 차이가 없습니다.

맹 자 칼날과 정치로 사람을 죽이는 것에 차이가 있습니까?

양 혜왕 차이가 없습니다.

맹 자 부엌에는 맛난 고기가 넘쳐나고 마구간에는 살찐 말이 있는데, 백성들은 굶주린 기색을 띠고 들에는 굶어 죽은 시체가 널려 있다면, 이것은 짐승을 몰아서 사람을 먹게 하는 것입니다. 짐승끼리 서로 잡아먹는 것도 사람들이 싫어하는데, 백성의 부모가 되어 정치를 행하면서 짐승을 몰아 사람을 먹게 함을 면치 못한다면 어찌 백성의 부모가 될 수 있겠습니까?

맹자는 왕실에 술과 고기 냄새가 넘치는데 길에는 얼어 죽은 시체가 널브러진 사회 양극화 현상을 지적한 것으로, 이 같은 위정자는 금수와 다를 바 없다고 여겼다.

『맹자』「양혜왕하」에도 맹자와 제 선왕의 이런 문답이 실려 있다.

<u>제 선왕</u> 탕이 걸을 쫓아내고 무왕이 주왕을 정벌했다는데, 정말 그런 일이

있었습니까?

<u>맹 자</u> 경전에 있습니다.

<u>제 선왕</u> 신하가 군주를 시해할 수 있습니까?

<u>맹 자</u> 인을 해치는 자를 '적(賊)'이라 하고, 의를 해치는 자를 '잔(殘)'이라

하니 '잔적(殘賊)'한 자를 필부라고 이릅니다. 필부인 주를 정벌했다

는 말은 들었어도 군주를 시해했다는 말은 들어보지 못했습니다.

『맹자』「양혜왕상」에서 맹자는 『상서』「탕서」의 "저 해는 언제나 없어질꼬? 내 너와 함께 망하겠다"라는 말을 인용했다. 「탕서」에 따르면, 하나라 걸왕은 스스로 중생을 비추는 태양이라고 여겼지만 오히려 백성의 원망이 들끓어 이 같은 자탄의 노래가 생겨났다고 했다.

이상의 기록으로 볼 때, 맹자는 군왕에게 '상동'하거나 맹목적으로 순종한 것이 아니라 나무를 가려 둥지를 틀고 군주를 가려서 섬기는 태도를 가지고 있었다. 바로 이런 강경한 반골 기질로 인해 맹자는 주원장(朱元璋)의 명령으로 한때 공묘(孔廟)에서 퇴출되기도 했다.

마르크스는 "어떤 시대의 통치 사상이든 결국 모두 통치 계급의 사상에 불과하다" "통치 지위를 점한 사상은 통치 지위를 점한 물질 관계가 관념상에 드러난 것일 뿐이다"라고 지적했다. 어떤 사상가든 자기주장을 실현하기 위해서는 반드시 집권층의 인정을 받아야 한다. 춘추 전기의 사상가인 관중과 자산이 각각 제나라와 정나라에서 집정 대부가 될 수 있었던 까닭은 바로 '존왕(尊王)'과 '이민(利民)'이라

는 팽팽한 쇠사슬 같은 긴장 관계 속에서 균형 감각을 유지할 수 있었기 때문이다.

묵자는 현실 정치 속에서 자신의 정치적 주장을 실현하는 가장 효과적인 방법이 상층으로부터 시작해야 함을 분명히 인식했다. 그래서 묵자는 직접 각국 군주에게 유세했을 뿐 아니라 제자들을 각국 제후에게 파견해 벼슬하도록 권장했다. 아울러 관리 양성을 자신이 제자를 모아 강학하는 기본 목적의 하나로 삼았다. 묵자는 정치적 권위와 힘에 의지해 자신의 이념이 실행되기를 바랐다. 따라서 상동이 전제주의의 배경이 되도록 요구하는 것은 논리적 필연이었다. 상동이 중시하는 것은 위와 같게 하여 위에서 옳다고 여기면 반드시 모두 옳다고 하고, 위에서 그르다고 여기면 반드시 모두 그르다고 하라는 것이며, "위로 동조하면서도 아래와 결탁하지 않는"다는 주장 아래 천자가 명령을 내리면 감히 이의를 제기할 수 없는 것이다. 이렇게 해야 흩어진 모래알을 철판처럼 굳게 할 수 있는 것이다.

'겸애'에서 '비공'까지, 그리고 다시 '상현'과 '상동'에 이르기까지 묵자의 사회, 정치 사상은 논리적 일관성을 지니면서도 동시에 내부적 모순을 명확히 드러냈다. 묵자의 격렬한 사회 비판이 구체적인 정치 주장과 행동으로 옮겨질 때에는 분명 보수적이고 개량적인 특징을 보였다. 이런 특징은 당시 소생산자의 역량이 분산되고 박약했음을 설명한다.

그들은 자신의 곤란한 생존 환경을 개선하기 위해 현명한 군주와 재상, 관리에게 의탁하고, 온화한 개량 및 귀족 통치 계급의 현명함에 의존했다. 묵자는 결코 기존의 각급 통치자를 타도하거나 뒤엎으려고 생각하지 않았다. 다만 통치자들이 격식에 얽매이지 않고 유능한 농민, 공인, 상인을 각급 관리로 등용해 그들이 소생산자의 이익을 대표할 수 있길 희망했다. 소생산자는 자신의 처지를 개선하려는 희망을 벼슬길에 나아가는 데 두고서 높은 직위와 두터운 녹봉을 얻는 새로운 부귀 계층으로 변모하고자 했다. 이는 소생산자는 혁명의 주력군이 될 수 없다는 마르크스의 생각과 대체로 일치한다. 왜냐하면 그들은 이미 가진 밥그릇을 아까워하기 때문이다. 무산계급만이 아무것도 가지지 않았기에 꺼릴 것이 없고, 잃는 것은 단지 자신의 족쇄이며 얻는 것은 오히려 전체 세계인 것이다.

묵자의 사회, 정치 사상은 서로 모순된 양면을 지니고 있어서 어느 한쪽이 실현되면 필연적으로 다른 한쪽이 손해를 입을 수밖에 없었다. 묵자는 두 가지 측면을 모두 고려하려다가 결국 지주 계급이 건립한 새로운 사회질서의 수요에 적응하지 못했을 뿐 아니라 소생산자의 실질적인 정치 및 경제적 이익을 만족시키거나 보호하지도 못했다. 리쩌허우는 『중국고대사상사론』「묵가 초탐본(墨家初探本)」에서 묵자 사상을 이렇게 평가했다.

종합하면 현자와 유능한 이를 존중하라고 요구하면서 다른 한편으로 상동과 복종을 강조하고, 겸애와 평균을 추구하면서 다른 한편으로 전제통치를 주장하며, 노동과 비명(非命)을 강조하면서 다른 한편으로 귀신과 상제의 뜻을 숭상했다. 이것들이 조금은 모순돼 보이지만 실은 분산되고 취약한 소생산자의 이중적 성격을 전형적으로 드러낸 것이다. 따라서 '천리만리가 한집안 사람'●이란 말은 사회적 이상 속 박애의 유토피아일 수도 있고, 정치적 주장에서의 현실적 전제 제도일 수도 있다. 또 생활 경험을 토대로 한 각성된 적극적 태도일 수도 있고, 종교에 탐닉해 취해서

● 담사동, 『인학(仁學)』 : "千里萬里, 一家一人."

비틀거리는 광적인 정신일 수도 있다. 사실 양자는 두 가지 면을 다 가지고 있다.

뿌린 것은 용의 종자인데 거둔 것은 도리어 벼룩이다. 묵자가 처방한 치세의 약방문은 어쩌면 귀머거리와 벙어리를 한꺼번에 치료하기 어려운 '제논의 역설'일지도 모른다.

량치차오는『묵자학안』에서 묵자 사상을 서술하면서 이렇게 말했다.

천(天)과 귀(鬼)를 말하는 것은 원래 고대 무축(巫祝)의 잔재이다. 춘추전
국 시대에 민지(民智)가 점차 개명하고, 노자와 공자가 나와 대대적으로
자연법을 천명하면서 이런 미신이 크게 줄어들었다. 묵자처럼 극단적으
로 실제주의를 주장하는 사람이 도리어 이런 방면에서 학술적 기초를 수
립한 것은 이상하다고 하지 않을 수 없다.

말이 나온 김에 부언하자면, 묵자는 '비명'을 표방해 천명을 믿지
않고 점복을 말하지 않았으며 당시 유행한 오행의 상생상극설을 미
신으로 간주했다. 이 같은 유물론자가 오히려 동시에 천지(天志)와 귀
신을 믿는 유신론자였다는 점은 너무나 의아스럽다.
사람은 정말 골드바흐의 추측(Goldbach's conjecture)•이나 스핑크

스의 수수께끼처럼 종잡을 수 없는 존재이다. 량치차오는 또 『묵자학안』에서 "묵자의 '천'은 노자나 공자의 '천'과 완전히 다르다. 묵자의 '천'은 순전히 '인격신'으로 의욕, 감각, 감정, 행위를 가지고 있다. 따라서 그의 편명을 '천지(天志)'라고 한 것이다"라고 말했다.

『묵자』「천지상」의 기록을 살펴보자.

> 지금 천하의 사군자(士君子)는 작은 도리를 알 뿐 큰 도리를 알지 못한다. 무엇으로 이를 알 수 있는가? 집에 살면서 집안 어른에게 죄짓는다면 이 웃집으로 달아나 피할 수 있다. 그러나 부모와 형제, 죄지은 자를 아는 사람들은 모두 서로 경계하며 "조심하고 삼가지 않을 수 없다. 어찌 집에 살면서 집안 어른에게 죄짓는 일을 할 수 있겠는가?"라고 말한다. 만일 나라에 살면서 군주에게 죄짓는다면 이웃 나라로 달아나 피할 수 있다. 그러나 부모와 형제, 죄지은 자를 아는 사람들은 모두 서로 경계하며 "조심하고 삼가지 않을 수 없다. 어찌 나라 안에 살면서 군주에게 죄짓는 일을 할 수 있겠는가?"라고 말한다. 이처럼 달아나 피할 데가 있는데도 서로 경계함이 이토록 엄중하다. 하물며 달아나 피할 데가 없는 경우에는 서로 경계함이 어찌 더욱 엄중하지 않겠는가? 속어에 이르기를, "대명천지에 죄짓고 어디로 달아날 수 있겠는가?"라고 했다. 하늘은 숲속이나 계곡, 사람이 없는 한적한 곳이라도 반드시 분명하게 보고 있다. 그런데도 천하의 사군자가 하늘에 대해 소홀히 하면서 서로 경계할 줄 모른다. 이것이 내가 천하의 사군자가 작은 도리를 알 뿐 큰 도리를 알지 못한다고 하는 이유이다.

● 1742년 프로이센 수학자 크리스티안 골드바흐(Christian Goldbach)가 제안한 추측. 정수론의 미해결 문제로, 2보다 큰 모든 짝수는 소수 두 개의 합으로 표시할 수 있다는 것이다.

해와 달 두 바퀴는 하늘의 눈이니, 사람이 하는 것을 하늘은 모두 알고 있다. 당신이 가족이나 군주의 뜻을 위배하면 도망칠 데가 있지만 만일 하늘의 뜻을 위배한다면 하늘가와 바다 모퉁이까지 도망치더라도 "하늘의 그물은 크고 커서 성긴듯하지만 빠뜨리지 않듯"● 반드시 징벌을 내린다. 묵자는 천이 의지를 가졌다고 천명한 뒤, 군왕이 하늘을 대신해 도를 실행해야 한다고 권고했다. 『묵자』「천지상」에서는 천이 좋아하는 것과 싫어하는 것을 분명하게 지적했다.

하늘은 무엇을 바라고 무엇을 싫어하는가? 하늘은 의를 바라고 불의를 싫어한다. 그러므로 천하의 백성을 이끌고 의로운 일을 행하는 것이 곧 내가 하늘이 바라는 일을 하는 것이다. 내가 하늘이 바라는 바를 행한다면 하늘도 내가 바라는 바를 행한다. 그렇다면 나는 무엇을 바라고 무엇을 싫어하는가? 나는 복록을 바라고 재앙을 싫어한다. 내가 하늘이 바라는 바를 행하지 않고, 하늘이 바라지 않는 바를 행한다면 나는 천하의 백성을 이끌고 재앙을 일삼는 것이 된다.

『묵자』「천지상」에서는 더 나아가 천자에게도 권고와 경계의 메시지를 보냈다.

천자는 천하에서 가장 귀하고 가장 부유한 자이다. 따라서 부귀하기를 바란다면 하늘의 뜻에 맞추어 따르지 않을 수 없다. 하늘의 뜻을 따르는 자는 두루 서로 사랑하고 이로움을 나누어 반드시 상을 받는다. 하늘의 뜻을 어기는 자는 차별하여 서로 미워하고 해쳐서 반드시 벌을 받는다.

● 『노자』 제73장: "天網恢恢, 疏而不漏."

그렇다면 누가 하늘의 뜻을 따라서 상을 받았고, 누가 하늘의 뜻을 어겨서 벌을 받았는가? 묵자가 말했다. "옛날 삼대의 성왕인 우, 탕, 문, 무가 하늘의 뜻을 따라서 상을 받았고, 옛날 삼대의 포악한 왕인 걸, 주, 유, 려가 하늘의 뜻을 어겨서 벌을 받았다." 그렇다면 우, 탕, 문, 무가 상을 받은 것은 무엇 때문인가? 묵자가 말했다. "위로 하늘을 높이고, 가운데로 신령을 섬기며, 아래로 사람 사랑하기를 일삼았기 때문이다. 그래서 하늘의 뜻이 이르기를, '이들은 내가 사랑하는 바를 두루 사랑하고, 내가 이롭게 하는 바를 두루 이롭게 하였다. 사람 사랑하기를 이렇게 널리 하고, 이롭게 하기를 이렇게 두텁게 하였다'고 했다. 따라서 귀하기로는 천자가 되게 하고, 부유하기로는 천하를 차지케 했다. 자손 만세에 그 선을 전하여 칭송하고 널리 천하에 두루 펼쳐서 오늘날까지 그를 칭송해 성왕이라 부른다." 그런데 걸, 주, 유, 려가 벌을 받은 까닭은 무엇인가? 묵자가 말했다. "위로 하늘을 모욕하고, 가운데로 신령을 헐뜯으며, 아래로 사람 해치기를 일삼았기 때문이다. 그래서 하늘의 뜻이 이르기를, '이들은 내가 사랑하는 바를 차별하여 미워하고, 내가 이롭게 하는 바를 번갈아 해쳤다. 사람 미워하기를 이렇게 널리 하고, 사람 해치기를 이렇게 심하게 하였다'고 했다. 따라서 그 수명을 다하지 못하게 하고, 그 대를 마칠 수 없도록 하여 오늘날까지 그를 헐뜯어 포악한 군주라고 이른다."

말에는 숨은 뜻이 있는 법. 겉으로 드러난 묵자의 말을 통해 실제 내용을 살펴야 한다. 묵자는 천의로 사람의 힘을 부정한 것이 아니라 자신의 의지대로 천을 그려내고, 자신의 바람대로 천의 바람을 개조하여 이미 명확해진 모순을 자기의 사상 체계 안에서 해소해버렸다. 이를 통해 서로 모순되는 두 가지를 사상 가운데 병행하면서도 서로 어긋나지 않도록 했다.

묵자는 한 걸음 더 나아가 "천의를 따르는 것은 의로운 정치이고, 천의에 반하는 것은 힘에 의한 정치이다"라고 분명하게 지적했다. 묵자 자신도 아마 상동 이론의 결함을 인지했을 것이다. 이에 소 잃고 외양간 고치듯 '천지'로써 '천자'를 보완하여, 아무리 천자라도 하고 싶은 대로 할 수 없고 반드시 천의 의지를 따라야 한다고 주장했다. 『묵자』「상동상」에 나오는 이 말을 간과해서는 안 된다.

> 이미 위로 천자에게 상동했더라도 하늘에 상동할 수 없다면 하늘의 재앙이 그치지 않을 것이다. 예컨대 추위와 더위가 절기에 맞지 않고, 눈, 서리, 비, 이슬이 때에 맞지 않으며, 오곡이 여물지 않고, 가축이 자라지 않으며, 질병이 유행하고, 거센 바람과 굳은비가 계속 내리는 것 등이 하늘이 내리는 벌이다. 이것은 모두 아래 사람들이 하늘에 상동하지 않는 것을 벌하고자 함이다.

묵자가 '천지(天志)'를 언급한 것은 사실 천자를 견제함으로써 의와 겸애의 주장을 실행하기 위한 것임을 알 수 있다. 량치차오는『묵자학안』에서 천지에 대해 이렇게 논평했다.

> 이렇게 볼 때 묵자가 천지를 말한 것은 순전히 겸애주의 실행의 배경으로 삼기 위함임을 알 수 있다. 잘라 말하면 겸애 실행을 권유하기 위한 일종의 수단인 셈이다. 그렇다면 이런 수단은 얼마나 효과를 거두었을까? 내가 보건대 아주 미미했을 것이다. 첫째, '천지는 반드시 겸애한다'는 것을 증명하기 위해 묵자는 "천은 함께 소유하고 함께 먹는다"는 것을 논거로 들었다. 그런데 천이 함께 소유하고 함께 먹는다는 것을 무엇으로 증명할 수 있을까? 결국 증거를 제시하지 못했다. '천은 겸애한다'

는 그의 주장은 '천지는 불인(不仁)하다'는 노자의 주장과 완전히 상반되는데, 도대체 누가 옳고 누가 그른 것일까? 최고 법정에서도 쉽사리 판결을 내릴 수 없을 것이다. 둘째, 질병과 재앙은 하늘이 주재하는 것일까? 예컨대 근세 과학이 발달한 뒤로 하늘이 주재하지 않는다는 증거를 찾아내면서 묵자 이론의 기반은 완전히 무너졌다. 셋째, 양심상의 도덕적 책임을 말하지 않고 오로지 화복에 의지하여 권선징악한다는 주장은 근거가 있는 것일까? 묵자는 "도덕을 실천하면 복을 얻고, 그렇지 않으면 화를 입는다"고 말했다. 그런데 가령 어떤 사람이 "나는 복을 바라지 않고 화를 얻기를 바란다"(사람이 격분했을 때 왕왕 이렇게 말하곤 한다)고 한다면, 묵자는 어떻게 할 것인가? 더구나 화복이 보응(報應)한다는 것도 애매하고 근거가 없는 경우에 있어서랴?

묵자의 천지와 귀신 주장에 대해 당시 사람들은 수많은 의문을 제기했고, 심지어 묵자의 제자조차도 반신반의했다. 『묵자』「공맹」편에 묵자가 병이 났을 때 제자 질비(跌鼻)와 나눈 문답이 실려 있다.

질 비 선생님은 귀신은 신명스럽고 화복을 내릴 수 있어서 선한 일을 한 사람에게는 상을 주고 선하지 않은 일을 한 사람에게는 벌을 준다고 했습니다. 지금 선생님은 성인인데 무슨 까닭에 병이 났습니까? 혹시 선생님의 말씀이 정확하지 않은 것입니까? 귀신이 신명스럽지 않고 지혜롭지 않아서입니까?

묵 자 나를 병들게 했다고 해서 어찌 신명스럽지 않다고 하겠는가? 사람이 병을 얻게 되는 이유는 여러 가지가 있다. 추위나 더위 때문일 수도 있고, 몸이 힘들기 때문일 경우도 있다. 100개의 문 가운데 하나만 닫았다고 도둑이 어찌 들어올 수 없겠는가?

『묵자』「노문」에도 묵자의 귀신관에 대해 의문을 제기한 고사 두 개가 실려 있다. 첫 번째 일화는 묵자가 제자 조공자(曹公子)를 송나라에서 벼슬하도록 추천했는데, 그가 3년 만에 돌아와 묵자에게 물었다.

조공자 처음 제가 선생님 문하에서 배울 때에는 짧은 갈옷을 입고 명아주나 콩잎 국을 먹으며 살았습니다. 그것도 아침에 얻으면 저녁에는 얻지 못해 귀신에게 제사 지낼 수 없었습니다. 지금 선생님의 가르침 덕분에 집안이 처음보다 부유해졌습니다. 집안이 부유하여 귀신에게도 삼가 제사를 지내게 되었습니다. 그러나 사람들이 많이 죽어나가고, 여러 가축들이 번식하지 않으며, 제 몸 또한 병이 들었습니다. 선생님의 학설이 쓸 만한 것인지 모르겠습니다.

묵　자 그렇지 않다. 무릇 귀신은 사람들에게 바라는 바가 아주 많다. 사람이 높은 지위에 오르고 많은 녹봉을 받으면 그것을 현자에게 양보하고, 재물이 많으면 가난한 사람들에게 나눠주기를 바란다. 귀신이 어찌 오직 제수가 차려지기만을 바라겠는가? 지금 자네가 높은 지위에 오르고 많은 녹봉을 받으면서도 현자에게 양보하지 않는 것이 첫 번째 상서롭지 못한 것이고, 재물이 많으면서도 가난한 사람에게 나눠주지 않는 것이 두 번째 상서롭지 못한 것이다. 지금 자네가 귀신을 섬기는 것은 제사만 지내는 것에 불과한데도 "병이 어디서 온 것인가"라고 말하고 있다. 이것은 마치 100개의 문 가운데 하나만 닫고서 "도둑이 어디로 들어왔는가?"라고 말하는 것과 같다. 이같이 하고서도 신령한 귀신에게 복을 구하고 있으니 어찌 옳다고 하겠는가?

두 번째 일화는 노나라 축관(祝官)이 돼지 한 마리로 제사를 올리면서 귀신에게 100가지 복을 구하자, 묵자가 이 소식을 듣고 이렇게 말했다.

이것은 안 된다. 가령 남에게 적게 베풀고서 후하게 보답받길 바란다면 남들은 자기에게 더 줄 것이 있나 생각하게 된다. 지금 돼지 한 마리로 제사 지내면서 귀신에게 100가지 복을 구하니, (귀신은) 소와 양으로 제사를 올릴지 않을까 생각하게 된다. 옛날 성왕이 귀신을 섬길 때는 그저 마음으로 제사를 지냈을 따름이다. 지금 돼지 한 마리로 제사 지내면서 100가지 복을 구하니, 제수를 풍성히 하는 것보다 차라리 간소하게 하는 것이 낫다.

묵자는 천지를 강조하여 위로 천자로부터 아래로 평민 백성에 이르기까지 하늘을 높이고, 하늘을 따르라고 권유했다. 동시에 귀신의 존재를 인정하고, 귀신은 정의를 실현하는 집행자라고 여겨 사람들에게 귀신을 공경하고, 귀신을 섬기라고 요구했다. 『묵자』「명귀」는 원래 상중하 세 편이었는데 현재는 하편만 남아 있다. 다음은 하편의 일부 내용이다.

천하가 크게 혼란스러운 까닭은 모두 귀신의 존재 유무에 의혹을 가지고, 귀신이 현자에게 상을 내리고 포악한 자에게 벌을 주는 것을 모르기 때문이다. 지금 만일 천하 사람들 모두에게 귀신이 현자에게 상을 내리고 포악한 자에게 벌주는 것을 믿게 한다면 천하가 어찌 혼란스럽겠는가?
현재 귀신이 없다고 우기는 자들은 "귀신이란 원래 없는 것이다"라고 말한다. 아침저녁으로 이를 가지고 천하를 깨우치고 천하의 민중을 현혹해, 천하의 민중들이 귀신 유무의 분별에 대해 의혹을 가지게 되었다. 이 때문에 천하가 혼란스러운 것이다. 그래서 묵자가 말했다. "지금 천하의 왕 공대인과 사군자들이 진실로 천하의 이로움을 일으키고 천하의 해로움을 제거하고자 한다면 귀신 유무의 분별에 대해 분명하게 살피지 않을 수 없는 것이다."

묵자가 말했다. "천하에서 귀신의 유무를 살펴서 알 수 있는 방법은 반드시 대중이 실제 보고 들은 바를 통해 존재 유무의 기준을 삼아야 한다. 만일 누군가 확실히 보고 들었다면 반드시 귀신이 있는 것이고, 보고 듣지 못했다면 귀신이 존재하지 않는 것이다. 그렇다면 어찌 시골 마을에 들어가 물어보지 않는 것인가? 예로부터 지금까지 사람이 생겨난 이래로, 일찍이 귀신의 형상을 보거나 귀신의 소리를 들은 자가 있다면 귀신이 어찌 없다고 하겠는가? 만일 듣지 못하고 보지 못했다면 어찌 귀신이 있다고 하겠는가?"

지금 귀신이 없다고 우기는 자들은 말한다. "천하에 귀신이란 것을 보고 들었다고 하는 자가 이루 다 셀 수 없다고 하는데, 그렇다면 누가 귀신의 실체를 직접 보고 들었는가?" 묵자가 말했다. "만일 무리가 함께 보고 들은 바로 말하자면, 옛날의 두백(杜伯)이 그 예이다. 주 선왕(宣王)이 신하 두백을 죽였으나 그에게는 죄가 없었다. 두백은 말했다. '군주가 저를 죽이고자 하나 저는 죄가 없습니다. 만일 죽은 자에게 혼이 없다고 한다면 그만이지만 만일 혼이 있다면 3년이 지나지 않아 반드시 군주에게 이를 알리도록 하겠습니다.' 3년 후 선왕이 제후들과 함께 사냥을 나갔다. 사냥하는 수레가 수백 대, 따르는 무리 수천 명이 들판을 가득 메웠다. 한낮에 두백이 백마와 흰 수레를 타고 붉은 의관 차림으로 나타나, 붉은 활에 붉은 화살을 장전하고 선왕을 뒤쫓아가 수레에 쏘았다. 선왕은 가슴에 화살을 맞아 등뼈가 부러지고 수레 안에 넘어져 활집에 엎드려 죽었다. 이때 따르던 주나라 사람 가운데 보지 못한 이가 없고, 멀리 있던 자들도 듣지 못한 이가 없었다. 이 내용은『춘추』에 기록되어 있다. 군주 된 자는 이를 가지고 신하를 가르치고, 부모 된 자는 이를 가지고 자식에게 훈계하며 말했다. '조심하고 삼가라! 무릇 죄 없는 이를 죽이면 상서롭지 못한 벌을 받으니, 귀신의 징벌이 이처럼 무섭고 빠르다.' 이 책에 쓰인 말로 보자면 귀신이 있다는 것을 어찌 의심할 수 있겠는가?

옛날 진(秦) 목공(穆公)이 한낮에 묘당 안에 있을 때 어떤 신이 문으로 들어왔다. 사람의 얼굴과 새 몸뚱이에 소복과 검정 단을 두르고 얼굴 형상이 네모였다. 목공이 그것을 보고 놀라 달아나려 하자 신이 말했다. "놀라지 말라. 상제가 너의 훌륭한 덕을 기려 나를 보내 너에게 열아홉 해더 살도록 해주고, 네 나라를 번창시키고, 자손을 무성하게 해 나라를 잃지 않게 하려는 것이다." 목공이 두 번 절하고 머리를 조아리는 예를 행하고 물었다. "감히 신의 이름을 묻습니다." 신이 대답했다. "나는 구망(句芒)이다." 목공이 몸소 보았던 바로 보자면 귀신이 있다는 것을 어찌 의심할 수 있겠는가?

옛날 연(燕) 간공(簡公)이 신하 장자의(莊子儀)를 죽였으나 사실 그는 죄가 없었다. 장자의가 말했다. "군주가 저를 죽이고자 하나 저는 죄가 없습니다. 만일 죽은 자에게 혼이 없다고 한다면 그만이지만 만일 혼이 있다면 3년이 지나지 않아 반드시 군주에게 이를 알리도록 하겠습니다." 한 해 뒤 간공이 조택(祖澤)의 축제에 말을 달려 참석하려고 했다. 연나라에 조택이 있는 것은 제나라의 사직(社稷), 송나라의 상림(桑林), 초나라의 운몽(雲夢)과 같다. 여기는 남녀가 줄지어서 구경하는 곳이다. 한낮에 간공이 조택으로 달려가고 있는데, 장자의가 붉은 지팡이를 휘둘러 수레 위에서 간공을 때려 죽였다. 당시 따르던 연나라 사람 가운데 보지 못한 이가 없고, 멀리 있던 자들도 듣지 못한 이가 없었다. 이 내용은 연나라『춘추』에 기록되어 있다. 제후들이 이를 전하며 말했다. "무릇 죄 없는 이를 죽이면 상서롭지 못한 벌을 받으니, 귀신의 징벌이 이처럼 무섭고 빠르다." 이 책에 쓰인 말로 보자면 귀신이 있다는 것을 어찌 의심할 수 있겠는가?

옛날 송 문군(文君) 포(鮑)의 재위 때, 관고(觀辜)라는 신하가 원래부터 사당에서 제사 지내는 일을 맡았다. 하루는 귀신이 붙은 무축(巫祝)이 지팡이를 짚고 나와서 말했다. "관고여! 어찌 규(珪)와 벽(璧)이 규격에 맞지 않고, 술과 제수가 정결하지 않으며, 희생의 색깔이 나쁜 데다 기름지지 않고, 사계절의 제사가 때에 맞지 않는가? 네가 한 짓인가 아니면 포가 한 짓인가?" 관고가 말했다. "포는 아직 어려서 포대기 안에 싸여 있는데 어찌 이를 알겠습니까? 일을 맡은 신하 저 혼자 그리한 것입니다." 이에 무축이 지팡이를 들어 관고를 두들겨 패서 단 위에 엎어져 죽게 하였다. 당시 따르던 송나라 사람 가운데 보지 못한 이가 없고, 멀리 있던 자들도 듣지 못한 이가 없었다. 이 내용은 송나라 『춘추』에 적혀 있다. 제후들이 이를 전하며 말했다. "여러 제사를 지내면서 공경하고 삼가지 않는 자는 귀신의 징벌이 이처럼 무섭고 빠르다." 이 책에 쓰인 말로 보자면 귀신이 있다는 것을 어찌 의심할 수 있겠는가?

옛날 제 장군(莊君)의 신하 중에 왕리국(王里國)과 중리교(中里繳)라는 자가 있었다. 두 사람이 3년 동안 소송을 벌였으나 판결이 나지 않았다. 장군이 둘 다 죽이려니 무고한 자를 죽일까 두려웠고, 둘 다 풀어주려니 죄 있는 자를 놓칠까 염려했다. 이에 두 사람에게 양 한 마리를 바치고 제나라 신주를 모신 사당에 맹세하라고 명했다. 두 사람이 이에 응하고 사당 앞에 작은 구덩이를 판 뒤 양의 목을 찔러 그 피를 구덩이로 흘려보냈다. 먼저 왕리국이 맹세의 말을 다 읽을 때까지는 아무 일이 없었다. 이어서 중리교가 맹세의 말을 읽는데 반도 채 안 읽었을 때 죽었던 양이 일어나 그를 들이받아 다리를 부러뜨렸다. 사당의 신이 그를 때려 맹세하던 곳에서 죽여버렸다. 당시 자리에 있던 제나라 사람 가운데 보지 못한 이가 없고, 멀리 있던 자들도 듣지 못한 이가 없었다. 이 내용은 제나라 『춘추』에 적혀 있다. 제후들이 이를 전하며 말했다. "각종 맹세를 성실히 하지 않는 자는 귀신의 징벌이 이처럼 무섭고 빠르다." 이 책에 쓰인 말로 보자면 귀신이 있다는 것을 어찌 의심할 수 있겠는가?

그래서 묵자가 말했다. "비록 깊은 산골짜기, 넓은 숲, 조용한 시내 등 사람 없는 곳에 있을지라도 행동함에 조심하지 않을 수 없다. 귀신이 있어서 늘 지켜보기 때문이다."

묵자는 역사책의 기록과 살아 있는 사람들이 함께 본 것 등 여러 가지 예를 들어 귀신의 존재와 귀신이 상벌을 줄 수 있음을 증명했다. 또 「명귀」에서는 고대 성왕들이 제사를 중시한 일과 옛 서적의 관련 기술을 기록해 귀신의 존재와 영험을 증명했다.

옛날 성왕은 반드시 귀신이 있다고 여겨 힘써 귀신을 두텁게 섬겼다. 또한 후세 자손이 이 점을 알지 못할까 두려워 죽간과 백서에 적어서 전했다. 혹시라도 그것들이 썩거나 좀먹어 없어져 후세 자손이 기억하지 못할까 두려워 쟁반에 새기고 금석(金石)에 박아 소중하게 여기게 했다. 또한 후세 자손이 근신하지 못해 상서롭지 못한 일을 당할까 두려워 선왕의 서적과 성인의 말이 설사 한 자의 비단이나 한 쪽 책이라 할지라도 귀신이 있음을 반복하고 또 반복했다. 이는 무슨 이유일까? 성왕이 여기에 힘썼기 때문이다.

그렇다면 어떤 책에 있는가? 『주서(周書)』(『시경』을 이름) 「대아(大雅)」에 있다. 「대아」에서 말했다. "문왕이 위에 계시니, 아아 하늘 가득히 빛나네. 주나라가 비록 오래된 나라일지라도 그 명은 새롭네. 주나라가 크게 드러남이여! 상제의 명이 때를 맞추네. 문왕이 돌아가신 후 상제 좌우에서 오르내리시네. 아름다운 문왕이여! 훌륭한 칭송이 그치지 않네." 만일 귀신이 없다면 문왕이 벌써 죽었는데 그가 어찌 상제의 좌우에 있겠는가? 이것이 내가 『주서』에 적힌 귀신의 일을 안다고 하는 까닭이다.

『주서』에만 귀신에 관한 일이 있고 「상서(商書)」(『서경』의 편명)에 없다면 충분한 기준이 되지 못할 것이다. 「상서」에서 말했다. "아! 옛날 하 왕조에 아직 재난이 없었던 때에 여러 짐승과 벌레, 나는 새에 이르기까지 나란히 따르지 않는 것이 없었다. 더욱이 사람으로서 어찌 감히 다른 마음을 가지겠는가? 산천과 귀신도 안녕하지 않은 것이 없었으니 공경하고 성실하기만 하면 천하가 화합하여 땅을 보전할 수 있었다." 산천과 귀신이 안녕하지 않은 것이 없었던 바를 살펴보면 우를 도와 꾀했기 때문이다. 이것이 내가 「상서」에 적힌 귀신의 일을 안다고 하는 까닭이다.

「상서」에만 귀신에 관한 일이 있고 「하서(夏書)」(『서경』의 편명)에 없다면 충분한 기준이 되지 못할 것이다. 「하서」 '우서(禹誓)'에서 말했다. "감(甘) 땅에서 큰 싸움이 일어나자 왕이 바로 좌우 여섯 명에게 수레에서 내려 군중에 전할 포고령을 들으라고 명했다. '유호씨(有扈氏)가 오행(五行)을 소홀히 하고 삼정(三正)을 게을리 했다. 하늘은 이에 그 명을 끊은 것이다.' 또 이르기를 '해가 중천에 뜬 지금 나는 유호씨와 운명을 건 전투를 벌이고 있다. 전진하라, 너희 경대부와 서인들이여! 나는 저들의 땅이나 보옥을 탐내는 것이 아니라 삼가 천벌을 행하려는 것이다. 왼쪽이 전력을 다해 왼쪽으로 진공하지 않고, 오른쪽이 전력을 다해 오른쪽으로 진공하지 않는다면 너희는 명을 받들지 않는 것이다. 마부가 말을 잘 몰지 못하면 역시 명을 받들지 않는 것이다. 그래서 조상의 신주 앞에서 상을 주고 사당에서 형벌을 내리는 것이다'"라고 했다. 왜 조상의 신주 앞에서 상을 주는가? 천명에 따른 상을 공평하게 나누기 위함이다. 왜 사당에서 형벌을 내리는가? 형벌이 공정함을 말하기 위함이다. 따라서 옛 성왕은 반드시 귀신이 현자에게 상을 내리고 포악한 자를 벌준다고 여겨 조상의 신주 앞에서 상을 내리고 사당에서 벌주었다. 이것이 내가 「하서」에 적힌 귀신의 일을 안다고 하는 까닭이다.

위로는 「하서」에서부터 「상서」와 『주서』에 이르기까지 귀신이 있음을 수없이 언급했다. 거듭하고 거듭하는 까닭은 무엇일까? 바로 성왕이 여기에 힘썼기 때문이다. 이 책들에 쓰인 말로 보자면 귀신이 있다는 것을 어찌 의심할 수 있겠는가?

옛날 기록에 "길일인 정일(丁日)과 묘일(卯日)에 사신(社神)과 사방의 신, 조상에게 해마다 두루 제사를 올려 수명을 늘렸다"고 했다. 그러므로 묵자가 말했다. "귀신은 현자에게 상을 주고 포악한 자에게 벌을 내린다. 이는 본디 나라와 모든 백성에게 널리 알려야 하는 것이니, 실로 이로써 나라를 다스리고 모든 백성을 이롭게 하는 근거로 삼을 수 있다." 그렇게 하지 않을 경우, 관리와 관청이 청렴하지 못하고 남녀 간에 분별이 없어 귀신이 내려다본다. 백성 가운데 음란과 횡포, 도둑질을 일삼거나 무기, 독약, 물과 불로 무고한 사람을 길에서 해치며, 남의 수레와 재물을 빼앗아 자신의 이득을 취하는 자를 귀신은 내려다본다. 그러므로 관리와 관청이 감히 청렴하지 않을 수 없고, 선을 보면 감히 상을 주지 않을 수 없으며, 포악한 자를 보면 감히 벌하지 않을 수 없다. 또한 백성 가운데 음란과 횡포, 도둑질을 일삼거나 무기, 독약, 물과 불로 무고한 사람을 길에서 해치며, 남의 수레와 재물을 빼앗아 자신의 이득을 취하는 자가 자연히 없어져 천하가 다스려진다.

량치차오는 『묵자학안』에서 명귀(明鬼)에 대해 다음과 같이 비판했다.

'천지' 외에 '명귀'를 추가한 것은 군더더기를 더했을 뿐이다. 묵자의 명
귀론은 사회 도덕의 제재를 강화하려는 데에 지나지 않는다.

명귀의 취지를 이해하는 요점은 바로 여기에 있다. 그가 수많은 귀신 이
야기를 인용한 이유는 모두 원수에게 재앙을 내린다는 점을 강조해 사람
들에게 두려움을 심어주기 위해서였다. 귀신의 존재 유무를 다룰 때, 그
는 학문적인 답안을 찾은 것이 아니라 극히 천박한 경험론에서 답안을
찾고자 했다. 이는 실로 아무 가치도 없는 것이다.

묵자가 귀신의 존재를 증명한 방식은 극히 단순하며 역사서 가운
데 귀신과 관련된 황당한 전설과 기록을 찾아낸 것에 불과하다. 이런
기록은 고사라는 점에서 생동감 있고 흥미롭긴 하지만 사실의 측면
에서 보면 황당하고 가소로운 수준이다. 이렇게 황당한 이야기를 묵
자가 아무 의심 없이 인용한 것은 그의 사상의 천진한 일면을 드러낸
것이다.

묵자는 귀신이 있다고 확신했을 뿐 아니라 귀신 사이에도 구별이
있다고 여겼다. 「명귀하」에서는 "옛날이나 지금이나 귀신은 다르지
않다. 하늘의 귀신이 있고, 산과 물의 귀신이 있으며, 사람이 죽어서
귀신이 된 경우도 있다"고 했다.

요컨대 귀신에는 세 종류가 있다. 첫째, 천귀(天鬼)는 하늘이 내린
귀신으로 천신(天神)과 유사하며 최고의 귀신이다. 둘째, 지귀(地鬼)는
산과 물의 귀신으로 산천과 강과 호수를 관장한다. 셋째, 인귀(人鬼)
는 사람이 죽어서 된 귀신으로 능력으로 따지면 최하이다. 묵자가 억
지로 상상해낸 귀신은 절대로 음산하고 무시무시한 살인귀가 아니라
어둠속에서 인간의 시비곡직을 관찰하고 감독하면서 선한 자에게 상
을 주고 포악한 자에게 벌을 내리는 집행자이다. 귀신은 없는 곳이 없

고 할 수 없는 일이 없는 용맹한 기사로, 사람의 이로움을 도모하지 사람을 적대하지 않는다. 묵자가 생각하는 귀신의 힘은 아주 거대하고 초인적이다. 포악한 자에 대해서는, 그가 아무리 부귀하고 세력이 크고 용맹하고 또 강력한 무기를 가졌더라도 귀신의 상대가 될 수 없으며 모두 징벌을 내릴 수 있다. 따라서 귀신은 '아무리 커도 벌하지 않는 일이 없는' 능력을 갖추고 있다. 반대로 선하고 의로운 자에 대해서는, 그가 아무리 빈천하고 연약하고 어리석더라도 귀신은 티끌만한 것까지 살펴 상을 내린다. 따라서 귀신은 또 '아무리 작아도 상 주지 않는 일이 없는' 능력을 갖추고 있다.

묵자가 보기에 귀신은 공평무사할 뿐 아니라 아주 용감하고 지혜로워서 천자를 도와 정령을 행하고 그의 말을 독려하며, 천하의 이로움을 일으키고 천하의 해로움을 제거할 수 있었다. 묵자의 명귀는 분명 초인간적인 힘을 빌려서 인간의 정의를 실현하려고 시도한 것이다. 이는 묵자 사상 가운데 취약한 경고와 징벌의 체계이다.

『묵자』「경주」에는 유자인 무마자(巫馬子)와 묵자의 문답이 실려 있다.

무마자 귀신과 성인 가운데 누가 더 현명하고 지혜롭습니까?

묵 자 귀신이 성인보다 현명하고 지혜롭다는 것은 마치 귀와 눈이 밝은 사람을 귀머거리나 장님에 비유하는 것과 같습니다. 옛날 하나라 왕 계(啓)는 비렴(蜚廉)에게 산천에서 구리를 캔 다음 곤오(昆吾)로 가 정(鼎)을 주조하게 했습니다. 이때 옹난을(翁難乙)을 시켜 백령(百靈)의 거북이에 점을 치게 하면서 이렇게 아뢰었습니다. "정은 세 발 달린 네모난 모양을 이루게 하소서. 불을 때지 않아도 저절로 끓고, 들어 올리지 않아도 저장되며, 옮기지 않아도 저절로 움직이도록 하소서. 곤오의 마을에서 제사를 드리오니 흠향하소서." 옹난을이 점괘를 해석해 말했다. "귀신이 이미 흠향하셨다. 뭉게뭉게 흰구름이 일어나 한 번은 남북으로 한 번은 동서로 흐르듯, 아홉 개의정이 완성되어 세 나라에 전해지리라." 하후씨가 그것을 잃자 은나라 사람이 받았고, 은나라 사람이 그것을 잃자 주나라 사람이 받았습니다. 하후씨, 은나라, 주나라가 차례로 받는 데 수백 년이 걸렸습니다. 가령 성인이 훌륭한 신하와 걸출한 재상을 모아놓고 도모하더라도 어떻게 수백 년 뒤의 일을 알 수 있겠습니까? 그러나 귀신은 이미 알았습니다. 따라서 귀신이 성인보다 현명하고 지혜로운것은 마치 귀와 눈이 밝은 사람을 귀머거리나 장님에 비유하는 것과 같다고 하는 것입니다.

묵자의 사상 체계 가운데 '천지' '명귀'와 '비명' '상동' 간에는 확실히 모순이 존재한다. 천지와 명귀는 어두운 가운데 초인간적인 힘으로 인간 세상의 모든 것을 주재하는 것이다. 이런 힘은 언제 어디에나 존재해 정의를 수호하면서 선한 자에게 상을 주고 포악한 자에게벌을 내린다. 인간의 행복과 고통, 환락과 근심, 부귀와 빈천, 영달과곤궁, 지혜와 어리석음은 모두 이처럼 지극히 고귀하고 지극히 공정한 힘에 의해서 결정된다.

묵자는 천지의 존재를 인정하고 귀신이 실재함을 증명하고서도다른 한편으로는 의연히 명정론(命定論)을 비판해 사람의 힘을 높이고 사람들 사이에 널리 유행하는 명(命)은 근본적으로 존재하지 않는다고 생각했다. 왜냐하면 예로부터 지금까지 누구도 '명'이라는 것을 본 적이 없고, '명'의 소리를 들어보지 못했기 때문이다. 명이 존재하지 않는다면 사람의 운명과 부귀빈천을 결정하는 것은 어두움 속의 신비스러운 힘이 아니라 사람 스스로의 역량이다. 사람은 열심히 일해야 비로소 의식(衣食)의 이로움을 가질 수 있고, 천하를 태평하게 다스릴 수 있다. 이처럼 창의 날카로움을 선전하면서 동시에 방패의 견고함을 널리 알린 묵자의 이론 체계는 불가피하게 자기모순 속으로 빠져들었다.

공자는 귀신 문제에 대해 줄곧 조심스러운 입장을 취했다. 『논어』 「옹야」에서는 애매모호한 태도로 "백성의 마땅한 일에 힘쓰고 귀신을 공경하되 멀리하면 안다고 할 수 있다"고 말했다. 『논어』 「선진」에서는 자로에게 "아직 사람도 섬기지 못하면서 어찌 귀신을 섬기겠는가?"라고 했다. 공자가 보기에 귀신의 존재는 분명하게 말할 수 없는 현안이었다. 이처럼 지극히 곤란한 문제를 남겨두고 논하지 않은 것은 공자의 명석하고 현명한 판단이었다.

또 다른 유가의 집대성자 순자는 귀신의 존재를 완전히 부정했다. 『순자』 「해폐(解蔽)」에서는 "사람들이 귀신이 있다고 하는 것은 반드시 멍한 순간이나 의심으로 혼란스러울 때 그렇게 정해버리는 것이다. 이것은 사람이 있는 것을 없다 하고, 없는 것을 있다고 하는 때가 있기 때문이다. 그래서 일이 그렇게 정해져버리는 것이다"라고 했다. 묵자는 「공맹」 편에서 유가를 비판할 때 "유가에는 천하를 망치는 네 가지 교의가 있다"고 했는데, 이 가운데 첫 번째가 "천을 밝지 못하다고 생각하고 귀신을 신명스럽게 여기지 않아서 천과 귀신이 좋아하지 않는다"는 것이다. 묵자는 상대의 급소를 공격하면서 동시에 자신의 약점을 노출시켰다.

묵자가 귀신의 존재를 증명한 일련의 서술은 지금 시대에서 보면 아주 유치하고 가소롭다. 따라서 후세의 묵자 추종자들은 항상 선인(先人)의 한계성 때문에 백방으로 변명을 대야 했다. 사실 묵자 사상의 한계성에 대해 우리는 굳이 미화할 필요는 없다. 역사 유물주의의 변증법적 관점에서 보면, 어떤 선현에 대한 평가를 막론하고 모두 역사의 실제 환경과 시대의 집단 잠재의식에서 벗어날 수 없다. 묵자의 천지와 명귀에 대한 피력은 어쩌면 단순히 '전략적 논술'이라는 한마디로 치부할 수만은 없는 것이다.

『묵자』「영적사」는 성지 수비 방법을 서술한 편명 중 하나이다. 주로 적을 맞이하기 전의 제사 규칙 및 무사(巫師)와 복사(卜師)의 태도, 맹세 형식 등을 기록했다. 여기에서도 묵자의 귀신에 대한 솔직한 심정이 남김없이 표출되어 있다.

적이 동쪽에서 오면 동쪽의 단에서 제사를 올리는데, 단의 높이는 8척이고 사당의 깊이도 8척이다. 나이 80세인 8명이 푸른 깃발을 들고 제사를 주재한다. 푸른 깃발 신의 길이는 8척이고 8개인데, 8개의 쇠뇌로 8발씩 쏘고 그친다. 장수는 반드시 청색 옷을 입고, 닭을 희생으로 쓴다.

적이 남쪽에서 오면 남쪽의 단에서 제사를 올리는데, 단의 높이는 7척이고 사당의 깊이도 7척이다. 나이 70세인 7명이 붉은 깃발을 들고 제사를 주재한다. 붉은 깃발 신의 길이는 7척이고 7개인데, 7개의 쇠뇌로 7발씩 쏘고 그친다. 장수는 반드시 적색 옷을 입고, 개를 희생으로 쓴다.

적이 서쪽에서 오면 서쪽의 단에서 제사를 올리는데, 단의 높이는 9척이고 사당의 깊이도 9척이다. 나이 90세인 9명이 흰 깃발을 들고 제사를 주재한다. 흰 깃발 신의 길이는 9척이고 9개인데, 9개의 쇠뇌로 9발씩 쏘고 그친다. 장수는 반드시 백색 옷을 입고, 양을 희생으로 쓴다.

적이 북쪽에서 오면 북쪽의 단에서 제사를 올리는데, 단의 높이는 6척이고 사당의 깊이도 6척이다. 나이 60세인 6명이 검은 깃발을 들고 제사를 주재한다. 검은 깃발 신의 길이는 6척이고 6개인데, 6개의 쇠뇌로 6발씩 쏘고 그친다. 장수는 반드시 흑색 옷을 입고, 돼지를 희생으로 쓴다.

성 밖의 유명한 큰 사당에서는 영험한 무축이 기도를 드리게 하고 희생을 제공한다.

무릇 기운을 살피면, 대장의 기운이 있고 소장의 기운이 있으며, 가는 기운이 있고 오는 기운이 있으며 패망의 기운이 있다. 이런 기운을 분명히 알 수 있다면 성패와 길흉을 예측할 수 있다. 능력 있는 무당, 의원, 점쟁이를 찾아내 약을 갖추게 하고 주택을 제공하며 숙소를 잘 안배한다. 무당은 반드시 신사와 가까운 곳에 살게 하고, 신을 공경하게 한다. 무당과 점쟁이는 정보를 수장에게 보고하고, 수장은 무당과 점쟁이가 기운을 살핀 정보를 혼자 알고 있어야 한다. 그들이 출입할 때 뜬소문을 퍼뜨려 관리와 백성을 두렵게 하면 조심스럽고 은밀하게 살펴서 소문을 퍼뜨린 무당과 점쟁이를 단죄하고 용서하지 않는다.

태축(太祝)과 태사(太史)가 전쟁에 앞서 사방 산천과 사직에 제사를 올리고 물러난다. 군주는 흰옷을 입고 태묘에서 맹세한다. "적들이 무도하여 인의를 닦지 않고 오직 무력을 숭상하며 '나는 반드시 너의 나라를 없애고, 너의 백성들을 멸하려고 한다'라고 말합니다. 저의 여러 신하들이 밤낮으로 과인을 위해 애쓰고, 마음과 힘을 합하여 좌우로 도와주면서 각자 죽음으로써 지키고자 합니다."

맹세가 끝난 뒤 군주는 물러나 식사한다. 이후 임시로 태묘 오른쪽에 와서 머물고, 태축과 태사는 사당에 머문다. 백관은 직책에 따라 사당에 올라 문에서 북을 친다. 문 오른쪽에 깃발(旂)을 설치하고 왼쪽에는 깃발(旌)을 설치하는데, 문 좌우 모퉁이에는 장수의 이름을 새긴다. 화살을 세 번 쏘아 승리를 기원하고, 각 군은 모든 무기를 갖춘다. 의식이 끝나면 태묘에서 내려와 명령을 기다리고, 군주는 누대로 올라가 성 밖 상황을 바라본다. 이어 북을 치라는 명령이 내리면 잠시 동안 지속하고, 사마(司馬)

가 문 오른쪽에서 사방을 향해 쑥으로 만든 화살을 쏘고 창으로 땅을 내려찍으면 이어서 화살을 발사한다. 교리(校吏)가 문 왼쪽에서 먼저 손을 흔들면 일제히 나무와 돌을 던진다. 태축, 태사, 종백(宗伯)이 사당에 고하고 시루를 엎어놓는다.

묵자는 귀신에 대한 제사를 강력히 주장하여 "상제와 귀신에게 제사지냄으로써 하늘에 복을 구한다"(「천지상」)고 말했다. 이처럼 신중하고 치밀하며 경건한 제사 의식에서 묵자의 진실한 마음속 방백이 드러난 것은 아니었을까?

묵자의 천지와 명귀 사상에는 보다 깊은 함의가 담겨 있을지도 모른다. 귀신 사상의 탄생은 숭배, 즉 대자연에 대한 숭배나 조상에 대한 숭배에서 기원한다. 생산력이 극단적으로 저하된 원시 사회에서 사람들은 세계의 기원, 대자연의 운행 규칙 및 비, 바람, 홍수 같은 자연계의 각종 현상에 대해 정확히 인식하지 못했다. 이에 경이로움을 가득 안고 인력으로 어찌할 수 없는 대자연이라는 신비한 힘을 숭배하기 시작했다.

하나라 우왕 때 어떤 상황이었을지는 현재 상응하는 자료가 없어서 분명히 말하기 어렵다. 은대에는 귀신 관념이 상당히 성행했다. 『예기』「표기(表記)」에는 "은대 사람은 신을 존숭해 백성을 이끌고 신을 섬겼으며, 신을 우선하고 예를 나중에 했다"라고 기록되어 있다. 복사(卜辭) 가운데에는 상제의 관점도 있고, 하제(下帝)의 관점도 있다. 상제는 '천'이고, 하제는 국왕이나 군주로 천은 일체를 지배한다. 사람들은 천지, 귀신, 성신(星辰), 산천, 대지까지 두루 제사를 지냈다. 특히 은대에는 크고 작은 일에 모두 점을 쳐서 심지어 사신(邪神)에게 점을 치는 '음사(淫祀)'의 특징까지 나타났다. 은대 사람의 천명귀신관은 매우 중요하다. 차이위안페이는 『중국윤리학사』에서 "묵자가 귀신을 밝히고 천을 존숭한 것은 모두 은대인을 답습한 사상이다"라고 했다.

주대에 이르면서 관념상의 변화가 발생해 은대의 '천'은 '명'으로 바뀌었다. 서주 시대 청동솥인 대우정(大盂鼎)에는 "빛나는 문왕이 하늘에서 큰 명을 받았다"고 기록되어 있다. 『서경』 「강고(康誥)」에서는 "천은 문왕에게 큰 명을 주었다"고 했다. 천명의 승계란 것이 단지 부호가 바뀐 것뿐인데 주대의 통치자는 자신의 '큰 명'을 하늘에서 받은 것이라고 여겼다.

묵자 시대에는 전통적 의미의 천제와 귀신 관념이 붕괴하여 소생산자의 정신적 속박을 벗겨주었지만 그들에게 어떠한 장점도 가져다주지 못하고 도리어 재앙만 더한 꼴이 되었다. 통치자들은 상제의 보응과 귀신의 징벌에 대한 최후의 우려까지 내팽개친 채 더욱 거리낌 없이 평민 백성을 유린했으며, 생활이 점점 황음무도하고 사치가 극에 달했다. 이런 상황에서 소생산자는 다만 유신론을 중건하여 통치자들의 폭력에 위협을 가할 수밖에 없었다.

묵자는 바로 평민의 희망을 대변한 사람이다. 유신론의 역사 발전에서 보자면, 묵자의 천지와 명귀 학설의 출현은 의심할 나위 없이 진보적이고 창조적인 것이다. 그는 대담하게 전통적 의미의 천과 귀신관을 개조하여 새로운 내용을 부여했다. 하대와 은대 이래로 천과 귀신 관념은 줄곧 기득권층과 통치자의 도구로 쓰였다. 사람들이 현실에 불만을 가질 때, 노예와 소생산자는 하늘을 원망하고 저주하며 울분을 삭힐 수밖에 없었다. 왜냐하면 자신들의 이익을 대변하는 천과 귀신은 없고, 혹은 통치자의 천과 귀신만 있을 뿐 평민과 소생산자의 천과 귀신은 없었기 때문이다. 묵자가 만들어낸 천과 귀신은 하층 민중의 천과 귀신이자, 하층 민중의 의지를 반영한 것이다. 이런 의미에서 보자면 그것은 일정 정도 진보성을 띠고 있다.

위잉스(余英時)는 묵자의 인도주의를 언급할 때, 천지와 명귀 사상을 회피하지 않았다. 그는 묵자의 관심이 여전히 인간의 '겸애'에 있었고, 그 안에는 결코 '천국'이라는 개념이 없었다고 단호하게 지적했다. 묵자는 전통적인 옛날의 '천도(天道)'를 빌려서 자신의 새로운 '인도(人道)'를 강화했을 뿐이다.

젠보짠(翦伯贊)도 『중국사 강요』에서 "묵가는 미신을 빌려 그들의 정치사상을 실현하는 도구로 삼으려 했다"고 말했다.

묵자 내면의 모순은 바로 극렬한 사회 모순을 반영한 것이자, 소생산자가 신속하게 변혁하는 사회 현실에 직면하면서 비롯된 무기력한 심리가 굴절돼 나온 것이다. 그들은 노동을 실천하는 가운데 자신의 역량을 인식했고, 자신에게 의지해야만 비로소 행복한 생활을 창조할 수 있다고 깨달아 국가 정치와 사회 관리에 적극적으로 참여하기를 희망했다. 다른 한편으로는 스스로 사회의 하층에 처해 권세가 없고 억압을 배로 받고 있음을 의식해, 일종의 초인간적인 힘이 존재해 인간의 정의를 주재해주길 바랐다.

그들은 사회현상에 불안과 불만을 가지고서 자신의 운명을 바꾸고자 노력할 때, '비명'과 '노동의 숭상'을 강조했다. 반면에 관료가 되지 못해 뼈에 사무치게 원망스럽거나 현실의 벽에 부딪혀 철저히 실망했을 때, 특히 자신의 노력이 좌절되거나 냉대 받을 때는 하늘을 높이고 귀신을 섬기면서 초현실적인 힘에 희망을 걸었다. 아울러 이런 초현실적인 힘을 무기로 통치자를 위협하고, 그들이 멋대로 행동하지 못하도록 견제했다.

그러나 천지와 명귀는 결국 허황된 환상일 뿐이었다. 기득권층은 묵자의 이런 '속임수'를 알고 있었기 때문에 추호도 귀신의 징벌을 두려워하지 않았다. 이는 필연적으로 소생산자에게 더 큰 실망을 안겨주었다. 더욱 심한 경우 천과 귀신이 도리어 통치자의 수중에서 민중을 우롱하는 도구로 쓰일 때, 그것은 역으로 사람의 손발을 묶는 족쇄와 수갑이 되었다. 이것이 곧 묵자의 '천지'와 '명귀'가 가진 이로움과 폐단의 이중성이다.

제27장
묵가와 진나라 흥기와의 관계

묵가는 한비자가 '세상의 현학'이라 칭할 정도로 춘추전국 시대에 수백 년 동안 흥성했다. 한비자는 진시황 14년(기원전 233년)에 세상을 떠나 사마천이 『사기』를 저술한 시기와 100여 년 차이에 불과하다. 당시 세상에서 가장 유명한 학문 가운데 하나였던 묵가는 무슨 이유로 빙하기의 공룡처럼 돌연 자취를 감추었을까? 근대 이래 묵가의 쇠망 원인은 '스핑크스의 수수께끼'나 '골드바흐의 추측'이 돼버렸다.

각기 다른 수많은 견해 가운데 팡서우추는 네 가지 독창적인 관점을 제시했다. 팡서우추는 1937년에 출판된 『묵학원류』에서 묵가의 소멸 원인을 네 가지로 귀결했다. 첫째 묵학 자체의 모순, 둘째 과대한 이상주의, 셋째 조직의 파괴, 넷째 진나라 옹호 혐의이다. 이 가운데 '진나라 옹호 혐의'에 사람들은 놀라움을 감추지 못했다.

일반적인 시각에서 묵학은 하층 민중을 대표한 학설이다. 중국 2000여 년의 봉건전제 왕조는 진나라로부터 발흥했고, 폭정 또한 어느 시대보다 극에 달했다. 그런데 줄곧 평민 입장을 대변한 묵학이 진 나라를 옹호하다가 망했다니, 어찌 잘못된 주장이 아닌가? 이 안에는 보통 사람의 상식으로 이해하기 어려운 심오한 역사의 논리가 숨겨져 있는 것일까?

옌빙강(顏炳罡)은 『민중의 고통을 향한 안타까운 절규 : 묵가 철학의 종횡담』에서 "묵가는 기율이 엄격한 집단이었다. 이 집단의 수령은 거자(鉅子)라 칭했는데, 묵자는 아마도 묵가 최초의 거자였을 것이다. 묵자 이후 유명한 거자로는 맹승(孟勝), 전양자(田襄子), 복돈(腹䵍)이 있었다"라고 했다. 『여씨춘추』 「상덕(上德)」에는 맹승과 관련된 일화가 실려 있다.

묵가의 거자 맹승은 초나라의 양성군(陽城君)과 사이가 좋았다. 양성군이 영지를 지켜달라고 명하고 패옥을 갈라서 계약의 부절로 삼았다. 당시 초나라 군주가 죽자 여러 신하들이 군주의 빈소에서 오기(吳起)를 공격해 죽이는 일이 벌어졌다. 양성군도 이에 가담했다가 초나라 군주의 시신을 훼손했다는 죄로 영지를 몰수당하고 도망치는 신세가 되었다. 초나라 군대가 양성군의 영지를 포위하자 맹승이 말했다. "영지를 지켜달라는 양성군의 부탁을 받고 그와 부절을 나눠 가졌다. 이제 부절이 보이지 않는다고 어찌 성을 내줄 수 있겠는가?" 그러고는 힘을 모아 필사적으로 저항했다. 맹승의 제자인 서약(徐弱)은 중과부적으로 성을 지키기 어려워지자 맹승에게 권했다. "우리의 죽음이 가치 있다면 끝까지 싸우겠지만 우리가 죽어도 양성군에게 아무런 도움이 되지 않습니다. 게다가 스승님은 거자라는 중책을 맡고 있어서 묵가의 대가 끊어지게 됩니다." 맹승이 대답했다. "그렇지 않다. 나와 양성군의 관계는 스승이 아니면 벗이고, 벗이 아니면 신하다. 지금 성을 버리고 도망치면 신의를 잃게 된다. 이후로

엄한 스승이나 현명한 벗, 훌륭한 신하를 구할 때 절대 우리 묵가에서 찾지 않을 것이다." 맹승은 죽음을 대수롭지 않게 여기고 후사를 부탁했다. "나는 장차 거자를 송나라의 전양자에게 맡길 것이다. 전양자는 현자이니 어찌 묵가가 세상에서 끊어질 것을 걱정하겠는가?" 서약은 맹승의 말을 듣고 크게 감동해 의연히 말했다. "선생님의 뜻이 그러하시니 청컨대 제가 먼저 죽음으로써 길을 열겠습니다." 이에 돌아서서 맹승 앞에서 자신의 목을 베었다. 맹승은 두 제자를 시켜서 거자의 직책을 전양자에게 전하게 했다. 맹승이 죽자 제자 중에 따라 죽은 자가 183명이었다. 전양자에게 명령을 전달한 자도 초나라로 돌아가 맹승을 따라 죽고자 했다. 전양자가 말리면서 말했다. "맹승은 이미 내게 거자의 직책을 전했다. 너희들은 내 명에 따라 여기에 남도록 해라." 그러나 이 둘은 듣지 않고 마침내 되돌아가 맹승을 따라 죽었다.

사신취의(捨身取義)하는 묵가 정신의 편린을 엿볼 수 있는 대목이다. 이를 근거로 『회남자』「태족훈」에서는 "묵자를 따르는 자 180명은 모두 불속에 뛰어들고 칼날을 밟게 하더라도 절대 발길을 돌리지 않았다"라고 기록했다. 육가(陸賈)의 『신어(新語)』「사무(思務)」에서도 "묵자의 문하에는 용사가 많았다"고 했다.

천쉐량의 '묵자연표'에 따르면, 맹승이 양성군을 위해 수성한 일은 주 안왕 21년(기원전 381년)에 일어났다. 이때 묵자는 88세의 고령이었다.

『묵자』「노문」에 기록된 또 한 가지 일화 역시 묵가 정신을 오롯이 드러내고 있다. 노나라에 자기 자식을 묵자 문하로 보낸 사람이 있었는데, 아들이 전쟁에 나가 죽자 묵자를 질책했다. 이에 묵자가 다음과 같이 대답했다.

당신은 나에게 아들을 보내 공부시키려고 했소. 이제 배움을 이루고 전쟁에 나가 죽고 말았소. 당신이 화를 내는 것은 마치 양식을 팔려고 내놓았다가 양식이 팔리자 화를 내는 것과 같소. 어찌 잘못된 일이 아니겠소?

의를 추구해 의를 얻고 인을 추구해 인을 이루었으니, 또 무엇을 더 바라겠는가? 의를 중시하고 삶을 가벼이 여기며, 정의롭고 늠름하며, 비분강개하게 죽음으로 나아가는 것은 묵가에서 의연히 실천하고자 한 이상주의의 신념이었다. 이는 중국의 문화 전통 가운데 협사(俠士) 정신과 밀접한 관련이 있다. 그래서 묵가는 '묵협(墨俠)'으로 불리기도 한다.

공자는 군자를 '겸손하고 겸손한 군자'로 정의했다. 반면 묵자는 군자를 '용감한 무사'로 지칭했다. 『묵자』「수신」에서 "군자는 전쟁에서 진법을 펼치지만 용맹을 근본으로 한다"고 말했다. 묵자의 눈에 군자는 우선 용감해야 했다. 이는 영웅주의와 협사 정신의 결합이다. 묵가 학설 곳곳에는 '협'의 관념이 스며들어 있다.

『묵자』「경상」에서 "용(勇)은 과감하게 하려는 의지"라고 했다. 또 "임(任)은 선비가 자신을 희생해 이로운 일을 하는 것"이라 하고, 주석에서 이는 '임협(任俠)'의 뜻이라고 했다. 여기서 묵자는 중요한 '임협' 개념을 제시했다. 이에 대해 「경설상」에서 "자신이 싫어하는 바를 행하여 남들의 시급한 일을 이루어주는 것"이라고 보충 설명했다. 이것이 바로 협의 행위 규범이다. 천산(陳山)은 『중국 무협사』에서 "묵가의 저작에는 임협 정신을 연구하고 서술한 흔적이 역력하다. 수령과 제자들은 항상 '협'의 방식에 따라 일했다"고 묵가 정신을 평했다.

사마천이 『사기』를 저술할 때 묵자의 사적은 아마도 거의 사라져 묵자의 전기를 쓸 수 없었을 것이다. 그러나 사마천은 『사기』「유협열전(游俠列傳)」에서 협사의 특징을 "그 말에 반드시 믿음이 있고 행동에 반드시 결과가 있으며, 한 번 승낙하면 반드시 성실히 이행하고, 자신의 몸을 아끼지 않고 남의 어려움에 뛰어들 때는 생사를 돌보지 않았다"라고 요약했다. 이런 근사한 서술은 묵가의 임협을 압축적으로 개괄한 것과 다르지 않다. 중국 CCTV의 '백가강단(百家講壇)'에서는 묵자의 강좌명을 '묵자, 제국에 도전한 검협(劍俠)'으로 정했는데, 이로부터 묵가에 대한 역사적 평가를 엿볼 수 있다.

루쉰은 「부랑배의 변천」에서 "공자의 무리는 유(儒)이고, 묵자의 무리는 협(俠)이다. (…) 오직 협사만이 성실했다. 그래서 묵자의 말류(末流)는 죽음을 궁극의 목적으로 삼는 데에 이르렀다"고 했다. 허우와이루는 「나의 중국 사회사 연구」라는 글에서 명쾌하게 유협을 묵협이라 칭하고, 그것은 후기 묵가에서 매우 중요한 일파라고 여겼다. 바이서우이(白壽彝)의 『중국통사』에서도 "협의지사(俠義之士)는 실제 묵가의 후학이었다"라고 말했다. 묵자의 문도는 결코 유가 같은 백면서생이 아니라 언제든지 대의를 위해 헌신할 준비가 된 협사 무리였다. 묵자는 「수신」 편에서 "선비는 학문을 하더라도 실천을 근본으로 삼는다"고 거리낌 없이 말했다. 묵가 학문의 목적은 실천에 있었다. 그들은 선진 시대 비분강개하던 선비 정신을 계승하고, 아울러 그 정신을 극한까지 발전시켰다.

묵가 집단은 또 행실이 협객에 가까운 사람들을 받아들였다. 『여씨춘추』 「존사」에 따르면, '동방의 거물급 사기꾼'으로 불리던 색로삼(索盧參)은 묵자의 수제자 금골리에게 배웠다고 한다. 『태평어람』에는 용맹한 무사 굴장자(屈將子)가 묵자의 제자 호비자(胡非子)에게 무장한 채로 찾아와 위협을 가하는 일화가 나온다. 이때 호비자가 굴장자에게 용맹의 진정한 의미를 다섯 단계로 나누어 설명하자, 굴장자는 무장을 해제하고 제자가 되어 배우기를 청했다고 한다.

이런 기록의 행간에는 묵가에서 당시 핍박받던 협사를 보호하려는 의미가 담겨 있다. 이처럼 일부 협사가 무력을 포기하고 학문에 나아감으로써 묵가에 신선한 피를 공급할 수 있었다. 묵가의 이런 정신은 아마도 당시 전국을 통일하고 중원의 패권을 차지하기 위해 현자를 구하는 데 목말랐던 진나라의 이목을 끌었을 것이다.

진나라는 원래 변방의 작은 나라였다. 서주 말년에 견융(犬戎)이 주 려왕을 여산(驪山) 아래에서 살해했다. 이때 진 양공(襄公)이 군대를 이끌고 주나라를 구원하고, 또 주나라가 낙양으로 천도할 때 도움을 주었다. 이에 주 평왕(平王)은 양공을 제후로 봉하고 기산(岐山) 서쪽 땅을 하사했다. 대략 100년이 지나 목공(穆公) 때에 이르러 진나라의 노예제 경제가 비교적 성숙하게 발전하고, 국력도 점차적으로 강성해지기 시작했다. 진나라는 여러 차례 동진해 중원의 패자로 군림하려 했지만 번번이 막강한 진(晉)나라에게 저지당했다. 이에 진 목공은 서쪽으로 진출을 꾀했다.

『사기』「진본기」에는 기원전 613년에 이르러 "12개 나라를 더하고 1000리의 땅을 넓혀서 마침내 서융(西戎)의 패자가 되었다"고 기록되어 있다. 이후 대략 200여 년간 진나라의 정치 상황이 그다지 좋지 못했고, 더욱이 려공(厲公, 기원전 467년 즉위)에서 출자(出子, 기원전 386~기원전 385년 재위)에 이르는 90여 년간 여러 차례 왕위 쟁탈전이 벌어졌다. 진나라의 국세가 동요하자, 위나라가 기회를 틈타 진나라의 하서(河西) 지방을 탈취했다. 이리하여 진나라는 새로운 방안을 찾지 못하면 패자 다툼에서 생존하기 어려운 위기에 처했다.

일찍이 기원전 408년 진 간공(簡公)은 '초조화(初租禾)'를 시행했다. 이는 토지세를 실물로 징수하여 토지의 사유를 승인한 것으로, 노예제에서 봉건제로 이행하는 중요한 개혁 조치였다. 헌공(獻公) 때에 이르러 또 몇 가지 중요한 개혁을 단행했다. 헌공이 죽고 효공(孝公)이 즉위했다. 효공은 진나라의 국력이 강대하지 못하다고 여겨 "제후들이 진나라를 비하하니 수치스러움이 이보다 더 클 수 없다"(『사기』「진본기」)고 탄식한 뒤 전국에 현자를 찾으라는 명령을 내렸다. 포고문에서는 "빈객과 여러 신하 가운데 기이한 계책을 내 진나라를 강하게 하는 자"(『사기』「진본기」)에게는 관직뿐만 아니라 땅까지 나눠주겠다고 공언했다.

2010년 5월 14일, 저명한 원로 사학자 허빙디(何炳棣)는 칭화(淸華)대학 고등연구원에서 「역사상 '일대사 인연'의 수수께끼를 풀다 : 진과 묵가의 역사적 사실 관계 재정립으로부터」라는 주제로 강연을 했다. 이 강연에서 허빙디는 지금까지 연구한 대량의 고증 자료를 근거로 묵가와 진나라 흥기와의 관계를 밝혔다. 아래는 강연의 일부 발췌문이다.

2000년 이래로 진나라가 약세에서 강세로 전환할 수 있었던 것은 모두 상앙(商鞅)의 변법 덕분이라고 여겼다. 순자마저도 이런 관점을 가져 『순자』「의병(議兵)」에서 사세(四世)의 설을 내놓았다. 사세는 진 효공, 혜문왕(惠文王), 무왕, 소왕(昭王)을 가리키며, 네 군주의 재위 기간은 기원전 361년부터 251년까지로 총 110년이었다.

하지만 진나라의 부국강병 노력은 사실 효공의 부친 헌공까지 거슬러 올라가야 한다. 필자가 사료를 해독하고 논증한 결과 헌공 때부터 진나라가 약세에서 강세로 전환하기 시작했고, 그 공로는 주로 묵가의 도움에 기인했다.

헌공은 즉위 4년 후인 기원전 381년 발생한 경천동지할 연쇄 사건에 일생일대의 큰 충격을 받았다. 양성군이 초 도왕(悼王)의 빈소에 숨어 있던 오기를 살해하는 데 가담했다가 죄를 지어 영지를 잃었고, 양성군이 영지를 잃으면서 묵가의 거자 맹승과 그의 제자 185명이 묵자의 의를 실천하기 위해 집단 자살을 감행한 것이다.

지난 수십 년간 동서양 학자들의 연구를 거쳐 묵가와 통일 이전의 진나라 사이에 밀접한 관계가 있었다는 것은 이미 정론이 되었다. 묵자는 장년기에 성 방어 및 무기 발명과 제조로 열국에 이름이 널리 알려졌다. 묵자와 그의 숙련된 기술자들은 고대 서양보다 훨씬 앞서 지렛대와 도르래의 원리를 이해했다.

헌공의 첫 번째 목표는 하서 땅을 다시 수복하는 일이었다.

당시 황하 동쪽의 분수(汾水)와 속수(涑水) 유역은 삼진(三晉)의 정치, 경제, 문화, 인구의 중심지였고, 서쪽 산시(陝西) 경내의 낙수(洛水)와 위수(渭水) 하류 평원은 진나라의 개발을 기다리는 보물 창고였다. 수많은 하류와 지류가 이곳으로 모여들었다가 용문(龍門)과 동관(潼關) 사이의 황하로 유입됐다. 그래서 군사적으로나 경제적으로 모두 진나라와 위나라가 반드시 쟁탈해야 하는 지역이었다.

황토고원(黃土高原)은 토질이 푸석푸석해서 침식과 유실이 잦았다. 이 때문에 도랑과 계곡이 깊이 파이고 지세가 아주 불규칙했다. 이런 복잡한 지형은 전국 시대 초기에 공수 방면의 다양한 전술과 무기 개발의 주요 요인이 되기도 했다.

필자가 다방면으로 고증하고 해석한 바에 따르면, 헌공 즉위 후 4년째 되는 해, 즉 묵가의 거자 맹승 및 그의 제자들이 초나라 양성군의 난으로 집단 자살한 해에 헌공은 묵가와 협력 관계를 맺기 시작했다. 또한 이들의 관계는 물고기가 물을 만난 것처럼 아주 잘 융합되었다. 그래서 성 방어 중에 군정 대권이 집중되는 '수(守, 수비 대장)'는 모두 묵가에서 선발되었다. 성 방어의 최고 장관 '수' 아래에는 또 묵가가 담당한 '위(尉)'라는 직책이 있었다.

헌공은 다년간의 망명 생활에서 겪은 고초와 즉위 후 4년 뒤 묵가의 집단 순직에서 받은 감화로 인해 처음부터 묵가에게 무한한 신뢰를 보냈다. 묵가를 흡사 진나라 군대의 전능한 간부나 기율이 엄격한 집행자로 여긴 것이다.

초빙된 묵가의 구성원들 역시 헌공에게 줄곧 충성을 다했다. 평소에는 귀족 자제들을 겉으로 예우하면서 실상 엄밀히 감시했고, 적군이 공격해 올 때는 귀족 자제들에게 높은 누대에 올라가 정찰하는 임무를 맡긴 뒤 정찰에 실패하면 참수했다. 기타 성을 지킬 때 엄격히 금지된 행위와 간사한 행동을 모두 위에 알렸다. 묵가는 진나라의 중앙집권에 방해가 되는 세력을 제거하는 데 의심의 여지없이 지대한 공헌을 했다.

이 밖에 진나라 당국은 처음부터 묵가의 군사 공정 및 무기 제조 방면의 전문 기술을 적극적으로 수용하고 활용했다. 요약하자면 묵가는 진나라 군대가 약세에서 강세로 전환하는 데 크게 기여했다. 헌공 만년에 위나라와의 석문(石門) 전투에서 적군 6만 명을 참수한 전과와 천자가 보불(黼黻)의 의상을 내려 승리를 축하한 일 등으로 충분히 실증할 수 있다.

'일대사 인연'에서 직접적인 원인이 되는 '인'은 당연히 겸애와 비공을 독실하게 실천하고, 정수리가 닳아서 발꿈치에 이를 때까지 천하를 이롭게 한 묵적이다. 간접적인 원인이 되는 '연'은 아주 기이한데, 묵가는 본래 겸애와 비공, 그리고 사심 없이 세상을 구제하려는 정신으로 진나라에서 벼슬하며 충성과 지혜를 다했지만 결국 무정하게도 시대에 의해 생명이 용해돼버렸다는 데 그 기이함이 있다. 이야말로 인류 역사상 찬탄해 마지않아야 할 영원한 비극이다!

허빙디의 강연 중 일부만 인용했을 뿐인데도, 마치 무늬만 보고도 표범인지 알 수 있듯 묵가와 진나라 흥기 사이의 끊으려야 끊을 수 없는 밀접한 관계를 여실히 볼 수 있다. 진나라 제도의 건립은 정치적으로 묵가의 상동 사상을 실현한 것이지만 이런 제도 배후의 윤리 이념은 결코 실현되지 못했다. 사실상 진나라는 상동의 윤리적 기준을 고려하지 않았다.

진나라와 묵가의 결합은 일종의 쌍방향 선택으로, 당신이 나를 선택했으니 나도 당신을 선택한다는 것이다. 이는 역사의 선택이자 시대의 선택이기도 하다.

맹승이 양성군을 위해 수성하다가 순직한 고사에는 주의해서 봐야 할 것이 있다. 서약이 맹승과 제자들이 모두 죽으면 천하에 묵가의 대가 끊어진다고 하자, 맹승이 여전히 송나라의 전양자가 있다고 대답했다. 여기서 서약이 전양자의 존재를 몰랐던 것은 아니지만 전양자가 당시 맹승을 수령으로 하는 묵가의 주류 조직에 있지 않았음을 알 수 있다. 또 맹승이 제자 두 명을 보내 전양자에게 거자의 지위를 전수했을 때, 그 둘은 초나라로 돌아가 자살하려고 했다. 전양자가 말렸지만 둘은 듣지 않고 단호히 초나라로 돌아가 자살했다. 여기서는 둘 모두 전양자를 거자로 인정하지 않아 명령에 불복했음을 알 수 있다.

『장자』「천하」에는 "묵가는 거자를 성인으로 여기고 모두 그를 모범으로 삼고자 했다"고 기록되어 있다. 묵가 집단의 독특한 거자 제도에서, 거자는 전쟁에서 가장 용감하고 인품이 가장 훌륭한 사람이 담당하며, 모든 명령과 생사여탈의 대권을 가지고 집단 구성원의 무조건적인 지지를 받았다. 당시 묵가에서는 집단 구성원만을 묵도(墨徒)로 보고 탈퇴한 묵도는 조직 내 사람으로 보지 않았다. 따라서 서약은 전양자가 묵도임을 모르지 않았다. 전양자는 응당 맹승과 동연

배로서 탈퇴한 묵도일 것이다.『여씨춘추』에 기록된 묵자의 거자 맹승, 전양자, 복돈이『한비자』에는 전혀 언급돼 있지 않다. 복돈은 앞서 제7장에서 언급한 대로 자신의 아들을 죽여서 법을 바로잡은 사람이다. 그 뒤 묵가의 주류는 진나라로 들어가 복돈이 수령이 되고 점차적으로 법가와 합류했다. 진나라로 들어갈 때 복돈은 이미 노년이었고, 아마도 전양자는 진나라로 가는 것에 반대해 거자의 지위를 유지하지 못했을 것이다. 복돈이 진나라에서 거자에 올랐을 때 전양자는 송나라에 있었다. 송견(宋鈃, 뒤에 순자에게 영향을 준 스승)은 송나라 사람으로 전양자를 스승으로 모셨을 가능성이 크다. 전양자는 만년에 제나라에서 직하학궁(稷下學宮, 제나라가 도성에 지은 인재 양성소)을 개설한다는 소식을 듣고 송견을 보내 직하에서 설교하도록 했다. 송견은 묵도를 자칭하지 않았지만 그의 학술은 실제로 묵학이었다.

맹승의 기풍은 이미 묵자와 크게 달랐다. 묵자는 한 나라나 한 군주가 아니라 천하 사람을 위해 진력했지만 맹승은 양성군을 위해 수성하고 끝내 180여 명의 제자와 함께 순직했다. 이는 맹승이 양성군과의 사적인 감정에 치중했음을 보여준다. 묵가의 구성원은 대부분 서민으로 이루어졌는데, 당시 거자가 기득권층과 지나치게 친밀해지면서 분명 일부 묵가 구성원의 반대에 부딪히고, 묵도가 탈퇴하는 주요 원인이 되었을 가능성이 높다. 묵가는 본래 반귀족 정신에서 출발했지만 맹승은 도리어 군왕의 어용 도구가 되었다. 이것이 어쩌면 묵가 분열의 주요인이었을지도 모른다.

『한비자』「현학」에 따르면, 묵자 사후 묵가는 상리씨(相里氏)의 묵가, 상부씨(相夫氏)의 묵가, 등릉씨(鄧陵氏)의 묵가 세 파로 분열되었다. 『장자』「천하」에도 유사한 내용이 보이는데, "상리근(相里勤)의 제자, 오후(五侯)의 문도와 남방의 묵가인 고획(苦獲), 기치(己齒), 등릉자(鄧

陵子) 무리가 모두 묵자의 경전을 외우면서도 서로 어긋나 합치되지 않았고, 서로를 별묵(別墨)이라 불렀다"고 했다. 첸무는 『선진제자계년』「묵자제자통고」에서 이렇게 고증했다.

> 상리근은 바로 상리씨이다. 첸빈쓰(錢賓四) 선생은 '지방지(地方志)'에 근거해 상리씨가 대대로 살던 곳은 지금의 산시(山西)성 펀양(汾陽)이며, 오(五)와 오(伍)는 같아 고서에서 오자서(伍子胥)의 성을 대부분 오(五)로 썼고 그의 후예는 대부분 제나라에서 살았다고 고증했다.

이에 따르면 묵가 유파는 지역에 따라 나뉜 것이 확실하다. 상리씨는 서쪽으로 진나라에 가까워 서방의 묵가이고, 오후는 오자서의 후예로 제나라에 살았으니 동방의 묵가이며, 등릉자 등은 의심할 나위 없이 남방의 묵가이다.

세력이 가장 강성했던 쪽은 서방의 묵가였다. 진 혜문왕 재위 시에 묵가의 거자 복돈이 진나라에 있었기 때문에 이때 묵학의 중심은 이미 진나라로 옮겨갔다. 대표적 인물인 복돈 외에도 당고과(唐姑果), 전자(纏子) 등이 있었다. 리쉐친(李學勤)의 「진간(秦簡)과 묵자 성수(城守) 각 편」의 고증에 따르면, 『묵자』 가운데 수성 관련 글은 운몽(雲夢) 진간과 공통점이 아주 많다. 그중에서 공(公) 혹은 왕(王)이라고 칭한 것은 혜문왕 때나 그 이후 묵가의 저작일 가능성이 높다. 이 밖에 글 안에서 여러 차례 금골리를 칭한 것은 이때 묵학 일파가 대략 금골리 무리의 후예이기 때문일 것이다.

묵학 세 파가 근원이 같으면서도 흐름이 갈린 이유는 분명 활동 지역의 인문지리 환경 영향 때문일 것이다. 근검하고 실천에 힘쓴 서방 묵가의 기풍은 진나라 지역 문화와 직접적 관련이 있다. 이런 이유로 진나라는 전국 시대 후기 묵학의 중심지가 되었다. 소박하면서 무력을 숭상하는 진나라의 사회적 풍속은 묵학 발흥의 사회적 토양이 되었다. 그리고 묵학의 상동, 상현, 절용, 비유 등은 실리를 추구하고 실제 혜택을 중시하는 진나라의 공리주의적 가치관과 부합했다. 이 밖에도 진나라는 북방 소수민족의 침입을 자주 받았기 때문에 묵가의 뛰어난 수성 기술과 군사적 재능 및 희생정신은 자연히 진나라 통치 계층의 환대를 받았다.

또한 묵학의 성행은 진나라 학술 문화의 발전을 촉진했다. 『여씨춘추』 가운데 「절장(節葬)」과 「안사(安死)」 편은 전적으로 묵가의 작품이며, 더욱 중요한 점은 묵학이 진나라 문화에 깊숙이 침투해 사회를 새롭게 통합하고 새로운 사회 풍격을 형성했다는 것이다. 순자가 진 소왕 때 유세한 내용이 『순자』 「강국(强國)」에 실려 있다. 당시의 재상 범수(范雎)가 진나라에 와서 무엇을 보았느냐는 질문에 순자는 이렇게 대답했다.

국경 안으로 들어와 풍속을 관찰해보니 백성들은 순박하고 음악은 음란하지 않으며, 복장이 경박하지 않고 관리들을 매우 두려워하며 따르는 것이 옛날 백성들과 같았습니다. 도읍의 관부에 이르러보니 모든 관리들이 숙연했고, 또 공손하고 검소하고 돈후하고 공경하고 충성스럽고 믿음이 있으면서 그릇되지 않아 옛날 관리들과 같았습니다. 도성에 들어가 사대부를 살펴보니 자기 집 문을 나와서는 관청으로 들어가고, 관청 문을 나서서는 자기 집으로 돌아가 사사로운 일을 하지 않았습니다. 아첨하거나 붕당을 만들지 않고 밝게 통달해 공평하지 않음이 없으니 옛날 사대부들과 같았습니다. 조정을 살펴보니 한가로우면서도 모든 정사를 빠짐없이 듣고 평결하며, 고요하여 마치 정치가 없는 것 같은 모습이 옛날의 조정과 같았습니다.

순자가 파악한 진나라의 상황은 묵가가 추구한 이상 사회의 모델이 아닐 수 없다. 발전기의 진나라는 바로 묵가가 자신들의 포부를 펼칠 수 있는 무대였던 셈이다.

『묵자』「상현중」에서는 "이미 이 같은 법이 있더라도 실행하는 술(術)을 모른다면 일이 이루어지지 않은 것과 같다"고 지적했다. 여기서 '법'은 국가를 다스릴 때 반드시 견지해야 하는 기본 원칙이고, '술'은 이런 원칙을 관철해 효과적으로 실행하는 방법이다. 아울러 통치자가 이렇게 해야만 비로소 "아름다움은 위에 있고 원한은 아래에 있으며, 안락함은 군주에게 있고 근심은 신하에게 있는" 효과를 거둘 수 있다고 밝혔다. 이처럼 법을 중시하고 술을 밝히며 군주를 높이고 신하를 낮추는 정치 이념은 두말할 것 없이 전국 시대 법가 사상의 효시가 되었다. 이후 법가의 대표 인물인 상앙, 한비자, 여불위, 이사(李斯) 등의 '법' '술' '세' 주장은 모두 묵자 사상으로부터 발전돼 나온 것이다.

묵학의 수많은 주장은 진나라 초기의 문화 가치관과 서로 부합했다. 또한 극단적으로 실리를 중시하는 법가 사상과 공통적인 가치 기반을 지녔기 때문에 묵학은 법가와 함께 진나라 문화에 접착되어 진나라의 제도와 문화 속으로 융합되었다.

묵가는 진나라가 강국으로 발돋움할 때 손에 쥔 한 자루의 검이었다. 검은 양쪽으로 날이 있어서 외부의 적을 향해 휘두를 때는 추풍낙엽처럼 상대를 쓰러뜨릴 수 있지만 필연적으로 내부에서는 항상 경계해야 하는 금기가 되었다. 이에 개척할 때에는 보배롭게 여기지만 통일을 이룬 뒤에는 토사구팽 신세가 되는 것이 필연적인 귀결이다.

게다가 묵가 학설의 철두철미한 반역과 반항의 특성으로 인해 그 운명은 이미 정해진 바나 다름없었다.

『한비자』「오두(五蠹)」에서 "유가는 문으로 법을 어지럽히고, 임협은 무로 금기를 범한다"고 말했다. 이 말은 진시황이 분서갱유를 단행할 때 마음속 독백이 되었다. 글밖에 읽을 줄 모르는 문인도 용납하지 못했는데 어찌 무를 그대로 두었겠는가? 진시황의 분서갱유에서 가장 심한 공격을 받은 쪽은 필연적으로 묵가였을 것이다.

제28장

'거자' 제도: 종교 집단과 비밀결사

장인린(張蔭麟)은『중국사강(中國史綱)』에서 묵가를 '무사 길드'라 칭하고, 묵자가 무리를 모아 유사종교식 '준군사' 집단을 조직했다고 보았다. 묵자는 묵가의 교의, 거자 제도, 엄격한 수신 연마 등의 방식으로 묵가의 구성원을 상당히 안정된 행동 단체로 응집시켰다.『장자』「천하」에서는 "묵가는 거자를 성인으로 여기고 종주로 받들며, 후계자가 되기를 바라는 현상이 지금도 끊어지지 않고 계속되고 있다"고 했다. 양귀룽은『중국고대사상사』에서 "「천지」편의 내용은 미신이자 영혼 불멸설이다"라 했고, 장타이옌은 "묵자의 교리는 실로 이슬람교나 기독교와 동급이다"라고 했다. 후스는 한술 더 떠 "묵자는 종교를 창시한 교주이다"라고 지적했다. 궈모뤄는 심지어「묵자의 사상」에서 "묵자는 시종일관 종교가였다"고 단언했다. 량치차오는『묵자학안』에서 묵가의 종교성에 대해 다음과 같은 견해를 제시했다.

묵자의 '천지'는 기독교와 아주 흡사하지만 크게 다른 점이 있다. 기독교는 영혼을 말하고 다른 세계를 말한다. 반면 묵자는 이를 일절 언급하지 않았다. 영혼과 다른 세계는 증명할 수 없으나 화복의 설은 억지로 유지할 수가 있다. 전적으로 현세의 화복만 말하는 것은 말할수록 완전해질 수 없다. 묵자가 고행을 제창한 것은 기독교와 인도 각파의 교의와 같다. 그러나 그들은 영혼을 말했기 때문에 극도의 고통 가운데서도 오히려 위안과 쾌락을 찾을 수 있었다. 묵자가 도덕적 책임만을 말하고 이해(利害)를 따져서 사람을 감화시키지 않았다면 그만이다. 그러나 그는 그렇게 하지 않고 오로지 이해 문제를 따졌다. 이해와 고락은 밀접한 관계가 있는데 이는 본래 알기 쉬운 이치이다. 그의 비악주의(非樂主義)는 육체의 쾌락을 남김없이 희생하도록 요구하는데, 그렇다면 어떤 쾌락으로 이를 대체할 수 있을까? 전혀 없다. 기껏해야 "행하는 것이 의에 부합하면 마음이 편안해진다"고 말하는 것은 일종의 위안인 셈이다. 이와 같다면 어찌 극단적 양심책임설로 귀결되지 않겠는가? 그런데 그는 도리어 그렇지 않다고 보았다. 묵자는 본래 윤리학에 정통한 사람인데 천지를 말하면서 수많은 허점을 드러냈고, 그가 논증한 것 대부분이 순환논리의 오류에 빠졌다. 내가 생각건대 모든 모순은 '천지론' 자체에서 기인하며 근본적으로 성립되기 어려운 것이다. 묵자가 억지로 그것을 끼워 맞추려고 한 것이 실패한 원인이 아닐까 생각된다.

묵자의 이런 종교 사상은 순전히 태곳적 유물이며, 사관 각(角)*에게 전수받은 것이라고 생각된다. 묵자의 무미건조한 삶 속에 이런 것이 없었다면 인심을 사로잡기 더욱 어려웠을 것이다. 그러나 이런 사상은 그의 학설을 지탱하는 위력의 측면에서 사실 아주 미미한 것인데 쓸데없이 '비이지

---

*112 쪽 참조.

적 미신'을 장려했다. 묵자를 안타깝게 여기지 않을 수 없는 점이다.

일본 학계에서는 묵자 학설 가운데 종교적 경향에 대해 깊은 관심을 표출하고 상당히 깊게 연구를 진행했다. 타니나카 신이치(谷中信一)는 「묵가 사상의 종교적 경향 및 묵가 학파의 종교 결사에 관하여」라는 글을 통해 외국인의 관점에서 묵자의 종교성을 해독했다. 다음은 그 글 가운데 발췌한 일부 내용이다.

묵가 사상은 종교적 경향을 띠고 있을까? 묵가 학파는 종교 결사의 성향을 띠고 있을까? 아사노 유이치(淺野裕一)는 묵자의 의식 안에서 먼저 자신의 사상을 정립한 뒤 비로소 사상교육의 수단으로서 귀신 신앙을 만들어냈다고 보았다. 양자의 선후 관계는 아주 분명하다.
묵자는 상당히 열정적인 성격의 소유자인 동시에 거짓말을 서슴지 않고 상황에 따라 말을 바꾸는 교활한 면도 가지고 있었다. 따라서 그의 귀신 신앙은 응당 이런 경향에서 생각해봐야 한다.
이 점에 대해 나 스스로 여전히 몇 가지 의문점을 가지고 있다.
우선 선진 시대의 종교가 도대체 어떤 형태였느냐는 점이다. 우리는 이후의 도교나 불교처럼 완벽한 교의와 경전을 갖춘 종교로써 그 시대를 추론할 수 없다. 이 밖에 『묵자』 안의 특이한 귀신론만을 근거로 묵가의 종교성을 논술해서는 안 될 듯하다.
따라서 본 논술에서는 먼저 '조상 제사'의 관점으로 선진 시대의 종교 형태를 개괄한 뒤에 묵가의 영수를 '거자'라고 칭하는 현상에 착안해 이 칭호의 함의를 명확히 밝히고, 앞서 제기한 의문에 대해 짧은 소견을 제시하고자 한다.

(1) 선진 시대의 종교 : 조상 제사를 중심으로

중국 사상사에서 종교 사상이 비교적 큰 비중을 차지하기 시작한 때는 위진(魏晉) 시대 이후로, 불교의 보급 및 그에 따른 도교의 새로운 발전에 따라 나타난 특징이다. 이 시기가 유불도 삼교가 서로 융합하는 시대로 칭해지는 이유가 바로 여기에 있다.

그러나 이는 결코 선진 시대에 종교 사상이 전혀 존재하지 않았음을 의미하는 것이 아니다. 다만 선진 시대에는 불교 혹은 후대의 도교처럼 체계화되고 교의를 갖춘 종교 사상이 없었다(후대의 도교에서 묵자를 '지선'地仙이라 칭하고, 묵자 학설을 도교 경전에 수록한 사실 자체가 원래 묵자 학설의 종교적 경향을 드러낸 것이다).

조상 숭배란 어떤 개인(혹은 단체)을 지배하는 능력을 가진 영혼이 모종의 혈연관계로 말미암아 이 사람(혹은 단체)과 관련된 신앙 및 이런 신앙에 기초하여 형성된 관념과 예법 체계를 가리킨다.

물론 이런 조상 숭배는 결코 어떤 특정 인물 내지 어떤 학파의 주도로 시작된 것이 아니라 소박한 종교 감정이 자연스럽게 배어나온 종교 현상이다.

이케자와 마사루(池澤優)는 조상 숭배와 하늘에 대한 신앙이 상호 보완하는 일종의 종교정치 현상이며, 흡사 수레의 두 바퀴와 같다고 밝혔다.

(2) 묵가의 '귀'

묵가에서 말하는 귀(귀신)는 바로 이케자와가 언급한 조상의 영혼이다. 이는 의심의 여지가 없다. 나아가 「대취」 편의 "사람을 다스릴 때 귀신을 위함이 있어야 한다"는 말이 비록 난삽하지만 『묵자간고』에서는 "그 뜻은 사람을 다스릴 때 아울러 귀신을 섬기라는 말로 제사와 같은 유이다"라고 해석했다. 이 말대로라면 여기서 조상 숭배는 정치 활동과 직접적으로 연관된 것이 확실하다. 즉 묵가의 정치 학설은 귀신 신앙과 불가분의 관계에 있으며, 이런 의미로 본다면 묵가는 은대 이래 제정일치의 전통 정치종교 사상을 액면 그대로 계승한 것이다.

묵가의 '귀(귀신)' 신앙은 '천' 신앙과 상호 표리를 이루는 것으로, 둘을 하나로 간주해 논술한 것이다(「천지」와 「명귀」는 응당 이렇게 대조 연구해야 한다). 이것이 선진 시기의 종교 사상이다. 즉 지극히 보편적인 관념이지 결코 묵가의 독자적 사상이 아니다. 바꿔 말하자면 묵가의 '천' 신앙은 '귀(귀신)' 신앙과 분리될 수 없다. 따라서 묵가에서 '귀(귀신)' 신앙과 '천' 신앙을 동시에 주장한 것은 선진 종교사상사에서 필연적인 일이다.

이상의 내용을 통해 묵가 종교 사상의 경향이 명확해질 수 있다. 이어서 묵가 집단의 종교 결사 경향 문제에 관해 고찰할 것이다. 왜냐하면 두 가지는 동전의 양면이라고 할 수 있기 때문이다.

(3) 묵가 집단의 종교 결사 경향 : '거자'의 함의를 중심으로

묵가는 혈연집단이 아니지만 그 집단 원리는 도리어 종족 집단의 원리를 계승했다. 이렇게 분석한다면 '거자'라는 칭호는 종족 집단의 지도자와 유사한 칭호를 부여했다고 보는 것이 타당하다.

이런 종족 집단과 유사한 외연을 무한히 확충해 나간다면 틀림없이 천하에 미칠 수 있다. '천'은 말할 필요도 없고 '귀신' 또한 한 종족의 조상신의 한계를 초월해 천하 만민이 경외하는 대상으로 확대된다. 이른바 겸애와 비공은 이런 자연적이고도 필연적인 사상의 표출이라고 말하지 않을 수 없다. 여기에 묵가의 전통 종교, 즉 조상 제사에 대한 혁신이 담겨 있다. 또한 이를 종교개혁이라고도 칭할 수 있다.

후스가 "묵자는 종교를 창시한 교주이다"라고 칭한 것은 묵자가 묵가 최초의 거자였음을 가리킨다. 일본의 묵자 연구가 타니나카 신이치는 「묵가 사상의 종교적 경향 및 묵가 학파의 종교 결사에 관하여」에서 거자 제도의 함의에 대해 아주 정밀하게 논술했다.

와타나베 다카시(渡邊卓)는 거자에 대해 이렇게 밝혔다.
① 집단 내의 직책 규정이 엄정할 뿐 아니라 모든 질서는 거자가 장악한다.
② 거자는 직접 수비 집단을 관할할 뿐 아니라 여러 예하 부대로 구성된 대집단을 호령하고, 아울러 그 질서를 관장하는 최고의 권력을 지닌다.
③ 거자 제도는 묵자 집단이 형성된 시기와 동시에 생겼을 것이다.
④ 거자 지위의 계승은 맹승과 전양자의 예로 볼 때 아주 명확해진다. 일반 구성원의 추천이나 선거를 통하지 않고 전임자의 지명이나 위임으로 결정된다.

와타나베는 이런 지도자가 '거자'로 불리는 이유를 이렇게 설명했다.
① '거(鉅)'라는 글자는 노동자의 우두머리가 갈고리를 쥐고 있는 형상이다.
② 기술자인 묵자는 당시 노동자 조직을 고스란히 그대로 집단화했을 것이다. 거자가 원래 노동자 집단의 우두머리란 뜻이므로 묵가 집단에서도 지도자 호칭으로 차용했을 것이다. 이 점은 묵자가 기술자 출신이라고 추정한 와타나베의 견해와 관계가 없지 않다. "당시 노동자 조직을 고스란히 그대로 집단화했다"라는 구절로부터 추론할 수 있다.

묵가는 강렬한 종교성을 띤 집단이다. 이렇게 본다면 거자가 이 같은 응집력을 갖출 수 있었던 까닭은 그가 비범한 지도자로서 전체 구성원의 인정을 받았기 때문이라고밖에 설명할 길이 없다. 거자는 정치와 경제

심지어 군사 등의 방면에서 묵가 집단을 통솔했을 뿐 아니라 그들의 정신적 지주이기도 했다. 바꿔 말하면 종교 지도자로서 그들 위에 군림한 것이다.

거자는 원래 종족 조직 내의 '가장'이라는 뜻일 수도 있다. 아래의『설문』기록이 이런 추측의 유력한 근거를 제시한다.

"부(父)는 거(巨)이다. 손에 몽둥이를 들고 있는 모습이다."

극히 간단한 이 기록으로부터 '부' 즉 '거'는 가장이자 종족 성원을 통솔하고 교육하는 지도적 위치의 인물임을 알 수 있다.

묵가 구성원 전체는 무조건적으로 그들의 최고 지도자 거자에게 복종하며 뜨거운 물에 들어가고 불을 밟는 것도 사양하지 않았다. 후쿠나가 미츠지(福永光司)는 이를 '격렬한 순교자식 행위'라 칭했다. 묵가 조직 내부에서는 심지어 사형(私刑)을 통해 법을 위반하거나 기강을 어지럽힌 자를 처결했다. 그런데 묵가 거자의 후계자 제도는 결코 민주 선거가 아니라 전임 거자가 지정하는 것이었다. 이런 제도는 20세기 신해혁명(辛亥革命)부터 소비에트 10월 혁명까지 질풍폭우와 같은 혁명을 거치면서 그 안의 폐단을 어렵지 않게 발견할 수 있었다. '선비는 자기를 알아주는 사람을 위해 죽는다'는 묵가의 유협 기풍은 자신의 생사를 돌보지 않는 과감함으로 자신의 신념을 실천했지만, 이와 동시에 '공포주의'의 선하를 열었다. 역사학자 구제강은 이런 현상을 날카롭게 분석했다.

한나라 통일 후 시간이 오래 흐르면서 정부의 힘이 날로 강해졌다. 이에 유자는 오랫동안 홍업(鴻業)을 윤색하는 임무를 다했지만 유협은 오히려 길들여지지 않고 통제하기 어려워 족족 잡아서 죽일 뿐이었다. 경제(景

帝)가 주용(周庸)을 주벌하고 무제(武帝)가 곽해(郭解) 일족을 멸문해 유협이 마침내 쇠하게 되었다. 현량(賢良)을 천거하고 박사를 설치하면서 유자는 더욱 흥성했다. (…) 범엽(范曄)이 역사를 쓸 때 유협의 전기를 쓰지 않았으니, 후한 이후 마침내 그들의 대가 끊어졌음을 알 수 있다.

이는 묵가 학설이 '현학'에서 거의 '절학'이 되는 과정을 보여준다. 묵가 학파는 학술단체일 뿐 아니라 엄밀하게 사회화된 조직 기구였다. 묵자는 묵가의 구성원에게 자각적으로 묵가의 교의를 엄격히 준수하라고 요구했다. 이런 단체에서 가장 중시한 것은 '명령은 행하고 금기는 그치는' 절대복종이다.

『묵자』「노문」에는 다음과 같은 얘기가 있다. 묵자가 제자인 승작에게 항자우를 섬기라고 했다. 그런데 항자우가 노나라를 세 번이나 침략하는데도 승작은 순순히 이를 따르기만 했다. 묵자가 그 소식을 듣고 다른 제자 고손자를 항자우에게 보내 승작을 파면하라고 청하면서 말했다.

제가 승작을 보낸 것은 그대의 교만함을 막고 편벽함을 바로잡기 위해서였습니다. 그런데 지금 승작은 많은 녹봉을 받으면서 그대를 기만하고 있습니다. 그대가 노나라를 세 번 침략할 때마다 승작이 따랐으니, 이는 달리는 말의 가슴걸이에 채찍질을 가하는 것과 같습니다. 의를 말하면서 실행하지 않는 것은 이치에 어긋남을 알면서도 일부러 잘못을 저지르는 것이라 들었습니다. 승작은 이를 모르는 것이 아니라 녹봉을 의보다 중시했기 때문입니다.

묵자 자신은 벼슬하는 데에 열중하지 않았지만 제자들만큼은 각국에 파견해 정치를 돕도록 했다. 각국에 파견돼 벼슬하는 제자들은 반드시 묵가의 정치적 주장을 실행해야 하며, 그것이 통하지 않을 때는 차라리 사직해야 했다. 이를 따르지 않은 제자들은 사문을 배반한 것으로 간주돼 집단에서 무시당했다.

『묵자』「경주」에는 이런 내용이 보인다. 묵자가 관검오(管黔敖)를 통해 고석자(高石子)를 위나라에 추천했다. 위나라 군주는 고석자에게 후한 녹봉과 함께 경의 벼슬을 주었다. 고석자가 조회에서 세 차례나 진언을 올렸는데 군주가 이를 채택하지 않았다. 이에 고석자가 위나라를 떠나 제나라로 가서 묵자와 만나 대화를 나누었다.

고석자 위나라 군주는 선생님과의 인연으로 저에게 아주 후한 녹봉과 함께 경의 벼슬을 내렸습니다. 제가 세 차례 조회에 나가 성심으로 의견을 올렸으나 전부 실행되지 않았습니다. 이 때문에 위나라를 떠났는데 군주가 저를 미쳤다고 생각하지 않을까요?

묵 자 떠나는 것이 실로 도리에 맞는다면 미치광이 소리를 듣는다 한들 무슨 걱정인가? 옛날 주공 단은 관숙에게 비난을 듣자 삼공(三公)의 벼슬을 사양하고 동쪽 상엄(商奄)에서 거주했네. 사람들이 모두 그를 미쳤다고 말했지만 후세에는 그의 덕을 칭송하고 그의 이름을 선양하여 지금까지도 그치지 않는다네. 또 내가 듣건대, 의로움을 행하면서 비난을 피하고 명예를 추구해서는 안 된다고 했네. 떠나는 것이 실로 도리에 맞는다면 미치광이 소리를 듣는다 한들 무슨 걱정인가?

고석자 제가 그곳을 떠난 것이 어찌 도리에 맞지 않겠습니까? 예전에 선생님은 "천하에 도가 없을 때 어진 선비는 후한 녹봉을 받는 위치에 나아가지 않는다"고 말씀하셨습니다. 지금 위나라 군주가 무도한

데 그의 녹봉과 벼슬을 탐한다면 저는 구차하게 남의 음식을 먹는 격이 됩니다.

묵자가 기뻐하며 금골리를 불러 말했다.

"잠시 고석자의 말을 들어보아라! 의를 배반하고 녹봉을 좇는 자들에 대해서는 자주 들었으나 녹봉을 거절하고 의를 좇는 사람은 고석자를 통해 보게 되었다!"

이런 기록을 통해 묵가에서 관직에 나아가는 것은 조직에서 파견하는 행위임을 알 수 있다.

『묵자』「경주」에는 다음과 같은 내용이 보인다. 묵자가 초나라에 경주자를 추천했다. 제자 몇 명이 경주자를 방문했는데 경주자가 하루 식사로 식량 석 되만 주며 대접이 소홀했다. 제자들이 돌아와 묵자에게 아뢰었다. "경주자가 초나라에서 벼슬하고 있지만 아무 이익도 없습니다. 저희들이 갔을 때 식량 석 되만 먹여주고 대접이 좋지 않았습니다." 이에 묵자는 "아직은 알 수 없다"고 대답했다. 얼마 뒤 경주자가 묵자에게 10금을 보내면서 이같이 전했다. "제자는 죽지 않고 잘 있습니다. 여기 10금이 있으니 선생님이 필요한 곳에 쓰십시오." 이에 묵자는 "과연 알 수 없는 일이었구나!"라고 말했다.

복이 있으면 함께 누리고 어려움이 있으면 함께 견딘다는 묵가의 취지에 따라 벼슬하는 묵도는 자신의 봉록 일부를 집단에 헌납해 재물을 서로 나누었다. 이렇게 조직에 경비를 대는 행위는 요즘 정당에 당비를 납부하는 것과 유사하다. 그래서 묵가의 거자를 교황이나 당대표에 비유하기도 한다.

현재로서는 묵가 조직의 엄밀한 기율 조항에 대해 자세히 알 수 없다. 다만 수성 방어 중에 묵자가 제시한 일련의 요구를 통해서 그 일부를 상상하고 추론해볼 수 있다.

「비수」
- "별도의 숙소를 만들어 미리 재간 있는 병사를 양성하고, 그들의 부모와 처자를 먹여 살리는 것으로써 인질을 삼는다."

「기치」
- "북을 쳐야 할 때 치지 않거나 북을 치지 말아야 할 때 치는 자를 참한다."
- "성 안과 큰길에는 반드시 문을 만들고 각 문마다 두 사람이 지킨다. 신분증을 지닌 자가 아니면 통행할 수 없고, 명령을 따르지 않는 자는 참한다."

「호령」 이 편은 호령의 방식으로 군기, 법규, 금령 등의 조직 규율을 명확히 했다.
- "문지기 및 금령을 지키는 자들은 특별한 임무가 없는 자들을 부근에 머물지 못하도록 하고 명령을 따르지 않는 자는 죽인다."
- "적이 성읍에서 100리 이상 떨어져 있을 때, 성의 대장은 군소 관리 및 부자와 귀족의 친족들을 소집해 관부에 머물게 하고, 믿을 만한 사람을 시켜 이들을 보호한다. 신중하고 비밀스러울수록 좋다."
- "대장이 사람을 시켜 수비 상황을 순찰할 때, 반드시 그 자에게 증빙서를 주어야 한다. 증빙서가 합치되지 않거나 암호가 상응하지 않을 경우, 백장 이상의 장군이 곧장 그를 억류하고 대장에게 보고한다. 억류해야 할 자를 억류하지 않거나 함부로 이 자를 풀어줄 경우 모두 참한다. 죽을 죄 이상의 죄를 지은 자는 부모, 처자, 형제까지 모두 처벌한다."

- "돌발사태가 발생하면 중군에서는 급히 북을 세 번 쳐서 성 위의 도로와 마을 안 거리까지 통행을 금지하고 멋대로 통행하는 자는 참한다. 여자가 군중에 들어와 명령을 수행할 때, 남자는 왼쪽으로 걷고 여자는 오른쪽으로 걸으며 남녀가 나란히 걸어서는 안 된다. 군민 모두 각자 맡은 곳을 지키고 명령에 따르지 않는 자는 참한다."

- "딴마음을 먹고 적과 내통한 간민(奸民)은 거열형에 처한다. 이장과 원로 및 부를 주관하는 관리가 간민을 적발하지 못하면 참하고, 적발하면 죄를 면해주고 또 황금을 상으로 내린다. 한 사람당 48량이다."

- "사방을 지키는 장령 또한 대장과 마찬가지로 자신이 지키는 구역을 순찰한다. 명을 따르지 않는 자는 모두 참한다."

- "모든 아궁이에는 반드시 방화용 가리개를 만들고, 굴뚝의 높이는 지붕보다 4척이 높아야 한다. 조심하여 화재가 나는 일이 없도록 하고 화재를 낸 자는 참한다. 고의로 불을 낸 자는 거열형에 처한다. 대열에 같이 있으면서 보고하지 않은 자는 참하고, 보고한 자는 죄를 면해준다. 불을 끄는 사람들은 감히 떠들어서는 안 되고, 수비 지역을 벗어나 불을 끈 자 역시 참한다. 이장과 원로 및 그 마을을 지키는 관리는 모두 불을 끄는 데 나서고, 그 부의 관원은 급히 사람을 시켜 대장에게 보고한다. 대장은 믿을 만한 자에게 좌우를 이끌고 가 불을 끄도록 하고, 그 부의 관원이 사실을 숨기고 알리지 않은 경우 참한다. 여자가 죽을죄를 범하거나 화재를 냈더라도 남에게 손해를 입히지 않은 경우는 화재로 소란을 일으킨 죄로 처벌한다."

- "적이 갑자기 들이닥쳤을 때는 관리와 백성들이 큰소리를 내지 않도록 엄명을 내린다. 여럿이 모이거나 둘이 나란히 가거나 서로 마주 보고 앉아서 울거나 눈물을 흘리며 바라보거나 손을 들어 서로 찾거나 서로 손짓하며 부르거나 서로 깃발을 휘두르며 뒤쫓거나 서로 물건을 던지며 싸

우거나 몸과 옷을 서로 마찰하거나 말로 다투면서 명령을 따르지 않거나 적의 동정을 살피며 이동하는 자는 참한다. 같은 대열에 있으면서 이를 보고하지 않은 자는 참하고, 보고한 자는 죄를 면해준다. 같은 대열에 있는 자가 성을 넘어 적에게 투항한 경우 이를 보고하지 않은 동료는 참한다. 백장의 우두머리가 적에게 투항한 경우 대리를 참하고, 대리가 적에게 투항한 경우 대장을 참한다. 적에게 투항한 자의 부모, 처자, 형제는 모두 거열형에 처한다. 사전에 낌새를 채고 투항하지 않은 경우 죄를 면해준다. 적이 두려워 자리를 이탈한 경우에도 참한다. 또한 같은 대열에 있는 자가 이탈을 제지하지 않으면 참하고, 제지한 자는 죄를 면해준다."

- "수비 대장이 알자(謁者), 위사, 연락병 및 앞에서 시중드는 부녀자에게 불만이 있으면 그들을 참하거나 곤장을 치거나 포박하라고 명령할 수 있다. 명에 따르지 않거나 행동이 굼뜬 자는 모두 처벌한다."

- "자신의 직분이 아닌데 함부로 취하거나 자신이 다스려야 할 것이 아닌데 멋대로 다스렸다면 단죄한다."

- "관리와 사병, 백성 가운데 자기 구역을 벗어나 멋대로 다른 구역에 들어간 자는 체포하여 도사공(都司空)과 후장(候將)에게 넘기고, 후장은 수비 대장에게 알린다. 체포하지 않거나 멋대로 놓아준 자는 단죄한다."

- "관리와 사병, 백성이 적의 휘장과 깃발을 모방한 경우 단죄한다. 명을 따르지 않는 자는 단죄한다. 멋대로 명령을 내리는 자는 단죄한다. 명령을 잘못 전달한 자는 단죄한다. 창에 의지해 성에서 뛰어내리거나 오르내리는 데 무리와 함께하지 않는 자는 단죄한다. 응답이 필요하지 않을 때 함부로 소리를 지르는 자는 단죄한다. 죄인을 놓치거나 공물을 분실한 자는 단죄한다. 적을 칭찬하면서 내부를 헐뜯는 자는 단죄한다. 자리를 벗어나 모여서 말하는 자는 단죄한다. 성의 북소리를 듣고도 다섯 번 울린 뒤에야 부서로 온 자는 단죄한다. 사람들은 자신의 이름을 서판에

써서 부서 벽에 걸고, 수비 대장은 반드시 직접 그들의 선후를 살펴서 자기 부서가 아닌데 함부로 들어간 자는 단죄한다. 좌우를 데리고 자기 부서를 떠나 다른 부서로 들어가거나 좌우에 있으면서 이를 체포하지 않은 자, 사적인 문건을 가지고 만나기를 청하거나 편지를 보내는 자, 수비하는 일을 버려두고 사적으로 가사를 돌보는 자, 병졸과 백성 가운데 처자를 훔치는 자는 모두 단죄하고 용서치 않는다. 빼앗은 처자들은 사람들의 신고를 거쳐 호적을 만들어준다. 부절을 지니지 않고 멋대로 군중을 다니는 자는 단죄한다. 적이 성 아래에 있을 때 적의 숫자에 따라 부서를 바꾸면서도 취사병을 바꾸지 않거나 적의 숫자가 적은데도 많다고 부풀리거나 적이 혼란스러운데 질서가 있다고 하거나 적의 공격이 서툰데도 교묘하다고 하는 자는 단죄한다. 피아 쌍방은 이야기를 주고받거나 물건을 빌려줄 수 없고, 적이 화살로 서신을 보내면 줍지 않으며, 적이 곁으로 호의를 표시하더라도 호응해서는 안 된다. 이 명을 따르지 않은 자는 모두 단죄한다. 화살로 편지를 보내는 것을 금지하며, 만일 적에게 화살로 편지를 보내면 명령을 어긴 자의 부모와 처자까지 모두 단죄하고 시체를 성에 효시한다."

- "관원이 담당하는 곳을 벗어나 멋대로 법을 어기면 귀 뚫는 벌을 내린다. 오만한 낯빛으로 바른 사람을 기만하거나 지나치게 소란을 피우고 조용하지 않거나 길에서 사람의 통행을 막거나 관사의 일을 태만히 처리하거나 때에 맞춰 휴가를 신청하지 않는 경우 귀 뚫는 벌을 내린다. 소란을 피워서 사람을 놀라게 하면 사형에 처한다. 상관에게 간하지 않고 뒤에서 비방하거나 함부로 불리한 말을 퍼뜨리면 사형에 처한다. 군중에서는 악기를 연주하거나 바둑을 두지 못한다. 어긴 자는 귀를 뚫는다. 관리의 명이 아니면 감히 수레를 몰거나 내달리지 못한다. 어긴 자는 귀를 뚫는다. 감히 군중에 우마를 풀어놓지 못한다. 어기면 귀를 뚫는다. 아무 때

나 음식을 먹으면 귀를 뚫는다. 감히 군중에서 노래를 부르거나 곡을 해서는 안 된다. 어기면 귀를 뚫는다. 각급 관원에게 명령을 내려 형을 집행하고 죽일 자를 죽인다. 관원이 죄가 있는 것을 보고도 처벌하지 않으면 같은 벌에 처한다. 만약 죄인을 달아나게 하면 놓아준 자를 사형에 처한다. 장수가 무리를 인솔하여 전투하는데 법을 위반하면 사형에 처한다. 관원이 사졸과 백성에게 금령을 제대로 알리지 않아 죄를 범하는 자가 나오면 관원이 대신 처벌받는다. 모두 저자 거리에서 사형을 집행하고 사흘 동안 대중에게 효시한다."

「잡수」

- "성을 수비할 때는 사마(司馬) 이상 관리의 부모, 형제, 처자를 보궁(葆宮)에 인질로 두어야만 견고하게 지킬 수 있다."
- "부모, 형제, 처자가 보궁에 있는 자만이 관리가 될 수 있다. 모든 관리는 반드시 인질이 있어야만 임무를 감당할 수 있다."

일부이긴 하지만 이상의 기록으로 묵가의 엄밀한 조직 기율의 전모를 엿볼 수 있다.

이론 강령을 신앙으로 삼고 엄격한 책임 하에 조직적으로 움직이는 집단은 필연적으로 강대할 수밖에 없다. 그런데 그 강대함이 어떤 위정자라도 두려워하고 근심할 정도에 이르렀다는 점이 아마도 묵가가 역대 왕조의 통치자에게 용인되지 못한 근본적 원인일 것이다.

제29장

묵가가 전파한 혁신의 불씨

허우와이루는 「나의 중국 사회사 연구」에서 이렇게 밝혔다.

중국 농민전쟁의 구호는 마땅히 전국 말기 묵협 일파인 하층 종교 집단에서 제기한 공법(公法)까지 거슬러 올라가야 된다고 생각한다. 『여씨춘추』에 따르면, 살인자는 죽이고 남을 해친 자는 벌하는 것이 묵가의 법이었다.

리쩌허우는 『중국고대사상사론』에서 다음과 같이 말했다.

(농민 기의는) 대부분 관리의 횡포로 인해 궁지에 몰린 백성들이 이판사판 반발하는 것이어서 여건이나 시간상 꼭 자각적인 사상과 이론을 갖춘 것은 아니었다. 그러나 극히 불완전하고 누락이 심한 잔존 자료를 통해 그들의 일부 주요 사상이 묵자 사상과 일맥상통하다는 점을 발견할 수 있다.

싱자오량의 『묵자평전』에서는 더욱 명확하게 묵자와 농민 기의의 사상적 연원을 지적하고 있다.

농민전쟁의 주력은 파산한 개별 농민과 수공업자였다. 비록 실의에 빠진 일부 문인들이 거기에 브레인으로 참여해 유학과 도학의 치세 방안 및 조치로 농민 기의의 주도적 사상에 영향을 미치고 각종 전략을 기획하기도 했지만, 농민전쟁을 근본적 계급 이익 면에서 본다면 소생산자의 이익과 사상을 대표하는 것이었다. 농민 기의의 정치활동은 시대와 계급의 한계를 넘어설 수 없었다. 따라서 그들은 사상적 측면에서 왕왕 동일 계급의 묵자 사상과 서로 박자가 맞았다. 때로는 의식적으로나 무의식적으로, 때로는 직접적으로나 간접적으로 묵자 사상 안에서 정신적 역량을 흡수하고 이론적 근거를 찾았다.

묵가 사상은 어쩌면 사람들 마음속에 최초로 부자의 재물을 빼앗아 가난한 사람을 구제하고, 남는 데를 덜어서 부족한 데를 보충하는 혁명의 불씨를 뿌렸는지도 모른다. 묵자의 겸애와 대동 사상은 마음과 마음으로 이어져 이후 여러 차례 농민 기의와 농민전쟁의 사상적 무기가 되었다.

진한 교체기의 농민 기의에서 묵학의 영향과 흔적을 쉽게 발견할 수 있다. 유방(劉邦)의 출생지인 패(沛)는 송, 노, 제, 초 문화가 결합된 곳으로, 바로 묵학 사상이 싹트고 동방의 묵자가 빈번하게 활동한 지역이었다. 이 지역의 사회 풍속은 필연적으로 묵학이 남긴 기풍과 은택의 영향을 받았다.

유방은 초기에 유자들을 예우하지 않았다. 유방이 관중(關中)으로 들어가 제시한 약법삼장(約法三章)은 살인자는 죽이고 남을 해친 자와 도둑질한 자는 상응하는 형벌을 내린다는 것이다. 이는 『여씨춘추』 「거사(去私)」에 실린 묵자의 법, 살인자는 죽이고 남을 해친 자는 벌한다는 것과 너무나 흡사하다. 유방 군중의 묵학 사상 환경을 고려한다면 양자 사이의 연원 관계를 쉽게 파악할 수 있다. 진승(陳勝)과 오광(吳廣)이 기의를 일으키며 제시한 '왕후장상이 어찌 씨가 있겠는가?'라는 구호는 마찬가지로 묵자가 말한 "관리라고 항상 고귀하지 않고, 백성이라고 끝까지 비천하지 않다"와 사상적으로 상통한다. 진승은 초나라 사람이다. 남방의 묵가에는 초나라 사람이 많았고, 진승과 오광이 기의한 대택향(大澤鄉)은 동방 묵가의 중심지인 송나라와 가까워 묵학 사상의 색채가 자연스럽게 물들게 되었다. 후한 말기 녹림(綠林) 기의군이 주창한 '살인자는 죽이고 남을 해친 자는 벌한다'는 것은 완전히 묵가의 복사판이다.

타니나카 신이치는 「묵가 사상의 종교적 경향 및 묵가 학파의 종교 결사에 관하여」에서 후한 말기의 황건(黃巾) 기의를 묵학 사상과 연계시켜 설명했다.

묵가 집단은 '거자'를 수령으로 하여 각기 여러 개의 교단 조직을 형성했다. (…) 그 교단의 조직 기구와 내부 시스템은 후대 태평도(太平道)와 오두미도(五斗米道)에 영향을 주었다. 태평도의 장각(張角)은 "따르는 무리가 수십만으로 마침내 36방(方)을 설치했다. 대방은 1만여 명, 소방은 6000~7000명인데 각각 거수(渠帥)를 두는"(『후한서』 「황보숭전(皇甫嵩傳)」) 군대 조직이었다. 또한 오두미도의 장수(張修)는 간령(奸令), 좨주(祭酒), 귀리주(鬼吏主)를 두고 신도를 통솔했으며, 이 교단 조직을 다시 개선한 장로(張魯)는 "귀도(鬼道)로 백성을 교화하면서 스스로 사군(師君)이라 칭했다. 도를 배우러 온 사람은 처음에 모두 귀졸(鬼卒)이라 불렸고, 도를 터득해 신뢰하게 되면 좨주라고 불렀다. 각 부서를 관할하는 자는 치두대 좨주(治頭大祭酒)에 올라 모두 성실하고 속이지 않도록 가르쳤다."(『삼국지』 「위지(魏志)」 '장로전') 이상이 교단의 조직 기구와 내부 시스템의 초기 형 태이다.

후한 말기의 황건 기의는 비밀결사의 형태를 취했다. 그들은 비밀 교단인 태평도를 설립해 농민에게 전도하는 방식으로 신도 숫자를 크게 늘렸다. 장각이 각지에 제자들을 파견해 활동한 결과, 신도가 10 여만 명에 달했다. 장각은 청주(靑州), 서주(徐州), 유주(幽州), 기주(冀 州), 형주(荊州), 양주(揚州), 연주(兗州), 예주(豫州) 등 8주의 신도를 36 방으로 나눈 뒤, 각 방에 거수를 두고 자신이 직접 지휘했다. 또한 "푸 른 하늘이 죽고 누런 하늘이 서리니, 갑자년이 되면 천하가 크게 길하 리라"● 라는 참언(讖言)을 퍼뜨리고, 줄여서 '황천태평(黃天太平)'이라 고 칭했다. 그들의 조직 형태는 묵가의 거자 제도와 너무나 흡사하고, 그들의 행동 구호에는 묵학의 기운이 충만해 있다.

『묵자평전』에서는 황건 기의의 연원과 묵학의 관계를 보다 심층 적으로 분석했다.

묵자는 '천지'와 '명귀'로 자신의 정치 학설과 사회 이상에 신격화되고 위협적인 힘을 더했다. 묵가에서 거자를 수령으로 삼고, 묵가의 법을 규 범으로 하여 엄격한 기율을 강조한 형태는 종교 조직과 유사하다. 묵자 의 정치사상 및 도덕적 인격의 원칙과 종교 색채는 중국의 자생적 도교 에 매우 큰 영향을 미쳤다.

● "蒼天已死, 黃天當立, 歲在甲子, 天下大吉."

왕밍(王明)은 「묵자에서 태평경(太平經)에 이르기까지의 사상 변천」이라는 글에서 이렇게 지적했다. "묵학은 원시 도교 경전의 일부 사회 정치사상으로 변화했는데, 그 내용이 비교적 풍부하고 핵심을 찔렀다. 사상의 계승 측면에서 보자면 이는 묵학이 변화 발전한 것이다." 『태평경』은 도교의 주요 경전으로 교의에 비록 황당무계한 점이 많지만 사회·정치 사상에서 선전한 것은 자신을 이기고 남을 이롭게 하며, 세상을 구제하여 사람들이 모두 평등한 태평세계이다. 이런 태평세계는 묵자의 서로 사랑하고 이롭게 하며, 침략 전쟁을 반대하고 남을 돕는 대동의 이상과 일맥상통한다. 이는 고난 속에서 힘들게 살아가던 소생산자에게 한 줄기 복음과도 같았다. 『태평경』의 교의가 종교 조직의 형식과 딱 들어맞았기 때문에 전도와 신도 모집의 방식을 이용해 교의를 소생산자의 사상과 마음에 깊숙이 침투시킬 수 있었다. 황건 기의가 바로 『태평경』과 도교를 사상 무기와 조직 수단으로 삼아서 기의에 가담한 농민들을 단결시킨 좋은 예이다.

근검하고 고생을 마다하지 않으며 스스로의 힘으로 먹고사는 묵가의 규범은 원시 도교의 신도들이 반드시 준수해야 하는 기본 규율이 되었다. 이처럼 엄격한 규율과 고생을 마다하지 않는 정신은 기의에 가담한 농민들에게 청렴한 태도와 강인한 정신을 유지할 수 있도록 해주었다. 이는 또한 농민 기의가 왕성한 전투력을 오래 유지할 수 있었던 버팀목이 되기도 했다. 교단의 규율은 자발적인 토대 위에서 강제성을 띠었기 때문에 대오를 단결시키고 군심을 안정시키며 헌신을 장려하는 중요한 역할을 할 수 있었다.

노벨문학상을 수상한 미국의 여류작가 펄 벅은 심혈을 기울여 『수호전(水滸傳)』을 번역하고, 영문판 제목을 '사해 안이 모두 형제'로 고쳤다. 이런 제목의 변화를 통해 펄 벅이 『수호전』을 어떻게 이해했는지 엿볼 수 있다.

수박양산(水泊梁山)의 영웅호걸은 모두 108명이었다. 그들이 생사를 함께한 것은 단 하나, '형제'라는 이유 때문이다. 성씨도 다르고 혈연관계도 아니며, 본적도 다르고 사회적 지위와 문화 배경도 같지 않았지만 전국 각지에서 몰려든 이들은 공동의 신념으로 친형제처럼 간담상조하며 행복과 고난을 함께 나누었다. 이런 조직 이념은 묵가와 완전히 판박이였다.

『수호전』에서 양산의 팔방을 한 구역으로 하고 다른 성씨끼리 일가를 이루는 사회적 이상은 묵자의 유토피아와 놀랄 만큼 닮았다. 양산 위에 우뚝 솟아 있는 노란색 큰 깃발에는 '체천행도(替天行道, 하늘을 대신해 도를 행한다)'라는 네 글자가 선명하게 씌어져 있다. 체천행도라는 구호는 묵자 '천지'설의 복사판이다. 묵자가 말한 천지는 실제로 민의의 우회적 반영이었다. 민의에 위배되는 것은 천도에 위배되는 것이다. 그들이 반기를 든 것은 평민과 소생산자의 의지를 대표한 것이자, '천'의 의지를 반영한 것이다. 따라서 그들이 감히 윗사람을 범하고 난을 일으킨 것은 천을 대신해 천도에 위배되는 사람을 징벌하기 위함이었다.

북송 중기에 왕소파(王小波)와 이순(李順)은 기의를 일으키며 부의 균등한 분배를 주창했다. 이는 확실히 묵학의 겸애설의 영향을 받은 흔적이다.

『묵자평전』에서는 또 청말 태평천국(太平天國)과 의화단(義和團) 운동을 묵학 사상과 연관시켜 다음과 같이 지적했다.

청말의 태평천국과 의화단 운동은 사상과 조직의 측면에서 모두 극히 농후한 종교적 색채를 띠고 있다. 전자는 서양의 기독교를 끌어들였지만 문화 전통이 유구한 중국에 거대한 영향을 미치고, 수많은 농민과 소생산자의 투신을 이끌어냈다. 후자는 민간의 각종 저속한 종교 미신 조직을 차용해 많은 농민과 소생산자를 광신도와 전사로 만들었다. 그것이 가능했던 이유는 바로 농민 기의에서 제창한 정치 강령과 전투 구호, 강조한 원칙과 정신 및 채택한 조직 형태가 소생산자의 정치적 수요와 심리적 요구에 부합했기 때문이다. 이 점이 묵자의 사상과 일맥상통한다.

비록 그것들이 직접적으로 묵자의 정신과 사상을 흡수한 것은 아니지만 묵자의 겸애와 평등의 사회 이상 및 강력한 비명의 투쟁 정신, 말에 반드시 신뢰가 있고 행동에 반드시 결과가 있는 것, 헌신적으로 의에 나아가는 도덕 준칙, 구세주가 자신과 세계를 구제해주길 갈망하는 환상 등 일맥상통하는 특징을 보여준다. 이는 소생산자의 보편적인 계급 성향을 반영한 것일 뿐 아니라 묵자 사상이 역대 농민 기의의 혈액 속에 녹아들었음을 표명한 것이다. 농민 기의는 본질적인 정신과 표면적인 현상에서 모두 묵자 사상과 상통하며, 묵자 사상이 영향을 미치고 계승된 경로를 명확하게 보여준다.

태평천국의 지도자 홍수전(洪秀全)은 일찍이 "천하의 남자들은 모두 형제이고, 천하의 여자들은 모두 자매이다. 어찌 네 땅 내 땅 하며 사사로이 경계를 나누고, 어찌 서로 집어삼키려는 마음을 먹겠느냐?" 라고 말했다. 또한 현재 만연한 상호 간의 능멸, 약탈, 투쟁, 원한의 세태를 '강자가 약자를 범하지 않고, 대중이 소수를 핍박하지 않으며, 교활한 자가 어리석은 자를 속이지 않고, 용감한 자가 나약한 자를 겁탈하지 않은 세상'으로 변화시켜야 한다고 주장했다. 또 밭이 있으면 같이 농사짓고, 밥이 있으면 같이 먹으며, 옷이 있으면 같이 입고, 돈이 있으면 같이 쓴다면 어디를 가더라도 균일하지 않음이 없고 누구라도 배부르지 않거나 따뜻하지 않은 사람이 없을 것이라고 말했다. 홍수전이 사용한 언어마저도 묵자와 유사하다는 점에서 겸애 사상의 영향력이 얼마나 컸는지 쉽게 알 수 있다.

『묵자평전』에서는 묵학 사상이 농민 기의의 지도자에게 미친 영향력에 대해 논술했다.

농민 기의에 묵자 사상이 끼친 또 다른 영향력은 농민 기의 지도자가 본인의 인격적 역량으로 종교 지도자와 유사한 신비성을 더해 농민 기의 대오의 응집력 중심에 섰다는 데서 드러난다.

지적하지 않을 수 없는 점은 역대 농민전쟁이 처음 기치를 내걸었을 때 대오 내부에서 '전시 공산주의'●식 평등 제도를 실행했다는 것이다. 각종 엄격한 종교식 기율은 기의에 참여한 농민, 즉 장군으로부터 사병에 이르기까지 모두 똑같은 구속력을 가졌다. 기의 지도자는 본인의 인격적 역량과 신비롭고 위협적인 힘으로 비교적 유효하게 이런 질서를 유지했다. 농민 기의 대오는 이런 광적인 종교식 열기로 인해 초기에 보통 왕성한 정치 열정 및 일치단결, 엄격한 기율, 고양된 사기를 유지할 수 있었다. 그런데 농민 기의가 점차적으로 승리하고 대오가 확충되고 점령 지역이 확대됨에 따라 상응하는 조직 기구도 더욱 발전하고 복잡해졌다.

기의 대오는 이제 더 이상 단순한 군사 조직이 아니라 각종 행정 문제를 처리하고 아울러 대오 내부의 재산 재분배 문제에 당면했다. 생존을 위해 따뜻함과 배부름을 추구하던 기본 목적은 승리 과정에서 이미 사라져버렸다. 재산의 재분배와 대오 내부의 등급 제도는 농민 기의 지도층

●소비에트 연방이 대소 간섭 전쟁과 내전에 대항하기 위해 정치·경제·문화에 걸쳐 1918년부터 1921년까지 실시된 비상 정책.

을 필연적으로 부패하게 만들 수밖에 없었다. 종법 농업 사회에 존재하는 귀천과 빈부의 등급이 대오 내부에 재현된 것이다. 기의 지도자의 인격적 역량은 모종의 초자연적 신비감 속에서 사라져버리고, 상당한 감화력과 흡입력을 지녔던 모습은 머리를 조아리고 복종해야 하는 종교적 우상으로 변모해버렸다. 기존의 엄격했던 기율도 대오 내부의 불평등한 재산 분배와 지도층의 부패로 말미암아 불가피하게 느슨해지고 와해되었다. 이에 따라 농민 기의 지도자는 유생과 책사의 도움을 빌리지 않을 수 없었고, 유학의 정치적 이론과 실천으로 새롭게 기의 대오의 조직을 구축하고 정권 건설을 추진했다.

농민 기의의 주도 사상과 조직 형태가 묵학에서 유학으로 이동된 것은 한 가지 사실을 시사하고 있다. 즉 중국의 종법 농업 사회에서 종교적 역량은 장기간 사회 정치적 역할을 유지할 수 없고, 또 정치 제도에서 사상 관념까지 유학이 미치는 결정적인 역할을 대신할 수 없다는 점이다.

마르크스는 프랑스 소자산 계급의 특징과 한계점을 분석하면서 이렇게 지적했다.

그들은 스스로를 대표하지 못했다. 반드시 다른 사람이 그들을 대표하고, 그들의 대표자는 동시에 그들의 주재자가 되어야 했다. 주재자는 그들 상부의 권위적인 자리에 높이 서고, 무제한의 정부 권력을 가졌다. 이런 권력은 그들이 다른 계급의 침범을 받지 않도록 보호하고, 아울러 위로부터 그들에게 은택을 내려주었다.

마르크스가 언급한 주재자란 두말할 것 없이 묵자의 거자를 가리킨다.

중국 역사가 근대로 진입해 국운에 먹구름이 끼면서, 묵학 정신은 또 사회를 변화시키려 하거나 개량 혹은 혁명을 추구하던 모든 인인 지사(仁人志士)에게 영향을 미쳤다. 백일유신의 지도자 담사동은 『인학(仁學)』「자서」에서 다음과 같이 말했다.

> 묵가에는 두 파가 있다. 하나는 임협(任俠)인데 내가 말하는 인(仁)이다. 한대에 당고(黨錮)●가 있었고 송대에 영가(永嘉)●●가 있었는데 대략 묵가의 일체를 얻은 것이다. 다른 하나는 격치(格致)인데 내가 말하는 학(學)이다. 진대에 『여씨춘추』가 있었고, 한대에 『회남자』가 있었는데 각기 묵가의 일부를 안 것이다. '인'하면서 '학'하고, '학'하면서 '인'한 것을 지금의 선비들이 고원(高遠)한 것으로 여겨서는 안 된다! 묵가의 두 파는 가까이 공자, 예수와 합치시키고, 멀게는 불법(佛法)을 탐구한다면 충분하다고 말할 수 있다.

담사동은 묵학을 유교 및 불교와 대등한 위치로 상승시켰다. 담사동은 묵자의 이론과 학설에 각별한 애정을 가졌다고 말할 수 있다. 그의 자술은 계속 이어진다.

> 내가 어려서부터 장성하기까지 삼강오륜(三綱五倫)의 재앙을 만나 고통 속에서 허우적댄 것은 거의 산 사람이 감당할 만한 것이 아니어서 빈사 상태에 여러 차례 이르렀지만 끝내 죽지 않았다. 이로부터 더욱 생명을 경시하게 되었고, 한 덩어리의 육체로 남을 이롭게 하는 것 외에 다시 무엇이 아깝겠는가! 깊이 생각하고 높이 바라보며 묵자의 정수리가 닳아서

● '당고의 화'를 가리킴. 후한 말기에 환관들이 일으킨 대대적인 지식인 탄압 사건.
●● '영가학파'를 가리킴. 공리공론을 일삼는 주자학에 반기를 들고 실용적 학문을 주창한 학파.

발꿈치에 이른다는 뜻을 사사로이 품어볼 것이다.

묵학 정신은 담사동의 사생취의(捨生取義)와 죽음을 두려워하지 않는 인격적 매력으로 형상화되었다. 임협을 좋아하고 검술에 능한 담사동은 일찍이 "검을 뽑아 소리 높여 노래 부르고 싶구나. 협골(俠骨)에 뿌리를 두었기 때문이리니, 차마 이겨낼 수 있을까?"● 라는 호방한 시를 지어 묵가의 협의(俠義) 정신을 드러냈다. 담사동은 또 다음과 같이 말했다.

만일 다른 기회가 없다면 임협만 한 것이 없다. 충분히 백성의 기운을 신장시키고 용감한 기풍을 창도할 수 있어서 난리를 평정할 도구가 될 것이다. 전한(前漢) 때는 민정(民情)이 쉽게 위로 전달되면서 수령이 감히 멋대로 하지 못했고, 흉노가 여러 차례 국경을 침범했지만 끝내 사막의 북쪽으로 몰아냈다. 안으로 평화롭고 밖으로 위세가 있었으니 일치(一治)라고 불렀다. 저 관리들이 꺼려하는 바가 어디에 있었는가? 유협의 힘이 아닌 것이 없었다. 중국과 아주 가까우면서 본받을 만한 것으로 일본만 한 곳이 없다. 변법자강의 효과는 그 나라 풍속에서 검을 차고 두루 돌아다니길 좋아하고, 비통한 노래로 질타하며, 살인으로라도 원수를 갚는 기개로써 나아가 북을 치면서 교화하는 방식에서 비롯된 것이다. 유가는 유협을 경시하고 비적에 비유하니, 어찌 군권(君權)에 갇힌 세상에서 이것(임협)이 아니면 스스로 떨쳐 일어날 방법이 더 이상 없고, 백성은 더욱 어리석고 약해져서 무너져버릴 것임을 알겠는가! 정치를 말하는 사람이라면 살피지 않을 수 없는 것이다.

● 담사동의 시 「망해조, 자제소영(望海潮, 自題小影)」: "拔劍欲高歌, 有幾根俠骨, 禁得揉搓."

무술변법의 실패 뒤에 도망칠 기회가 있었지만 담사동은 모든 정치적 피난 권유를 의연히 사절하고 죽음을 두려워하지 않는 결의로 호방하게 외쳤다.

각국의 변법이 피를 흘리지 않고 성공한 경우는 없다. 지금 중국에서 변법으로 인해 피를 흘린 사람이 있다는 말을 들어보지 못했으니, 이것이 나라가 번창하지 못한 이유이다. 있다면 바라건대 내가 처음일 것이다!

당당하게 목숨을 버려 순국한 영웅의 의혈(義血)이 채소 시장 입구에 뿌려졌으니, 정수리가 닳아서 발꿈치에 이르더라도 천하를 이롭게 한다는 묵가의 이상을 자신의 생명으로 실천한 것이다.

무술변법의 지도자 가운데 한 명인 량치차오의 자호(自號)는 임공(任公)인데, 분명 묵가의 임협이란 의미에서 따왔을 것이다. 량치차오도 묵가 사상을 극력 추앙했다. 그는 『음빙실합집(飮冰室合集)』에서 생사를 가볍게 여기고 고통을 감내하는 묵가의 무협 정신이 쇠약한 중국을 일으킬 수 있다고 생각했다. 그래서 "금일의 중국을 구제하려면 묵학의 고통을 감내하는 것을 버리고 무엇으로 할 수 있겠는가? 묵학의 생사를 가볍게 여기는 것을 버리고 무엇으로 할 수 있겠는가?"라 외치고, "지금 그것을 구제하려면 오직 묵학뿐이다"라고 주창했다. 무술변법 실패 후, 량치차오는 파트너인 캉유웨이의 '탁고개제(托古改制, 옛것을 빌려 제도를 개혁함)'식 개량주의로는 부족하다고 깊이 느껴 대대적으로 묵자의 학문과 묵가의 정신을 선전하고 창도하며 '묵학구국'을 주장했다. 이것이 바로 그가 묵학 관련 전문 서적을 저술하게 된 계기가 되었다. 량치차오의 영향으로 20세기 초에 묵학을 연구하는 학자가 날로 증가하고, 묵학 담론이 지식인 사이에서 유행했으며,

묵협 숭상이 혁명의 지향점이 되었다.

싱자오량은 『묵자평전』에서 "농민 기의의 실패는 묵자의 사회정치 사상이 파산했다는 예증이다"라고 날카롭게 지적했다.

중국 역대 농민 기의는 모두 실패로 막을 내렸다. 그것은 최종적으로 자신이 제시한 정치, 경제적 균등과 평등의 목적에 도달하지 못했기 때문이다. 잔혹하게 진압된 결말이든 아니면 별도로 새로운 봉건 왕조를 건립했든 관계없이, 농민 기의는 근본적으로 봉건제도를 변화시킬 수 없었다. 균등과 대동을 목적으로 하고, 종교와 미신을 응집력의 수단으로 삼은 농민전쟁은 결국 소농 경제의 생산 방식을 타파하거나 변화시킬 수 없었을 뿐 아니라 새로운 생산 방식 및 새로운 사회질서를 건립할 수도 없었다.

묵자의 사상은 고행승이 유토피아를 추구하고 실천하는 것이라 말할 수 있다. 묵가 사상은 대대로 농민 기의에 영향을 미쳤다. 그러나 이런 영향은 주로 농민 기의 초기에 두드러졌다. 후기에 이르면 묵가의 이런 종교식 열광은 종법과 혈연을 중시하는 유가의 사회 전통에 자리를 넘겨줄 수밖에 없었다. 농민 기의의 지도 사상에서 조직 형태에 이르기까지 모두 묵학에서 유학으로 바뀐 것은 중국의 종법 농업 사회에서 종교적 역량은 장기간 사회 정치적 역할을 유지할 수 없고, 또 정치 제도에서 사상 관념까지 유학이 미치는 결정적인 역할을 대체할 수 없음을 설명한다. 이것은 묵학의 비극이자 중국의 수천 년 봉건사의 비극이기도 하다.

『장자』「양생주(養生主)」에 "손으로 땔감을 얻는 데는 한계가 있지만 불씨를 퍼뜨리는 것에는 한계가 없다"는 명구가 있다. 묵자의 생명이 찬란히 불타오른 뒤 '남은 재'는 역사의 시공을 뛰어넘어 '불멸의 불씨'를 전파했다. 격정은 타고 남은 재가 되었지만 마음속에서는 여전히 찬란히 타오르는 꿈이 남아 있으니, 그 한계를 모르듯 사그라진 재에 다시 불이 붙기를 기대해본다.

맺음말

역사의 바닷가에서 건져낸 '짚신'

『묵자답객문』의 '묵자연표'에 따르면, 묵자는 주 안왕 26년(기원전 376년)에 사망할 때까지 93년간 장수했다. 천쉐량은 "『묵자』의 기록이 이해에 소실되었으니 묵자가 사망한 것은 당연히 주 안왕 26년을 넘지 않는다"는 것을 근거로 들었다. 묵자는 노양(魯陽, 지금의 허난성 루산현)에서 세상을 떠났다. 묵자는 노년에 루산현 슝베이(熊背)향의 흑은사(黑隱寺)에 은거하다가 죽어서 여기에 묻혔다. 묵자가 은거했던 유적지의 봇도랑, 흑은사, 갱포애(坑布崖), 묵자성(墨子城) 등의 고적은 관람이 가능하다.

묵자가 노양 문군의 정나라 침공을 저지했을 때 이미 80여 세의 고령이었다. 전설에 따르면, 묵자는 이후 묵가의 업무를 제자들에게 맡기고 자신은 이곳에서 은거하며 사람들의 방해를 받지 않기 위해 성씨를 흑(黑)으로 바꾸었다고 한다. 이것이 흑은사의 유래이다. 묵자의 제자들은 그의 시신을 생전의 바람대로 절장에 따라 호태산(狐駘山) 아래 푸른 소나무와 잣나무 사이에 안장했다. 부장품도 극히 간소해 가장 가치 있는 것이라곤 그가 쓴 『묵자』 원고였다. 묵자의 제자들은 "천하에 남이란 없다. 묵자의 말씀은 오직 이것뿐이다"라고 탄식했다. 이 말은 묵자에게 가장 좋은 추도사라고 해도 좋을 것이다.

셰익스피어는 생명을 연속시키는 방식에는 두 가지가 있는데, 하나는 자손과 후사를 남기는 것이고 다른 하나는 저술과 학설을 남기는 일이라고 말했다. 역사서에 묵자의 혼인이나 자녀에 관한 기록은 없다. 하지만 학설이 넓고 심오한『묵자』는 후세 인류의 기억 속에 묵자를 살아 숨 쉬게 해주었다.

도교에는 이런 전설이 있다. 묵자가 82세 되던 해에 황제 시대의 성인 적송자(赤松子)를 따라 천하를 노닐었다. 훗날 묵자는 주적산(周狄山)에 은거하며 날마다 수행에 전념했다. 한 번은 눈을 감고 편안히 쉬고 있을 때, 산 위의 신선이 묵자가 잠들었다고 여겨 추울까 염려해 이불로 그의 두 다리를 덮어주었다. 묵자가 눈을 뜨고 신선에게 자신을 신선으로 만들어주려 넘어왔느냐고 물었다. 그러자 신선은 묵자는 본래 선풍도골(仙風道骨)의 풍채와 뛰어난 지혜를 가진 사람이라 스승을 두고 수도할 필요가 없다고 하면서 수련에 관한 경서를 묵자에게 주었다. 묵자가 경서에 따라 수련하여 신선이 된 뒤『묵자오행기(墨子五行記)』를 남겼는데, 도교의 변화 술법은 주로 이 책에서 기원했다.

위진 시대에 갈홍이 지은『신선전(神仙傳)』에는 묵자가 신선이 되는 과정이 기록돼 있다(『태평광기[太平廣記]』「신선」에서 간접 인용).

묵자가 나이 82세에 탄식하며 말했다. "세상사는 이미 다 통달했고 영예로운 지위는 항상 보존되지 않으니, 장차 시속을 버리고 적송자를 따라 노닐 뿐이네!" 이에 주적산에 들어가 도법을 정밀하게 생각하면서 신선이 되길 상상했다. 좌우 산간에 책 읽는 소리가 자주 들렸는데, 묵자가 눕자 어떤 사람이 와서 옷으로 다리를 덮어주었다. 묵자가 홀연히 나타난 사람을 보고 일어나 물었다. "그대는 산악의 신령이 아닙니까? 또 세속을 초탈한 신선이 아닙니까? 바라건대 잠시 머무르며 도의 요체를 깨우쳐주십시오." 신선이 대답했다. "그대가 훌륭한 도에 뜻을 두고 있음을 알기에 와서 살펴본 것이다. 그대는 무엇을 구하고자 하는가?" 묵자가 말했다. "바라건대 장생하여 천지와 함께하고 싶습니다." 이에 신선이 소서(素書), 주영환방(朱英丸方), 도령교계(道靈教戒), 오행변화(五行變化) 등 총 25편을 주면서 묵자에게 말했다. "그대는 선골의 풍채를 지니고 또 총명하니 이것을 얻으면 신선이 될 것이다. 스승은 필요 없다." 묵자가 정성스럽게 모두 받아서 마침내 그 효험을 얻었고, 이에 그 요체를 편집하여 『오행기』를 지었다. 그리고 지선(地仙)이 되어 전국 시대를 피해 은거했다. 한 무제 때 이르러 사신 양위(楊違)를 보내 비단과 옥으로 묵자를 초빙했으나 묵자는 나가지 않았다. 그 얼굴색은 늘 50세 정도로 보였다. 오악(五岳)을 두루 돌면서 한곳에 머물지 않았다.

갈홍은 최초로 묵자를 도가로 분류한 사람이다. 갈홍의 『침중서(枕中書)』에서는 묵자를 태극선경(太極仙卿)의 반열에 올렸다. 남북조 시대에 묵자는 또 도가의 선계(仙階)에 이름을 올렸고, 도교의 『진령위업도(眞靈位業圖)』에서는 묵자를 옥청삼원궁(玉清三元宮) 제4계단 왼쪽 52위의 신위에 배정했다.

남북조 시대 도홍경(陶弘景)은 『진고(眞誥)』「계신추(稽神樞)」에서 묵자를 "금단(金丹)을 복용하고 생명을 다한 사람"이라고 썼다. 『포박자』「금단(金丹)」에서는 '묵자단법(墨子丹法)'을 "구리 그릇에 수은과 용액 50말을 넣고 불로 달구면서 쇠국자로 저어주면 열흘이면 단이 된다. 그것을 1도규(刀圭, 숟가락 1/10 분량) 복용하면 만병이 몸에서 사라지고, 오래 복용하면 죽지 않는다"고 기록했다.

『태평어람』 권888에는 『묵자오행서(墨子五行書)』가 실려 있는데, "묵자는 형체를 변형할 수 있어서 앉아 있을 때는 보이는데 일어서면 보이지 않았다. 찡그리면 노인이 되고, 웃으면 여자가 되며, 땅에 걸 터앉으면 아이가 된다"고 묘사했다.『하람(遐覽)』에 집록된『묵자침중 오행기(墨子枕中五行記)』에서도 묵자를 대동소이하게 서술했다.

그 변화의 술법은 크게는 오직『묵자오행기』에만 있었다. (…) 그 술법은 약과 부적을 사용한다. 사람을 위아래로 날게 하고 흔적 없이 사라지게 할 수 있으며, 웃음을 띠면 부인이 되고 찡그리면 노인이 되며, 땅에 걸터 앉으면 아이가 되고 지팡이를 쥐면 숲이 되며, 씨앗을 뿌리면 즉시 생과 일을 먹을 수 있고 땅에 그림을 그리면 하천이 되며, 흙을 쥐면 산이 되 고 앉은 채로 주방에 갈 수 있으며, 구름과 불을 일으키는 등 못하는 것 이 없었다.

백운제(白雲霽)의『도장목록상주(道藏目錄詳注)』에서는 묵자 학설을 "금피기(禁避忌) : 도인법(導引法), 행기법(行氣法), 복일월망법(服日月芒 法), 수일법(守一法), 이약법(餌藥法), 단곡상이법(斷穀常餌法), 장생복이 대법(長生服餌大法), 복유법(服油法), 복신승법(服臣勝法), 복운모법(服雲 母法), 소옥법(消玉法), 복웅황법(服雄黃法), 복자황법(服雌黃法), 합선약 제법(合仙藥祭法), 복약금기법(服藥禁忌法), 선인양생연년복오령지방(仙 人養生延年服五靈芝方), 채송백법(采松柏法)은 모두 양생과 생명을 연장 하는 술법이다"라고 개괄했다. 묵가 학설이 결국에는 '금단술'과 '기 공술(氣功術)'의 비급이 된 것이다.

도교 서적 곳곳에서 묵자와 관련된 기록이 견강부회되고 와전된 것을 적지 않게 확인할 수 있다. 명대『정통도장(正統道藏)』「통신부(洞 神部)」'방법류(方法類)'의 '림(臨)' 자호(字號)에 묵자의 책이 수록되었 고,「태청부(太淸部)」'패(沛)' 자호에『묵자』15권이 실려 있는데 그 주석에서 묵적의 저서 71편이라고 했다. 「정을부(正乙部)」 '군(群)' 자호에는 『침중경(枕中經)』이 있는데, 그 주석에서 "몸에는 삼부 팔경의 만신(萬神)이 그 가운데 퍼져 있어서 육체를 호위하고 원명(元命)을 보존함을 말한 것이다"라고 했다. 「태현부(太玄部)」 '운급칠첨(雲笈七簽)' 권59 '직(職)' 자호에는 『묵자폐기행기법(墨子閉氣行氣法)』 등이 실려 있다. 기타 고서 가운데 산견된 묵자 관련 도술서에는 『신선전』 권10의 「묵자은형법(墨子隱形法)」, 『자양진인주군내전(紫陽眞人周君內傳)』의 「자도염광내시도중경(紫度炎光內視圖中經)」, 양(梁)나라 완효서(阮孝緖)의 『칠록(七錄)』의 「묵자침중오행요기(墨子枕中五行要記)」와 「오행변화묵자(五行變化墨子)」, 『진자앙집(陳子昂集)』의 「묵자오행비요(墨子五行秘要)」와 「백호칠변법(白虎七變法)」, 『태평어람』 권857의 「묵자침중기초(墨子枕中記鈔)」, 『통지(通志)』 「예문략(藝文略)」의 '영기묵자술경(靈奇墨子術經)'과 '묵자침중기(墨子枕中記)' 등이 있다. 도가 서적 가운데 묵자에 관한 기록은 비록 옥과 돌이 뒤섞이듯 여러 가지가 혼재해 있지만 어찌 됐든 후인들이 묵자의 저작을 보존한 것이다.

『신선전』에는 "밖으로 경전을 공부하고 안으로 도술을 닦아서 10편을 저술하고 '묵자'라고 불렀다"는 기록이 있다. 손이양은 『묵자간고』 「묵자전략(墨子傳略)」에서 갈홍이 말한 '저서 10편'은 잘못된 것이라고 지적했다. 사실 갈홍이 말한 10편은 「상현」 「상동」 「겸애」 「비공」 「절용」 「절장」 「천지」 「명귀」 「비악」 「비명」 등 묵자의 주요 학설을 가리키고, 또 전국 시대 중기에 이르러 각 편이 상중하로 나뉜 것은 바로 묵자의 제자 상리씨, 상부씨, 등릉씨 3파의 기술이기 때문이다. 손이양은 『묵자간고』 서문에서 한층 더 나아가 "묵자는 하나라를 본받고 우왕을 종주로 삼았으니 황제나 노자와 다른 학문이다. 진대(晉代) 이후 신선가들이 함부로 묵자가 지선(地仙)이라는 설을 만들어 묵가와 도교가 하나로 합쳐졌다"라고 지적했다.

묵가는 원래 구세제민을 포부로 천하를 자신의 임무로 삼는 '입세(入世)'의 학파인데 도리어 초연히 '출세(出世)'를 지향하는 도가에 포함시켰으니, 얼마나 황당무계하냐는 것이다. 하지만 사실 이는 묵자 학설 자체의 심각한 자기모순이 반영된 것이다.

완효서는 『칠록』에서 "명귀의 이론이 홀연히 단약을 복용하고 육체를 단련하는 것으로 변화되고, 71편 외에 금단변화(金丹變化)의 책을 증가시킨 것은 모두 전해지면서 가탁한 것이니 끝까지 따질 수 없다"고 말했다. 묵자의 신선화 및 묵자가 신통방통한 도술을 가졌다는 갖가지 전설은 모두 묵자 학설 안의 자기모순 경향과 관련이 있다. 천지와 명귀 등에 관한 묵자의 학설은 종교 색채가 농후해 후대인이 해석하는 데 모호한 부분을 남겨두었다. 이상주의적 감성이 풍부한 사람은 인력으로 거스를 수 없는 잔혹한 현실에 부딪히면 절망으로 인해 쉽사리 퇴폐로 빠져버린다. '입세'와 '출세'는 원래 종이 한 장 차이일 뿐이다.

루쉰의 『고사신편』 가운데 「비공」에서는 묵자의 이미지를 이렇게 묘사했다.

묵자는 경주자가 익힌 옥수수떡을 가져오기를 기다려 함께 보따리에 쌌다. 여벌의 옷을 준비하지 않고 얼굴 닦는 수건도 휴대하지 않은 채 다만 가죽 허리띠를 단단히 동여맸다. 마당으로 나가 짚신을 신고 등에 보따리를 지고서 고개도 돌리지 않고 떠났다.

(…) 짚신은 이미 서너 군데나 갈라졌다. 발바닥에 열이 나는 것을 느끼고 잠시 멈춰 서서 보니 신발 바닥이 닳아서 큰 구멍이 났다. 발에는 굳은살이 박이고 물집이 생겼지만 그는 조금도 개의치 않고 계속 가던 길을 갔다.

(…) 서둘러 남쪽 관문을 나가 꿋꿋이 자기 길을 갔다. 또 하루 밤낮을 걷다가 농가 처마 아래에서 새벽녘까지 자고 일어나 다시 길을 재촉했다. 짚신은 이미 너덜너덜해져 신을 수 없었다.

달리고 또 달리고 달려서 묵자의 자리는 따스할 겨를이 없었고, 묵자의 굴뚝은 검어질 겨를이 없었다. 이 정도로 묵자는 일생 동안 분주히 사방을 뛰어다녔다. 달리고 또 달리고 달려서 풍운의 시대를 거치고 세월의 강물을 건너며, 정수리가 벗겨지고 다리를 절뚝거리며 백리 길에 물집이 거듭된 묵자는 짚신을 신고서 우리를 향해 달려오고, 또 짚신을 신고서 역사의 깊은 곳으로 달려간다.

올 때도 총총, 갈 때도 총총.

묵자의 고향 산둥 텅저우 기차역 앞에는 우뚝 솟은 묵자의 조각상이 서 있다. 그 조각상은 다름 아닌 짚신을 신고 세상의 온갖 풍파를 겪은 노인의 모습이다.

'짚신'은 하나의 상징이 되었다.

"장강은 동으로 흐르고 천고의 풍운 인물도 파도와 함께 사라졌네. (…) 높고 낮은 암벽은 구름을 뚫고, 성난 파도는 강기슭을 치는데"● 짚신이 역사의 긴 강물 기슭에서 방치되고 사라져버렸다.

일본 영화 〈인간의 증명〉의 삽입곡 '밀짚모자'의 가사다.

엄마! 기억해요? / 엄마가 내게 준 그 밀짚모자를 / 오래전에 잃어버렸어요. / 모자는 안개 자욱한 계곡으로 날아갔어요.

아아아! 엄마의 그 밀짚모자 / 어디에 있는지 엄마는 아시겠죠? / 그것은

● 소식의 시 「염노교, 적벽회고(念奴嬌, 赤壁懷古)」: "大江東去, 浪淘盡, 千年風流人物. (…) 亂石穿空, 驚濤拍岸."

엄마의 마음과 같은데 / 더 이상 찾을 수 없네요.

갑자기 광풍이 불어 / 밀짚모자를 앗아갔어요, 에휴! / 높이높이 빙빙 돌아가는 밀짚모자 / 저 하늘 구름 위로 날아갔어요.

아아아! 엄마 / 그 밀짚모자만이 / 제가 가장 아끼는 보물이에요. / 엄마가 내게 준 생명 같은데 / 잃어버려 찾을 수 없어요.

갑자기 광풍이 불어 / 밀짚모자를 앗아갔어요, 에휴! / 높이높이 빙빙 돌아가는 밀짚모자 / 저 하늘 구름 위로 날아갔어요.

아아아! 엄마 / 그 밀짚모자만이 / 제가 가장 아끼는 보물이에요. / 엄마가 내게 준 생명 같은데 / 잃어버려 찾을 수 없어요.

일본의 야마토(大和) 민족은 그들이 잃어버린 '밀짚모자'를 찾았다.

중화민족이 잃어버린 '짚신'은 "위로는 하늘 끝까지, 아래로는 황천까지"●● 찾고 또 찾아보았는데 또 어디에 가서 찾을 수 있을까?

물질 불멸의 법칙에 의거하면, 역사상의 선현과 성철들은 역사의 시공 터널 속에 후대인을 위해 삼차원의 홀로그램을 '남겨둔다'. 우리는 짚신 한 켤레가 남긴 흔적을 따라서 기득권에 도전한 평민, 아직도 생생하게 살아 있는 묵적을 찾아야 한다.

2000여 년 동안 형성된 중첩 화면에서는 익숙한 짚신을 신은 사람이 우리에게 걸어온다.

2013년 8월 몬트리올에서 초고

2014년 4월 상하이(上海)에서 재고

2015년 3월 타이위안(太原)에서 삼고

●● 백락천의 시 「장한가(長恨歌)」 : "上窮碧落下黃泉."

묵자연표

주 정정왕(貞定王) **원년**(대략 기원전 468년) **출생**

2000여 년 이래 묵자에 대한 대대적인 차단은 묵자의 생몰 연대조차도 안개 속에 가려진 수수께끼로 만들었다. 사마천은 『사기』 「맹자순경열전」에서 묵자를 "어떤 사람은 공자와 같은 시대라 하고, 어떤 사람은 그보다 뒤라고 한다"고 모호하게 표현했다. 공자와 동시대인지 아니면 그 후인지조차 분명하지 않은 것이다. 손이양은 『묵자』 53편에 보이는 역사적 사건을 참조하여 "주나라 정왕 초년에 태어났다"고 고증했다. 이후 연구자들은 대부분 이 설을 따른다.

중국 사학계에서는 아직까지도 묵자의 진짜 성명을 명확히 밝히지 못했다. 사학계의 일반적인 견해로는 묵자의 성이 묵이고, 이름은 적이다. 그러나 사학계 내부의 또 다른 견해로 묵자의 성은 묵이 아니고, 성은 적이며 이름은 오(烏)라는 주장이 있다. 성이 '묵'으로 와전된 것은 묵을 도로 삼는 학파 명칭 표기 때문이라고 보았다. 또 다른 견해는 묵자가 평민 출신이고 사방을 돌아다니며 풍찬노숙한 데다 피부색이 검었기 때문에 피부색을 성으로 삼아서 당시 사람들이 '묵자'라고 불렀다는 것이다. 이 밖에 『낭현기』에 따르면, 묵자가 출생할 때 어머니가 오채색 봉황이 집 안으로 날아 들어오는 꿈을 꿨는데 꿈에서 깬 뒤 묵자를 낳았다고 했다. 고대에 봉황의 별칭이 적이고, 적이라는 글자의 상단 '우(羽)'와 하단 '추(隹)'가 모두 큰 새라는 뜻이기 때문에 아들에게 묵적이라는 이름을 붙였다는 것이다.

묵자의 출생지 역시 미해결 숙제로 남아 고래로 이설이 아주 많았다. 초나라 사람 설, 송나라 사람 설, 노나라 사람 설 등이 있고, 심지어 묵자가 인도 사람이라는 설도 있다. 최근에는 묵자가 노나라 땅(현재의 산둥성 텅저우시 혹은 허난성 루산현)의 수공 기술이 뛰어난 가정에서 태어났다는 쪽으로 의견이 대체로 모아지고 있다. 전설에 따르면, 묵자의 부친은 묵기(墨祺)라고 불리며 우왕의 스승 묵여(墨如)의 후예라고 하는데 역사서에는 보이지 않는다.

주 정정왕 3년(기원전 466년) **3세**

철이 들어 집에서 부모에게 기예를 배웠다. 수년간 열심히 손재주를 익힌 덕에 훗날 혜시조
차 '묵자의 훌륭한 기술'이라고 칭찬했다. 소년기에 기예를 배운 묵자는 재능 있는 '사(士)'
가 되어 나중에 노동 인민의 '평민 성인'이 되는 기초를 닦았다.

주 정정왕 9년(기원전 460년) **9세**

기술자 집안 출신의 묵자는 진학이 약간 늦었다. 분명 9세 이후였을 것이다. 『회남자』에 따
르면, "유자의 학업을 배우고 공자의 학술을 익혔다." 그러나 수년 뒤 공자의 학문에 회의를
느꼈다. "그 예의가 번거로워 좋아하지 않았다. 후장으로 재물을 낭비해 백성을 가난하게
하고, 오랜 기간 상복을 입어 생업을 해친다고 여겨 주나라의 도를 버리고 하나라의 정치를
따랐다."

주 정정왕 12년(기원전 457년) **12세**

묵자는 공자의 학문을 그만둔 뒤 묵자는 사관 각(角)의 후예에게 고대 청묘(清廟)의 예법을
배웠다. 그 예가 간결하고 실질을 중시했으며, 역사적으로 들어가면 우왕의 도를 강술했다.

주 정정왕 13년(기원전 456년) **13세**

묵자는 우왕의 도를 학습하는 한편으로 스스로 고전을 익혔다. 특히 『시』와 『서』(당시의 판본
은 유가에서 편집한 것과 다르다)를 좋아했다. 이는 『묵자』에서 반복적으로 이를 인용하는 것으
로 증명된다.

주 정정왕 14년(기원전 455년) **14세**

묵자가 처음으로 정나라에 유세하러 갔다가 마침 '정나라 사람들이 애공(哀公)을 시해한' 사
건을 접하고 나중에 『묵자』「노문」편에 기술했다.

주 정정왕 15년(기원전 454년) **15세**

묵자는 정나라에서 서쪽 진(晉)나라로 갔다. 마침 진나라 내부에서 큰 혼란이 일어났다. 진
나라 여섯 장군 가운데 비교적 강대한 지백(智伯)이 광대한 토지와 많은 민중을 무기로 중항
씨(中行氏)와 범씨(范氏)를 공격하고 삼가(三家)를 하나로 합쳤다.

주 정정왕 16년(기원전 453년) **16세**

진나라에 있었다. 지백이 제방을 허물어 진양(晉陽)을 물에 잠기게 하자 조씨(趙氏)의 신하

장맹(張孟)이 한씨(韓氏)와 위씨(魏氏)를 설득해 세 가문이 연합했다. 결국 제방을 허물어 지백의 군대를 수몰시키고 지백을 사로잡아 살해한 뒤 그 땅을 삼분했다. 한, 위, 조가 진나라를 삼분한 형세가 성립되었다. 그 뒤 묵자는 『묵자』「비공」에 그 일을 상세히 기술하고 사람들에게 지백의 일을 귀감으로 삼으라고 요구했다.

주 정정왕 21년(기원전 448년) 21세
묵자가 제자를 모아 학문을 가르치기 시작했다.
묵자가 제자 공상과(公尙過)와 함께 월나라에 유세할 준비를 했다. 먼저 공상과가 월나라에 가서 월왕을 접견했다. 월왕은 매우 기뻐하며 만일 묵자가 월나라에서 벼슬하길 원한다면 옛 오나라 땅 500리를 떼어서 묵자에게 봉지로 내리겠다고 말했다. 묵자는 봉지를 거절하고 다만 월왕에게 자신의 말을 듣고 자신의 도를 써달라고 요구했다. 월왕이 수긍하여 묵자는 월나라로 갔다가 여러 가지 원인으로 월나라를 떠났다.

주 정정왕 22년(기원전 447년) 22세
묵자는 채나라에 들어가, 침략 전쟁 때문에 오나라와 월나라 사이에서 채나라가 망하는 것을 직접 보았다.

주 정정왕 25년(기원전 444년) 25세
묵자가 남쪽으로 유세하다 위나라에 가면서 수레에 아주 많은 책을 싣자, 제자 현당자가 보고 이상하게 여겨 말하였다. "우리 선생님이 실은 책이 아주 많은데 어디에 쓰려는 것입니까?" 묵자가 말하였다. "옛날 주공 단은 매일 아침 서경(책) 100편을 읽고 저녁에는 칠십 명의 선비들을 만났다네. 따라서 주공 단은 천자를 보좌하는 재상이었으며, 그의 수행이 지금까지도 전해지고 있네. 나는 위로 군주를 섬기지도 않고 아래로 농사짓는 어려움도 없으니, 내 어찌 감히 이것을 그만두겠는가?"

주 고왕(考王) 원년(기원전 440년) 29세
묵자는 초나라, 월나라, 송나라 등을 분주히 오갔다.
공수반이 초나라에 이르러 수전용 무기를 만들었다.

주 고왕 2년(기원전 439년) 30세
묵자는 노나라에서 초나라로 가 자신이 지은 글을 초 혜왕에게 올렸다. 혜왕이 관심을 보이며 읽어보고 "좋은 책이다"라고 했다. 그러나 묵자가 천한 신분이란 이유 때문에 자신이 늙었다는 핑계로 만나주지 않았다.

주 고왕 7년(기원전 434) 35세

한비자는「현학」편에서 "세상의 현학은 유가와 묵가이다. 유가의 대표는 공구이고, 묵가의 대표는 묵적이다"라 하였다. 묵학이 현학이 되어 유학과 병칭된 것은 분명 묵자 나이 35세 이상이 비교적 타당하다. 왜냐하면 이때 묵자는 이미 학식이 풍부한 선비로서 열국에 유세하여 이름을 사해에 드날렸기 때문이다. 맹자가 뒤에 말한 "묵자의 말이 천하에 가득하다"는 것은 마땅히 이때부터 시작된 것이다.

묵학이 현학이 된 것은 주로 우왕의 도를 학설의 종지로 삼았기 때문이다. 『장자』「천하」편에 따르면, "옛날 우왕이 홍수를 막고 강과 하천을 뚫어 통하게 하고 사방의 오랑캐와 구주의 땅을 통하게 하였는데, 이름난 하천이 300개, 지류가 3000개, 작은 것은 셀 수 없이 많았다. 우왕은 직접 삼태기와 보습을 들고 천하의 하천을 모두 다스렸다. 장딴지에 털이 나지 않고 정강이의 털이 닳아 없어지며 비로 목욕하고 바람으로 빗질하면서 만국을 설치하였다. 우왕은 대성인인데 몸으로 수고한 것이 이와 같았다고 했다." 후세의 묵자(墨者)들은 "대부분 가죽옷을 입고 짚신을 신고서 밤낮으로 쉬지 않고 자신을 고통스럽게 하는 것을 표준으로 삼았다." 이것은 바로 우왕의 도를 실천한 것이다.

주 고왕 10년(기원전 431년) 38세

묵자는 산동의 작은 나라 거(莒)에 이르렀다. 거가 제나라에게 망하는 것을 직접 보고 침략전쟁 때문에 나라를 잃은 것을 애도했다.

주 위열왕(威烈王) 3년(기원전 423년) 46세

초나라 노양 문군이 약소국 정나라를 침공하려 하자, 묵자는 급히 초나라로 가서 '비공'의 이념으로 문군을 권계(勸誡)해 침공을 중지시켰다.

주 위열왕 14년(기원전 412년) 57세

제나라가 출병해 노나라의 갈(葛)과 안릉(安陵)을 점거했다. 묵자는 자진해 제나라로 가 제왕 전화(田和)의 면전에서 약소국 침범을 비판하고, 아울러 정벌 전쟁을 많이 벌이면 반드시 상서롭지 않은 일을 겪게 된다고 경고했다.

주 위열왕 15년(기원전 411년) 58세

제나라가 또 다시 노나라를 침공해 도성을 탈취했다. 묵자는 다시 한 번 제나라로 가서 제나라가 대국으로서 소국을 업신여긴다고 비판했다.

주 위열왕 16년(기원전 410) 59세
묵자가 제나라 사람 고하와 현자석을 제자로 거두었다. 이 둘은 각각 '처음에는 폭력배' '향리에서 손가락질을 당한 사람'이었는데 뒤에 묵자에게 배워서 '천하의 유명 인사'가 되었다.

주 위열왕 17년(기원전 409년) 60세
제나라의 전쟁 위협에 닥쳐 노나라 군주가 묵자를 불러 가르침을 구했다. "제나라가 우리나라를 침공할까 걱정되는데 도와줄 수 있는가?" 묵자는 노나라 군주를 위해서 세 가지 주의사항을 제시했다. 첫째 '상제를 존중하고 귀신을 섬김으로써' 객관적 법칙을 따르고, 둘째 '사방의 제후를 두루 예우하여' 이웃 나라와 우호 관계를 맺으며, 셋째 백성을 사랑하고 이롭게 하는 것이다. 이렇게 해야 비로소 전국의 역량을 동원하여 제나라의 침략을 물리칠 수 있다고 했다.

주 위열왕 18년(기원전 408년) 61세
제나라가 또 다시 노나라를 침략했다.

주 위열왕 20년(기원전 406년) 63세
위 문후(文侯)가 중산국(中山國)을 멸하자 묵자는 위나라의 침략을 비판했다.

주 위열왕 22년(기원전 404년) 65세
묵자가 송나라에 유세했는데, 송나라는 자한(子罕)의 계책을 믿고서 묵자를 구금했다. 자한은 송나라 대신으로 묵자가 선전하는 비공, 겸애 사상에 반대해 묵자를 구금한 것이다. 머지않아 묵자는 구조되어 송나라를 떠났다.

주 위열왕 23년(기원전 403년) 66세
공수반이 초나라를 위해 운제를 만들어 송나라를 공격하려고 했다. 묵자가 그 소식을 듣고 거자를 금골리에게 전하고 노나라에서 의복이 해지고 다리가 부르틀 정도로 열흘 밤낮을 달려서 초나라의 수도 영에 도착하였다. "공수반이 아홉 차례 성을 공격하는 기관을 설치하였지만 묵자는 아홉 차례 모두 물리쳤다." 결국 공수반과 초나라 왕이 어쩔 수 없이 그만둘 수밖에 없었으며 "송나라를 공격하지 않겠다"는 약속을 받았다.
동시에 묵자는 제자를 송나라에 파견하여 초나라를 물리칠 수 있도록 대비하고 "제자 금골리 등 300명이 이미 방어 무기를 갖고서 초나라 군대를 기다린다"고 경고했다.

주 위열왕 24년(기원전 402) 67세

초나라에서 노나라로 되돌아올 때 송나라를 지나면서 "비를 만나 성 안으로 피하려고 하였는데 송나라의 문지기가 받아들이지 않았다". 묵자는 조금도 자신을 과시하지 않고 '천인'과 마찬가지로 해진 옷을 입어서 성을 지키던 사병이 그가 송나라를 보호한 대은인인 묵자인 줄 모르고 "받아들이지 않은 것이다!"

주 안왕(安王) 6년(기원전 396) 73세

묵자가 정나라에 이르렀을 때 마침 정나라 자양(子陽)의 무리가 수공(繻公)을 살해하고 을(乙)을 군주로 세웠다. 묵자는 비분강개하면서 "정나라 사람들이 삼대에 걸쳐 군주를 시해하였다"고 비판했다.

주 안왕 8년(기원전 394년) 75세

제 강공이 노나라를 침공하여 최(最, 지금의 취푸[曲阜] 동남쪽)를 점거하자, 묵자는 한나라에 유세해 노나라를 구원했다.

주 안왕 16년(기원전 386년) 83세

주나라 천자가 제 태공(太公) 전화(田和)를 제후로 승인하자, 묵자는 제나라로 가서 태공에게 비공의 이치를 설명했다.
금골리가 거자를 맹승에게 전했다.

주 안왕 17년(기원전 385년) 84세

제나라가 또 다시 노나라를 침공하자 묵자가 제 태왕(太王), 즉 태공을 이치로 깨우쳤지만 따르지 않았다.

주 안왕 21년(기원전 381) 88세

초나라에 커다란 변고가 발생하였다. 초나라 도왕이 재위 시 오기를 영윤으로 삼아 봉군의 자손에 대해 삼대 째에 그 작록을 몰수하고, 시급하지 않은 관서를 줄여서 그것으로 가려 뽑은 숙련된 자의 봉록에 충당하고, 귀족들에게 쓸모없는 땅을 주고 남쪽으로 양월을 몰수하여 마침내 창오의 땅을 갖게 되었다. 이해에 재위 21년의 도왕이 죽자 귀족들이 오기를 추살하려고 하자 오기는 도왕의 시신 위에 엎드려 있었으므로 왕의 시신에 화살이 적중하였다.

오기의 변법에 불복하여 변란을 일으킨 것이 모두 70여 가문이었다. 양성군도 여기에 참여하여 난을 일으킨 뒤 도망하였을 때 묵가의 거자 맹승은 양성군의 신하였으므로 제자 183명을 인솔하여 싸우다 전사하였고, 송나라 전양자가 맹승을 대신하여 거자가 되었다.

주 안왕 23년(기원전 379) 90세
묵자가 "제나라 강공이 만악(萬樂, 일만 명의 무도 대열)을 일으키는 것"을 비판하고 묵가의 "비악"사상을 제시하였다. 묵자에 따르면, "주린 자가 먹지 못하고, 추운 자가 입지 못하며, 피곤한 자가 쉬지 못하는" 사회배경 아래에서 크게 무악(舞樂)을 일으키는 것은 "백성의 입고 먹는 재물을 약탈하는" 행위로서 응당 반대해야 한다.
이해에 제나라 강공이 죽었다.

주 안왕 26년(기원전 376) 93세
『묵자』에서 이해 기록이 보이지 않는다. 묵자가 죽은 것은 마땅히 주나라 안왕 26년을 넘지 않을 것이다. 뒤에 전양자가 거자를 복돈에게 전하고, 묵가는 세 파로 나뉘어 등릉씨, 상리씨, 상부씨의 묵가가 있게 되었다. 묵가학설은 전국시대의 현학으로 한대에 이르러 통치계급의 잔혹한 억압으로 중도에 단절되었다.

※이상의 연표는 천웨량의 『묵자연표』에 의거한 것임.

참고문헌

량치차오(梁啓超), 『자묵자학설(子墨子學說)』, 대만중화서국

량치차오, 『묵자학안(墨子學案)』, 상무인서관

팡서우추(方授楚), 『묵학원류(墨學源流)』, 중화서국

허우와이루(侯外廬), 『중국사상통사(中國思想通史)』, 인민출판사

탄제푸(譚戒甫), 『묵변발미(墨辯發微)』, 중화서국

탄제푸, 『묵경분류역주(墨經分類譯注)』, 중화서국

손이양(孫詒讓), 『묵자간고(墨子閒詁)』, 중화서국

천쉐량(陳雪良), 『묵자답객문(墨子答客問)』, 상해인민출판사

양이(楊義), 『묵자환원(墨子還原)』, 중화서국

펑유란(馮友蘭), 『중국철학사신편(中國哲學史新編)』, 인민출판사

양룽궈(楊榮國), 『공묵의 사상(孔墨的思想)』, 삼련서점

리쩌허우(李澤厚), 『중국고대사상사론(中國古代思想史論)』, 천진사회과학원출판사

뤼웨이펀(呂薇芬), 장옌진(張燕瑾) 주편, 『선진양한문학연구(先秦兩漢文學研究)』, 북경출판사

북경대철학과 중국철학교연실, 『중국철학사(中國哲學史)』, 상무인서관

바이서우이(白壽彝), 『중국통사(中國通史)』, 상해인민출판사

리쉐친(李學勤), 『간백일적여학술사(簡帛佚籍與學術史)』, 강서교육출판사

장인린(張蔭麟), 『중국사강(中國史綱)』, 요녕교육출판사

궈모뤄(郭沫若), 『십비판서(十批判書)』, 인민출판사

궈모뤄, 『청동시대(靑銅時代)』, 중국인민대학출판사

첸무(錢穆), 『묵자(墨子)』, 상무인서관

첸무, 『선진제자계년고변(先秦諸子系年考辨)』, 중화서국

타니나카 신이치(谷中信一), 『묵가 사상의 종교적 경향 및 묵가 학파의 종교 결사 경향(關於墨家思想的宗敎傾向以及墨家學派的宗敎結社傾向)』, 동경대학출판사

왕밍(王明), 『도가와 도교 사상 연구(道家和道敎思想研究)』, 중국사회과학출판사

런지위(任繼愈), 『묵자와 묵가(墨子與墨家)』, 상무인서관

양궈룽(楊國榮), 『중국고대사상사(中國古代思想史)』, 인민출판사

장신리(江心力), 『묵자와 중국인의 겸애 정회(墨子與中國人的兼愛情懷)』, 장춘출판사

두궈샹(杜國庠), 『묵경에 관한 약간의 고찰(關於墨經的若干考察)』, 상해인민출판사

라오쓰광(勞思光), 『신편중국철학사(新編中國哲學史)』, 광서사범대학출판사

쑨중위안(孫中原), 『묵학통론(墨學通論)』, 요녕교육출판사

쑨중위안, 『묵자의 지혜(墨者的智慧)』, 삼련서점

스모칭(史墨卿), 『묵자의 십대 발명과 발견 : 니덤의 '중국과학기술과 문명' 서후(墨子的十大發明與發現 : 李約瑟'中國之科學與文明'書後)』, 『직대학보(職大學報)』

조지프 니덤(Joseph Needham), 『중국과학기술사(中國科學技術史)』, 중국소년아동출판사

왕훙성(王鴻生), 『중국역사 속의 기술과 과학(中國歷史中的技術與科學)』, 중국인민대학출판사

천산(陳山), 『중국무협사(中國武俠史)』, 상해삼련서점

가오헝(高亨), 『묵경교전(墨經校詮)』, 대평서국

정제원(鄭傑文), 『중국묵학통사(中國墨學通史)』, 인민출판사

쑤펑제(蘇風捷), 청메이화(程梅花), 『평민 이상의 묵자와 중국문화(平民理想墨子與中國文化)』, 하남대학출판사

쉐보청(薛柏成), 『묵가사상신탐(墨家思想新探)』, 흑룡강인민출판사

후쯔쭝(胡子宗) 외, 『묵자사상연구(墨子思想研究)』, 인민출판사

천커서우(陳克守), 쌍저(桑哲), 『묵학과 당대사회(墨學與當代社會)』, 중국사회과학출판사

펑쐉(彭雙), 투춘옌(塗春燕), 『묵자관리사상연구(墨子管理思想研究)』, 전자과학기술대학출판사

천촨칭(陳轉青), 『묵가관리사상연구(墨家管理思想研究)』, 중국농업과학기술출판사

류예(劉燁), 『묵자공략(墨子攻略)』, 중국전영출판사

쑨줘차이(孫卓彩), 류수성(劉書生), 『묵자사휘연구(墨子詞彙研究)』, 중국사회과학출판사

왕위안(王裕安) 외, 『묵자대사전(墨子大辭典)』, 산동대학출판사

친위(秦榆) 편저, 『묵자학원 : 묵자의 겸애비공(墨子學院 : 墨子的兼愛非攻)』, 중국장안출판사

라오푸쯔(老夫子), 『노부자품평묵자(老夫子品評墨子)』, 중국전영출판사

자오푸핑(趙富平), 자오푸친(趙富琴), 『주근묵자(走近墨子)』, 신화출판사

다류(達流), 『묵자지혜심해(墨子智慧心解)』, 중국성시출판사

왕지쉰(王繼訓), 『묵자연구(墨子研究)』, 산동인민출판사

쑨쒜차이,『묵학개요(墨學槪要)』, 제로서사

치원(戚文), 리광싱(李廣星),『묵자십강(墨子十講)』, 상해인민출판사

자오바오유(趙保佑) 외,『묵학과 현대사회(墨學與現代社會)』, 대상출판사

왕위안, 리광싱 주편,『묵자연구논총, 7(墨子硏究論叢, 七)』, 북경도서관출판사

차오성창(曹勝强), 쑨쒜차이 주편,『묵자연구(墨子硏究)』, 중국사회과학출판사

리먀오건(李妙根),『묵자선평(墨子選評)』, 상해고적출판사

차오강(曹岡) 역해,『묵가지혜전서(墨家智慧全書)』, 내몽고인민출판사

레이이둥(雷一東),『묵경교해(墨經校解)』, 제로서사

왕환뱌오(王煥鑣),『묵자집고(墨子集詁)』, 상해고적출판사

왕쉐뎬(王學典) 편역,『묵자(墨子)』, 중국방직공업출판사

뤄빙량(羅炳良), 후시윈(胡喜雲),『묵자해설(墨子解說)』, 화하출판사

류바오전(劉保貞) 역주,『묵자(墨子)』, 중국소년아동출판사

리샤오룽(李小龍),『묵자역주(墨子譯注)』, 중화서국

탄자젠(譚家健), 쑨중위안 역주,『묵자금주금역(墨子今注今譯)』, 상무인서관

천구위안(陳顧遠),『묵자의 정치철학(墨子的政治哲學)』, 상해태동도서국

잔젠펑(詹劍峰),『묵자의 철학과 과학(墨子的哲學與科學)』, 인민출판사

양쥔광(楊俊光),『묵자신론(墨子新論)』, 강소교육출판사

싱자오량(邢兆良),『묵자평전(墨子評傳)』, 남경대학출판사

탄자젠,『선진산문예술신탐(先秦散文藝術新探)』, 수도사범대학출판사

친옌스(秦彦士),『묵자신론(墨子新論)』, 성도전자과기대학출판사

탄자젠,『묵자연구(墨子硏究)』, 귀주교육출판사

장융이(張永義),『묵 : 고행과 구세(墨 : 苦行與救世)』, 광동인민출판사

장즈한(張知寒) 주편,『묵자연구논총, 3(墨子硏究論叢, 三)』, 산동대학출판사

『묵자연구논총(墨子硏究論叢)』(一, 二, 三冊 : 산동대학출판사, 四冊 : 제로서사)

양콴(楊寬),『선진사십강 : 명가전제정강(先秦史十講 : 名家專題精講)』, 복단대학출판사

선유딩(沈有鼎),『묵경의 논리학(墨經的邏輯學)』, 중국사회과학출판사

천명린(陳孟麟),『묵변 논리학(墨辯邏輯學)』, 산동인민출판사

팡샤오보(方孝博),『묵경의 수학과 물리학(墨經中的數學和物理學)』, 중국사회과학출판사

양샹쿠이(楊向奎),『묵경수리연구(墨經數理硏究)』, 산동대학출판사

스당서(史黨社),『묵자성수제편연구(墨子城守諸篇硏究)』, 중화서국

스당서,『일출서산 : 진인역사신탐(日出西山 : 秦人歷史新探)』, 섬서인민출판사